DER KORAN
Arabisch-Deutsch

DER KORAN

Arabisch-Deutsch

Übersetzung
und wissenschaftlicher Kommentar
von
Adel Theodor Khoury

Band 8

Gütersloher Verlagshaus

DER KORAN

Arabisch-Deutsch

Übersetzung
und wissenschaftlicher Kommentar
von
Adel Theodor Khoury

Band 8

Sure 10,1–109
Sure 11,1–123
Sure 12,1–111
Sure 13,1–43
Sure 14,1–52
Sure 15,1–99

1997
Gütersloher Verlagshaus

Die Deutsche Bibliothek – CIP-Einheitsaufnahme

Der Koran : arabisch-deutsch / Übers. und wiss. Kommentar
von Adel Theodor Khoury. – Gütersloh : Gütersloher Verl.-Haus
Einheitssacht.: Qur'ān

Bd. 8. Sure 10,1–109, Sure 11,1–123, Sure 12,1–111,
Sure 13,1–43, Sure 14,1–52, Sure 15,1–99. – 1997
ISBN 3-579-00343-7

ISBN 3-579-00343-7

Umschlaggestaltung: Dieter Rehder, Aachen
Satz: SatzWeise, Trier
Druck und Bindung: Memminger Zeitung Verlagsdruckerei GmbH, Memmingen
Printed in Germany

Inhalt

Vorwort 9

Umschrift und Lautwerte arabischer Buchstaben 12

Abkürzungen 13
Der Koran 13
Die Bibel 13
Arabische Kommentare 13
Koranübersetzungen 13
Allgemeine Literatur 14
Jüdische und christliche Literatur 15
Altes Testament 15 – *Rabbinische Texte* 16 – *Neues Testament* 16

Allgemeine Abkürzungen 17

Zeitschriften, Lexika 17

Die Suren des Korans 18

Hinweise für den Leser 21

Wissenschaftlicher Kommentar

Sure 10: Jonas *(Yūnus)*, 1-109 23

Allgemeine Fragen 25
Bezeichnung 25
Datierung 25
Struktur und Inhalt 25
Wichtigste Aussagen 26
Kommentar 27
10,1–20 28
10,21–36 44
10,37–56 60
10,94–109 98

Sure 11: Hūd, 1–123 109

Allgemeine Fragen 111
Bezeichnung 111

Datierung 111
Struktur und Inhalt 111
Wichtigste Aussagen 112
Kommentar 113
11,1–24 114
11,25–49 132
11,50–68 150
11,69–95 162
11,96–123 180

Sure 12: Joseh *(Yūsuf)*, 1–111 197

Allgemeine Fragen 199
Bezeichnung 199
Datierung 199
Struktur und Inhalt 199
Kommentar 201
12,1–21 202
12,22–42 216
12,43–57 234
12,58–101 244
12,102–111 272

Sure 13: Der Donner *(al-Raʿd)*, 1–43 279

Allgemeine Fragen 281
Bezeichnung 281
Datierung 281
Struktur und Inhalt 282
Kommentar 283
13,1–25 284
13,26–43 306

Sure 14: Abraham *(Ibrāhīm)*, 1–52 323

Allgemeine Fragen 325
Bezeichnung 325
Datierung 325
Struktur und Inhalt 325
Vorzüge der Sure 14 326
Kommentar 327
14,1–23 328
14,24–52 346

Sure 15: Ḥidjr *(al-Ḥidjr)*, 1–99 363
Allgemeine Fragen 325
Bezeichnung 365
Datierung 365
Struktur und Inhalt 365
Vorzüge der Sure 15 366
Kommentar 367
15,1–48 368
15-49–99 386

Bibliographie 399

Register 401
Koranstellen 401
Bibelstellen 416
Personen 417

Vorwort

Dieser auf mehrere Bände angelegte Korankommentar ist für Religionswissenschaftler und Theologen sowie für alle bestimmt, die den Islam nicht in erster Linie als ein gesellschaftliches Gebilde und ein politisches System betrachten und die an den Koran nicht vor allem als ein philologisch zu erschließendes Material herangehen.

Der Autor richtet sein Augenmerk über das Philologische, das Gesellschaftliche und das Politische hinaus auf das Religiöse im heiligen Buch des Islam. Das Religiöse, zumal im Islam, umfaßt zwar nicht nur die Aussagen des Glaubens, die Formen der Frömmigkeit und die Normen des sittlichen Handelns, sondern auch die Regeln des gesellschaftlichen Lebens und die Grundlagen der politischen Staatsführung. Es begründet aber all dies und sanktioniert es durch die Berufung auf die Autorität einer unmittelbaren Offenbarung Gottes.

Gerade diese Dimension des Islam als Ergebung in den Willen Gottes und Stehen unter dem Wort des Herrn der Welten erlaubt es, nach der Möglichkeit zu fragen, Verbindungslinien zwischen dem inhalt des Korans und ähnlichen Aussagen anderer Offenbarungen aufzuzeigen. Gedacht ist hier vornehmlich an die Offenbarungen Gottes im Alten und Neuen Testament. Dies um so mehr, als der Koran selbst sich nicht als ein einmaliges Ereignis in der Geschichte der Menschheit versteht, sondern sich in eine Kontinuität mit der Tora und dem Evangelium und zugleich in ein Spannungsverhältnis zu ihnen stellt. Daher wird in diesem Kommentar nicht ausschließlich das Material rezipiert, das die muslimischen Kommentatoren mit Eifer und Scharfsinn gesammelt haben, sondern es werden, wo es möglich ist und sich anzeigt, die Parallelen aus den heiligen Schriften der Juden und der Christen sowie aus der jüdischen und der christlichen Literatur zitiert oder wenigstens angegeben.

Aber der Koran ist das heilige Buch der Muslime. So ist der Autor vorrangig bemüht, das Verständnis der muslimischen Gelehrten von der Hauptquelle ihrer eigenen Religion zu berücksichtigen. Zunächst werden also die großen Islamischen Kommentare herangezogen, und zwar die der klassischen Zeit sowie ausgewählte moderne Werke. Da jedoch bei vielen Stellen die islamische Tradition keine einheitliche Deutung der betreffenden Verse enthält, wird auf die wichtigsten vertretenen Meinungen hingewiesen. Es gibt auch bei der Erklärung mancher Verse bzw. Kleinabschnitte Meinungsverschiedenheiten zwischen der Auslegung, die von Muslimen vertreten wird, und der Deutung, die Islamwissenschaftler ausarbeiten: Hier werden auch die Forschungsergebnisse bzw. Thesen und Hypothesen der westlichen Islamwissenschaft wiedergegeben, insofern sie zu einem besseren Verständnis der Stelle beitragen.

Viele Abschnitte des Korans beinhalten theologische Aussagen über Gott, die Schöpfung, den Menschen in seinem Leben und seinem jenseitigen Los, über die Normen des religiösen Vollzugs und über der Rechtsbestimmungen, die verschiedene Bereiche in Familie und Gesellschaft regeln. Was die Gelehrten des Islam aus diesen Stellen an theologischen Lehren und konkreten Gesetzen ausgearbeitet haben, wird durch Hinweise erwähnt oder näher dargestellt.

Es gibt auch Verse des Korans, die die geistlichen Bemühungen der Asketen und Mystiker angeregt, ja gefördert haben und diese Gottsucher zu besonders prägnanten und lehrreichen Äußerungen veranlaßt haben. Solche Äußerungen werden in diesem Kommentar wiedergegeben. Erwähnt werden auch die Stellen, die die religiöse Auseinandersetzung zwischen Christen und Muslimen im Lauf der Jahrhunderte bis in unsere Tage hinein genährt haben. Bei der Behandlung dieser Koranstellen werden die wichtigsten Positionen der beiden Protagonisten angegeben bzw. in der gebotenen Kürze dargelegt.

Dies und alles andere geschieht mit Maß. Denn der vorliegende Kommentar will nicht eine Kompilation aller geäußerten Meinungen und vertretenen Deutungen sein, sondern vor allem ein Gefährte und Wegweiser für Theologen, Religionswissenschaftler und Islamwissenschaftler sowie für die gebildeten Leser, der ihnen allen zu einem genaueren und besseren Verstehen des Korantextes helfen will. Damit soll eine Doppelbewegung der Öffnung in Gang gesetzt und gefördert werden: Öffnung der Christen, der Juden und der anderen Gläubigen auf den Islam und Öffnung der Muslime auf das Christentum und die biblische Tradition allgemein.

Die deutsche Übersetzung, die hier wiederaufgenommen wird, ist die des Autors, die er unter der Mitwirkung von Muhammad Salim Abdullah angefertigt hat und die bereits im Gütersloher Verlagshaus erschienen ist (1987, 2. Auflage 1992), versehen mit einem Geleitwort des früheren Generalsekretärs des Islamischen Weltkongresses, Dr. Inamullah Khan, der das Unternehmen ausdrücklich gutheißt. Es werden hier nur Druckfehler, die sich eingeschlichen haben, korrigiert. Nur an sehr wenigen Stellen wird die Übersetzung selbst verbessert, und dies, damit die Treue zum arabischen Original noch größer wird.

Gerade weil jede Übersetzung nur eine mögliche Deutung übernimmt, wird hier das arabische Original des Korantextes der Übersetzung gegenübergestellt. Somit haben Muslime, die des Arabischen mächtig sind, sowie Islamwissenschaftler und andere Leser die Möglichkeit, die Qualität und die Richtigkeit der Übersetzung zu überprüfen.

Außerdem wird im Kommentar zu jedem Vers angegeben, ob der Text grammatikalisch und sprachlich sowie aufgrund der islamischen Auslegungstradition selbst andere Deutungs- und Übersetzungsmöglichkeiten zuläßt und welches diese Möglichkeiten konkret sind. Der unbeschwerteren Benutzung des Werkes dienen die Hinweise für den Leser (siehe unten).

Anders als in den ersten vier Bänden dieses Kommentars werden in diesem Band die Angaben zur internen Koran-Konkordanz spärlicher ausfallen, weil sich eine vollständige Konkordanz in Bearbeitung befindet.

Viele Ausdrücke kommen im koranischen Text immer wieder vor, viele von ihnen sind bereits in den bisherigen Bänden bearbeitet und kommentiert worden. Deswegen wird in diesem Band nicht noch einmal darauf eingegangen. Oft genügen Verweise auf die entsprechenden Stellen in den bereits kommentierten Suren.

Adel Theodor Khoury

Umschrift und Lautwerte arabischer Buchstaben

ʾ	=	Explosionslaut – vor jedem anlautenden Vokal gesprochen
th	=	stimmloses englisches th (thing)
dj	=	stimmhaftes dsch
djj	=	Doppel dj
ḥ	=	schares, ganz hinten in der Kehle gesprochenes h
kh	=	ch (wie in: ach)
dh	=	stimmhaftes englisches th (the)
z	=	französisches z
sh	=	sch
ṣ	=	dumpfes stimmloses s
ḍ	=	dumpfes stimmloses d
ṭ	=	dumpfes stimmloses t
ẓ	=	dumpfes englisches th (the)
ʿ	=	gepreßter, in der Kehle gebildeter, stimmhafter Reibelaut
gh	=	Gaumen-r
w	=	englisches w
y	=	englisches y; deutsches j
ā, ī, ū	=	lange Vokale

ء	ʾ	ض	ḍ
ب	b	ط	ṭ
ت	t	ظ	ẓ
ث	th	ع	ʿ
ج	dj (جّـ،جّ djj)	غ	gh
ح	ḥ	ف	f
خ	kh	ق	q
د	d	ك	k
ذ	dh	ل	l
ر	r	م	m
ز	z	ن	n
س	s	هـ	h
ش	sh	و	w
ص	ṣ	ي	y

Abkürzungen

Der Koran

Die arabische Standardausgabe: al-Muṣḥaf al-sharīf, oder: al-Qur'ān al-karīm, Kairo 1344 H/1923 – Es gibt auch verschiedene Ausgaben, deren Text allgemein dieser Standardausgabe entspricht, mit Ausnahme der Hinweise für die Rezitation, welche von einer Ausgabe zur anderen variieren können.

Die Bibel

Sie wird hier nach der Einheitsübersetzung zitiert.

Arabische Kommentare

Bayḍāwī: Nāṣir al-Dīn Abū l-Khayr al-Bayḍāwī, Anwār al-tanzīl wa asrār al-ta'wīl, 2 Bde., Istanbul 1296 H/1889; auch Ausgabe Fleischer, Leipzig 1846–1848.

Ibn Kathīr: Abū l-Fidā' Ismāʿīl Ibn Kathīr, Tafsīr al-Qur'ān al-ʿaẓīm, 4 Bde., Kairo 1408 H/1988.

Manār: Tafsīr al-Qur'ān al-ḥakīm (Tafsīr al-Manār) von Muḥammad ʿAbduh/Muḥammad Rashīd Riḍā, 11 Bde., Kairo 1325–1353 H/1907–1934; Neudruck in 12 Bänden, Kairo 1367–1375 H/1948–1956; erneuter Neudruck in 12 Bänden, Beirut o. J.

Qurṭubī: Abū ʿAbd Allāh Muḥhammad ibn Aḥmad al-Anṣārī al-Qurṭubī, al-Djāmiʿ li-aḥhām al-Qur'ān, hrsg. von Ṣidqī Muḥammad Djamīl/ʿIrfān al-ʿAshshā, Beirut 1995.

Rāzī: Fakhr al-Dīn al-Rāzī, Mafātīḥ al-ghayb, 8 Bde., Kairo 1308 H/1891; 16 Bde. (32 Teile), Beirut 1990. (Hier wird nach der Beiruter Ausgabe zitiert.)

Ṭabārī: Djāmiʿ al-bayān fī tafsīr al-Qur'ān, 30 Teile in 10 Bänden, Kairo 1323–1329 H/1900–1911; neuere Ausgabe unter dem Titel: Djāmiʿ al-bayān ʿan ta'wīl al-Qur'ān, hrsg. von Maḥmūd Shākir/Aḥmad Shākir, 15 Bde. (bis Sure 16), Kairo ab 1374 H/1954.

Ṭabāṭabā'ī, Muḥammad Ḥusayn Ṭabāṭabā'ī, al-Mīzān fī tafsīr al-Qur'ān, 20 Bde., 3. Aufl., Beirut 1393 H/1973 (Shīʿit).

Zamakhsharī: Maḥmūd ibn ʿUmar al-Zamakhsharī, al-Kashshāf, 4 Bde., 3. Aufl., Beirut 1987 (Muʿtazilit).

Koranübersetzungen

Bell: Richard Bell. The Qur'ān. Translated, with a critical re-arrangement of the Surahs, 2 Bde., Edinburgh 1937/1939.
Blachère: Régis Blachère, Le Coran. Traduction selon un essai de reclassement des Sourates, 2 Bde., Paris 1949/1951.
Paret: Rudi Paret, Der Koran. Übersetzung, Taschenbuchausgabe, 3. Aufl., Stuttgart 1986.
Paret: Rudi Paret, Der Koran. Kommentar und Konkordanz, Taschenbuchausgabe, 3. Aufl., Stuttgart 1986.
Yusuf Ali: Abdallah Yusuf Ali, The glorious Qur'ān. Translation and commentary, 2 Bde., Lahore 1935; Neudruck nach der 3. Aufl. von 1938: Beirut o. J.
In den Bänden des vorliegenden Werkes wird meine Übersetzung gegenüber dem arabischen Original abgedruckt:
Der Koran. Übersetzung von *Adel Theodor Khoury*. Unter Mitwirkung von Muhammad Salim Abdullah, Gütersloher Taschenbücher, Siebenstern 783, Gütersloh 1987, 2. Auflage: 1992.

Allgemeine Literatur

Buhl: Frants, Buhl, Das Leben Muhammeds (deutsch von H. H. Schaeder), Leipzig 1930; 3. Auflage., Heidelberg 1961.
EIs²: The Encyclopaedia of Islam, neue Ausgabe, Leiden/London ab 1960.
Geschichte des Qorāns (= GdQ):
Th. Nöldeke/F. Schwally, I. Teil: Über den Ursprung des Qorāns, 2. Aufl., Leipzig 1909; II. Teil: Die Sammlung des Qorāns, 2. Aufl., Leipzig 1919.
Th. Nöldeke/G. Bergsträsser/O. Pretzl, III. Teil: Die Geschichte des Korantexts, 2. Aufl., Leipzig 1938.
Neudruck der drei Teile in einem Band: Hildesheim 1961.
Hirschfeld: H. Hirschfeld, New Researches into the composition and the exegesis of the Qoran, London 1902.
J. Horovitz: Koranische Untersuchungen, Berlin 1926.
Jeffery, Foreign vocabulary: A. Jeffery, The foreign vocabulary of the text of the Qur'ān, Leiden 1937.
Laḥḥām: Sa'īd Muḥammad al-Laḥḥām, Fayḍ al-Raḥīm fī qirā'āt al-Qur'ān al-karīm. Al-qirā'āt al-sab' bi riwāyāt 'idda, Beirut 1995.
Masson: Denise Masson, Le Coran et la révélation judéo-chrétienne, 2 Bde., Paris 1958.
Speyer: H. Speyer, Die biblischen Erzählungen im Qoran, Gräfenhainichen 1931; Neudruck: Hildesheim 1961.
Stieglecker: H. Stieglecker, Die Glaubenslehren des Islam, 2. Aufl., Paderborn 1983.
Watt/Bell: W. M. Watt, Bell's introduction to the Qur'ān, completely revised and enlarged, Edinburgh 1970.
Watt/Welch: W. M. Watt/A. T. Welch, Der Islam I, Stuttgart 1980.

Jüdische und christliche Literatur

Altes Testament

Gen	Genesis	Spr	Srüche
Ex	Exodus	Koh	Kohelet
Lev	Levitikus	Hld	Hoheslied
Num	Numeri	Weis	Weisheit
Dtn	Deuteronomium	Sir	Jesus Sirach
Jos	Josua	Jes	Jesaja
Ri	Richter	Jer	Jeremia
Rut	Rut	Klgl	Klagelieder
1 Sam	1 Samuel	Bar	Baruch
2 Sam	2 Samuel	Ez	Ezechiel
1 Kön	1 Könige	Dan	Daniel
2 Kön	2 Könige	Hos	Hosea
1 Chr	1 Chronik	Joël	Joël
2 Chr	1 Chronik	Am	Amos
Esra	Esra	Obd	Obadja
Neh	Nehemia	Jona	Jona
Tob	Tobit	Mi	Micha
Jdt	Judit	Nah	Nahum
Est	Ester	Hab	Habakuk
1 Makk	1 Makkabäer	Zef	Zefanja
2 Makk	2 Makkabäer	Hag	Haggai
Ijob	Ijob	Sach	Sacharja
Ps	Psalmen	Mal	Maleachi

Rabbinische Texte

Babylonischer Talmud
Palästinischer Talmud
Mischna
Tosefta

(Die Traktate dieser Werke sind folgende:)

Abot
Arakhin
Aboda Zara
Baba Batra
Bekhorot
Berakhot
Betsa
Bikkurim
Baba Metsia
Baba Qamma
Chagiga
Challa
Chullin
Demai
Edujot
Erubin
Gittin
Horajot
Jadajim
Jebamot
Joma
Kelim
Ketubbot
Kilajim
Masserot
Makkot
Makhschirin
Maaser Scheni
Megilla
Meila
Menachot
Middot
Miqwaot
Moed Qatan
Nazir
Nedarim
Negaim
Ohalot
Orla
Para
Pea
Pesachim
Quidduschin
Quinnim
Rosch ha-Schana
Sanhedrin
Schabbat
Schebiit
Schebuot
Scheqalim
Sota
Subka
Taanit
Tamid
Tebul Jom
Temurot
Terumot
Uqtsin
Zabim
Zebachim

Neues Testament

Mt	Matthäus
Mk	Markus
Lk	Lukas
Joh	Johannes
Apg	Apostelgeschichte
Röm	Brief an die Römer
1 Kor	1 Korinther
2 Kor	2 Korinther
Gal	Galater
Eph	Epheser
Phil	Philipper
Kol	Kolosser
1 Thess	1 Thessalonicher
2 Thess	2 Thessalonicher
1 Tim	1 Timotheus
2 Tim	2 Timotheus
Tit	Titus
Phlm	Philemon
Hebr	Hebräer
Jak	Jakobus
1 Petr	1 Petrus
2 Petr	2 Petrus
1 Joh	1 Johannes
2 Joh	2 Johannes
Jud	Judas
Offb	Offenbarung des Johannes

Allgemeine Abkürzungen

a. a. O.	am angegebenen Ort	gest.	gestorben
Anm.	Anmerkung	H (Hidjra)	(islamische Zeitrechnung)
arab.	arabisch	hrsg.	herausgegeben
Art.	Artikel	Hrsg.	Herausgeber
Bd.	Band	Jg.	Jahrgang
Bde.	Bände	Jh.	Jahrhundert/Jhs.
bzgl.	bezüglich	Nr.	Nummer
bzw.	beziehungsweise	N. S.	Neue Serie
ca.	circa	o. J.	ohne Jahr
ders.	derselbe	p.	pagina = Seite
d. h.	das heißt	S.	Seite
dt.	deutsch	s. o.	siehe oben
ebd.	ebenda	sog.	sogenannt
ed.	editiert	s. u.	siehe unten
etc.	et cetera = und so weiter	u. a.	unter anderem; und andere
f.	folgend	u. ö.	und öfter
ff.	folgende	usw.	und so weiter
GdQ	Geschichte des Qorāns: siehe Nöldeke	vgl.	vergleiche
		vol.	volumen = Band
geb.	geboren	z. B.	zum Beispiel

Zeitschriften, Lexika

EIs^2	The Encyclopaedia of Islam, neue Ausgabe, Leiden/London ab 1960.
MW	The Muslim World, Hartford ab 1911 (bis 1947: The Moslem World).
PG	Patrologia Graeca, ed. J. P. Migne, 161 Bde., Paris 1878–1890.
PL	Patrologia Latina, ed. J. P. Migne, 217 Bde., 4 Registerbde., Paris 1878–1890.
ShEIs	Shorter Encyclopaedia of Islam, hrsg. von H. A. R. Gibb/J. H. Kramers, Leiden 1953; 3. Auflage: Leiden/London 1991.
ZDMG	Zeitschrift der Deutschen Morgenländischen Gesellschaft, Leipzig ab 1847.

Die Suren des Korans

Im Band 1 dieses Kommentars, S. 105–114, befindet sich eine komplette Liste der in der islamischen Literatur gebräuchlichen Bezeichnungen der Suren des Korans. Hier werden nur die üblichen Surennamen wiedergegeben.

Sure 1: Die Eröffnung (al-Fātiḥa), zu Mekka, 7 Verse
Sure 2: Die Kuh (al-Baqara), zu Medina, 286 Verse
Sure 3: Die Sippe ʿImrāns (Āl ʿImrān), zu Medina, 200 Verse
Sure 4: Die Frauen (al-Nisāʾ), zu Medina, 176 Verse
Sure 5: Der Tisch (al-Māʾida), zu Medina, 120 Verse
Sure 6: Das Vieh (al-Anʿām), zu Mekka, 165 Verse
Sure 7: Der Bergkamm (al-Aʿrāf), zu Mekka, 206 Verse
Sure 8: Die Beute (al-Anfāl), zu Medina, 75 Verse
Sure 9: Die Umkehr (al-Tauba), zu Medina, 129 Verse
Sure 10: Jonas (Yūnus), zu Mekka, 109 Verse
Sure 11: Hūd, zu Mekka, 123 Verse
Sure 12: Josef (Yūsuf), zu Mekka, 111 Verse
Sure 13: Der Donner (al-Raʿd), zu Medina, 43 Verse
Sure 14: Abraham (Ibrāhīm), zu Mekka, 52 Verse
Sure 15: Ḥidjr (al-Ḥidjr), zu Mekka, 99 Verse
Sure 16: Die Bienen (al-Naḥl), zu Mekka, 128 Verse
Sure 17: Die Nachtreise (al-Isrāʾ) – oder:
Die Kinder Israels (Banī Isrāʾīl), zu Mekka, 111 Verse
Sure 18: Die Höhle (al-Kahf), zu Mekka, 110 Verse
Sure 19: Maria (Maryam), zu Mekka, 98 Verse
Sure 20: Ṭā Hā, zu Mekka, 135 Verse
Sure 21: Die Propheten (al-Anbiyāʾ), zu Mekka, 112 Verse
Sure 22: Die Wallfahrt (al-Ḥadjj), zu Medina, 78 Verse
Sure 23: Die Gläubigen (al-Muʾminūn), zu Mekka, 118 Verse
Sure 24: Das Licht (al-Nūr), zu Medina, 64 Verse
Sure 25: Die Unterscheidungsnorm (al-Furqān), zu Mekka, 77 Verse
Sure 26: Die Dichter (al-Shuʿarāʾ), zu Mekka, 227 Verse
Sure 27: Die Ameisen (al-Naml), zu Mekka, 93 Verse
Sure 28: Die Geschichte (al-Qaṣaṣ), zu Mekka, 88 Verse
Sure 29: Die Spinne (al-ʿAnkabūt), zu Mekka, 69 Verse
Sure 30: Die Byzantiner (al-Rūm), zu Mekka, 60 Verse
Sure 31: Luqmān, zu Mekka, 34 Verse
Sure 32: Die Anbetung (al-Sadjda), zu Mekka, 30 Verse
Sure 33: Die Parteien (al-Aḥzāb), zu Medina, 73 Verse
Sure 34: Sabaʾ, zu Mekka, 54 Verse
Sure 35: Schöpfer (Fāṭir), zu Mekka, 45 Verse
Sure 36: Yā Sīn, zu Mekka, 83 Verse

Sure 37: Die sich reihen (al-Ṣāffāt), zu Mekka, 182 Verse
Sure 38: Ṣād, zu Mekka, 88 Verse
Sure 39: Die Scharen (al-Zumar), zu Mekka, 75 Verse
Sure 40: Der vergibt (Ghāfir) – oder: Der Gläubige (al-Mu'min), zu Mekka, 85 Verse
Sure 41: Im einzelnen dargelegt (Fuṣṣilat) – oder:
Ḥā Mīm Sich niederwerfen (Ḥā Mịm al-Sadjda), zu Mekka, 54
Sure 42: Die Beratung (al-Shūrā), zu Mekka, 53 Verse
Sure 43: Der Prunk (al-Zukhruf), zu Mekka, 89 Verse
Sure 44: Der Rauch (al-Dukhān), zu Mekka, 59 Verse
Sure 45: Die auf den Knien sitzt (al-Djāthiya), zu Mekka, 37 Verse
Sure 46: Die Dünen (al-Aḥqāf), zu Mekka, 34 Verse
Sure 47: Muḥammad, zu Medina, 38 Verse
Sure 48: Der Erfolg (al-Fatḥ), zu Medina, 29 Verse
Sure 49: Die Gemächer (al-Ḥudjurāt), zu Medina, 18 Verse
Sure 50: Qāf, zu Mekka, 45 Verse
Sure 51: Die aufwirbeln (al-Dhāriyāt), zu Mekka, 60 Verse
Sure 52: Der Berg (al Ṭūr), zu Mekka, 49 Verse
Sure 53: Der Stern (al-Nadjm), zu Mekka, 62 Verse
Sure 54: Der Mond (al-Qamar), zu Mekka, 55 Verse
Sure 55: Der Erbarmer (al-Raḥmān), zu Medina, 78 Verse
Sure 56: Die eintreffen wird (al-Wāqiʿa), zu Mekka, 96 Verse
Sure 57: Das Eisen (al-Ḥadīd), zu Medina, 29 Verse
Sure 58: Der Streit (al-Mudjādala), zu Medina, 22 Verse
Sure 59: Die Versammlung (al-Ḥashr), zu Medina, 24 Verse
Sure 60: Die Prüfung (al-Mumtaḥina), zu Medina, 13 Verse
Sure 61: Die Reihe (al-Ṣaff), zu Medina, 14 Verse
Sure 62: Der Freitag (al-Djumuʿa), zu Medina, 11 Verse
Sure 63: Die Heuchler (al-Munāfiqūn), zu Medina, 11 Verse
Sure 64: Die Übervorteilung (al-Taghābun), zu Medina, 18 Verse
Sure 65: Die Entlassung (al-Ṭalāq), zu Medina, 12 Verse
Sure 66: Das Verbot (al-Taḥrīm), zu Medina, 12 Verse
Sure 67: Die Königsherrschaft (al-Mulk), zu Mekka, 30 Verse
Sure 68: Das Schreibrohr (al-Qalam), zu Mekka, 52 Verse
Sure 69: Die fällig wird (al-Ḥāqqa), zu Mekka, 52 Verse
Sure 70: Die Himmelsleiter (al-Maʿāridj), zu Mekka, 44 Verse
Sure 71: Noach (Nūḥ), zu Mekka, 28 Verse
Sure 72: Die Djinn (al-Djinn), zu Mekka, 28 Verse
Sure 73: Der sich eingehüllt hat (al-Muzzammil), zu Mekka, 20 Verse
Sure 74: Der sich zugedeckt hat (al-Muddaththir), zu Mekka, 56 Verse
Sure 75: Die Auferstehung (al-Qiyāma), zu Mekka, 40 Verse
Sure 76: Der Mensch (al-Insān) – oder:
Die Zeit (al-Dahr), zu Medina oder zu Mekka, 31 Verse
Sure 77: Die gesandt werden (al-Mursalāt), zu Mekka, 50 Verse
Sure 78: Der Bericht (al-Naba'), zu Mekka, 40 Verse
Sure 79: Die entreißen (al-Nāziʿāt), 46 Verse

Sure 80: Er runzelte die Stirn (ʿAbasa), zu Mekka, 42 Verse
Sure 81: Umwinden (al-Takwīr), zu Mekka, 29 Verse
Sure 82: Zerbrechen (al-Infiṭār), zu Mekka, 19 Verse
Sure 83: Die das Maß verkürzen (al-Muṭaffifīn), oder:
Das Maß verkürzen (al-Taṭfīf), zu Mekka, 36 Verse
Sure 84: Sie spalten (al-Inshiqāq); zu Mekka, 25 Verse
Sure 85: Die Sternzeichen (al-Burūdj), zu Mekka, 22 Verse
Sure 86: Die Nachtstern – oder:
Was in der Nacht erscheint (al-Ṭāriq), zu Mekka, 17 Verse
Sure 87: Der Allerhöchste (al-Aʿlā), zu Mekka, 19 Verse
Sure 88: Die bedecken wird (al-Ghāshiya), zu Mekka, 26 Verse
Sure 89: Die Morgenröte (al-Fadjr), zu Mekka, 30 Verse
Sure 90: Das Gebiet (al-Balad), zu Mekka, 20 Verse
Sure 91: Die Sonne (al-Shams), zu Mekka, 15 Verse
Sure 92: Die Nacht (al-Layl), zu Mekka, 21 Verse
Sure 93: Der Morgen (al-Ḍuḥā); zu Mekka, 11 Verse
Sure 94: Das Weiten (al-Sharḥ), – oder:
Sich weiten (al-Inshirāḥ), zu Mekka, 8 Verse
Sure 95: Der Feigenbaum (al-Tīn), zu Mekka, 8 Verse
Sure 96: Der Embryo (al-ʿAlaq), zu Mekka, 19 Verse
Sure 97: Die Bestimmung (al-Qadr), zu Mekka, 5 Verse
Sure 98: Das deutliche Zeichen (al-Bayyina), zu Medina oder zu Mekka, 8 Verse
Sure 99: Das Beben (al-Zalzala, oder: al-Zilzāl), zu Medina oder zu Mekka, 8 Verse
Sure 100: Die laufen (al-ʿĀdiyāt), zu Mekka, 11 Verse
Sure 101: Die Katastrophe (al-Qāriʿa), zu Mekka, 11 Verse
Sure 102: Wettstreit um noch mehr (al-Takāthur), zu Mekka, 8 Verse
Sure 103: Der Nachmittag (al-ʿAṣr), zu Mekka, 3 Verse
Sure 104: Der Stichler (al-Humaza), zu Mekka, 9 Verse
Sure 105: Der Elefant (al-Fīl), zu Mekka, 5 Verse
Sure 106: Quraysh, zu Mekka, 4 Verse
Sure 107: Die Hilfeleistung (al-Māʿūn), zu Mekka, 7 Verse
Sure 108: Die Fülle (al-Kauthar), zu Mekka, 3 Verse
Sure 109: Die Ungläubigen (al-Kāfirūn), zu Mekka, 6 Verse
Sure 110: Die Unterstützung (al-Naṣr), zu Medina, 3 Verse
Sure 111: Die Palmenfaser (al-Masad), oder: Lodern (al-Lahab), zu Mekka, 5 Verse
Sure 112: Der aufrichtige Glaube (al-Ikhlāṣ), zu Mekka, 4 Verse
Sure 113: Das Frühlicht (al-Falaq), zu Mekka, 5 Verse
Sure 114: Die Menschen (al-Nās), zu Mekka, 6 Verse

Hinweise für den Leser

Dieser Kommentar in mehreren Bänden gibt neben einer deutschen Übersetzung den arabischen Originaltext der offiziellen Ausgabe des Korans in der schönen osmanischen Handschrift wieder. Dieser Text fand die Zustimmung einer Kontrollkommission der Kairoer Universität Azhar.

Die Übersetzung ist die des Autors. Sie ist bereits veröffentlicht worden in: Der Koran. Übersetzung von Adel Theodor Khoury. Unter Mitwirkung von Muhammad Salim Abdullah. Mit einem Geleitwort von Inamullah Khan, Generalsekretär des Islamischen Weltkongresses, Gütersloher Taschenbücher/ Siebenstern 783, Gütersloher Verlagshaus Gerd Mohn, Gütersloh 1987; 2. Auflage: 1992. Diese Übersetzung ist um größtmögliche Treue zum arabischen Original bemüht. Notwendige Zusätze werden in Klammern ( ) gesetzt. Wo Abweichungen vom genauen Wortlaut des Originals unumgänglich sind, um Verwechslungen und Mißdeutungen vorzubeugen, wird die wörtliche Wiedergabe des Originals im Kommentar zu dieser Stelle angegeben.

Zur Gestaltung der Rezitation und des frommen Gebrauchs des koranischen Textes gliedert sich dieser Text in 30 Teile, welche wiederun in je zwei Abschnitte aufgeteilt sind. Insgesamt sind es also 60 Abschnitte. Teile, Abschnitte und deren Untergliederungen (¼, ½, und ¾) werden durch ein Sternchen (*) vor dem jeweiligen Vers angezeigt. Wenn der Beginn dieser Gliederung mit dem Anfang einer Sure zusammenfällt, wird auf das Sternchen verzichtet.

Der Kommentar des Korantextes befaßt sich zunächst einmal mit allgemeinen Fragen, die die jeweilige Sure betreffen, wie Name der Sure, Datierung, Struktur, besondere Inhalte, Aussagen über die Vorzüge der Sure. Dann folgt der Kommentar, wobei der Text der Sure, insofern diese eine gewisse Länge besitzt, in übersichtlichen und zusammenhängenden Abschnitten behandelt wird.

Bei jedem Abschnitt werden bekannte Varianten zum offiziellen Text hinter dem arabischen Original angegeben. Diese Varianten sind die, die bei den muslimischen Kommentaren sowie bei Jeffery, Materials ..., erwähnt werden. Die Angabe hinter der Klammer lautet *bei*, wenn die Variante in einem Codex enthalten ist; sie lautet *nach*, wenn es sich um die Tradition der Rezitatoren handelt. Wenn eine Variante eine andere Bedeutung hat als die offizielle Version, wird sie übersetzt.

Die zu kommentierenden Verse werden halbfett angegeben, dahinter in Klammern eventuell abweichende Verszahlen der Ausgabe von Gustav Flügel/ Gustav Redslob aus dem Jahr 1834. Beispiel: **2,35**(33).

Der Kommentar ist bemüht, bis zum Erscheinen der vollständigen Konkordanz des Korans hier eine ausreichende Konkordanz der Begriffe und Wörter innerhalb des Korans zu erstellen. Dies erfolgt meistens dort, wo im Koran ein Ausdruck zum ersten Mal vorkommt. Wenn der gleiche Ausdruck später nochmals erscheint, wird auf die erste Stelle mit einem → verwiesen. Dort findet dann der Leser die weitern Koranstellen und auch eventuell eine Liste der Verse aus der Bibel, die einen ähnlichen Inhalt aufweisen oder gleiche Ausdrücke gebrauchen.

Die Wörter, Halbsätze bzw. Sätze, die Gegenstand der Kommentierung sind, werden halbfett gesetzt. Kursiv erscheinen die arabischen Termini, nicht jedoch die arabischen Personennamen.

Oben ist eine Liste häufig zitierter arabischer Kommentare und wissenschaftlicher Bücher aufgestellt. Der Leser möge sich deren bedienen, vor allem bei der Bearbeitung der Anmerkungen.

(١٠) سورة يونس مكية
وآياتها تسع ومائة

Sure 10

Jonas (Yūnus)

zu Mekka, 109 Verse

10,1–109

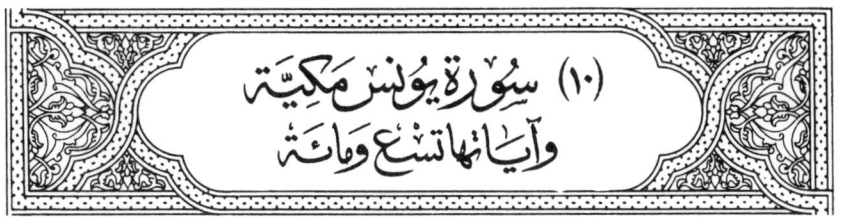

Sure 10

Jonas (Yūnus)

zu Mekka, 109 Verse

Allgemeine Fragen

Bezeichnung

Die Sure 10 heißt »Jonas«, sie trägt den Namen des Propheten Jonas, der in 10,98 erwähnt wird.

Datierung

Die übereinstimmende Überlieferung der Muslime ordnet diese Sure nach der Sure 17 (die Nachtreise, al-Isrā') und vor der Sure 11 (Hūd) ein und datiert sie in die mekkanische Periode, bis auf die Verse 40 und 94–96, die an die Juden gerichtet seien und daher nach einigen Gewährsmännern in die medinische Zeit gehören. Auch wenn da und dort, vor allem im zweiten und dritten Teil der Sure, einige Einfügungen oder Textüberarbeitungen aus medinischer Zeit (624 oder 625) auszumachen sind, so gehört diese Sure fast in ihrer Gesamtheit zur dritten mekkanischen Periode. Ihre Themen sind die, die in Mekka immer wieder angesprochen und vertieft worden sind: Monotheismus, Offenbarung, prophetische Sendung, Auferstehung und Gericht, Vergeltung für die Taten.

Struktur und Inhalt

Die Struktur der Sure 10 weist eine Aufteilung in drei größere Abschnitte auf. Der erste Teil (10,1–70) legt den Akzent auf die göttliche Herkunft der Sendung Muḥammads und der koranischen Offenbarung, auf die Allmacht und Allwissenheit Gottes, auf das Jüngste Gericht und auf die Vergeltung der Menschen nach ihren Werken. Der zweite Teil (10,71–93) befaßt sich mit dem prophetischen Wirken Noachs und Moses. Der dritte Teil (94–109) behandelt verschiedene wenig zusammenhängende Themen.

Wichtigste Aussagen

Der Inhalt der Sure 10 ist dem der Sure 6 und 7 in vieler Hinsicht ähnlich. Besonders bemerkenswert ist, neben der Bekräftigung der göttlichen Herkunft der koranischen Offenbarung, die an die Adresse der ungläubigen Polytheisten von Mekka ausgesprochene Herausforderung, etwas dem Koran Ähnliches herbeizubringen (10,15.38).

Außerdem weist die Sure auf ungünstige Eigenschaften des Menschen hin: Neigung zum Unglauben (10,18.28.34.35.66.71), Eilfertigkeit (10,11.50.51), Bereitschaft, Unrecht zu tun (10,44.85.106), Unwissenheit und Befolgung unsicherer Vermutungen (10,36.66), Unbeständigkeit (10,11–14).

10,1–109

10,1–20

Im Namen Gottes, des Erbarmers, des Barmherzigen.
1 Alif Lām Rā. Dies sind die Zeichen des weisen
Buches. 2 Scheint es denn den Menschen verwunderlich, daß Wir einem Mann aus ihrer Mitte offenbart haben: »Warne die Menschen und
verkünde denen, die glauben, daß sie bei ihrem
Herrn einen wahrhaftigen Vorrang haben«? Die
Ungläubigen sagen: »Das ist nur ein offenkundiger Zauberer.«
3 Euer Herr ist Gott, der die Himmel und die
Erde in sechs Tagen erschuf und sich dann auf
dem Thron zurechtsetzte, um die Angelegenheit
zu regeln. Es gibt keinen Fürsprecher außer nach
seiner Erlaubnis. So ist Gott, euer Herr. Dienet
Ihm. Wollt ihr es denn nicht bedenken? 4 Zu
Ihm kommt ihr alle zurück. Das ist das Versprechen Gottes in Wahrheit. Er macht die Schöpfung am Anfang, und Er wiederholt sie, um diejenigen, die glauben und die guten Werke tun, in
Gerechtigkeit zu entlohnen. Für die, die ungläubig sind, sind ein Getränk aus heißem Wasser
und eine schmerzhafte Pein bestimmt dafür,
daß sie ungläubig waren. 5 Er ist es, der die Sonne zur Leuchte und den Mond zum Licht gemacht und ihm Stationen zugemessen hat, damit ihr die Zahl der Jahre und die Zeitrechnung

بِسْمِ ٱللَّهِ ٱلرَّحْمَٰنِ ٱلرَّحِيمِ

الٓر ۚ تِلْكَ ءَايَٰتُ ٱلْكِتَٰبِ ٱلْحَكِيمِ ﴿١﴾ أَكَانَ
لِلنَّاسِ عَجَبًا أَنْ أَوْحَيْنَآ إِلَىٰ رَجُلٍ مِّنْهُمْ أَنْ أَنذِرِ
ٱلنَّاسَ وَبَشِّرِ ٱلَّذِينَ ءَامَنُوٓا۟ أَنَّ لَهُمْ قَدَمَ صِدْقٍ عِندَ
رَبِّهِمْ ۗ قَالَ ٱلْكَٰفِرُونَ إِنَّ هَٰذَا لَسَٰحِرٌ مُّبِينٌ ﴿٢﴾
إِنَّ رَبَّكُمُ ٱللَّهُ ٱلَّذِى خَلَقَ ٱلسَّمَٰوَٰتِ وَٱلْأَرْضَ فِى سِتَّةِ
أَيَّامٍ ثُمَّ ٱسْتَوَىٰ عَلَى ٱلْعَرْشِ ۖ يُدَبِّرُ ٱلْأَمْرَ ۖ مَا مِن شَفِيعٍ
إِلَّا مِنۢ بَعْدِ إِذْنِهِۦ ۚ ذَٰلِكُمُ ٱللَّهُ رَبُّكُمْ فَٱعْبُدُوهُ ۚ
أَفَلَا تَذَكَّرُونَ ﴿٣﴾ إِلَيْهِ مَرْجِعُكُمْ جَمِيعًا ۖ وَعْدَ ٱللَّهِ حَقًّا ۚ
إِنَّهُۥ يَبْدَؤُا۟ ٱلْخَلْقَ ثُمَّ يُعِيدُهُۥ لِيَجْزِىَ ٱلَّذِينَ ءَامَنُوا۟ وَعَمِلُوا۟
ٱلصَّٰلِحَٰتِ بِٱلْقِسْطِ ۚ وَٱلَّذِينَ كَفَرُوا۟ لَهُمْ شَرَابٌ مِّنْ
حَمِيمٍ وَعَذَابٌ أَلِيمٌۢ بِمَا كَانُوا۟ يَكْفُرُونَ ﴿٤﴾ هُوَ ٱلَّذِى
جَعَلَ ٱلشَّمْسَ ضِيَآءً وَٱلْقَمَرَ نُورًا وَقَدَّرَهُۥ مَنَازِلَ لِتَعْلَمُوا۟
عَدَدَ ٱلسِّنِينَ وَٱلْحِسَابَ ۚ مَا خَلَقَ ٱللَّهُ ذَٰلِكَ إِلَّا بِٱلْحَقِّ ۚ

wißt. Gott hat ja dies nur in Wahrheit erschaffen. Er legt die Zeichen im einzelnen dar für Leute, die Bescheid wissen. 6 Im Aufeinanderfolgen von Nacht und Tag und in dem, was Gott in den Himmeln und auf der Erde erschaffen hat, sind gewiß Zeichen für Leute, die gottesfürchtig sind.

7 Diejenigen, die nicht erwarten, Uns zu begegnen, die mit dem diesseitigen Leben zufrieden sind und sich darin wohl fühlen, und die unsere Zeichen unbeachtet lassen, 8 diese haben das Feuer zur Heimstätte für das, was sie erworben haben. 9 Diejenigen, die glauben und die guten Werke tun, leitet ihr Herr wegen ihres Glaubens recht. Unter ihnen werden Bäche fließen in den Gärten der Wonne. 10 Ihr Rufen darin wird sein: »Preis sei Dir, unser Gott!«, und ihre Begrüßung darin: »Friede!« Ihr abschließender Ruf: »Lob sei Gott, dem Herrn der Welten!«

[21¾] *11 Würde Gott den Menschen das Böse so beschleunigen, wie sie das Gute zu beschleunigen wünschen, wäre für sie die Frist erfüllt. Aber Wir lassen diejenigen, die nicht erwarten, Uns zu begegnen, im Übermaß ihres Frevels umherirren. 12 Und wenn ein Schaden den Menschen trifft, ruft er Uns an auf der Seite (liegend), im Sitzen oder Stehen. Wenn Wir ihm seinen Schaden behoben haben, geht er vorbei, als hätte er Uns nicht gegen einen Schaden, der ihn getroffen hat, angerufen. So wird den Maßlosen ver-

يُفَصِّلُ ٱلْءَايَٰتِ لِقَوْمٍ يَعْلَمُونَ ﴿٥﴾ إِنَّ فِى ٱخْتِلَٰفِ ٱلَّيْلِ
وَٱلنَّهَارِ وَمَا خَلَقَ ٱللَّهُ فِى ٱلسَّمَٰوَٰتِ وَٱلْأَرْضِ لَءَايَٰتٍ
لِّقَوْمٍ يَتَّقُونَ ﴿٦﴾ إِنَّ ٱلَّذِينَ لَا يَرْجُونَ لِقَآءَنَا وَرَضُوا۟
بِٱلْحَيَوٰةِ ٱلدُّنْيَا وَٱطْمَأَنُّوا۟ بِهَا وَٱلَّذِينَ هُمْ عَنْ ءَايَٰتِنَا
غَٰفِلُونَ ﴿٧﴾ أُو۟لَٰٓئِكَ مَأْوَىٰهُمُ ٱلنَّارُ بِمَا كَانُوا۟ يَكْسِبُونَ ﴿٨﴾
إِنَّ ٱلَّذِينَ ءَامَنُوا۟ وَعَمِلُوا۟ ٱلصَّٰلِحَٰتِ يَهْدِيهِمْ رَبُّهُم بِإِيمَٰنِهِمْ ۖ
تَجْرِى مِن تَحْتِهِمُ ٱلْأَنْهَٰرُ فِى جَنَّٰتِ ٱلنَّعِيمِ ﴿٩﴾ دَعْوَىٰهُمْ
فِيهَا سُبْحَٰنَكَ ٱللَّهُمَّ وَتَحِيَّتُهُمْ فِيهَا سَلَٰمٌ ۚ وَءَاخِرُ دَعْوَىٰهُمْ
أَنِ ٱلْحَمْدُ لِلَّهِ رَبِّ ٱلْعَٰلَمِينَ ﴿١٠﴾ * وَلَوْ يُعَجِّلُ ٱللَّهُ
لِلنَّاسِ ٱلشَّرَّ ٱسْتِعْجَالَهُم بِٱلْخَيْرِ لَقُضِىَ إِلَيْهِمْ أَجَلُهُمْ ۚ
فَنَذَرُ ٱلَّذِينَ لَا يَرْجُونَ لِقَآءَنَا فِى طُغْيَٰنِهِمْ يَعْمَهُونَ ﴿١١﴾
وَإِذَا مَسَّ ٱلْإِنسَٰنَ ٱلضُّرُّ دَعَانَا لِجَنۢبِهِۦٓ أَوْ قَاعِدًا أَوْ قَآئِمًا
فَلَمَّا كَشَفْنَا عَنْهُ ضُرَّهُۥ مَرَّ كَأَن لَّمْ يَدْعُنَآ إِلَىٰ ضُرٍّ

lockend gemacht, was sie tun. 13 Wir haben viele Generationen vor euch verderben lassen, als
sie Unrecht taten, da ihre Gesandten mit den
deutlichen Zeichen zu ihnen kamen, und sie
nicht glauben mochten. So vergelten Wir Leuten, die Übeltäter sind. 14 Dann haben Wir euch
nach ihnen zu Nachfolgern auf der Erde eingesetzt, um zu sehen, wie ihr handeln würdet.
15 Wenn ihnen unsere Zeichen als deutliche Beweise verlesen werden, sagen diejenigen, die
nicht erwarten, Uns zu begegnen: »Bring einen
anderen Koran als diesen, oder ändere ihn ab.«
Sprich: Es steht mir nicht zu, ihn von mir aus
abzuändern. Ich folge nur dem, was mir offenbart wird. Ich fürchte, wenn ich gegen meinen
Herrn ungehorsam bin, die Pein eines gewaltigen Tages. 16 Sprich: Wenn Gott wollte, würde
ich ihn euch nicht verlesen, und Er würde euch
nicht davon Kenntnis geben. Ich habe doch davor
ein Leben lang unter euch verweilt. Habt ihr
denn keinen Verstand? 17 Wer ist denn ungerechter, als wer gegen Gott eine Lüge erdichtet
oder seine Zeichen für Lüge erklärt? Den Übeltätern wird es gewiß nicht wohl ergehen. 18 Sie
verehren anstelle Gottes, was ihnen weder schadet noch nützt, und sagen: »Das sind unsere Fürsprecher bei Gott.« Sprich: Wollt ihr denn Gott

مَسَّهُۥ ۚ كَذَٰلِكَ زُيِّنَ لِلْمُسْرِفِينَ مَا كَانُوا۟ يَعْمَلُونَ ﴿١٢﴾
وَلَقَدْ أَهْلَكْنَا ٱلْقُرُونَ مِن قَبْلِكُمْ لَمَّا ظَلَمُوا۟ ۙ وَجَآءَتْهُمْ
رُسُلُهُم بِٱلْبَيِّنَٰتِ وَمَا كَانُوا۟ لِيُؤْمِنُوا۟ ۚ كَذَٰلِكَ نَجْزِى
ٱلْقَوْمَ ٱلْمُجْرِمِينَ ﴿١٣﴾ ثُمَّ جَعَلْنَٰكُمْ خَلَٰٓئِفَ فِى ٱلْأَرْضِ
مِنۢ بَعْدِهِمْ لِنَنظُرَ كَيْفَ تَعْمَلُونَ ﴿١٤﴾ وَإِذَا تُتْلَىٰ عَلَيْهِمْ
ءَايَاتُنَا بَيِّنَٰتٍ قَالَ ٱلَّذِينَ لَا يَرْجُونَ لِقَآءَنَا ٱئْتِ بِقُرْءَانٍ
غَيْرِ هَٰذَآ أَوْ بَدِّلْهُ ۚ قُلْ مَا يَكُونُ لِىٓ أَنْ أُبَدِّلَهُۥ مِن تِلْقَآئِ
نَفْسِىٓ ۖ إِنْ أَتَّبِعُ إِلَّا مَا يُوحَىٰٓ إِلَىَّ ۖ إِنِّىٓ أَخَافُ إِنْ
عَصَيْتُ رَبِّى عَذَابَ يَوْمٍ عَظِيمٍ ﴿١٥﴾ قُل لَّوْ شَآءَ ٱللَّهُ
مَا تَلَوْتُهُۥ عَلَيْكُمْ وَلَآ أَدْرَىٰكُم بِهِۦ ۖ فَقَدْ لَبِثْتُ فِيكُمْ
عُمُرًا مِّن قَبْلِهِۦٓ ۚ أَفَلَا تَعْقِلُونَ ﴿١٦﴾ فَمَنْ أَظْلَمُ مِمَّنِ
ٱفْتَرَىٰ عَلَى ٱللَّهِ كَذِبًا أَوْ كَذَّبَ بِـَٔايَٰتِهِۦٓ ۚ إِنَّهُۥ لَا يُفْلِحُ
ٱلْمُجْرِمُونَ ﴿١٧﴾ وَيَعْبُدُونَ مِن دُونِ ٱللَّهِ مَا لَا يَضُرُّهُمْ
وَلَا يَنفَعُهُمْ وَيَقُولُونَ هَٰٓؤُلَآءِ شُفَعَٰٓؤُنَا عِندَ ٱللَّهِ ۚ قُلْ

etwas kundtun, was Er nicht kennt, weder in den Himmeln noch auf der Erde? Preis sei Ihm, und erhaben ist Er über das, was sie (Ihm) beigesellen.
19 Die menschen waren nur eine einzige Gemeinschaft. Dann wurden sie uneins. Und gäbe es nicht einen früher ergangenen Spruch von deinem Herrn, so wäre zwischen ihnen entschieden über das, worüber sie uneins sind. 20 Und sie sagen: »Wenn doch auf ihn ein Zeichen von seinem Herrn herabgesandt würde!« Sprich: Das Unsichtbare gehört Gott. So wartet ab. Ich bin mit euch einer von denen, die abwarten.

أَتُنَبِّـُٔونَ ٱللَّهَ بِمَا لَا يَعْلَمُ فِى ٱلسَّمَـٰوَٰتِ وَلَا فِى ٱلْأَرْضِ ۚ
سُبْحَـٰنَهُۥ وَتَعَـٰلَىٰ عَمَّا يُشْرِكُونَ ﴿١٨﴾ وَمَا كَانَ ٱلنَّاسُ
إِلَّآ أُمَّةً وَٰحِدَةً فَٱخْتَلَفُوا۟ ۚ وَلَوْلَا كَلِمَةٌ سَبَقَتْ مِن رَّبِّكَ
لَقُضِىَ بَيْنَهُمْ فِيمَا فِيهِ يَخْتَلِفُونَ ﴿١٩﴾ وَيَقُولُونَ لَوْلَآ أُنزِلَ
عَلَيْهِ ءَايَةٌ مِّن رَّبِّهِۦ ۖ فَقُلْ إِنَّمَا ٱلْغَيْبُ لِلَّهِ فَٱنتَظِرُوٓا۟ إِنِّى
مَعَكُم مِّنَ ٱلْمُنتَظِرِينَ ﴿٢٠﴾

Varianten: 10,1–20

10,2: ʿadjaban: ʿadjabun (bei Ibn Masʿūd, Ibn ʿAbbās).
inna hādhā lasāḥirun: mā hādhā illā sāḥirun (bei al-Aʿmash); mā hādhā illā siḥrun (bei Ubayy); inna hādhā lasiḥrun: Das ist nur eine Zauberei (nach Nāfiʿ, Abū ʿAmr, Ibn ʿĀmir).

10,3: tadhakkarūna: tadhdhakkarūna (nach den Rezitatoren außer Ḥafṣ, Ḥamza, Kisāʾī).

10,4: waʿda llāhi: waʿada llāhu: Gott hat es versprochen (laut Zamakhsharī II, S. 329).
ḥaqqan innahū: ḥaqqan annahū (bei Ibn Masʿūd, al-Aʿmash; nach Abū Djaʿfar, Ibn Abī ʿAbla).
yabdaʾu: badaʾa: Er hat (die Schöpfung) am Anfang gemacht (bei Ibn Masʿūd, Ubayy).

10,5: ḍiyāʾa: ḍiʾāʾa (nach Qunbul).
yufaṣṣilu: nufaṣṣilu: Wir legen (die Zeichen) im einzelnen dar (nach den Rezitatoren außer Ḥafṣ, Ibn Kathīr, Abū ʿAmr).

10,7: wa-ṭmaʾannū: wa-ṭmaʾānnu (bei ʿAlī, Djaʿfar al-Ṣādiq; nach Shayba, al-Ḍaḥḥāk, al-Zuhrī).

10,9: taḥtihimu: taḥtuhumu (nach Ḥamza, Kisāʾī); taḥtihimi (nach Abū ʿAmr).

10,11: laquḍiya ilayhim adjaluhum: laqaḍaynā ilayhim adjalahum: würden Wir für sie ihre Frist erfüllen (bei Ibn Masʿūd, al-Aʿmash; nach Muḥayṣin); laqaḍā ilayhim adjalahum: würde Er … (nach Ibn ʿĀmir).
ilayhim: ilayhum (nach Ḥamza, Kisāʾī).

10,13: rusuluhum: rusluhum (nach al-Aʿmash).

10,15: liqāʾanā ʾti: liqāʾanā wti (bei zusammenhängender Aussprache), oder: liqāʾanā / yti (bei Trennung) (nach al-Sūsī, Warsh).
bi qurʾānin: bi qurānin (nach Ibn Kathīr).
yakūnu lī: yakūnu liya (nach Nāfiʿ, Ibn Kathīr, Abū ʿAmr).
nafsī: nafsiya (nach Nāfiʿ, Ibn Kathīr, Kisāʾī).

10,16: mā talautuhū walā adrākum bihī: mā adrākum bihī walā talautuhū ʿalaykum (bei Ubayy).
walā adrākum: walā adraʾtukum (bei Ibn ʿAbbās); walā adrātukum (nach Ḥasan al-Baṣrī); walaʾdrākum bihī: Er würde euch damit warnen (nach Ibn Kathīr); walaʾandhartukum: Ich würde euch … warnen; – oder: lā andhartukum: Ich würde euch … nicht warnen (bei Ibn Masʿūd, Ibn ʿAbbās nach einigen Gewährsmännern).

10,18: atunabbiʾūna: atunbiʾūna (laut Zamakhsharī II, S. 336).
yushrikūna: tushrikūna: was ihr (Ihm) beigesellt (nach Ḥamza, Kisāʾī).

10,19: ummatan wāḥidatan: hinzugefügt: ʿalā l-hudā: eine (in der Rechtleitung geeinte) Gemeinschaft (bei Ibn Masʿūd).

Kommentar

Im Namen Gottes, des Erbarmers, des Barmherzigen: Zu diesem einführenden Satz siehe die Angaben im Band 1 dieses Koran-Kommentars (Gütersloh 1990): S. 84 (ob dieser Satz als Koranvers zu betrachten ist), S. 147–150 (Kommentierung des Inhalts); → 1,1.

10,1(1): **Alif Lām Rā:** zu den verschiedenen Versuchen, die den Suren vorangestellten sogenannten »geheimnisvollen Buchstaben« zu enträtseln, siehe den Band 1 dieses Koran-Kommentars (Gütersloh 1990), S. 85–90.

Dies sind die Zeichen des weisen Buches: *Dies*: Es sind die Verse der hier vorliegenden Sure, oder die Verse der vorherigen Abschnitte des Korans. Das weise Buch ist der Koran (vgl. 36,2) oder auch die bei Gott aufbewahrte Tafel, der Urkoran (vgl. 43,4).

Das Buch wird als weise beschrieben, entweder weil es Weisheit übermittelt oder weil es die Worte des weisen Gottes enthält. Das arabische Wort *ḥakīm* kann auch im Sinne von *ḥākim*, des entscheidenden Buches (siehe → 2,213; 3,23 usw.) verstanden werden, weil dieses Buch über die Wahrheit der Lehre und den moralischen Wert der Taten entscheidet, oder weil es die entscheidende Auskunft über die Echtheit der prophetischen Sendung Muḥammads bringt. Eine weitere Deutung des Wortes macht daraus ein Synonym von *muḥkam*, fest zusammengefügt, ohne Brüche (siehe 11,1; 22,52)[1].

10,2(2): **Scheint es denn den Menschen verwunderlich, daß Wir einem Mann aus ihrer Mitte offenbart haben: »Warne die Menschen und verkünde denen, die glauben, daß sie bei ihrem Herrn einen wahrhaftigen Vorrang haben«?:** zum Thema siehe → 7,63.69.

qadama ṣidqin: einen wahrhaftigen Vorrang, einen wahrhaftigen Vorsprung, oder: einen guten Stand, einen hohen Rang: dies wegen der guten Taten, die sie vorausgeschickt haben, oder wegen der ihnen verheißenen Belohnung. Vgl. 10,93 (einen wahrhaftigen Aufenthaltsort); 17,80 (einen wahrhaftigen Eingang … und einen wahrhaftigen Ausgang); 19,50 und 26,84 (einen wahrhaftigen Ruf); 54,55 (einem wahrhaftigen Sitzplatz).

1. Vgl. Rāzī IX, 17, S. 5, der erwähnt, daß die zweite Deutung die Meinung der Mehrheit wiedergibt.

Die Ungläubigen sagen: »Es ist nur ein offenkundiger Zauberer«: → 7,109.

10,3(3): **Euer Herr ist Gott, der die Himmel und die Erde in sechs Tagen erschuf und sich dann auf dem Thron zurechtsetzte:** → 7,54

um die Angelegenheit zu regeln: Es geht um die Angelegenheiten der Schöpfung und des Herrschaftsbereichs der Himmel und der Erde; Gott regelt sie entsprechend seiner Weisheit; siehe 10,31; 13,2; 32,5.

Es gibt keinen Fürsprecher außer nach seiner Erlaubnis: → 2,225. Dieser zweite Halbsatz bezieht sich wie der erste auf die Angelegenheiten der Schöpfung, oder – wie es sonst im Koran der Fall ist – auf die Vergeltung am Tage des Gerichts.

So ist Gott, euer Herr. Dienet Ihm: → 6,102; auch 10,32; → 3,51.

Wollt ihr es denn nicht bedenken?: in der Form *afalā tadhakkarūna* auch in 11,24.30; 16,17; 23,85; 37,155; 45,23; – *afalā tatadhakkarūna:* → 6,80; 32,4; – auf daß sie es bedenken: → 2,221.

10,4(4): **Zu Ihm kommt ihr alle zurück:** → 2,28.

Das ist das Versprechen Gottes in Wahrheit: → 4,122; 21,104.

Er macht die Schöpfung am Anfang, und Er wiederholt sie: → 7,29.

um diejenigen, die glauben und die guten Werke tun, in Gerechtigkeit zu entlohnen: Er gewährt ihnen seine Huld (30,45), Vergebung und trefflichen Unterhalt (34,4). Siehe auch 6,84.

bil-qisṭi: bezogen auf die Entlohnung Gottes: Gott handelt in Gerechtkeit; oder bezogen auf die Werke der Gläubigen, die sie der Gerechtigkeit entsprechend getan haben: In diesem Fall müßte die Übersetzung lauten: und die guten Werke nach der Gerechtigkeit tun, zu entlohnen.

Für die, die ungläubig sind, sind ein Getränk aus heißem Wasser und eine schmerzhafte Pein bestimmt dafür, daß sie ungläubig waren: → 6,70.

10,5(5): **Er ist es, der die Sonne zur Leuchte und den Mond zum Licht gemacht:** vgl. 71,16; – 78,13.

und ihm Stationen zugemessen hat: *ihm:* oder ihnen, d.h. der Sonne und dem Mond. *Stationen:* auch in 36,39.

damit ihr die Zahl der Jahre und die Zeitrechnung wißt: → 6,96. Vgl. die *Bibel,* Genesis 1,14: »Dann sprach Gott: Lichter sollen am Himmelsgewölbe sein, um Tag und Nacht zu scheiden. Sie sollen Zeichen sein und zur Bestimmung von Festzeiten, von Tagen und Jahren dienen.«

Gott hat ja dies nur in Wahrheit erschaffen: → 6,73.

Er legt die Zeichen im einzelnen dar für Leute, die Bescheid wissen: → 7,32. Es sind alle Menschen, die ihre Vernunft gebrauchen und zu Wissen gelangen, oder vor allem die Weisen, die aufgrund tieferer Überlegungen ein besonderes Wissen erwerben.

10,6(10,6): **Im Aufeinanderfolgen von Nacht und Tag und in dem, was Gott in den Himmeln und auf der Erde erschaffen hat, sind gewiß Zeichen für Leute, die gottesfürchtig sind:** siehe → 2,164. Hier ist von den Gottesfürchtigen die Rede, weil diese eher geneigt sind, die Folgen ihrer Taten zu bedenken und entsprechend der gewonnenen Einsicht zu handeln.

10,7(7): **Diejenigen, die nicht erwarten, Uns zu begegnen:** wörtlich: die nicht erhoffen, Uns zu begegnen; entweder weil sie an die Auferstehung nicht glauben, oder weil sie keine Belohnung von seiten Gottes begehren; auch in 10,11.15.

die mit dem diesseitgen Leben zufrieden sind und sich darin wohl fühlen: vgl. → 9,38.

und die unsere Zeichen unbeachtet lassen: auch in 10,92; → 7,136.

10,8(8): **diese haben das Feuer zur Heimstätte für das, was sie erworben haben:** siehe 9,95; das Feuer zur Heimstätte: → 3,151.

10,9(9): **Diejenigen, die glauben und die guten Werke tun, leitet ihr Herr wegen ihres Glaubens recht:** Man könnte auch übersetzen: durch ihren Glauben, mit ihrem Glauben.

Unter ihnen werden Bäche fließen in den Gärten der Wonne: → 2,25.

10,10(10): **Ihr Rufen darin wird sein: »Preis sei Dir, unser Gott!«, und ihre Begrüßung darin: »Friede!«:** Sie werden mit dem Frieden begrüßt: auch in 13,23–24; 14,23; 16,32; 25,75; 33,44; 36,57–58; 39,73; 56, 26; – 15,46; 19,62; auch 50,34; 56,91. *daʿwā:* Ruf, Anrufung, Bekenntnis, oder Begehren oder Streitgrund[2].

Weiter **10,10**(11): **Ihr abschließender Ruf: »Lob sei Gott, dem Herrn der Welten!«:** → 7,43; dem Herrn der Welten: → 1,2.

10,11(12): **Würde Gott den Menschen das Böse so beschleunigen, wie sie das Gute zu beschleunigen wünschen, wäre für sie die Frist erfüllt:** vgl. → 6,57–58. Der Mensch ist eilfertig: 17,11; er ruft das Gute eilig herbei: 21,37; 41,49; 100,8.

Aber Wir lassen diejenigen, die nicht erwarten, Uns zu begegnen: → 10,6.

im Übermaß ihres Frevels umherirren: → 2,15.

10,12(13): **Und wenn ein Schaden den Menschen trifft:** → 6,17; → 2,80.177.

ruft er Uns an auf der Seite (liegend), im Sitzen oder Stehen: → 3,191.

Wenn Wir ihm seinen Schaden behoben haben: → 6,17.

geht er vorbei, als hätte er Uns nicht gegen einen Schaden, der ihn getroffen hat, angerufen: Der Mensch hat keine Geduld in der Prüfung, er ist undankbar, wenn Gott ihm Gnade erweist.

marra: er geht vorbei, oder er fährt in seinem früheren Verhalten fort, oder er übergeht das Bitten, als hätte er es nicht vorher getan, d.h. er macht weiter wie vorher.

So wird den Maßlosen verlockend gemacht, was sie tun: den Maßlosen (→ 5,32) in den religiösen Angelegenheiten, welche diese unbeachtet lassen, macht Gott oder ihre Seele oder gar der Teufel ihre Werke verlockend (→ 2,212).

2. Vgl. Rāzī IX, 17, S. 46.

10,13(14): **Wir haben viele Generationen vor euch verderben lassen, als sie Unrecht taten:** → 6,6.

da ihre Gesandten mit den deutlichen Zeichen zu ihnen kamen, und sie nicht glauben mochten: → 7,101.

So vergelten Wir Leuten, die Übeltäter sind: → 7,40.

10,14(15): **Dann haben Wir euch nach ihnen zu Nachfolgern auf der Erde eingesetzt, um zu sehen, wie ihr handeln würdet:** → 7,129; → 6,165.

10,15(16): **Wenn ihnen unsere Zeichen als deutliche Beweise verlesen werden, sagen diejenigen, die nicht erwarten, Uns zu begegnen:** → 10,7.

»Bring einen anderen Koran als diesen, oder ändere ihn ab«: zur Forderung, von der koranischen Offenbarung abzuweichen, siehe 5,49; 17,73; 48,15.

Diese Forderung kann als Hohn und Schmähung gedeutet werden, oder als Prüfung für Muḥammad, ob er sich doch anmaßt, den Koran abzuändern, und damit den Beweis liefert, daß seine Botschaft nicht von Gott stammt, oder endlich als Bitte, eine Predigt zu bringen, in der ihre Götter nicht angegriffen und ihre Verhaltenweisen nicht getadelt werden[3].

Sprich: Es steht mir nicht zu, ihn von mir aus abzuändern: Der Koran betont, daß die Worte Gottes nicht abgeändert werden können (50,29) und wendet sich gegen die, die die Worte der Offenbarung abändern wollen (2,59; 7,162).

Ich folge nur dem, was mir offenbart wird: → 6,50.

Ich fürchte, wenn ich gegen meinen Herrn ungehorsam bin, die Pein eines gewaltigen Tages: → 6,15.

10,16(17): **Sprich: Wenn Gott wollte, würde ich ihn euch nicht verlesen, und Er würde euch nicht davon Kenntnis geben:** Die Verkündigung der Offenbarung Gottes liegt allein in der Verfügungsgewalt Gottes: weder der Prophet kann über den Auftrag zur Verkündigung verfügen, noch können die Menschen eine solche Verkündigung erzwingen. Gott allein verfügt über seine Offenbarung, und er allein kann sie abändern, wenn er will; vgl. 2,106; 16,101; 17,86; 87,6.7.

3. Vgl. Rāzī IX, 17, S. 59.

Ich habe doch davor ein Leben lang unter euch verweilt: Wenn man die Stelle heranzieht, in der Pharao zu Mose sagt: »Haben wir dich nicht als Kind unter uns aufgezogen, und hast du nicht viele Jahre deines Lebens unter uns verweilt« (26,18), und auch die weitere Stelle: »Und als er (*Mose*) seine Vollkraft und seine volle Gestalt erreicht hatte ...« (28,14), und wenn man diesen letzten Vers vergleicht mit der Aussage in 46,15: »Wenn er (*der Mensch*) dann seine Vollkraft erreicht hat und (auch) das Alter von vierzig Jahren erreicht hat ...«, dann kommt man auch hier bei Muḥammad auf ein Alter von vierzig Jahren für die Datierung der prophetischen Berufung und der ersten Verkündigung, wie es die islamische Tradition festgehalten hat.

Habt ihr denn keinen Verstand?: → 2,44.

10,17(18): **Wer ist denn ungerechter, als wer gegen Gott eine Lüge erdichtet oder seine Zeichen für Lüge erklärt? Den Übeltätern wird es gewiß nicht wohl ergehen:** → 6,21.

10,18(19): **Sie verehren anstelle Gottes, was ihnen weder schadet noch nützt:** → 6,71.

und sagen: »Das sind unsere Fürsprecher bei Gott«: vgl. 39,43; – 6,94; 30,13; 43,86.

Sprich: Wollt ihr denn Gott etwas kundtun, was Er nicht kennt, weder in den Himmeln noch auf der Erde?: siehe 13,33; – 49,16. Gott weiß doch alles in der Welt, so können sich die Menschen nicht anmaßen, ihn über die vermeintlichen Fürsprecher informieren zu wollen. Gott weiß über die Nichtigkeit dieser Fürsprecher Bescheid.

Preis sei Ihm, und erhaben ist Er über das, was sie (Ihm) beigesellen: → 9,31; – → 6,100.

10,19(20): **Die Menschen waren nur eine einzige Gemeinschaft. Dann wurden sie uneins:** → 2,213.

Und gäbe es nicht einen früher ergangenen Spruch von deinem Herrn: → 8,68. Der Spruch Gottes beinhaltet, daß er die Zeit des diesseitigen Lebens bestätigt, bis zum Tag der Abrechnung beim Endgericht (vgl. 10,93), damit die Menschen sich bewähren können, oder daß er die Bestrafung der Ungehorsamen aus Gnade zurückstellt, oder daß er zunächst Barmherzigkeit statt Zorn walten läßt[4].

so wäre zwischen ihnen entschieden über das, worüber sie uneins sind: → 2,113.

10,20(21): **Und sie sagen: »Wenn doch auf ihn ein Zeichen von seinem Herrn heabgesandt würde!«:** → 2,118; 6,37.

Sprich: Das Unsichtbare gehört Gott: Der Prophet verfügt also nicht über die Zeichen Gottes und nicht über die Beweise der göttlichen Offenbarung. Siehe auch → 2,33; → 5,109; 6,59; 11,123; 16,77; 18,26; 27,65; 35,38; 49,18; 72,26.

So wartet ab. Ich bin mit euch einer von denen, die abwarten: → 6,158.

4. Vgl. Zamakhsharī II, S. 336; Rāzī IX, 17, S. 66; Manār XI, S. 328.

10,21–36

21 Wenn wir die Menschen nach einem Leid, das
sie traf, Barmherzigkeit kosten lassen, schmieden sie gleich Ränke gegen unsere Zeichen.
Sprich: Gott kann noch schneller Ränke schmieden. Unsere Boten schreiben auf, was ihr an
Ränken schmiedet. 22 Er ist es, der euch auf
dem Festland und auf dem Meer reisen läßt.
Wenn ihr dann auf den Schiffen seid und diese
mit ihnen bei einem guten Wind dahinfahren
und sie sich darüber freuen, dann kommt über
sie ein stürmischer Wind, die Wellen kommen
über sie von überall her, und sie meinen, daß sie
rings umschlossen werden. Da rufen sie Got an,
wobei sie ihm gegenüber aufrichtig in der Religion sind: »Wenn Du uns hieraus rettest, werden
wir zu den Dankbaren zählen.« 23 Aber wenn Er
sie gerettet hat, fangen sie gleich an, zu Unrecht
gewalttätig auf der Erde zu handeln. O ihr Menschen, eure Gewalttätigkeit gereicht doch euch
selbst zum Schaden. (Es ist doch nur) Nutznießung des diesseitigen Lebens. Dann wird eure
Rückkehr zu Uns sein, da werden Wir euch
kundtun, was ihr zu tun pfleget. 24 Mit dem
diesseitigen Leben ist es wie mit dem Wasser,
das Wir vom Himmel herabkommen lassen,
worauf die Pflanzen der Erde, wie sie die Menschen und das Vieh verzehren, sich damit ver-

وَإِذَآ أَذَقۡنَا ٱلنَّاسَ رَحۡمَةٗ مِّنۢ
بَعۡدِ ضَرَّآءَ مَسَّتۡهُمۡ إِذَا لَهُم مَّكۡرٞ فِيٓ ءَايَاتِنَاۚ قُلِ ٱللَّهُ أَسۡرَعُ
مَكۡرًاۚ إِنَّ رُسُلَنَا يَكۡتُبُونَ مَا تَمۡكُرُونَ ﴿٢١﴾ هُوَ ٱلَّذِي
يُسَيِّرُكُمۡ فِي ٱلۡبَرِّ وَٱلۡبَحۡرِۖ حَتَّىٰٓ إِذَا كُنتُمۡ فِي ٱلۡفُلۡكِ
وَجَرَيۡنَ بِهِم بِرِيحٖ طَيِّبَةٖ وَفَرِحُواْ بِهَا جَآءَتۡهَا رِيحٌ عَاصِفٞ
وَجَآءَهُمُ ٱلۡمَوۡجُ مِن كُلِّ مَكَانٖ وَظَنُّوٓاْ أَنَّهُمۡ أُحِيطَ بِهِمۡ ۙ
دَعَوُاْ ٱللَّهَ مُخۡلِصِينَ لَهُ ٱلدِّينَ لَئِنۡ أَنجَيۡتَنَا مِنۡ هَٰذِهِۦ
لَنَكُونَنَّ مِنَ ٱلشَّٰكِرِينَ ﴿٢٢﴾ فَلَمَّآ أَنجَىٰهُمۡ إِذَا هُمۡ يَبۡغُونَ
فِي ٱلۡأَرۡضِ بِغَيۡرِ ٱلۡحَقِّۗ يَٰٓأَيُّهَا ٱلنَّاسُ إِنَّمَا بَغۡيُكُمۡ عَلَىٰٓ
أَنفُسِكُمۖ مَّتَٰعَ ٱلۡحَيَوٰةِ ٱلدُّنۡيَاۖ ثُمَّ إِلَيۡنَا مَرۡجِعُكُمۡ فَنُنَبِّئُكُم
بِمَا كُنتُمۡ تَعۡمَلُونَ ﴿٢٣﴾ إِنَّمَا مَثَلُ ٱلۡحَيَوٰةِ ٱلدُّنۡيَا كَمَآءٍ
أَنزَلۡنَٰهُ مِنَ ٱلسَّمَآءِ فَٱخۡتَلَطَ بِهِۦ نَبَاتُ ٱلۡأَرۡضِ مِمَّا
يَأۡكُلُ ٱلنَّاسُ وَٱلۡأَنۡعَٰمُ حَتَّىٰٓ إِذَآ أَخَذَتِ ٱلۡأَرۡضُ

mengen. Wenn dann die Erde ihren Prunk angenommen und sich geschmückt hat und ihre
Bewohner meinen, sie verfügen nun über sie,
kommt unser Befehl über sie in der Nacht oder
am Tag, und Wir machen sie zum abgemähten
Land, als ob sie am Tag zuvor nicht in Blüte gestanden hätte. So legen Wir die Zeichen im einzelnen dar für Leute, die nachdenken. 25 Gott
ruft zur Wohnstätte des Friedens, und Er leitet,
wen Er will, zu einem geraden Weg.
[22] *26 Diejenigen, die rechtschaffen sind, erhalten
das Beste und noch mehr. Ihre Gesichter werden
weder Ruß noch Erniedrigung bedecken. Das
sind die Gefährten des Paradieses; darin werden
sie ewig weilen. 27 Diejenigen, die die bösen Taten erwerben, erhalten zur Vergeltung für eine
(jede) schlechte Tat das ihr Entsprechende, und
Erniedrigung wird schwer auf ihnen lasten – sie
haben niemanden, der sie vor Gott schützen
könnte –, als wären ihre Gesichter von Fetzen
einer finsteren Nacht bedeckt. Das sind die Gefährten des Feuers; darin werden sie ewig weilen.
29 Und am Tag, das Wir sie alle versammeln.
Dann sprechen Wir zu denen, die Polytheisten
waren: »Bleibt an eurem Platz stehen, ihr und
eure Teilhaber.« Wir scheiden sie dann voneinander. Ihre Teilhaber sagen: »Nicht uns habt ihr
verehrt. 29 Gott genügt als Zeuge zwischen uns
und euch. Wir haben eure Verehrung unbeachtet
gelassen.« 30 Dort wird jede Seele erfahren, was

زُخْرُفَهَا وَٱزَّيَّنَتْ وَظَنَّ أَهْلُهَآ أَنَّهُمْ قَـٰدِرُونَ عَلَيْهَآ أَتَىٰهَآ
أَمْرُنَا لَيْلًا أَوْ نَهَارًا فَجَعَلْنَـٰهَا حَصِيدًا كَأَن لَّمْ تَغْنَ
بِٱلْأَمْسِ ۚ كَذَٰلِكَ نُفَصِّلُ ٱلْـَٔايَـٰتِ لِقَوْمٍ يَتَفَكَّرُونَ ﴿٢٤﴾
وَٱللَّهُ يَدْعُوٓا۟ إِلَىٰ دَارِ ٱلسَّلَـٰمِ وَيَهْدِى مَن يَشَآءُ إِلَىٰ
صِرَٰطٍ مُّسْتَقِيمٍ ﴿٢٥﴾ * لِّلَّذِينَ أَحْسَنُوا۟ ٱلْحُسْنَىٰ وَزِيَادَةٌ ۖ
وَلَا يَرْهَقُ وُجُوهَهُمْ قَتَرٌ وَلَا ذِلَّةٌ ۚ أُو۟لَـٰٓئِكَ أَصْحَـٰبُ ٱلْجَنَّةِ ۖ
هُمْ فِيهَا خَـٰلِدُونَ ﴿٢٦﴾ وَٱلَّذِينَ كَسَبُوا۟ ٱلسَّيِّـَٔاتِ جَزَآءُ
سَيِّئَةٍۭ بِمِثْلِهَا وَتَرْهَقُهُمْ ذِلَّةٌ ۖ مَّا لَهُم مِّنَ ٱللَّهِ مِنْ عَاصِمٍ ۖ
كَأَنَّمَآ أُغْشِيَتْ وُجُوهُهُمْ قِطَعًا مِّنَ ٱلَّيْلِ مُظْلِمًا ۚ أُو۟لَـٰٓئِكَ
أَصْحَـٰبُ ٱلنَّارِ ۖ هُمْ فِيهَا خَـٰلِدُونَ ﴿٢٧﴾ وَيَوْمَ نَحْشُرُهُمْ جَمِيعًا
ثُمَّ نَقُولُ لِلَّذِينَ أَشْرَكُوا۟ مَكَانَكُمْ أَنتُمْ وَشُرَكَآؤُكُمْ ۚ فَزَيَّلْنَا
بَيْنَهُمْ ۖ وَقَالَ شُرَكَآؤُهُم مَّا كُنتُمْ إِيَّانَا تَعْبُدُونَ ﴿٢٨﴾
فَكَفَىٰ بِٱللَّهِ شَهِيدًۢا بَيْنَنَا وَبَيْنَكُمْ إِن كُنَّا عَنْ عِبَادَتِكُمْ
لَغَـٰفِلِينَ ﴿٢٩﴾ هُنَالِكَ تَبْلُوا۟ كُلُّ نَفْسٍ مَّآ أَسْلَفَتْ ۚ وَرُدُّوٓا۟

sie früher getan hat. Und sie werden zu Gott,
ihrem wahren Herrscher, zurückgebracht, und
entschwunden ist ihnen dann, was sie zu erdichten pflegten.
31 Sprich: Wer versorgt euch vom Himmel und
von der Erde, oder wer verfügt über Gehör und
Augenlicht? Und wer bringt das Lebendige aus
dem Toten und bringt das Tote aus dem Lebendigen hervor? Und wer regelt die Angelegenheit? Sie werden sagen: »Gott.« Sprich: Wollt
ihr denn nicht gottesfürchtig sein? 32 Das ist
eben Gott, euer wahrer Herr. Was gibt es denn
noch jenseits der Wahrheit als den Irrtum? Wie
leicht laßt ihr euch doch abbringen! 33 So ist der
Spruch deines Herrn zu Recht gegen die, die
freveln, fällig geworden, nämlich daß sie nicht
glauben. 34 Sprich: Gibt es unter euren Teilhabern einen, der die Schöpfung am Anfang
macht und sie dann wiederholt? Sprich: Gott
macht die Schöpfung am Anfang und wiederholt
sie dann. Wie leicht laßt ihr euch doch abwenden! 35 Sprich: Gibt es unter euren Teilhabern
einen, der zur Wahrheit rechtleitet? Sprich: Gott
leitet zur Wahrheit recht. Hat der, der zur Wahrheit rechtleitet, eher Anspruch auf Gefolgschaft
oder der, der nur dann die Rechtleitung findet,
wenn er selbst rechtgeleitet wird? Was ist mit
euch? Wie urteilt ihr denn? 36 Und die meisten

إِلَى ٱللَّهِ مَوْلَىٰهُمُ ٱلْحَقِّ ۖ وَضَلَّ عَنْهُم مَّا كَانُوا۟ يَفْتَرُونَ ٣٠
قُلْ مَن يَرْزُقُكُم مِّنَ ٱلسَّمَآءِ وَٱلْأَرْضِ أَمَّن يَمْلِكُ
ٱلسَّمْعَ وَٱلْأَبْصَٰرَ وَمَن يُخْرِجُ ٱلْحَىَّ مِنَ ٱلْمَيِّتِ وَيُخْرِجُ
ٱلْمَيِّتَ مِنَ ٱلْحَىِّ وَمَن يُدَبِّرُ ٱلْأَمْرَ ۚ فَسَيَقُولُونَ ٱللَّهُ ۚ فَقُلْ
أَفَلَا تَتَّقُونَ ٣١ فَذَٰلِكُمُ ٱللَّهُ رَبُّكُمُ ٱلْحَقُّ ۖ فَمَاذَا بَعْدَ
ٱلْحَقِّ إِلَّا ٱلضَّلَٰلُ ۖ فَأَنَّىٰ تُصْرَفُونَ ٣٢ كَذَٰلِكَ حَقَّتْ
كَلِمَتُ رَبِّكَ عَلَى ٱلَّذِينَ فَسَقُوٓا۟ أَنَّهُمْ لَا يُؤْمِنُونَ ٣٣
قُلْ هَلْ مِن شُرَكَآئِكُم مَّن يَبْدَؤُا۟ ٱلْخَلْقَ ثُمَّ يُعِيدُهُۥ ۚ
قُلِ ٱللَّهُ يَبْدَؤُا۟ ٱلْخَلْقَ ثُمَّ يُعِيدُهُۥ ۖ فَأَنَّىٰ تُؤْفَكُونَ ٣٤
قُلْ هَلْ مِن شُرَكَآئِكُم مَّن يَهْدِىٓ إِلَى ٱلْحَقِّ ۚ قُلِ ٱللَّهُ
يَهْدِى لِلْحَقِّ ۗ أَفَمَن يَهْدِىٓ إِلَى ٱلْحَقِّ أَحَقُّ أَن يُتَّبَعَ أَمَّن
لَّا يَهِدِّىٓ إِلَّآ أَن يُهْدَىٰ ۖ فَمَا لَكُمْ كَيْفَ تَحْكُمُونَ ٣٥

von ihnen folgen ja nur einer Vermutung. Die Vermutung aber nützt in bezug auf die Wahrheit nichts. Gott weiß, was sie tun.

وَمَا يَتَّبِعُ أَكۡثَرُهُمۡ إِلَّا ظَنًّاۚ إِنَّ ٱلظَّنَّ لَا يُغۡنِي مِنَ ٱلۡحَقِّ
شَيۡـًٔاۚ إِنَّ ٱللَّهَ عَلِيمُۢ بِمَا يَفۡعَلُونَ ﴿٣٦﴾

Varianten: 10,21–36

10,21: rusulanā: ruslanā (nach Abū ʿAmr).
mā tamkurūna: mā yamkurūna: was sie an Ränken schmieden (laut Zamakhsharī II, S. 337).
10,22: yusayyirukum: yunshirukum: macht, daß ihr euch ausbreitet (bei Ibn Masʿūd; nach Ḥasan al-Baṣrī); yanshurukum: euch verstreut (nach Zayd ibn ʿAlī, Ibn ʿĀmir).
fī l-fulki: fī l-fulkī (nach Umm al-Dardāʾ).
djarayna bihim: djarayna bikum: mit euch dahinfahren (bei Ibn Masʿūd).
uḥīṭa: ḥīṭa (bei Ibn Masʿūd, Ubayy; nach Zayd ibn ʿAlī).
10,23: matāʿa: matāʿu (nach den Rezitatoren außer Ḥafṣ).
10,24: zukhrufahā: zakhārifahā (plural) (bei Ibn Masʿūd, Ubayy; nach ʿĪsā al-Thaqafī).
wazzayyanat: wa tazayyanat (bei Ibn Masʿūd, Ubayy, nach Zayd ibn ʿAlī); azyanat, izyānat (laut Zamakhsharī II, S. 341).
qādirīna ʿalayhā: hinzugefügt: wa mā kāna llāhu li-yuhlikahā illā bi dhunūbi ahlihā: und Gott wird sie unmöglich verderben lassen, es sei denn aufgrund der Sünden ihrer Bewohner (bei Ibn ʿAbbās).
atāhā: atāhum: kommt über sie (die Bewohner) (bei Ibn Masʿūd; nach Ibn Abī ʿAbla); djāʾhā: kommt über sie (bei Ubayy).
bil-amsi: hinzugefügt: wa mā ahlaknāhā illā bi dhunūbi ahlihā: und Wir haben sie nur aufgrund der Sünden ihrer Bewohner verderben lassen (bei Ubayy); oder die Formulierung von Ibn ʿAbbās oben (bei Ubayy nach einigen Gewährsmännern).
taghna: yaghna (nach Ḥasan al-Baṣrī); tataghanna (nach Marwān).
Es wird auch berichtet daß Ubayy hier einen zusätzlichen Vers hinzugefügt hat: lau anna libni ādama wādiyayni min mālin labtaghā wādiyan thālithan wa lā yamlaʾu djaufa bni ādama illā l-turābu wa yatūbu llāhu ʿalā man tāba: Wenn der Sohn Adams zwei Täler voller Geld hätte, er würde ein drittes Tal suchen. Aber den Bauch des Sohnes Adams füllt (letztlich) nur Erde. Und Gott wendet sich dem, der umkehrt, zu (laut Jeffery, Materials ..., S. 135).
10,25: yashāʾu ilā: yashāʾ yilā (nach Nāfiʿ, Ibn Kathīr).
ṣirāṭi: sirāṭi (nach Qunbul).
10,27: tazhaquhum: yarhaquhum (laut Zamakhsharī II, S. 343).
qiṭaʿan: qiṭʿan (nach Ibn Kathīr, Kisāʾī).
kaʾannamā ughshiyat wudjūhuhum qiṭaʿan mina llayli muẓliman: kaʾannamā yaghshā wudjūhahum qiṭʿun mina llayli muẓlimun (bei Ubayy).
10,28: wa shurakāʾukum: wa shurakāʾakum (laut Zamakhsharī II, S. 343).
fazayyalnā: fazāyalnā (laut Zamakhsharī II, S. 343).

10,30: tablū: nablū: werden Wir erfahren lassen (nach ʿĀṣim); tatlū: wird (jede Seele) folgen bzw. verlesen (bei Ibn Masʿūd, Ḥafṣa, al-Aʿmash; nach Ḥamza, Kisāʾī, Zayd ibn ʿAlī nach einigen Gewährsmännern).
al-ḥaqqi: al-ḥaqqa (laut Zamakhsharī II, S. 344).

10,31: al-mayyiti … al-mayyita: al-mayti … al-mayta (nach den Rezitatoren außer Ḥamza, Kisāʾī, Ḥafṣ).

10,33: kalimatu: kalimātu: die Sprüche/Worte (nach Nāfiʿ, Ibn ʿĀmir).

10,35: yahiddī: yahtadī (bei Ibn Masʿūd); yahaddī (nach Ibn Kathīr, Ibn ʿĀmir, Qālūn, Abū ʿAmr, Warsh in der Tradition von Nāfiʿ); yahddī (nach Nāfiʿ, Qālūn); yahdī (nach Ḥamza, Kisāʾī).

10,35: yafʿalūna: tafʿalūna: was ihr tut (bei Ibn Masʿūd).

Kommentar

10,21(22): **Wenn Wir die Menschen nach einem Leid, das sie traf, Barmherzigkeit kosten lassen:** ähnlich in 11,9; 30,33.36; 41,50; – 11,10.

schmieden sie gleich Ränke gegen unsere Zeichen: zur Undankbarkeit des Menschen → 10,12.

Sprich: Gott kann noch schneller Ränke schmieden: ähnlich in → 3,54. Die Ränke Gottes beziehen sich auf die harte Pein, die er den bösen Menschen im Jenseits bereitet, aber auch auf die Schwierigkeiten und die Schande, die die Menschen im Diesseits immer wieder heimsuchen.

Unsere Boten schreiben auf, was ihr an Ränken schmiedet: auch in 43,80; 82,11. Die Engel schreiben alles auf, was die Menschen tun; zu den Todesengeln → 6,61. Dies alles dient spätestens am Tag des Gerichts zur Bestrafung der Ungläubigen und der Frevler.

10,22(23): **Er ist es, der euch auf dem Festland und auf dem Meer reisen läßt:** ähnlich in 17,70. In den Versen 10,22–23 wird ein Beispiel für die Aussage des vorherigen Verses gegeben. Zur Undankbarkeit des Menschen nach Errettung aus Seenot → 6,63.

Wenn ihr dann auf den Schiffen seid: auch in 23,22; 40,80; 43,12.

und diese mit ihnen bei einem guten Wind dahinfahren und sie sich darüber freuen: *ihnen ... sie*: Der unvermittelte Übergang von der zweiten (im vorherigen Halbsatz) zur dritten Person hier soll zur Betonung der Angelegenheit dienen, als würde man plötzlich das verkehrte Verhalten anderer Personen beschreiben und diese ansprechen (so Zamakhsharī). Rāzī meint, daß der Übergang von der dritten zur zweiten Person eine größere Nähe ausdrückt, während der Übergang von der zweiten zur dritten Person, wie es hier der Fall ist, das Gegenteil, d.h. die Distanzierung, bedeutet[1].

dann kommt über sie ein stürmischer Wind, die Wellen kommen über sie von überall her, und sie meinen, daß sie rings umschlossen werden: zum letzten Satz → 2,81.

1. Vgl. Zamakhsharī II, S. 338; Rāzī IX, 17, S. 72.

Da rufen sie Gott an, wobei sie Ihm gegenüber aufrichtig in der Religion sind: »Wenn Du uns hieraus rettest, werden wir zu den Dankbaren zählen«: aufrichtig in der Religion: → 2,139; → 4,146; 7,29.

10,23(24): **Aber wenn Er sie gerettet hat, fangen sie gleich an, zu Unrecht gewalttätig auf der Erde zu handeln:** ähnlicher Ausdruck in 42,42.

O ihr Menschen, eure Gewalttätigkeit gereicht doch euch selbst zum Schaden. (Es ist doch nur) Nutznießung des diesseitigen Lebens: auch in 10,70; → 2,36.

Dann wird eure Rückkehr zu Uns sein, da werden Wir euch kundtun, was ihr zu tun pflegtet: → 6,60.

10,24(25): **Mit dem diesseitigen Leben ist es wie mit dem Wasser:** zum Ausdruck siehe 3,117; zur Vergänglichkeit des diesseitigen Lebens und zum Vergleich mit dem Wasser und seinen Wirkungen siehe 18,45; 39,21; 57,20.

das Wir vom Himmel herabkommen lassen, worauf die Pflanzen der Erde, wie sie die Menschen und das Vieh verzehren, sich damit vermengen: Wenn die noch schwachen Pflanzen sich mit dem Wasser vermengen, kommen sie zu neuer Kraft, sie blühen auf und gedeihen. Man kann mit Zamakhsharī und Manār den Satz auch wie folgt deuten: sich dadurch miteinander vermengen, d.h. sie schießen in die Höhe und vermengen sich in der üppigen Vegetation miteinander[2].

Wenn dann die Erde ihren Prunk angenommen und sich geschmückt hat und ihre Bewohner meinen, sie verfügen nun über sie: über ihre Ernte und ihre Früchte; siehe 18,23–24.35; 68,17–18.

kommt unser Befehl über sie: Befehl des Verderbens; → 2,109.

in der Nacht oder am Tag: siehe 68,19–20; → 7,4.

und Wir machen sie zum abgemähten Land: auch in 11,100; 21,15; – 68,20.

als ob sie am Tag zuvor nicht in Blüte gestanden hätte: → 7,92.

2. Vgl. Zamakhsharī II, S. 340; Manār IX, S. 347.

So legen Wir die Zeichen im einzelnen dar für Leute, die nachdenken: → 7,32.

10,25(26): **Gott ruft zur Wohnstätte des Friedens:** Das ist das Paradies, dessen Wonnen im nächsten Vers beschrieben werden.

und Er leitet, wen Er will, zu einem geraden Weg: → 2,142.

10,26(27): **Diejenigen, die rechtschaffen sind, erhalten das Beste und noch mehr:** Zum Maß der Vergeltung, wie sie in 10,26–27 beschrieben wird, siehe auch → 6,160.
Rechtschaffen ist der Mensch, wenn er seine Pflichten recht erfüllt und das Verbotene meidet, wie es sein soll. Was das *mehr* beinhaltet, haben die Kommentatoren und die Theologen verschieden gedeutet: Die einen berufen sich auf einen entsprechenden Ḥadīth, der das Beste als Besitz des Paradieses und das Mehr als die Schau Gottes interpretiert. Die Muʿtaziliten verneinen dies und denken an eine zusätzliche Belohung der gleichen Natur, wie es frühere Gewährsmänner bestätigten, d.h. mehr an Wonnen im Paradies: zehnfache Belohnung (nach Ibn ʿAbbās), zehn- bis siebenhundertfache Belohnung (nach Ḥasan al-Baṣrī), oder Vergebung und Wohlgefallen Gottes (nach Mudjāhid)[3].
Siehe Näheres in der Kommentierung von → 6,103 (Die Blicke erreichen Ihn nicht).

Ihre Gesichter werden weder Ruß noch Erniedrigung bedecken: Ihre Wonne wird durch nichts betrübt; Ruß: auch in 80,40–41; Erniedrigung: auch in 68,43: 70,44.

Das sind die Gefährten des Paradieses; darin werden sie ewig weilen: → 2,82.

10,27(28): **Diejenigen, die die bösen Taten erwerben, erhalten zur Vergeltung für jede schlechte Tat das ihr Entsprechende:** → 6,160.

und Erniedrigung wird schwer auf ihnen lasten – sie haben niemanden, der sie vor Gott schützen könnte: siehe auch 40,33; 11,43; – 33,17.

als wären ihre Gesichter von Fetzen einer finsteren Nacht bedeckt: Ihre Lage wird als das Gegenteil dessen geschildert, was die Bewohner des Paradieses erleben werden.

3. Vgl. Rāzī IX, 17, S. 81–82.

Das sind die Gefährten des Feuers; darin werden sie ewig weilen: → 2,39.

10,28–29: → 2,166 und die dort angegebenen Stellen.

10,28(29): **Und am Tag, da Wir sie alle versammeln:** verkürzter Zeitsatz, → 2,30. Das ist der Tag der Auferstehung und des Gerichtes.

Dann sprechen Wir zu denen, die Polytheisten waren: »Bleibt an eurem Platz stehen, ihr und eure Teilhaber: Gott versammelt die Polytheisten und die, die sie in ihrem Leben auf der Erde angerufen und verehrt haben. Der Koran nennt sie hier wie in den folgenden Versen und in 6,22; 10,34–35.71, nicht wie sonst üblich Teilhaber Gottes, sondern »eure Teilhaber«, d.h. die ihr zu Teilhabern Gottes gemacht habt.

Wir scheiden sie dann voneinander: → 6,94; 18,52.

Ihre Teilhaber werden sagen: »Nicht uns habt ihr verehrt: zum Thema → 2,166.

10,29(30): **Gott genügt als Zeuge zwischen uns und euch. Wir haben eure Verehrung unbeachtet gelassen:** Gott genügt ...: → 4,79.

10,30(31): **Dort wird jede Seele erfahren, was sie früher getan hat:** ähnlich auch in 2,281; 3,161; 59,18.

Und sie werden zu Gott, ihrem wahren Herrscher, zurückgebracht: → 6,62. Dort ist es Gott allein, der über Belohnung oder Strafe entscheidet, und das, was er festgelegt hat, ist unverrückbar, so daß sie daran erkennen können, daß er allein der Gott ist, den sie hätten anbeten und dem sie hätten dienen sollen.

und entschwunden ist ihnen dann, was sie zu erdichten pflegten: → 6,24.

10,31(32): **Sprich: Wer versorgt euch vom Himmel und von der Erde:** siehe zum Thema 27,64; 34,24; 35,3; – 16,73; auch 42,12; 45,5; 51,22.

oder wer verfügt über Gehör und Augenlicht: → 6,46.

Und wer bringt das Lebendige aus dem Toten und bringt das Tote aus dem Lebendigen hervor?: → 3,27: Es ist zugleich eine Anspielung auf das Wiederbeleben der Natur und die Auferstehung der Toten.

Und wer regelt die Angelegenheit?: → 10,3.

Sie werden sagen: »Gott.« Sprich: Wollt ihr denn nicht gottesfürchtig sein?: Es wird hier festgestellt, daß die Polytheisten eine feste Kenntnis von Gott, seiner Schöpferkraft und seiner Fürsorge für den Menschen besitzen, aber nicht die richtigen Folgen daraus ziehen.

10,32(33): **Das ist eben Gott, euer wahrer Herr:** → 6,102.

Was gibt es denn jenseits der Wahrheit als den Irrtum?: Man muß sich entscheiden und die Konsequenz aus der vorhandenen Erkenntnis Gottes und der Betrachtung, die der Koran hier anbietet, ziehen.

Wie leicht laßt ihr euch doch abbringen!: 39,6; 40,69.

10,33(34): **So ist der Spruch deines Herrn zu Recht gegen die, die freveln, fällig geworden, nämlich daß sie nicht glauben:** Dieser Spruch ist entweder das Urteil Gottes oder nur eine Bestätigung dessen, was er in seinem göttlichen Wissen umfaßt. Siehe 10,96; 39,71; 40,6; – 17,16; 28,63; 32,13; 36,7.70; 37,31; 39,19; 41,25; 46,18; – der Spruch hat sich erfüllt: 11,119; vgl. 22,18; 38,14; 50,14.

10,34(35): **Sprich: Gibt es unter euren Teilhabern einen, der die Schöpfung am Anfang macht und sie dann wiederholt? Sprich: Gott macht die Schöpfung am Anfang und widerholt sie dann:** → 10,4; → 7,29.

Wie leicht laßt ihr euch abwenden!: → 5,75; → 6,95.

10,35(36): **Sprich: Gibt es unter euren Teilhabern einen, der zur Wahrheit rechtleitet?:** Nachdem der Koran die Herausforderung der angeblichen Teilhaber in bezug auf die Schöpfung und die Auferweckung der Natur und der Menschen ausgesprochen hat, spricht er sie hier über die Rechtleitung zur Wahrheit an. Die Ohnmacht der Götzen wird deutlich herausgestellt; sie – oder ihre Diener und Anführer der Polytheisten – benötigen selbst die Rechtleitung, um überhaupt den rechten Weg zu finden.

Sprich: Gott leitet zur Wahrheit an: vgl. 46,30 (ein Buch, das zur Wahrheit rechtleitet).

Hat der, der zur Wahrheit rechtleitet, eher Anspruch auf Gefolgschaft, oder der, der nur dann die Rechtleitung findet, wenn er selbst rechtgeleitet wird?: Die Form *yahiddī* (die Rechtleitung finden) kommt nur an dieser Stelle vor.

Was ist mit euch? Wie urteilt ihr denn?: → 6,136.

10,36(37): **Und die meisten von ihnen folgen ja nur einer Vermutung:** → 6,116. Sie besitzen kein festes Wissen über Gott oder über ihre eigenen Götter und deren Funktion als Fürsprecher bei Gott.

Die Vermutung aber nützt in bezug auf die Wahrheit nichts: vgl. → 3,154.

Gott weiß, was sie tun: zum ganzen Vers siehe auch 53,28.

10,37–56

37 Dieser Koran kann unmöglich ohne Gott erdichtet werden. Er ist vielmehr die Bestätigung
dessen, was vor ihm vorhanden war, und die ins
einzelne gehende Darlegung des Buches. Kein
Zweifel an ihm ist möglich; er ist vom Herrn
der Welten. 38 Oder sagen sie: »Er hat ihn erdichtet«? Sprich: Dann bringt eine Sure, die
ihm gleich ist, bei und ruft, wen ihr könnt, anstelle Gottes an, so ihr die Wahrheit sagt.
39 Nein, sie erklären für Lüge das, wovon sie
kein unfassendes Wissen haben, und bevor seine
Deutung zu ihnen gekommen ist. So haben es
auch diejenigen, die vor ihnen lebten, für Lüge
erklärt. So schau, wie das Ende derer war, die
Unrecht taten. 40 Und unter ihnen sind welche,
die an ihn glauben, und unter ihnen sind welche,
die an ihn nicht glauben. Und dein Herr weiß
besser über die Unheilstifter Bescheid. 41 Und
wenn sie dich der Lüge zeihen, dann sprich: Mir
kommt mein Tun zu und euch euer Tun. Ihr seid
unschuldig an dem, was ich tue; und ich bin unschuldig an dem, was ihr tut. 42 Und unter ihnen
sind welche, die dir zuhören. Bist du es etwa, der
die Tauben hören läßt, auch wenn sie keinen
Verstand haben? 43 Und unter ihnen sind welche, die zu dir hinschauen. Bist du es etwa, der
die Blinden rechtleitet, auch wenn sie nicht

وَمَا كَانَ هَٰذَا
ٱلْقُرْءَانُ أَن يُفْتَرَىٰ مِن دُونِ ٱللَّهِ وَلَٰكِن تَصْدِيقَ ٱلَّذِى
بَيْنَ يَدَيْهِ وَتَفْصِيلَ ٱلْكِتَٰبِ لَا رَيْبَ فِيهِ مِن رَّبِّ
ٱلْعَٰلَمِينَ ﴿٣٧﴾ أَمْ يَقُولُونَ ٱفْتَرَىٰهُ ۖ قُلْ فَأْتُوا۟ بِسُورَةٍ
مِّثْلِهِۦ وَٱدْعُوا۟ مَنِ ٱسْتَطَعْتُم مِّن دُونِ ٱللَّهِ إِن كُنتُمْ
صَٰدِقِينَ ﴿٣٨﴾ بَلْ كَذَّبُوا۟ بِمَا لَمْ يُحِيطُوا۟ بِعِلْمِهِۦ وَلَمَّا يَأْتِهِمْ
تَأْوِيلُهُۥ ۚ كَذَٰلِكَ كَذَّبَ ٱلَّذِينَ مِن قَبْلِهِمْ ۖ فَٱنظُرْ كَيْفَ
كَانَ عَٰقِبَةُ ٱلظَّٰلِمِينَ ﴿٣٩﴾ وَمِنْهُم مَّن يُؤْمِنُ بِهِۦ
وَمِنْهُم مَّن لَّا يُؤْمِنُ بِهِۦ ۚ وَرَبُّكَ أَعْلَمُ بِٱلْمُفْسِدِينَ ﴿٤٠﴾
وَإِن كَذَّبُوكَ فَقُل لِّى عَمَلِى وَلَكُمْ عَمَلُكُمْ أَنتُم بَرِيٓـُٔونَ
مِمَّآ أَعْمَلُ وَأَنَا۠ بَرِىٓءٌ مِّمَّا تَعْمَلُونَ ﴿٤١﴾ وَمِنْهُم
مَّن يَسْتَمِعُونَ إِلَيْكَ ۚ أَفَأَنتَ تُسْمِعُ ٱلصُّمَّ وَلَوْ كَانُوا۟
لَا يَعْقِلُونَ ﴿٤٢﴾ وَمِنْهُم مَّن يَنظُرُ إِلَيْكَ ۚ أَفَأَنتَ تَهْدِى
ٱلْعُمْىَ وَلَوْ كَانُوا۟ لَا يُبْصِرُونَ ﴿٤٣﴾ إِنَّ ٱللَّهَ لَا يَظْلِمُ ٱلنَّاسَ

sehen? 44 Gott tut den Menschen kein Unrecht.
Vielmehr tun die Menschen sich selbst Unrecht.
45 Und am Tag, da Er sie versammelt, als hätten
sie nur eine Stunde vom Tag verweilt, um einander kennenzulernen. Den Verlust haben diejenigen, die die Begegnung mit Gott für Lüge erklärt
haben und der Rechtleitung nicht gefolgt sind.
46 Ob Wir dich einen Teil dessen, was Wir ihnen
androhen, sehen lassen oder dich abberufen, zu
Uns wird ihre Rückkehr sein. Dann ist Gott Zeuge über das, was sie tun. 47 Und jede Gemeinschaft hat einen Gesandten. Wenn ihr Gesandter
zu ihnen kommt, wird zwischen ihnen in Gerechtigkeit entschieden, und ihnen wird nicht
Unrecht getan.
48 Und sie sagen: »Wann wird diese Androhung
eintreten, so ihr die Wahrheit sagt?« 49 Sprich:
Ich kann mir selbst weder Nutzen noch Schaden
bringen, außer was Gott will. Für jede Gemeinschaft ist eine Frist festgesetzt. Und wenn ihre
Frist kommt, können sie nicht einmal eine Stunde zurückbleiben oder vorausgehen. 50 Sprich:
Was meint ihr? Wenn seine Pein bei Nacht oder
bei Tag über euch kommt, was werden die
Übeltäter davon zu beschleunigen wünschen?
51 Werdet ihr, wenn sie hereinbricht, dann daran glauben? Wie? Erst jetzt? Und dabei habt ihr
sie doch zu beschleunigen gewünscht. 52 Dann
wird zu denen, die Unrecht getan haben, gesprochen: »Kostet die ewige Pein. Wird euch denn

شَيْـًٔا وَلَٰكِنَّ ٱلنَّاسَ أَنفُسَهُمْ يَظْلِمُونَ ﴿٤٤﴾ وَيَوْمَ يَحْشُرُهُمْ
كَأَن لَّمْ يَلْبَثُوٓا۟ إِلَّا سَاعَةً مِّنَ ٱلنَّهَارِ يَتَعَارَفُونَ بَيْنَهُمْ ۚ
قَدْ خَسِرَ ٱلَّذِينَ كَذَّبُوا۟ بِلِقَآءِ ٱللَّهِ وَمَا كَانُوا۟ مُهْتَدِينَ ﴿٤٥﴾
وَإِمَّا نُرِيَنَّكَ بَعْضَ ٱلَّذِى نَعِدُهُمْ أَوْ نَتَوَفَّيَنَّكَ فَإِلَيْنَا
مَرْجِعُهُمْ ثُمَّ ٱللَّهُ شَهِيدٌ عَلَىٰ مَا يَفْعَلُونَ ﴿٤٦﴾ وَلِكُلِّ
أُمَّةٍ رَّسُولٌ ۖ فَإِذَا جَآءَ رَسُولُهُمْ قُضِىَ بَيْنَهُم بِٱلْقِسْطِ
وَهُمْ لَا يُظْلَمُونَ ﴿٤٧﴾ وَيَقُولُونَ مَتَىٰ هَٰذَا ٱلْوَعْدُ إِن
كُنتُمْ صَٰدِقِينَ ﴿٤٨﴾ قُل لَّآ أَمْلِكُ لِنَفْسِى ضَرًّا وَلَا
نَفْعًا إِلَّا مَا شَآءَ ٱللَّهُ ۗ لِكُلِّ أُمَّةٍ أَجَلٌ ۚ إِذَا جَآءَ أَجَلُهُمْ
فَلَا يَسْتَـْٔخِرُونَ سَاعَةً ۖ وَلَا يَسْتَقْدِمُونَ ﴿٤٩﴾ قُلْ أَرَءَيْتُمْ
إِنْ أَتَىٰكُمْ عَذَابُهُۥ بَيَٰتًا أَوْ نَهَارًا مَّاذَا يَسْتَعْجِلُ مِنْهُ
ٱلْمُجْرِمُونَ ﴿٥٠﴾ أَثُمَّ إِذَا مَا وَقَعَ ءَامَنتُم بِهِۦٓ ۚ ءَآلْـَٔـٰنَ وَقَدْ
كُنتُم بِهِۦ تَسْتَعْجِلُونَ ﴿٥١﴾ ثُمَّ قِيلَ لِلَّذِينَ ظَلَمُوا۟ ذُوقُوا۟

für etwas anderes vergolten als für das, was ihr
[22¼] erworben habt?« *53 Und sie erkundigen sich
bei dir: »Ist es wahr?« Sprich: Ja, bei meinem
Herrn, es ist bestimmt wahr, und ihr könnt es
nicht vereiteln. 54 Und würde jeder, der Unrecht
getan hat, das besitzten, was auf der Erde ist, er
würde sich damit loskaufen. Sie empfinden insgeheim Reue, wenn sie die Pein sehen. Und zwischen ihnen wird in Gerechtigkeit entschieden,
und ihnen wird nicht Unrecht getan. 55 Siehe,
Gott gehört, was in den Himmeln und auf der
Erde ist. Siehe, das Versprechen Gottes ist wahr.
Aber die meisten von ihnen wissen nicht Bescheid. 56 Er macht lebendig und läßt sterben.
Und zu Ihm werdet ihr zurückgebracht.

عَذَابَ ٱلْخُلْدِ هَلْ تُجْزَوْنَ إِلَّا بِمَا كُنتُمْ تَكْسِبُونَ ﴿٥٢﴾
۞ وَيَسْتَنۢبِـُٔونَكَ أَحَقٌّ هُوَ ۖ قُلْ إِى وَرَبِّىٓ إِنَّهُۥ لَحَقٌّ ۖ
وَمَآ أَنتُم بِمُعْجِزِينَ ﴿٥٣﴾ وَلَوْ أَنَّ لِكُلِّ نَفْسٍ ظَلَمَتْ
مَا فِى ٱلْأَرْضِ لَٱفْتَدَتْ بِهِۦ ۗ وَأَسَرُّوا۟ ٱلنَّدَامَةَ لَمَّا رَأَوُا۟
ٱلْعَذَابَ ۖ وَقُضِىَ بَيْنَهُم بِٱلْقِسْطِ ۚ وَهُمْ لَا يُظْلَمُونَ ﴿٥٤﴾
أَلَآ إِنَّ لِلَّهِ مَا فِى ٱلسَّمَٰوَٰتِ وَٱلْأَرْضِ ۗ أَلَآ إِنَّ وَعْدَ ٱللَّهِ
حَقٌّ وَلَٰكِنَّ أَكْثَرَهُمْ لَا يَعْلَمُونَ ﴿٥٥﴾ هُوَ يُحْىِۦ وَيُمِيتُ
وَإِلَيْهِ تُرْجَعُونَ ﴿٥٦﴾

Varianten: 10,37–56

10,37: al-qur'ānu: al-qurānu (nach Ibn Kathīr).
taṣdīqa … tafṣīla: taṣdīqu … tafṣīlu (laut Zamakhsharī II, S. 347).
10,38: bi-sūratin mithlihī: bi-sūrati mithlihi: eine Sure seinesgleichen (laut Zamakhsharī II, S. 347).
10,42: yastamiʿūna: yastamiʿu (bei Ibn Masʿūd).
10,44: wa lākinna l-nāsa: wa lākini l-nāsu (nach Ḥamza, Kisā'ī).
10,45: yaḥshuruhum: naḥshuruhum: da Wir sie versammeln (nach den Rezitatoren außer Ḥafṣ).
10,46: thumma: thamma: dort … (nach Ibn Abī ʿAbla).
10,49: idhā: fa idhā (nach Ibn Sīrīn).
adjaluhum: ādjāluhum: ihre Fristen (nach Ibn Sīrīn).
djā'a adjaluhum: djā'ā djaluhum (nach Ḥamza, Kisā'ī, Abū ʿAmr); djā adjaluhum (nach Qālūn).
yasta'khirūna: yastākhirūna (nach Warsh, Sūsī).
10,50: ara'aytum: arāytum (nach Nāfiʿ, Warsh); araytum (nach Kisā'ī).
10,51: athumma: athamma: dort (bei Ibn Masʿūd; nach Zayd ibn ʿAlī).
āl'āna: ālāna (laut Zamakhsharī II, S. 351).

Kommentar

10,37(38): **Dieser Koran kann unmöglich ohne Gott erdichtet werden:** auch in 12,111. Hier beginnt eine Auseinandersetzung mit den Ungläubigen über die göttliche Herkunft der koranischen Botschaft. Mehrere Argumente werden angeführt, um die Zweifler zu überzeugen.

Er ist vielmehr die Bestätigung dessen, was vor ihm vorhanden war: → 2,41.89; → 3,3. Die Übereinstimmung mit den früheren heiligen Schriften spricht für die Echtheit des Korans.

und die ins einzelne gehende Darlegung des Buches: → 6,55.154. Das ist wohl das Urbuch, das bei Gott aufbewahrt wird und das als Urnorm aller heiligen Schriften gilt.

Kein Zweifel an ihm ist möglich: → 2,2.

er ist vom Herrn der Welten: siehe → 2,89. Oder der Satz bezieht sich auf die Bestätigung und die Darlegung; die Übersetzung müßte dann lauten: sie sind vom Herrn der Welten.

10,38(39): **Oder sagen sie: »Er hat ihn erdichtet«?:** zum Vorwurf siehe 11,13.35; 21,5; 25,4; 32,3; 46,8; – 28,36; 34,8.43; auch 16,101.

Sprich: Dann bringt eine Sure, die ihm gleich ist, bei und ruft, wen ihr könnt, anstelle Gottes an, so ihr die Wahrheit sagt: zu dieser Herausforderung an die ungläubigen Polytheisten siehe → 2,23.

10,39(40): **Nein, sie erklären für Lüge das, wovon sie kein umfassendes Wissen haben:** auch in 27,84. Ihr Unwissen und ihre Blindheit hindern sie daran, die Wahrheit zu erkennen: siehe 7,64; – 6,5; 27,84.
Das Unwissen der Zweifler bezieht sich auf den Inhalt des Korans, den sie immer wieder mit den Fabeln der früheren Generationen vergleichen, oder auf die Art seiner Herabsendung (abschnittsweise), oder auf die Bekräftigung der Auferstehung und des Gerichtes, oder endlich auf die den Gläubigen auferlegten Pflichten[1].

1. Vgl. Rāzī IX, 17, S. 102–103.

und bevor seine Deutung zu ihnen gekommen ist: bevor ihnen das Ergebnis und die Folgen der Annahme oder der Ablehnung seiner Botschaft klar geworden sind; sie sind auch nicht darum bemüht. → 7,53. Dies aber ist nicht der erste Fall von Blindheit und Unglauben.

So haben es auch diejenigen, die vor ihnen lebten, für Lüge erklärt: → 2,39.87; → 3,137.184; → 6,148.

So schau, wie das Ende derer war, die Unrecht taten: auch in 28,40; das Ende derer, die (die Botschaft) für Lüge erklären: → 3,137; der Übeltäter: → 7,84; der Unheilstifter: → 7,86. Sie haben nur nach dem Diesseits getrachtet, so haben sie bei ihrem Tod das Diesseits und das Jenseits verloren. Der Satz kann auch auf die Vernichtung mancher solcher Völker im Diesseits bezogen werden.

10,40(41): **Und unter ihnen sind solche, die an ihn glauben, und unter ihnen sind welche, die an ihn nicht glauben:** Diejenigen von den Polytheisten, die an den Koran glauben, tun es wohl in ihrem Inneren und heimlich, zeigen es aber nicht nach außen. Oder sie werden erst später an ihn glauben[2].

Und dein Herr weiß besser über die Unheilstifter Bescheid: → 3,63.

10,41(42): **Und wenn sie dich der Lüge zeihen, dann sprich: Mir kommt mein Tun zu und euch euer Tun. Ihr seid unschuldig an dem, was ich tue; und ich bin unschuldig an dem, was ihr tut:** auch 28,55; 43,15; – vgl. 11,35; 34,25; – 26,216; in der Pluralform: 2,139.

10,42(43): **Und unter ihnen sind welche, die dir zuhören:** → 6,25. Sie hören zwar zu, aber die Menschen, nicht einmal der Prophet, können die verstockten Ungläubigen nicht zum Glauben führen. Dies gehört in die alleinige Zuständigkeit Gottes.

Bist du es etwa, der die Tauben hören läßt: auch in 27,80; 30,52; 43,40.

auch wenn sie keinen Verstand haben?: → 2,170.

10,43(44): **Und unter ihnen sind welche, die zu dir hinschauen:** → 7,198.

2. Vgl. Rāzī IX, 17, S. 104.

Bist du es etwa, der die Blinden rechtleitet, auch wenn sie nicht sehen?: taub und blind: → 2,18.

10,44(45): **Gott tut den Menschen kein Unrecht. Vielmehr tun die Menschen sich selbst Unrecht:** → 3,117.

10,45(46): **Und am Tag:** verkürzter Zeitsatz: → 2,30.

da Er sie versammelt, als hätten sie nur eine Stunde vom Tag verweilt, um einander kennenzulernen: ähnlich → 2,259. Die eine Stunde bezieht sich entweder auf die Verweilzeit in den Gräbern oder auf die Lebenszeit. Die Lage der Erweckten sieht so aus, daß sie kaum Zeit haben, einander kennenzulernen, oder als hätten sie zu Lebzeiten nur eine Stunde gehabt, um einander kennenzulernen[3].

Man kann auch eine andere Deutung vertreten: Gott versammelt sie, wobei sie einander kennenlernen; ihr Leben auf der Erde scheint ihnen wie eine Stunde vom Tag im Vergleich mit dem Jenseits oder weil sie ihr irdisches Leben im Trachten nach seinen Nichtigkeiten vergeudet haben.

Dieses Kennenlernen dient der gegenseitigen Beschuldigung und Anklage und hört nach kurzer Zeit wieder auf[4].

Verlust haben diejenigen, die die Begegnung mit Gott für Lüge erklärt haben: → 6,31. Das sind die Worte der Erweckten, die ihre späte Erkenntnis verraten; oder es sind die Worte des Korans bezüglich der Abrechnung, die die Ungläubigen erwartet.

und der Rechtleitung nicht gefolgt sind: → 10,40. Sie haben nicht gewußt, wie sie ihre Angelegenheiten im Diesseits regeln sollen, denn sie haben die Wahrheit Gottes und seiner Botschaft unbeachtet gelassen.

10,46(47): **Ob Wir dich einen Teil dessen, was Wir ihnen androhen, sehen lassen oder dich abberufen:** auch in 13,40; 40,77; 43,41–42; abberufen: → 2,234.

zu Uns wird ihre Rückkehr sein: → 2,28.

Dann ist Gott Zeuge über das, was sie tun: → 3,98.

3. Vgl. Manār IX, S. 385.
4. Vgl. Zamakhsharī II, S. 349; Rāzī IX, 17, S. 109–110.

10,47(48): **Und jede Gemeinschaft hat einen Gesandten:** zum Thema → 4,41; 39,39.

Wenn ihr Gesandter zu ihnen kommt: Der Satz erinnert an weitere ähnliche Aussagen des Korans: »Und Wir peinigen nicht, ehe Wir einen Gesandten haben erstehen lassen (17,15); siehe ähnlich → 4,165 (die Gesandten sind ein Beweisgrund Gottes gegen die Ungläubigen); 20,134.

wird zwischen ihnen in Gerechtigkeit entschieden, und ihnen wird kein Unrecht getan: auch in 39,39.75; – 10,54; 40,78.

10,48(49): **Und sie sagen: »Wann wird diese Androhung eintreten, so ihr die Wahrheit sagt?«:** siehe dazu → 7,70; 21,38; 27,71; 34,21; 36,48; 67,25; vgl. 32,28.

10,49(50): **Sprich: Ich kann mir selbst weder Nutzen noch Schaden bringen, außer was Gott will:** → 7,188.

Für jede Gemeinschaft ist eine Frist festgesetzt. Und wenn ihre Frist kommt, können sie nicht einmal eine Stunde zurückbleiben oder vorausgehen: → 7,34. Gott setzt in seiner souveränen Verfügungsgewalt die Fristen fest, nach seinem Willen und nach dem Interesse seiner Pläne für die Menschen.

10,50(51): **Sprich: Was meint ihr? Wenn seine Pein bei Nacht oder bei Tag über euch kommt:** → 7,4.

was werden die Übeltäter zu beschleunigen wünschen?: → 6,57. Vor Bestürzung werden sie wohl nur noch den Wunsch haben, der schmerzhaften Pein zu entrinnen.

10,51(52): **Werdet ihr, wenn sie hereinbricht, dann daran glauben? Wie? Erst jetzt? Und dabei habt ihr sie doch zu beschleunigen gewünscht:** Früher habt ihr euch darüber lustig gemacht und habt Gott und sein Gericht herausgefordert, und jetzt kommt die Kehrtwende in eurer Haltung zu spät: → 4,18; – 32,29.

10,52(53): **Dann wird zu denen, die Unrecht getan haben, gesprochen: »Kostet die ewige Pein:** auch in 32,14; → 7,39.

Wird euch denn für etwas anderes vergolten als für das, was ihr erworben habt?«: → 7,147. Es ist hier keine willkürliche Handlung Gottes, sondern die gerechte Folge ihrer eigenen Werke.

10,53(54): **Und sie erkundigen sich bei dir: »Ist es wahr?«. Sprich: Ja, bei meinem Herrn, es ist bestimmt wahr:** → 4,122.

und ihr könnt es nicht vereiteln: → 6,134.

10,54(55): **Und würde jeder, der Unrecht getan hat, das besitzen, was auf der Erde ist, er würde sich damit loskaufen:** → 2,48; → 3,91.

Sie empfinden insgeheim Reue, wenn sie die Pein sehen: Die überwältigende Situation vor dem Gericht Gottes läßt sie zwar Reue empfinden, aber sie vermögen sie nicht laut zum Ausdruck zu bringen, oder sie mögen sich vor ihren Gefolgsleuten nicht blamieren, oder sie wissen, daß diese verspätete Reue keinen Nutzen für sie bringt[5].

Und zwischen ihnen wird in Gerechtigkeit entschieden: → 10,47. Es wird entschieden zwischen den Gläubigen und den Ungläubigen, oder zwischen den Religionsführern und ihren Gefolgsleuten, oder zwischen den Gruppen der Ungläubigen selbst.

10,55(56): **Siehe, Gott gehört, was in den Himmeln und auf der Erde ist:** → 2,116; – → 2,107. Niemand kann sich mit etwas aus dem Reich der Himmel und der Erde bei Gott loskaufen, alles gehört ihm ja ohnehin. Oder[6]: Gott, der Herr der Himmel und der Erde, ist wahrhaftig in der Botschaft seiner Propheten und in seinen Verheißungen und Drohungen.

Siehe, das Versprechen Gottes ist wahr: → 4,122; 10,53.

Aber die meisten von ihnen wissen nicht Bescheid: → 6,37. – Zum ganzen Satz siehe auch 16,38; 28,13; 30,6.

10,56(57): **Er macht lebendig und läßt sterben. Und zu Ihm werdet ihr zurückgebracht:** → 2,28.

5. So versuchen die Kommentatoren diese geheimgehaltene Reue zu erklären: vgl. Zamakhsharī II, S. 353; Rāzī IX, 17, S. 117; Manār XI, S. 397; Ṭabāṭabā'ī X, S. 76.
6. Nach Rāzī IX, 17, S. 118.

10,57–70

57 O ihr Menschen, zu euch ist nunmehr eine
Ermahnung von eurem Herrn gekommen und
eine Heilung für euer Inneres, eine Rechtleitung und Barmherzigkeit für die Gläubigen.
58 Sprich: Über die Huld Gottes und über seine
Barmherzigkeit, ja darüber sollen sie sich freuen.
Das ist besser als das, was sie zusammentragen.
59 Sprich: Was meint ihr? Das, was Gott für
euch an Lebensunterhalt herabgesandt hat und
was ihr in Verbotenes und Erlaubtes eingeteilt
habt, – sprich: Hat Gott es euch erlaubt, oder
erdichtet ihr etwas gegen Gott? 60 Was wird die
Meinung derer, die gegen Gott Lügen erdichten,
am Tag der Auferstehung sein? Gott ist voller
Huld gegen die Menschen. Aber die meisten
von ihnen sind nicht dankbar.
61 Du befaßt dich mit keiner Angelegenheit,
und du verliest darüber keinen Koran, und ihr
vollzieht keine Handlung, ohne daß Wir Zeugen
über euch sind, wenn ihr euch ausgiebig damit
beschäftigt. Und es entgeht deinem Herrn nicht
das Gewicht eines Stäubchens, weder auf der Erde noch im Himmel. Und es gibt nichts, was klei-
ner ist als dies oder größer, das nicht in einem
deutlichen Buch stünde. 62 Siehe, die Freunde
Gottes haben nichts zu befürchten, und sie wer-

يَـٰٓأَيُّهَا ٱلنَّاسُ قَدْ جَآءَتْكُم مَّوْعِظَةٌ
مِّن رَّبِّكُمْ وَشِفَآءٌ لِّمَا فِى ٱلصُّدُورِ وَهُدًى وَرَحْمَةٌ
لِّلْمُؤْمِنِينَ ﴿٥٧﴾ قُلْ بِفَضْلِ ٱللَّهِ وَبِرَحْمَتِهِۦ فَبِذَٰلِكَ فَلْيَفْرَحُوا۟
هُوَ خَيْرٌ مِّمَّا يَجْمَعُونَ ﴿٥٨﴾ قُلْ أَرَءَيْتُم مَّآ أَنزَلَ ٱللَّهُ لَكُم
مِّن رِّزْقٍ فَجَعَلْتُم مِّنْهُ حَرَامًا وَحَلَـٰلًا قُلْ ءَآللَّهُ أَذِنَ لَكُمْ ۖ
أَمْ عَلَى ٱللَّهِ تَفْتَرُونَ ﴿٥٩﴾ وَمَا ظَنُّ ٱلَّذِينَ يَفْتَرُونَ عَلَى
ٱللَّهِ ٱلْكَذِبَ يَوْمَ ٱلْقِيَـٰمَةِ ۚ إِنَّ ٱللَّهَ لَذُو فَضْلٍ عَلَى ٱلنَّاسِ
وَلَـٰكِنَّ أَكْثَرَهُمْ لَا يَشْكُرُونَ ﴿٦٠﴾ وَمَا تَكُونُ فِى شَأْنٍ
وَمَا تَتْلُوا۟ مِنْهُ مِن قُرْءَانٍ وَلَا تَعْمَلُونَ مِنْ عَمَلٍ إِلَّا كُنَّا
عَلَيْكُمْ شُهُودًا إِذْ تُفِيضُونَ فِيهِ ۚ وَمَا يَعْزُبُ عَن رَّبِّكَ
مِن مِّثْقَالِ ذَرَّةٍ فِى ٱلْأَرْضِ وَلَا فِى ٱلسَّمَآءِ وَلَآ أَصْغَرَ
مِن ذَٰلِكَ وَلَآ أَكْبَرَ إِلَّا فِى كِتَـٰبٍ مُّبِينٍ ﴿٦١﴾ أَلَآ إِنَّ
أَوْلِيَآءَ ٱللَّهِ لَا خَوْفٌ عَلَيْهِمْ وَلَا هُمْ يَحْزَنُونَ ﴿٦٢﴾

den nicht traurig sein, 63 sie, die glauben und gottesfürchtig sind. 64 Ihnen gilt die frohe Botschaft im dieseitigen Leben und im Jenseits. Unabänderlich sind die Worte Gottes. Das ist der großartige Erfolg. 65 Das, was sie sagen, soll dich nicht betrüben. Alle Macht gehört Gott. Er ist es, der alles hört und weiß. 66 siehe, Gott gehört, wer in den Himmeln und wer auf der Erde ist. Gewiß folgen diejenigen, die anstelle Gottes Teilhaber anrufen, ja sie folgen nur Vermutungen, und sie stellen nur Schätzungen an. 67 Er ist es, der euch die Nacht gemacht hat, damit ihr in ihr ruht, und den Tag, an dem man sehen kann. Darin sind Zeichen für Leute, die hören. 68 Sie sagen: »Gott hat sich ein Kind genommen.« Preis sei Ihm! Er ist auf niemanden angewiesen. Ihm gehört, was in den Himmeln und was auf der Erde ist. Ihr habt dafür keine Ermächtigung. Wollt ihr denn über Gott sagen, was ihr nicht wißt? 69 Sprich: Denen, die gegen Gott Lügen erdichten, wird es nicht wohl ergehen. 70 (Sie haben) auf der Erde eine Nutznießung, dann wird ihre Rückkehr zu Uns sein. Dann lassen Wir sie die harte Pein kosten dafür, daß sie ungläubig waren.

ٱلَّذِينَ ءَامَنُواْ وَكَانُواْ يَتَّقُونَ ﴿٦٣﴾ لَهُمُ ٱلۡبُشۡرَىٰ فِي ٱلۡحَيَوٰةِ
ٱلدُّنۡيَا وَفِي ٱلۡأٓخِرَةِۚ لَا تَبۡدِيلَ لِكَلِمَٰتِ ٱللَّهِۚ ذَٰلِكَ هُوَ
ٱلۡفَوۡزُ ٱلۡعَظِيمُ ﴿٦٤﴾ وَلَا يَحۡزُنكَ قَوۡلُهُمۡۘ إِنَّ ٱلۡعِزَّةَ لِلَّهِ
جَمِيعًاۚ هُوَ ٱلسَّمِيعُ ٱلۡعَلِيمُ ﴿٦٥﴾ أَلَآ إِنَّ لِلَّهِ مَن
فِي ٱلسَّمَٰوَٰتِ وَمَن فِي ٱلۡأَرۡضِۗ وَمَا يَتَّبِعُ ٱلَّذِينَ يَدۡعُونَ
مِن دُونِ ٱللَّهِ شُرَكَآءَۚ إِن يَتَّبِعُونَ إِلَّا ٱلظَّنَّ وَإِنۡ
هُمۡ إِلَّا يَخۡرُصُونَ ﴿٦٦﴾ هُوَ ٱلَّذِي جَعَلَ لَكُمُ ٱلَّيۡلَ
لِتَسۡكُنُواْ فِيهِ وَٱلنَّهَارَ مُبۡصِرًاۚ إِنَّ فِي ذَٰلِكَ لَأٓيَٰتٖ لِّقَوۡمٖ
يَسۡمَعُونَ ﴿٦٧﴾ قَالُواْ ٱتَّخَذَ ٱللَّهُ وَلَدٗاۗ سُبۡحَٰنَهُۥۖ هُوَ ٱلۡغَنِيُّۖ
لَهُۥ مَا فِي ٱلسَّمَٰوَٰتِ وَمَا فِي ٱلۡأَرۡضِۚ إِنۡ عِندَكُم مِّن
سُلۡطَٰنِۭ بِهَٰذَآۚ أَتَقُولُونَ عَلَى ٱللَّهِ مَا لَا تَعۡلَمُونَ ﴿٦٨﴾ قُلۡ
إِنَّ ٱلَّذِينَ يَفۡتَرُونَ عَلَى ٱللَّهِ ٱلۡكَذِبَ لَا يُفۡلِحُونَ ﴿٦٩﴾
مَتَٰعٞ فِي ٱلدُّنۡيَا ثُمَّ إِلَيۡنَا مَرۡجِعُهُمۡ ثُمَّ نُذِيقُهُمُ ٱلۡعَذَابَ
ٱلشَّدِيدَ بِمَا كَانُواْ يَكۡفُرُونَ ﴿٧٠﴾

Varianten: 10,57–70

10,57: fal-yafraḥū: fal-tafraḥū: freut euch (bei Ubayy nach einigen Gewährsmännern; nach Zayd ibn Thābit); fafraḥū: freut euch (bei Ibn Masʿūd, Ubayy, al Rabīʿ ibn Khuthaym).
yadjmaʿūna: tadjmaʿūna: was ihr zusammentragt (bei Ubayy; nach Ibn ʿĀmir, Abū Djaʿfar, Ḥasan al-Baṣrī).
10,59: araʾaytum: arāytum (nach Nāfiʿ, Warsh); araytum (nach Kisāʾī).
10,60: wa mā ẓannu: wa mā ẓanna: was meinen … (nach ʿĪsā ibn ʿUmar).
10,61: shaʾni: shāni (nach Sūsī).
qurʾāni: qurāni (nach Kisāʾī).
yaʿzubu: yaʿzibu (nach Kisāʾī).
wa lā aṣghara … wa lā akbara: wa lā aṣgharu … wa lā akbaru (nach Ḥamza).
10,65: wa lā yaḥzunka: wa lā yuḥzinka (nach Nāfiʿ).
inna (l-ʿizzata): anna (nach Abū Ḥaywa).
10,66: shurakāʾa in: shurakāʾa yin; shurakāʾa win (nach Nāfiʿ, Ibn Kathīr, Abū ʿAmr).
yadʿūna: tadʿūna: die ihr anruft (bei ʿAlī ibn Abī Ṭālib).

10,57(58): **O ihr Menschen, zu euch ist nunmehr eine Ermahnung von eurem Herrn gekommen und eine Heilung für euer Inneres, eine Rechtleitung und Barmherzigkeit für die Gläubigen:** → 2,66; → 3,138; 5,46; 6,145.157; 7,203. Gemeint in diesem Vers ist die Sendung Muḥammads und die Botschaft des Korans.
und eine Heilung für euer Inneres: wörtlich: für das, was in der Brust ist: auch in 17,82; 41,44.

10,58(59): **Sprich: Über die Huld Gottes und über seine Barmherzigkeit, ja darüber sollen sie sich freuen:** → 3,170–171; 30,36.

Das ist besser als das, was sie zusammentragen: → 3,157. An anderer Stelle ermahnt der Koran den, »der sein Vermögen zusammenbringt und es zählt und dabei meint, sein Vermögen würde ihn unsterblich machen!« (104,2–3).

10,59(60): **Sprich: Was meint ihr? Das, was Gott euch an Lebensunterhalt herabgesandt hat und was ihr in Verbotenes und Erlaubtes eingeteilt habt:** zum Thema siehe → 5,87–88; → 6,142–145.148.

sprich: Hat Gott es euch erlaubt, oder erdichtet ihr etwas gegen Gott? → 6,21. Diese willkürliche Einteilung, die die Menschen vornehmen, hat keine Berechtigung von seiten Gottes.

10,61(61): **Was wird die Meinung derer, die gegen Gott Lügen erdichten, am Tag der Auferstehung sein:** → 6,21. An jenem Tag wird Gott alles klarstellen und die Menschen über ihre eigenmächtigen Taten zur Rede stellen und sie mit seiner Pein bestrafen.

Gott ist voller Huld gegen die Menschen. Aber die meisten von ihnen sind nicht dankbar: → 2,243. Gott schenkt den Menschen den Verstand und auch die Botschaft seiner Propheten, damit sie den rechten Weg finden und Entschlossenheit zeigen, diesen Weg auch zu gehen.

10,61(62): **Du befaßt dich mit keiner Angelegenheit, und du verliest**

darüber keinen Koran: *minhu:* darüber (über die Angelegenheit), oder davon (vom Koran), oder auch von Gott her.

und ihr vollzieht keine Handlung, ohne daß Wir Zeugen über euch sind: → 3,98; auch 3,81.

wenn ihr euch ausgiebig damit beschäftigt: auch in 46,8.

Und es entgeht deinem Herrn nicht das Gewicht eines Stäubchens, weder auf der Erde noch im Himmel, das nicht in einem deutlichen Buch stünde: → 6,38; 6,59; zum Thema auch 9,51.

Dieser Vers wird den Rechtschaffenen Trost spenden und Zuversicht schenken, und den Frevlern und Übeltätern Angst einjagen. Denn Gottes Wissen umfaßt ja alles.

10,62(63): **Siehe, die Freunde Gottes haben nichts zu befürchten, und sie werden nicht traurig sein:** → 2,62.

10,63(64): **sie, die glauben und gottesfürchtig sind:** Glaube und Gottesfurcht werden die Menschen auch zur Rechtschaffenheit führen und ihnen die Huld und die Belohnung Gottes bringen.

10,64(65): **Ihnen gilt die frohe Botschaft im diesseitigen Leben und im Jenseits:** auch in 39,17; 41,30–32.

Die frohe Botschaft entfernt von ihnen die Angst: Die Menschen werden sie im Diesseits lieben und achten, die Engel werden ihnen in der Sterbestunde das Eintreten ins Paradies ankündigen (41,30) und Barmherzigkeit und Wohlgefallen von seiten Gottes zusichern (9,21)[1].

Unabänderlich sind die Worte Gottes: wörtlich: Es gibt keine Abänderung für die Worte Gottes; → 6,34.

Das ist der großartige Erfolg: → 4,13.

10,65(66): **Das, was sie sagen, soll dich nicht betrüben:** → 6,33; → 3,176[2].

1. Einige denken hier an gute, angenehme Träume, so daß der Teufel den Menschen keine Angst einjagen kann; vgl. Rāzī IX, 17, S. 134–135; Manār XI, S. 418–440.

2. Zur Betroffenheit Muḥammads angesichts der Verstockung der Ungläubigen siehe *A. Th. Khoury:* Einführung in die Grundlagen des Islams, Würzburg/Altenberge [4]1995, S. 75–77.

Alle Macht gehört Gott: → 4,139; → 2,165. Gott ist mächtiger als die verstockten Ungläubigen: Er unterstützt seine Gesandten und diejenigen die glauben (40,51); und »Gott hat vorgeschrieben: ›Siegen werde Ich und meine Gesandten.‹ Gott ist stark und mächtig« (58,21).

Er ist es, der alles hört und weiß: → 2,217.

10,66(67): **Siehe, Gott gehört, wer in den Himmeln und wer auf der Erde ist:** → 10,55.

Gewiß folgen diejenigen, die anstelle Gottes Teilhaber anrufen, ja sie folgen nur Vermutungen, und sie stellen nur Schätzungen an: → 6,116.
Andere mögliche Übersetzung: Was befolgen diejenigen, die anstelle Gottes Teilhaber anrufen? Sie folgen …

10,67(68): **Er ist es, der euch die Nacht gemacht hat, damit ihr in ihr ruht:** → 6,13; 30,23.

und den Tag, an dem man sehen kann: 17,12; 78,9–11; vgl. auch 25,47.

Darin sind Zeichen für Leute, die hören: die hören, erforschen, was sie hören, und daraus die Konsequenzen ziehen; ähnlich in → 3,190; vgl. → 2,164.

10,68(69): **Sie sagen: »Gott hat sich ein Kind genommen.« Preis sei Ihm!:** Er ist erhaben: → 2,116.

Er ist auf niemanden angewiesen: → 2,263.

Ihm gehört, was in den Himmeln und was auf der Erde ist: → 2,116; → 4,131; 10,55.

Ihr habt dafür keine Ermächtigung: Gott ein Kind zuzuschreiben; → 3,151

Wollt ihr denn über Gott sagen, was ihr nicht wißt?: → 2,80.

10,69(70): **Sprich: Denen, die gegen Gott Lügen erdichten, wird es nicht wohl ergehen:** wörtlich in 16,116. → 6,21.

10,70(71): **(Sie haben) auf der Erde eine Nutznießung:** → 2,36; 10,23.

dann wird ihre Rückkehr zu Uns sein: → 10,23.

Dann lassen Wir sie die harte Pein kosten dafür, daß sie ungläubig waren: → 3,106; harte Pein: → 2,85. Der ganze Vers wörtlich in 11,117.

10,71–93

[22½] *71 Und verlies ihnen den Bericht über Noach,
als er zu seinem Volk sagte: »O mein Volk, wenn
ihr schwer ertragen könnt, daß ich mich hinstelle und euch mit den Zeichen Gottes ermahne, so
vertraue ich auf Gott. Einigt euch über eure Angelegenheit, ihr und eure Teilhaber, und euer
Entschluß soll für euch nicht unklar sein; dann
führt ihn an mir aus und gewährt mir keinen
Aufschub. 72 Wenn ihr euch abkehrt, so habe
ich von euch keinen Lohn verlangt. Mein Lohn
obliegt Gott allein. Und mir ist befohlen worden,
einer der Gottgegebenen zu sein.« 73 Sie ziehen
ihn aber der Lüge. Da erretteten Wir ihn und
diejenigen, die mit ihm waren, im Schiff. Und
Wir machten sie zu aufeinanderfolgenden Generationen und ließen die, die unsere Zeichen
für Lüge erklärten, ertrinken. So schau, wie das
Ende derer war, die gewarnt worden sind.
74 Dann schickten Wir nach ihm Gesandte zu
ihrem (jeweiligen) Volk; sie kamen mit den
deutlichen Zeichen zu ihnen. Aber sie vermochten nicht, an das zu glauben, was sie früher für
Lüge erklärt hatten. So versiegeln Wir die Herzen derer, die Übertretungen begehen. 75 Dann
schickten Wir nach ihnen Mose und Aaron mit
unseren Zeichen zu Pharao und seinen Vorneh-

۞ وَٱتْلُ عَلَيْهِمْ نَبَأَ
نُوحٍ إِذْ قَالَ لِقَوْمِهِۦ يَٰقَوْمِ إِن كَانَ كَبُرَ عَلَيْكُم مَّقَامِى
وَتَذْكِيرِى بِـَٔايَٰتِ ٱللَّهِ فَعَلَى ٱللَّهِ تَوَكَّلْتُ فَأَجْمِعُوٓا۟ أَمْرَكُمْ
وَشُرَكَآءَكُمْ ثُمَّ لَا يَكُنْ أَمْرُكُمْ عَلَيْكُمْ غُمَّةً ثُمَّ ٱقْضُوٓا۟
إِلَىَّ وَلَا تُنظِرُونِ ﴿٧١﴾ فَإِن تَوَلَّيْتُمْ فَمَا سَأَلْتُكُم مِّنْ
أَجْرٍ ۖ إِنْ أَجْرِىَ إِلَّا عَلَى ٱللَّهِ ۖ وَأُمِرْتُ أَنْ أَكُونَ مِنَ
ٱلْمُسْلِمِينَ ﴿٧٢﴾ فَكَذَّبُوهُ فَنَجَّيْنَٰهُ وَمَن مَّعَهُۥ فِى ٱلْفُلْكِ
وَجَعَلْنَٰهُمْ خَلَٰٓئِفَ وَأَغْرَقْنَا ٱلَّذِينَ كَذَّبُوا۟ بِـَٔايَٰتِنَا ۖ فَٱنظُرْ
كَيْفَ كَانَ عَٰقِبَةُ ٱلْمُنذَرِينَ ﴿٧٣﴾ ثُمَّ بَعَثْنَا مِنۢ بَعْدِهِۦ رُسُلًا
إِلَىٰ قَوْمِهِمْ فَجَآءُوهُم بِٱلْبَيِّنَٰتِ فَمَا كَانُوا۟ لِيُؤْمِنُوا۟ بِمَا كَذَّبُوا۟
بِهِۦ مِن قَبْلُ ۚ كَذَٰلِكَ نَطْبَعُ عَلَىٰ قُلُوبِ ٱلْمُعْتَدِينَ ﴿٧٤﴾
ثُمَّ بَعَثْنَا مِنۢ بَعْدِهِم مُّوسَىٰ وَهَٰرُونَ إِلَىٰ فِرْعَوْنَ

men. Sie verhielten sich hochmütig und waren Übeltäter. 76 Als nun die Wahrheit von Uns zu ihnen kam, sagten sie: »Das ist ja eine offenkundige Zauberei.« 77 Mose sagte: »Wie könnt ihr denn (das) von der Wahrheit sagen, nachdem sie zu euch gekommen ist? Ist das etwa Zauberei? Den Zauberern wird es nicht wohl ergehen.« 78 Sie sagten: »Bist du zu uns gekommen, um uns von dem abzubringen, was wir bei unseren Vätern vorgefunden haben, und damit die Oberhoheit auf der Erde euch zufalle? Wir werden euch gewiß nicht glauben.« 79 Und der Pharao sagte: »Bringt mir jeden erfahrenen Zauberer.« 80 Als die Zauberer kamen, sagte Mose zu ihnen: »Werft, was ihr werfen wollt.« 81 Als sie geworfen hatten, sagte Mose: »Was ihr vorgebracht habt, das ist Zauberei. Gott wird sie zunichte machen. Gott läßt das Tun der Unheilstifter nicht als gut gelten. 82 Und Gott bestätigt die Wahrheit mit seinen Worten, auch wenn es den Übeltätern zuwider ist.« 83 Und dem Mose glaubten nur junge Leute aus seinem Volk, dabei hatten sie Angst vor dem Pharao und ihren Vornehmen, daß er sie der Versuchung aussetzen würde. Der Pharao hatte ja hohe Gewalt im Land und war einer der Maßlosen. 84 Und Mose sagte: »O mein Volk, wenn ihr an Gott glaubt, dann vertraut auf Ihn, so ihr gottergeben seid.« 85 Sie sagten: »Auf Gott vertrauen wir. Unser Herr, mach uns nicht zu einer Versuchung für die Leu-

وَمَلَإِيْهِۦ بِـَٔايَـٰتِنَا فَٱسْتَكْبَرُواْ وَكَانُواْ قَوْمًا مُّجْرِمِينَ ﴿٧٥﴾
فَلَمَّا جَآءَهُمُ ٱلْحَقُّ مِنْ عِندِنَا قَالُوٓاْ إِنَّ هَـٰذَا لَسِحْرٌ
مُّبِينٌ ﴿٧٦﴾ قَالَ مُوسَىٰٓ أَتَقُولُونَ لِلْحَقِّ لَمَّا جَآءَكُمْ ۖ أَسِحْرٌ
هَـٰذَا وَلَا يُفْلِحُ ٱلسَّـٰحِرُونَ ﴿٧٧﴾ قَالُوٓاْ أَجِئْتَنَا لِتَلْفِتَنَا عَمَّا
وَجَدْنَا عَلَيْهِ ءَابَآءَنَا وَتَكُونَ لَكُمَا ٱلْكِبْرِيَآءُ فِى ٱلْأَرْضِ
وَمَا نَحْنُ لَكُمَا بِمُؤْمِنِينَ ﴿٧٨﴾ وَقَالَ فِرْعَوْنُ ٱئْتُونِى بِكُلِّ
سَـٰحِرٍ عَلِيمٍ ﴿٧٩﴾ فَلَمَّا جَآءَ ٱلسَّحَرَةُ قَالَ لَهُم مُّوسَىٰٓ
أَلْقُواْ مَآ أَنتُم مُّلْقُونَ ﴿٨٠﴾ فَلَمَّآ أَلْقَوْاْ قَالَ مُوسَىٰ مَا جِئْتُم
بِهِ ٱلسِّحْرُ ۖ إِنَّ ٱللَّهَ سَيُبْطِلُهُۥٓ ۖ إِنَّ ٱللَّهَ لَا يُصْلِحُ عَمَلَ
ٱلْمُفْسِدِينَ ﴿٨١﴾ وَيُحِقُّ ٱللَّهُ ٱلْحَقَّ بِكَلِمَـٰتِهِۦ وَلَوْ كَرِهَ
ٱلْمُجْرِمُونَ ﴿٨٢﴾ فَمَآ ءَامَنَ لِمُوسَىٰٓ إِلَّا ذُرِّيَّةٌ مِّن قَوْمِهِۦ
عَلَىٰ خَوْفٍ مِّن فِرْعَوْنَ وَمَلَإِيْهِمْ أَن يَفْتِنَهُمْ ۚ وَإِنَّ فِرْعَوْنَ
لَعَالٍ فِى ٱلْأَرْضِ وَإِنَّهُۥ لَمِنَ ٱلْمُسْرِفِينَ ﴿٨٣﴾ وَقَالَ مُوسَىٰ
يَـٰقَوْمِ إِن كُنتُمْ ءَامَنتُم بِٱللَّهِ فَعَلَيْهِ تَوَكَّلُوٓاْ إِن كُنتُم
مُّسْلِمِينَ ﴿٨٤﴾ فَقَالُواْ عَلَى ٱللَّهِ تَوَكَّلْنَا رَبَّنَا لَا تَجْعَلْنَا

te, die Unrecht tun, 86 und errette uns in deiner
Barmherzigkeit von den ungläubigen Leuten.«
87 Und Wir offenbarten dem Mose und seinem
Bruder: »Weiset eurem Volk in Ägypten Häuser
zu und macht, daß eure Häuser einander gegenüberstehen, und verrichtet das Gebet. Und verkünde den Gläubigen eine frohe Botschaft.«
88 Und Mose sagte: »Unser Herr, du hast Pharao
und seinen Vornehmen im diesseitigen Leben
Pracht und Vermögen zukommen lassen, unser
Herr, damit sie (die Leute) von deinem Weg abirren lassen. Unser Herr, wisch ihr Vermögen
aus und schnüre ihre Herzen fest, so daß sie
nicht glauben, bis sie die schmerzhafte Pein sehen.« 89 Er sprach: »Eure Bitte ist erhört. So verhaltet euch aufrecht und folgt nicht dem Weg
[22¾] derer, die nicht Bescheid wissen.« *90 Und Wir
ließen die Kinder Israels das Meer überqueren.
Da verfolgten sie der Pharao und seine Truppen
in Auflehnung und Übertretung. Als er am Ertrinken war, sagte er: »Ich glaube, daß es keinen
Gott gibt außer dem, an den die Kinder Israels
glauben. Und ich gehöre zu den Gottergebenen.«
91 »Wie? Erst jetzt, wo du zuvor ungehorsam
warst und zu den Unheilstiftern gehörtest?
92 Heute wollen Wir dich mit deinem Leib erretten, damit du für die, die nach dir kommen,
ein Zeichen seist.« Und viele von den Menschen

فِتْنَةً لِّلْقَوْمِ ٱلظَّٰلِمِينَ ﴿٨٥﴾ وَنَجِّنَا بِرَحْمَتِكَ مِنَ ٱلْقَوْمِ
ٱلْكَٰفِرِينَ ﴿٨٦﴾ وَأَوْحَيْنَآ إِلَىٰ مُوسَىٰ وَأَخِيهِ أَن تَبَوَّءَا
لِقَوْمِكُمَا بِمِصْرَ بُيُوتًا وَٱجْعَلُوا۟ بُيُوتَكُمْ قِبْلَةً وَأَقِيمُوا۟ ٱلصَّلَوٰةَ ۗ
وَبَشِّرِ ٱلْمُؤْمِنِينَ ﴿٨٧﴾ وَقَالَ مُوسَىٰ رَبَّنَآ إِنَّكَ ءَاتَيْتَ
فِرْعَوْنَ وَمَلَأَهُۥ زِينَةً وَأَمْوَٰلًا فِى ٱلْحَيَوٰةِ ٱلدُّنْيَا رَبَّنَا
لِيُضِلُّوا۟ عَن سَبِيلِكَ ۖ رَبَّنَا ٱطْمِسْ عَلَىٰٓ أَمْوَٰلِهِمْ وَٱشْدُدْ
عَلَىٰ قُلُوبِهِمْ فَلَا يُؤْمِنُوا۟ حَتَّىٰ يَرَوُا۟ ٱلْعَذَابَ ٱلْأَلِيمَ ﴿٨٨﴾
قَالَ قَدْ أُجِيبَت دَّعْوَتُكُمَا فَٱسْتَقِيمَا وَلَا تَتَّبِعَآنِّ سَبِيلَ
ٱلَّذِينَ لَا يَعْلَمُونَ ﴿٨٩﴾ * وَجَٰوَزْنَا بِبَنِىٓ إِسْرَٰٓءِيلَ ٱلْبَحْرَ
فَأَتْبَعَهُمْ فِرْعَوْنُ وَجُنُودُهُۥ بَغْيًا وَعَدْوًا ۖ حَتَّىٰٓ إِذَآ أَدْرَكَهُ
ٱلْغَرَقُ قَالَ ءَامَنتُ أَنَّهُۥ لَآ إِلَٰهَ إِلَّا ٱلَّذِىٓ ءَامَنَتْ بِهِۦ بَنُوٓا۟
إِسْرَٰٓءِيلَ وَأَنَا۠ مِنَ ٱلْمُسْلِمِينَ ﴿٩٠﴾ ءَآلْـَٰٔنَ وَقَدْ عَصَيْتَ
قَبْلُ وَكُنتَ مِنَ ٱلْمُفْسِدِينَ ﴿٩١﴾ فَٱلْيَوْمَ نُنَجِّيكَ بِبَدَنِكَ
لِتَكُونَ لِمَنْ خَلْفَكَ ءَايَةً ۚ وَإِنَّ كَثِيرًا مِّنَ ٱلنَّاسِ

lassen unsere Zeichen unbeachtet. 93 Und Wir haben den Kindern Israels einen wahrhaftigen Aufenthaltsort und ihnen von den köstlichen Dingen beschert. Sie sind aber erst uneins geworden, nachdem das Wissen zu ihnen gekommen war. Dein Herr wird am Tag der Auferstehung zwischen ihnen über das entscheiden, worüber sie uneins waren.

عَنْ ءَايَٰتِنَا لَغَٰفِلُونَ ﴿٩٢﴾ وَلَقَدْ بَوَّأْنَا بَنِىٓ إِسْرَٰٓءِيلَ
مُبَوَّأَ صِدْقٍ وَرَزَقْنَٰهُم مِّنَ ٱلطَّيِّبَٰتِ فَمَا ٱخْتَلَفُوا۟ حَتَّىٰ
جَآءَهُمُ ٱلْعِلْمُ ۚ إِنَّ رَبَّكَ يَقْضِى بَيْنَهُمْ يَوْمَ ٱلْقِيَٰمَةِ فِيمَا
كَانُوا۟ فِيهِ يَخْتَلِفُونَ ﴿٩٣﴾

Varianten: 10,71–93

10,71: ʿalayhim: ʿalayhum (nach Ḥamza, Kisāʾī).
fa adjmiʿū: fa djmaʿū: bringt … zusammen (laut Zamakhsharī II, S. 359).
fa adjmiʿū amrakum wa shurakāʾakum: fadʿū shurakāʾakum thumma adjmiʿū amrakum: ruft eure Teilhaber an, dann einigt euch über eure Angelegenheit (bei Ubayy); fa adjimʿū amrakum wa dʿū shurakāʾakum: einigt euch über eure Angelegneheit und ruft eure Teilhaber an (bei Ubayy).
wa shurakāʾakum: wa shurakāʾukum (nach Ḥasan al-Baṣrī); thumma shurakāʾakum: und dann eure Teilhaber (bei Ibn Masʿūd, al-Rabīʿ ibn Khuthaym).
thumma qḍū ilayya: thumma afḍū ilayya: dann kommt zuletzt zu mir; oder: teilt es mir mit (laut Zamakhsharī II, S. 360).

10,72: inna adjriya: inna adjrī (nach den Rezitatoren außer Nāfiʿ, Abū ʿAmr, Ḥafṣ).

10,76: lasiḥrun: lasāḥirun: Zauberer (bei Saʿīd ibn Djubayr, al-Aʿmash, Mudjāhid).

10,78: takūna: yakūna (bei Ibn Masʿūd; nach Ḥasan al-Baṣrī, Ibn Abī Laylā).

10,79: firʿaunu ʾtūnī: firʿaunu wtūnī (nach Warsh, Sūsī).
sāḥirin: saḥḥārin (bei Ṭalḥa, al-Aʿmash; nach Ḥamza, Kisāʾī).

10,81: djiʾtum: ataytum (bei Ubayy, al-Rabīʿ ibn Khuthaym; nach Ibn Abī Laylā).
al-siḥru: siḥrun (bei Ibn Masʿūd, Ubayy, al-Aʿmash); āl-siḥru: (betreibt ihr denn) Zauberei? (bei Mudjāhid; nach Abū ʿAmr, Abū Djaʿfar).

10,82: bi-kalimātihī: bi-kalimatihī: mit seinem Wort (laut Zamakhsharī II, S. 363).

10,87: buyūtan … buyūtakum: biyūtan … biyūtakum (nach den Rezitatoren außer Warsh, Abū ʿAmr, Ḥafṣ).

10,88: innaka: aʾinnaka: (Unser Herr,) hast Du … (nach al-Faḍl al-Raqashī).
li-yuḍillū: li-yaḍillū: damit sie irregehen (nach den Rezitatoren außer Shuʿba, Ḥamza, Kisāʾī, ʿĀṣim, Ḥafṣ).

10,89: daʿwatukumā: daʿawātukuma: eure Bitten (bei ʿAlī ibn Abī Ṭālib).
udjībat daʿwatukuma: adjabta daʿwataykumā: Ich habe eure beiden Bitten erhört (bei al-Rabīʿ ibn Khuthaym).
lā tattabiʿānni: lā tattabiʿāni: und ihr werdet nicht folgen (nach Ibn Dhakwān); lā tutbiʿā: laßt nicht (die Menschen) … folgen (bei Ibn Masʿūd).

10,90: wa djāwaznā: wa djawwaznā (nach Ḥasan al-Baṣrī).
ʿadwan: ʿuduwwan (nach Ḥamza).
annahū (lā ilāha): innahū (bei Ibn Masʿūd; nach Ḥamza, Kisāʾī).

10,92: nunadjjīka: nundjīka: retten (bei Ibn Masʿūd, Ubayy; nach Ibn al-Samayfaʿ); nunaḥḥīka: Wir bringen dich zur Seite (laut Zamakhsharī II, S. 368).
bi badanika: bi nidā'ika: durch deinen Ruf (bei Ibn Masʿūd, Ubayy); bi abdānika (bei Ibn Masʿūd nach einigen Gewährsmännern); bi badanika wa dhirʿika wa djaushanika thumma nulqīka ʿalā shāṭi'i l-baḥri: mit deinem Leib und deiner Ärmelkette und deinem Schild, und dich dann ans Ufer des Meeres hinlegen (bei Ubayy nach einigen Gewährsmännern).
liman khalfaka: liman khalaqaka: für den, der sich erschaffen hat (bei Ubayy; nach Muʿādh, Ibn al-Samayfaʿ).

Kommentar

10,71(72): Und verlies ihnen den Bericht: → 5,27.

über Noach: zu Noach → 7,59–64.

als er zu seinem Volk sagte: »O mein Volk, wenn ihr schwer ertragen könnt, daß ich mich hinstelle: oder: daß ich mich (hier) aufhalte.

und euch mit den Zeichen Gottes ermahne: → 5,13.

so vertraue ich auf Gott. Einigt euch über eure Angelegenheit, ihr und eure Teilhaber: oder: – ich vertraue auf Gott – so einigt euch …
einigt euch: → 7,195; auch 11,55; 12,102; 20,64. – *über eure Angelegenheit:* über die Mittel, die ihr gegen mich anwenden wollt; oder: einigt euch mit denen unter euch, die etwa zu sagen und zu entscheiden haben. – *eure Teilhaber:* eure Götzen oder diejenigen, die eure Haltung teilen.

und euer Entschluß soll für euch nicht unklar sein; dann führt ihn an mir aus und gewährt mir keinen Aufschub: Das Vertrauen auf Gott gibt dem Noach den Mut, die Konfrontation mit den Widersachern nicht zu scheuen.

10,72(73): **Wenn ihr euch abkehrt, so habe ich von euch keinen Lohn verlangt. Mein Lohn obliegt Gott allein:** → 6,90; vgl. auch 23,72. Noach fürchtet nicht, daß die Ungläubigen ihm seinen Lebensunterhalt streitig machen; im übrigen macht ihn sein Verzicht auf Lohn um so überzeugender.

Und mir ist befohlen worden, einer der Gottergebenen zu sein«: → 6,14; – → 2,131.

10,73(74): **Sie ziehen ihn der Lüge. Da erretteten Wir ihn und diejenigen, die mit ihm waren, im Schiff:** → 7,64.

Und Wir machten sie zu aufeinanderfolgenden Generationen: → 6,163; → 4,133; → 2,30.

und ließen die, die unsere Zeichen für Lüge erklärten, ertrinken: → 7,64.

So schau, wie das Ende derer war, die gewarnt worden sind: 37,73; → 3,137.

10,74(75): **Dann schickten Wir nach ihm Gesandte zu ihrem (jeweiligen) Volk; sie kamen mit den deutlichen Zeichen zu ihnen. Aber sie vermochten nicht, an das zu glauben, was sie früher für Lüge erklärt hatten. So versiegeln Wir die Herzen derer, die Übertretungen begehen:** ähnlich in → 7,101.

10,75–92: Zur Geschichte des Mose siehe → 7,103–137.

10,75(76): **Dann schickten Wir nach ihnen Mose und Aaron mit unseren Zeichen zu Pharao und seinen Vornehmen:** → 7,103.

Sie verhielten sich hochmütig und waren Übeltäter: 7,33; 29,39.

10,76(77): **Als nun die Wahrheit von Uns zu ihnen kam:** → 7,105.

sagten sie: »Das ist ja eine offenkundige Zauberei«: ähnlich in → 7,109; 43,49; Zauberei: → 2,102.

10,77(78): **Mose sagte: »Wie könnt ihr denn (das) von der Wahrheit sagen, nachdem sie zu euch gekommen ist? Ist das etwa Zauberei? Den Zauberern wird es nicht wohl ergehen:** zum letzten Satz siehe 20,69.

10,78(79): **Sie sagten: »Bist du zu uns gekommen, um uns von dem abzubringen, was wir bei unseren Vätern vorgefunden haben:** → 7,70; → 2,170.

und damit die Oberhoheit auf der Erde euch zufalle?«: Die Leute des Pharao wittern bei Mose eine politische Intrige, die sie vielleicht die Herrschaft im Lande kosten könnte. – Oberhoheit Gottes: 45,37.

10,79(80): **Und der Pharao sagte: »Bringt mir jeden erfahrenen Zauberer«:** → 7,112.

10,80(80): **Als die Zauberer kamen, sagte Mose zu ihnen: »Werft, was ihr werfen wollt«:** → 7,116

10,81(81): **Als sie geworfen hatten, sagte Mose: »Was ihr vorgebracht habt, das ist Zauberei:** oder: ist eben die Zauberei; → 7,116.

Gott wird sie zunichte machen: → 7,118; → 8,8.

Gott läßt das Tun der Unheilstifter nicht als gut gelten: siehe zum Ausdruck im positiven Sinn 33,71; 47,5.

10,82(82): **Und Gott bestätigt die Wahrheit mit seinen Worten, auch wenn es den Übeltätern zuwider ist«:** → 7,118; → 8,7–8.

10,83(83): **Und dem Mose glaubten nur junge Leute aus seinem Volk:** Das Wort *dhurriyya* (wörtlich: Nachkommenschaft) wird auch wie folgt interpretiert: eine kleine Zahl (so Ibn ʿAbbās), – Leute, deren Väter Ägypter und deren Mütter Israelitinnen waren, – oder gar eine kleine Gruppe aus dem Volk des Pharao. Paret plädiert dafür, das Wort *Volk* hier auf alle Ägypter zu beziehen und in der hier erwähnten Nachkommenschaft eben nur die Israeliten unter ihnen zu sehen[1].

dabei hatten sie Angst vor dem Pharao und ihren Vornehmen: den Vornehmen der Ägypter, oder ihren eigenen Vornehmen, die eine besondere Stellung beim Pharao hatten und sich nicht zum Glauben an Mose entschliessen konnten.

daß er sie der Versuchung aussetzen würde: um sie von ihrem Glauben und ihrer Religion abzubringen; → 2,102.

Der Pharao hatte ja hohe Gewalt im Land: auch in 44,31; – 28,4; siehe auch 23,46; 38,75; vgl. 17,4.

und war einer der Maßlosen: in der Unterdrückung der Menschen; → 3,147.

10,84(84): **Und Mose sagte: »O mein Volk, wenn ihr an Gott glaubt, dann vertraut auf Ihn, so ihr gottergeben seid«:** d.h. auf Ihn allein; → 3,122.

Das *Volk* hier sind eindeutig die Israeliten, vor allem die Gläubigen unter ihnen.

1. Vgl. *Rudi Paret:* Der Koran. Kommentar und Konkordanz, (Taschenbuch-Ausgabe), 3. Aufl., Stuttgart 1986, S. 226–227.

10,85(85): **Sie sagten: »Auf Gott vertrauen wir. Unser Herr, mach uns nicht zu einer Versuchung für die Leute, die Unrecht tun:** so daß der Pharao uns Gewalt antut und dabei meint, daß seine Gewalt ein Beweis der Wahrheit seiner Religion und der Richtigkeit seiner Haltung ist, oder dabei eben die göttliche Strafe verdient. Eine andere Deutung lautet: mach nicht, daß wir der Anfechtung ausgesetzt werden[2].

10,86(86): **und errette uns in deiner Barmherzigkeit von den ungläubigen Leuten:** ähnlich in 28,21, 66,11; – 23,28; 28,25. – errette uns in deiner Barmherzigkeit: → 7,72.

10,87(87): **Und Wir offenbarten dem Mose und seinem Bruder: »Weiset eurem Volk in Ägypten Häuser zu:** Die Israeliten sollen Häuser bewohnen und daraus Gebetsstätten machen.

und macht, daß eure Häuser einander gegenüberstehen, und verrichtet das Gebet: damit euch daraus Gemeinschaft und gegenseitiger Beistand erwachsen. Eine andere Deutung lautet: macht aus euren Häusern eine Gebetsrichtung, d.h. betet in euren Häusern und nehmt sie zur Gebetsrichtung oder nehmt euch darin eine Gebetsrichtung[3].

macht: Plural; gemeint sind hier nicht nur Mose und Aaron, sondern alle Kinder Israels.

und verkünde den Gläubigen eine frohe Botschaft: Singular: Mose ist gemeint; → 2,223; → 2,25.

10,88(88): **Und Mose sagte: »Unser Herr, du hast Pharao und seinen Vornehmen im diesseitigen Leben Pracht und Vermögen zukommen lassen, unser Herr, damit sie (die Leute) von deinem Weg abirren lassen:** Die Pracht der Lebensführung sowie das Vermögen und der vielfältige Besitz sind hier Ausdruck der großen Gewalt des Pharao und Zeichen seiner Herrschaft, die er und seine Vornehmen mißbrauchen, um die Menschen vom Weg Gottes abirren zu lassen.

Unser Herr, wisch ihr Vermögen aus: → 4,47.

und schnüre ihre Herzen fest, so daß sie nicht glauben, bis sie die

2. Vgl. Zamakhsharī II, S. 364; Rāzī IX, 17, S. 153; Manār XI, S. 470–471.

3. Vgl. Rāzī IX, 17, S. 154. Zamakhsharī will auch, daß diese Gebetsrichtung nach der Kaʿba in Mekka zeigt: II, S. 364.

schmerzhafte Pein sehen«: und dann wird es für eine erfolgreiche Umkehr zu spät sein. Siehe auch 10,96–97; 26,201.

In der *Bibel* sagt Gott, daß er das Herz des Pharao verhärten will: Ex 4,21; 7,3.

10,89(89): **Er sprach: »Eure Bitte ist erhört. So verhaltet euch aufrecht und folgt nicht dem Weg derer, die nicht Bescheid wissen«:** ähnlich in 11,46 (Empfehlung an Noach); 45,18. Die Unwissenden meinen, daß bei Erhörung des Gebets das Anliegen sofort erfüllt wird, während Gott es zu seiner Zeit erfüllt. Eilfertig sind eben die, die nicht Bescheid wissen[4].

10,90(90): **Und Wir ließen die Kinder Israels das Meer überqueren:** → 7,138.

Da verfolgten sie der Pharao und seine Truppen in Auflehnung und Übertretung: → 2,173. Die Auflehnung richtet sich gegen das eigenmächtige Handeln der Israeliten; der Pharao beansprucht zu Unrecht für sich allein die Herrschaft und die Verfügungsgewalt.

Als er am Ertrinken war: → 7,136.

sagte er: »Ich glaube, daß es keinen Gott gibt außer dem, an den die Kinder Israels glauben. Und ich gehöre zu den Gottergebenen«: Dieser Satz beinhaltet das Anliegen der gesamten Geschichte Moses mit dem Pharao. Aber die Menschen sollen aufrichtig glauben, nicht viel zu spät und unter dem Zwang der hereinbrechenden Strafe, wie es der Fall mit dem Pharao war.

10,91(91): **»Wie? Erst jetzt, wo du zuvor ungehorsam warst und zu den Unheilstiftern gehörtest?«:** → 10,51; → 4,18.

10,92(92): **Heute wollen Wir dich mit deinem Leib erretten:** *erretten:* d.h. dich auf eine Anhöhe hinlegen (so Ṭabarī), dich aus dem Meer herausholen, nachdem du ertrunken bist. – *bi badanika* (mit deinem Leib): als Leib ohne Leben, oder: als vollständiger Leib; oder als nackter Leib; oder: nur als Leib, während deine Seele die Pein erleiden wird; oder: mit deinem Schild, damit du wiedererkannt wirst (so Ibn ʿAbbās)[5].

4. Vgl. Zamakhsharī II, S. 366; Rāzī IX, 17, S. 159; Manār XI, S. 474.
5. Vgl. Zamakhsharī II, S. 368–369; Rāzī IX, 17, S. 163–164; Manār XI, S. 477. – Paret schreibt hierzu: »Man könnte etwa annehmen, daß irgendeine auffallende Berg- und Felsform in der jüdischen oder christlichen Sage auf den im Roten Meer untergegangenen Pharao gedeutet worden

damit du für die, die nach dir kommen, ein Zeichen seist«: 2,259; 19,21; 21,91; 25,37; – 29,15; 54, 15; – 69, 12.

Und viele von den Menschen lassen unsere Zeichen unbeachtet: auch in 10,7; → 7,136.

10,93(93): **Und Wir haben den Kindern Israels einen wahrhaftigen Aufenthaltsort:** einen wertvollen Aufenthaltsort; siehe → 7,137 (Und Wir gaben den Leuten, die wie Schwache behandelt wurden, zum Erbe die östlichen und die westlichen Gegenden der Erde, die Wir mit Segen bedacht haben ...).

und ihnen von den köstlichen Dingen beschert: → 8,26. Es geht um die Juden zur Zeit Moses, wie es der Kontext nahelegt. Dann wäre hier die Ansiedlung der Israeliten in fruchtbaren Gegenden gemeint. Manche denken an die Juden zur Zeit Muḥammads und ihren Aufenthaltsort in Medina und in den umliegenden Oasen. In diesem letzten Fall wäre dieser Vers in die medinische Zeit zu datieren.

Sie sind aber erst uneins geworden, nachdem das Wissen zu ihnen gekommen war: 3,19; → 2,213. Entweder geht es hier um die Tora, deren Deutung zu verschiedenen Meinungen geführt hat, oder es geht um den Koran, der Uneinigkeit unter den Juden verursachte, so daß die einen geneigt waren, an ihn zu glauben, während die anderen Widerstand leisteten. Solche Meinungsverschiedenheiten in bezug auf den Glauben werden erst am Ende der Zeit beseitigt, wenn Gott selbst entscheiden und Klarheit schaffen wird.

Dein Herr wird am Tag der Auferstehung zwischen ihnen über das entscheiden, worüber sie uneins waren: → 2,113.

ist, oder daß hier eine legendäre und auf den besagten Pharao spezifizierte Ausdeutung des altägyptischen Brauchs vorliegt, Pharaonen zu mumifizieren und so ›mit ihrem Leib‹ der Nachwelt zu erhalten. Siehe R. Paret, Le corps du Pharaon signe et avertissement pour la postérité (Sourate X,92), Études d'Orientalisme dédiées à la mémoire de Lévi-Provençal, Paris 1962, S. 235–237« (*R. Paret:* Der Koran, Kommentar und Konkordanz, S. 228).

10,94–109

94 Wenn du über das, was Wir zu dir herabgesandt haben, im Zweifel bist, dann frag diejenigen, die (bereits) vor dir das Buch lesen. Wahrlich, zu dir ist die Wahrheit von deinem Herrn gekommen, so sei nicht einer von den Zweiflern,
95 und sei nicht einer von denen, die die Zeichen Gottes für Lüge erklärt haben, sonst wirst du zu
den Verlierern gehören. 96 Diejenigen, gegen
die der Spruch deines Herrn fällig geworden
sind, glauben nicht, 97 auch wenn jedes Zeichen
zu ihnen käme, bis sie die schmerzhafte Pein sehen. 98 Wenn doch (irgend)eine Stadt geglaubt
hätte, so daß ihr Glaube ihr genützt hätte! (Keine tat es), außer dem Volk des Jonas. Als diese geglaubt haben, haben Wir die Pein der Schande im diesseitigen Leben von ihnen aufgehoben und ihnen eine Nutznießung für eine Weile gewährt. 99 Wenn dein Herr wollte, würden die,
die auf der Erde sind, alle zusammen gläubig werden. Bist du es etwa, der die Menschen zwingen kann, gläubig zu werden? 100 Niemand
kann glauben, es sei denn mit der Erlaubnis Gottes. Und Er legt das Greuel auf diejenigen, die
keinen Verstand haben. 101 Sprich: Schaut, was
in den Himmeln und auf der Erde ist. Aber die Zeichen Gottes und die Warnungen nützen den
Leuten, die nicht glauben, nicht. 102 Erwarten

فَإِن كُنتَ فِى شَكٍّ مِّمَّآ أَنزَلْنَآ
إِلَيْكَ فَسْـَٔلِ ٱلَّذِينَ يَقْرَءُونَ ٱلْكِتَـٰبَ مِن قَبْلِكَ ۚ لَقَدْ
جَآءَكَ ٱلْحَقُّ مِن رَّبِّكَ فَلَا تَكُونَنَّ مِنَ ٱلْمُمْتَرِينَ ﴿٩٤﴾
وَلَا تَكُونَنَّ مِنَ ٱلَّذِينَ كَذَّبُوا۟ بِـَٔايَـٰتِ ٱللَّهِ فَتَكُونَ مِنَ
ٱلْخَـٰسِرِينَ ﴿٩٥﴾ إِنَّ ٱلَّذِينَ حَقَّتْ عَلَيْهِمْ كَلِمَتُ رَبِّكَ
لَا يُؤْمِنُونَ ۙ ﴿٩٦﴾ وَلَوْ جَآءَتْهُمْ كُلُّ ءَايَةٍ حَتَّىٰ يَرَوُا۟ ٱلْعَذَابَ
ٱلْأَلِيمَ ﴿٩٧﴾ فَلَوْلَا كَانَتْ قَرْيَةٌ ءَامَنَتْ فَنَفَعَهَآ إِيمَـٰنُهَآ
إِلَّا قَوْمَ يُونُسَ لَمَّآ ءَامَنُوا۟ كَشَفْنَا عَنْهُمْ عَذَابَ ٱلْخِزْىِ
فِى ٱلْحَيَوٰةِ ٱلدُّنْيَا وَمَتَّعْنَـٰهُمْ إِلَىٰ حِينٍ ﴿٩٨﴾ وَلَوْ شَآءَ رَبُّكَ
لَءَامَنَ مَن فِى ٱلْأَرْضِ كُلُّهُمْ جَمِيعًا ۚ أَفَأَنتَ تُكْرِهُ ٱلنَّاسَ
حَتَّىٰ يَكُونُوا۟ مُؤْمِنِينَ ﴿٩٩﴾ وَمَا كَانَ لِنَفْسٍ أَن تُؤْمِنَ
إِلَّا بِإِذْنِ ٱللَّهِ ۚ وَيَجْعَلُ ٱلرِّجْسَ عَلَى ٱلَّذِينَ لَا يَعْقِلُونَ ﴿١٠٠﴾
قُلِ ٱنظُرُوا۟ مَاذَا فِى ٱلسَّمَـٰوَٰتِ وَٱلْأَرْضِ ۚ وَمَا تُغْنِى
ٱلْـَٔايَـٰتُ وَٱلنُّذُرُ عَن قَوْمٍ لَّا يُؤْمِنُونَ ﴿١٠١﴾ فَهَلْ يَنتَظِرُونَ

sie denn etwas anderes, als was den Tagen derer gleicht, die vor ihnen dahingegangen sind? Sprich: Wartet nur ab, ich bin mit euch einer von denen, die abwarten. 103 Dann erretteten Wir unsere Gesandten und die, die glauben. Ebenso – es ist eine Uns obliegende Pflicht – retten Wir die Gläubigen.
104 Sprich: O ihr Menschen, wenn ihr über meine Religion im Zweifel seid, so diene ich nicht denen, denen ihr anstelle Gottes dient, sondern ich diene Gott, der euch abberuft. Und mir wurde befohlen, einer der Gläubigen zu sein.
105 Und: Richte dein Gesicht auf die Religion als Anhänger des reinen Glaubens, und sei nicht einer der Polytheisten. 106 Und rufe nicht anstelle Gottes an, was dir weder nützt noch schadet. Wenn du es tust, dann gehörst du zu denen, die Unrecht tun.
107 Wenn Gott dich mit einem Schaden trifft, dann kann niemand ihn beheben, außer Ihm. Und wenn Er für dich etwas Gutes will, dann kann niemand seine Huld zurückweisen. Er trifft damit, wen von seinen Dienern Er will. Und Er ist voller Vergebung und barmherzig.
108 Sprich: O ihr Menschen, zu euch ist die Wahrheit von eurem Herrn gekommen. Wer der Rechtleitung folgt, folgt ihr zu seinem eigenen Vorteil. Und wer irregeht, geht irre zu seinem eigenen Schaden. Und ich bin nicht euer

إِلَّا مِثْلَ أَيَّامِ ٱلَّذِينَ خَلَوْا۟ مِن قَبْلِهِمْ ۚ قُلْ فَٱنتَظِرُوٓا۟ إِنِّى
مَعَكُم مِّنَ ٱلْمُنتَظِرِينَ ﴿١٠٢﴾ ثُمَّ نُنَجِّى رُسُلَنَا وَٱلَّذِينَ ءَامَنُوا۟ ۚ
كَذَٰلِكَ حَقًّا عَلَيْنَا نُنجِ ٱلْمُؤْمِنِينَ ﴿١٠٣﴾ قُلْ يَٰٓأَيُّهَا ٱلنَّاسُ
إِن كُنتُمْ فِى شَكٍّ مِّن دِينِى فَلَآ أَعْبُدُ ٱلَّذِينَ تَعْبُدُونَ مِن
دُونِ ٱللَّهِ وَلَٰكِنْ أَعْبُدُ ٱللَّهَ ٱلَّذِى يَتَوَفَّىٰكُمْ ۖ وَأُمِرْتُ أَنْ
أَكُونَ مِنَ ٱلْمُؤْمِنِينَ ﴿١٠٤﴾ وَأَنْ أَقِمْ وَجْهَكَ لِلدِّينِ
حَنِيفًا وَلَا تَكُونَنَّ مِنَ ٱلْمُشْرِكِينَ ﴿١٠٥﴾ وَلَا تَدْعُ مِن دُونِ
ٱللَّهِ مَا لَا يَنفَعُكَ وَلَا يَضُرُّكَ ۖ فَإِن فَعَلْتَ فَإِنَّكَ إِذًا مِّنَ
ٱلظَّٰلِمِينَ ﴿١٠٦﴾ وَإِن يَمْسَسْكَ ٱللَّهُ بِضُرٍّ فَلَا كَاشِفَ
لَهُۥٓ إِلَّا هُوَ ۖ وَإِن يُرِدْكَ بِخَيْرٍ فَلَا رَآدَّ لِفَضْلِهِۦ ۚ يُصِيبُ
بِهِۦ مَن يَشَآءُ مِنْ عِبَادِهِۦ ۚ وَهُوَ ٱلْغَفُورُ ٱلرَّحِيمُ ﴿١٠٧﴾ قُلْ
يَٰٓأَيُّهَا ٱلنَّاسُ قَدْ جَآءَكُمُ ٱلْحَقُّ مِن رَّبِّكُمْ ۖ فَمَنِ ٱهْتَدَىٰ
فَإِنَّمَا يَهْتَدِى لِنَفْسِهِۦ ۖ وَمَن ضَلَّ فَإِنَّمَا يَضِلُّ عَلَيْهَا ۖ

Sachwalter. 109 Und folge dem, was dir offenbart wird, und sei geduldig, bis Gott sein Urteil fällt. Er ist der Beste derer, die Urteile fällen.

وَمَآ أَنَا۠ عَلَيۡكُم بِوَكِيلٖ ١٠٨ وَٱتَّبِعۡ مَا يُوحَىٰٓ إِلَيۡكَ
وَٱصۡبِرۡ حَتَّىٰ يَحۡكُمَ ٱللَّهُۚ وَهُوَ خَيۡرُ ٱلۡحَٰكِمِينَ ١٠٩

Varianten: 10,94–109

10,94: fas'al: fasal (nach Ibn Kathīr, Kisā'ī).
al-kitāba: al-kutuba: die Bücher (laut Zamakhsharī II, S. 371).
10,96: kalimatu: kalimātu: die Sprüche (nach Nāfiʿ, Ibn ʿĀmir).
10,98: falaulā: fahallā (bei Ibn Masʿūd, Ubayy).
illā qauma: illā qaumu (nach Kisā'ī nach einigen Gewährsmännern).
10,100: yadjʿalu: nadjʿalu: Wir legen (nach Shuʿba)
al-ridjsa: al-ridjza: das Zorngericht (bei al-Aʿmash).
10,101: quli nẓurū: qulu nẓurū (nach den Rezitatoren außer ʿĀṣim, Ḥamza).
wamā tughnī: wamā yughnī (laut Zamakhsharī II, S. 373).
10,103: rusulanā: ruslanā (nach Abū ʿAmr).
nundji: nunadjji: erretten (nach den Rezitatoren außer Kisā'ī, Ḥafṣ).
10,107: wahuwa: wahwa (nach Qālūn, Abū ʿAmr, Kisā'ī).
10,109: wahuwa: wahwa (nach Qālūn, Abū ʿAmr, Kisā'ī).

Kommentar

10,94(94): **Wenn du über das, was Wir zu dir herabgesandt haben, im Zweifel bist:** siehe auch 10,104; 11,62.110; 14,9; 27,66; 34,21.54; 38,8; 40,34; 41,45; 42,14; 44,9.

Dieser Satz hat den muslimischen Kommentatoren einiges Kopfzerbrechen bereitet: Wie kann der Koran beim Propheten Muḥammad einen Zweifel über die Offenbarung Gottes annehmen? Es gibt mehrere Antworten, die den Satz im Sinne der Glaubensfestigkeit des Propheten deuten.

– Der Adressat ist zwar äußerlich Muḥammad, gemeint sind jedoch andere Menschen, die der Koran in 10,104 offen mit der gleichen Frage konfrontiert.

– Da der Prophet Muḥammad doch nicht zweifelt, bedeutet der Satz näherhin: Wenn du eine solche hypothetische Frage hörst, dann sollst du deine Glaubensgewißheit betonen und dich mit den offenkundigen Beweisen begnügen, die Gott herabgesandt hat, ohne nähere Beweise bei den Leuten des Buches suchen zu wollen. Das Anliegen des Satzes ist, eben eine solche Reaktion von seiten des Propheten hervorzurufen (vgl. eine ähnliche Frage an Jesus in 5,116: »O Jesus, Sohn Marias, warst du es, der zu den Menschen sagte: ›Nehmt euch neben Gott mich und meine Mutter zu Göttern?‹« Er sagte: »Preis sei Dir! Es steht mir nicht zu, etwas zu sagen, wozu ich kein Recht habe. Hätte ich es gesagt, wüßtest Du es …«).

– Es geht um eine rein theoretische Frage: Eigentlich hegst du keine Zweifel; aber nehmen wir an, du hast solche Zweifel, dann gäbe es eine Bestätigung des Glaubens durch die Leute des Buches.

– Gemeint sind indirekt die Ungläubigen, die durch das Zeugnis der Leute des Buches, welche ja die Echtheit der Sendung Muḥammads aufgrund der Angaben ihrer eigenen Schriften bestätigen können, überzeugt werden sollen.

– Der Bedingungssatz ist eine reine Annahme, bei dem weder die Bedingung noch die Konsequenz als gegeben betrachtet werden.

– Das Bedingungswort *in* (wenn) ist hier als Negationswort zu verstehen. Der Satz lautet dann: Du bist zwar nicht im Zweifel, dennoch empfehlen Wir dir, die Leute des Buches zu fragen.

– Muḥammad war nur ein Mensch und damit auch der Entstehung solcher Gedanken bis hin zum Zweifel, wäre es auch durch Einflüsterung des Satans, ausgesetzt. Solche Gedanken und Fragen können am besten durch die Anführung von Beweisen und einsichtbringenden Argumenten beseitigt werden[1].

1. Vgl. Rāzī IX, 17, S. 167–169; auch Zamakhsharī II, S. 370; Manār XI, S. 479–480.

dann frag diejenigen, die (bereits) vor dir das Buch lesen: die Juden und die Christen[2]; siehe auch 16,43; 21,7; 43,45; – 17,101; vgl. 26,197.

Wahrlich, zu dir ist die Wahrheit von deinem Herrn gekommen, so sei nicht einer von den Zweiflern: → 2,147.

10,95(95): **und sei nicht einer von denen, die die Zeichen Gottes für Lüge erklärt haben, sonst wirst du zu den Verlierern gehören:** Diese Mahnung gilt für alle Hörer der koranischen Botschaft, auch wenn sie vordergründig an die Adresse Muḥammads ausgesprochen worden ist.

10,96(96): **Diejenigen, gegen die der Spruch deines Herrn fällig geworden sind, glauben nicht:** → 10,33.

10,97(97): **auch wenn jedes Zeichen zu ihnen käme, bis sie die schmerzhafte Pein sehen:** → 10,88; zum ersten Halbsatz → 6,25.

10,98(98): **Wenn doch (irgend)eine Stadt geglaubt hätte, so daß ihr Glaube ihr genützt hätte!:** zum Thema siehe → 6,158; → 4,18.

(Keine tat es), außer dem Volk des Jonas. Als diese geglaubt haben, haben Wir die Pein der Schande im diesseitigen Leben von ihnen aufgehoben: → 6,17. Zu Jonas und seiner Predigt in Ninive und der Bekehrung der Leute von Ninive siehe die *Bibel,* das Buch Jonas.

und ihnen eine Nutznießung für eine Weile gewährt: Zum Ausdruck siehe auch 37,148; → 2,36.

10,99(99): **Wenn dein Herr wollte, würden die, die auf der Erde sind, alle zusammen gläubig werden:** → 6,35.

Bist du es etwa, der die Menschen zwingen kann, gläubig zu werden?: ähnlich in → 10,42–43; vgl. zum Thema → 2,256.272; 12,103.

2. Einige denken hier an die Juden und Christen, die den Islam angenommen haben (vgl. Rāzī IX, 17, S. 169). Manār spricht sich gegen diese Interpretation aus und merkt an, daß diese Sure in Mekka entstanden ist und daß damals noch keine Juden oder Christen zum Islam übergetreten waren (Manār XI, S. 480).

10,100(100): **Niemand kann glauben, es sei denn mit der Erlaubnis Gottes:** ähnlich in → 2,272.

Und Er legt das Greuel auf diejenigen, die keinen Verstand haben: → 6,125.

10,101(101): **Sprich: Schaut, was in den Himmeln und auf der Erde ist:** auch in 45,3; → 10,6.

Aber die Zeichen Gottes und die Warnungen nützen den Leuten, die nicht glauben, nicht: auch in 54,5; siehe → 3,10. – Man kann auch übersetzen: Was nützen die Zeichen Gottes und die Warnungen den Leuten, die nicht glauben?

Die Menschen sollen nicht meinen, daß der Glaube nur durch den Willen Gottes aufgezwungen wird; er kann auch durch die Betrachtung der Beweise der Wirkung Gottes in der Natur und in der Botschaft seiner Propheten im Herzen entstehen.

10,102(102): **Erwarten sie denn etwas anderes, als was den Tagen derer gleicht, die vor ihnen dahingegangen sind?:** ähnlich in → 3,137. *den Tagen:* den Strafgerichten.

Sprich: Wartet nur ab, ich bin mit euch einer von denen, die abwarten: → 6,158.

10,103(103): **Dann erretteten Wir unsere Gesandten und die, die glauben. Ebenso – es ist eine Uns obliegende Pflicht – retten Wir die Gläubigen:** zum Thema im allgemeinen (Beistand für die Propheten und Bestrafung der Übeltäter) siehe 12,110; 30,47; in bezug auf einzelne Propheten → 7,64.72.83; Rettung der Gläubigen: 7,72; 11,58.

10,104(104): **Sprich: O ihr Menschen, wenn ihr über meine Religion im Zweifel seid, so diene ich nicht denen, denen ihr anstelle Gottes dient, sondern ich diene Gott, der euch abberuft:** Man kann auch übersetzen, wie in 109,2.4: ich verehre nicht die, die ihr anstelle Gottes verehrt, sondern ich verehre Gott ...

Der Bezug auf den Tod (der euch abberuft) soll Eindruck machen, oder an die Macht Gottes erinnern, der nicht nur das Leben schenkt, sondern auch sterben läßt und zum Leben wiedererweckt[3].

3. Vgl. Rāzī IX, 17, S. 179.

Und mir wurde befohlen, einer der Gläubigen zu sein: → 10,72.

10,105(105): **Und: Richte dein Gesicht auf die Religion als Anhänger des reinen Glaubens:** → 2,135; 30,30.43.

und sei nicht einer der Polytheisten: → 2,135; → 6,14.

10,106(106): **Und rufe nicht anstelle Gottes an, was dir weder nützt noch schadet:** die Götzen; → 6,71.

Wenn du es tust, dann gehörst du zu denen, die Unrecht tun: → 2,145.

10,107(107): **Wenn Gott dich mit einem Schaden trifft, dann kann niemand ihn beheben, außer Ihm:** → 6,17.

Und wenn Er für dich etwas Gutes will, dann kann niemand seine Huld zurückweisen. Er trifft damit, wen von seinen Dienern Er will: Alles Gute kommt von Gott, niemand kann seine freien Entscheidungen direkt beeinflussen.

Und Er ist voller Vergebung und barmherzig: → 2,173.

10,108(108): **Sprich: O ihr Menschen, zu euch ist die Wahrheit von eurem Herrn gekommen:** → 4,170.174.

Wer der Rechtleitung folgt, folgt ihr zu seinem eigenen Vorteil. Und wer irregeht, geht irre zu seinem eigenen Schaden: auch in 17,15; 27,92; 39,41; ähnlich auch in 2,286.

Und ich bin nicht euer Sachwalter: → 6,66.

10,109(109): **Und folge dem, was dir offenbart wird:** → 6,50.

und sei geduldig, bis Gott sein Urteil fällt. Er ist der Beste derer, die Urteile fällen: → 7,87; 46,35 (wie die früheren Propheten es waren)[4].

4. Zur Haltung Muḥammads den Ungläubigen gegenüber siehe mein Buch: *A. Th. Khoury:* Einführung in die Grundlagen des Islams, 4. Auflage, Würzburg/Altenberge 1995, S. 75–77.

وَآيَاتُهَا ثَلَاثٌ وَعِشْرُونَ وَمِائَةٌ

Sure 11

Hūd

zu Mekka, 123 Verse

11,1–123

Sure 11

Hūd

zu Mekka, 123 Verse

Allgemeine Fragen

Bezeichnung

Die Sure 11 trägt den Namen des Propheten Hūd, der in 11,50 erwähnt und dessen Geschichte in 11,50–60 erzählt wird.

Datierung

Die Sure 11 gehört in die dritte mekkanische Periode. Die islamischen Kommentatoren plazieren sie nach der Sure 10, mit der sie viele Themen gemeinsam hat. Aus der Zeit in Medina werden die Verse 12, 17, 114 datiert. Manār merkt dazu an, daß sich diese Meinung auf keinen Beweis stützt außer einem Ḥadīth, der sich auf den Vers 11,114 bezieht[1].

Struktur und Inhalt

Die Sure 11 hinterläßt den Eindruck einer deutlich strukturierten Predigt. Nach einer Einleitung über die Allmacht Gottes und die Unbeständigkeit des Menschen sowie über die göttliche Herkunft der koranischen Offenbarung (11,1–24) werden die Geschichten einiger Propheten ausführlicher als in Sure 10 erzählt (11,25–99). Es sind Noach (11,25–49), Hūd (11,50–60), Ṣāliḥ (11,61–71), Abraham (11,72–83), Shuʿayb (11,84–95) und Mose (11,96–99). Zum Schluß werden verschiedene Themen kurz angesprochen (11,100–123).

1. Vgl. Manār XII, S. 2.

Wichtigste Inhalte

Man findet in der Sure 11 die üblichen Themen wie Monotheismus und Allmacht Gottes, der alle versorgt und leitet (11,16) und die Menschen prüft mit Leiden und Gutem (11,7–11), göttliche Herkunft der koranischen Botschaft und Herausforderung an die Ungläubigen, ein dem Koran ähnliches Buch beizubringen (11,13–14), die allgemeine Botschaft der Propheten, die die Menschen zum Glauben an Gott, zur Rechtschaffenheit und zum Ernstnehmen der Vergeltung und Strafe Gottes mahnt (vgl. die Geschichten von den Propheten: 11,25–99).

Besonders interessant ist die Bemühung, die Menschen auf ihre schlechten Eigenschaften, die ihnen oft den Weg zum Glauben und zum Guten versperren, aufmerksam zu machen. Es sind

- die Blindheit und Taubheit (11,20.24), die die Menschen unverständig machen (11,91);
- der Zweifel (11,110), die blinde Treue zur eigenen Tradition (11,62.87);
- die Neigung zum Genuß der diesseitigen Güter (11,15–16), zum üppigen Leben (11,116);
- die Verzweiflung in der Not und die Undankbarkeit und Prahlerei im Wohlergehen (11,9–10);
- die Überheblichkeit und die Verachtung der Armen und Schwachen (11,27–31);
- die Bemühung, die Menschen vom Weg Gottes abzuweisen (11,19);
- die Feindschaft, die Intrigen und die Drohung gegen die Propheten (11,55.91–92), sowie die Verhöhnung der Propheten (11,38)[2].

2. Vgl. Manār XII, S. 198–227 passim; die breiten Ausführungen zum Inhalt der Sure 11: S. 198–249.

11,1–123

11,1–24

Im Namen Gottes, des Erbarmers, des Barmherzigen.
1 Alif Lām Rā. (Dies ist) ein Buch, dessen Zeichen eindeutig festgelegt und dann im einzelnen
dargelegt sind von einem Weisen und Kundigen:
2 »Ihr sollt Gott allein dienen« – ich bin euch
von Ihm her ein Warner und Freudenbote –,
3 und: »Bittet euren Herrn um Vergebung, dann
wendet euch Ihm zu, so wird Er euch eine schöne
Nutznießung auf eine bestimmte Frist geben,
und Er wird jedem, der ein Verdienst (erworben)
hat, sein Verdienst zukommen lassen.« Wenn
ihr euch abkehrt, so fürchte ich für euch die Pein
eines schweren Tages. 4 Zu Gott wird eure Rückkehr sein, und Er hat Macht zu allen Dingen.
5 Aber siehe, sie falten ihre Brust zusammen,
um sich vor Ihm zu verstecken. Siehe, wenn sie
sich (auch) mit ihren Gewändern überdecken, Er
weiß doch, was sie geheimhalten und was sie
offenlegen. Er weiß über das innere Geheimnis
Bescheid.
12. *6 Und es gibt kein Tier auf der Erde, ohne daß
Teil Gott für seinen Unterhalt sorgen und seinen
[23] Aufenthaltsort und seinen Aufbewahrungsort
kennen würde. Alles steht in einem deutlichen
Buch. 7 Er ist es, der die Himmel und die Erde
in sechs Tagen erschaffen hat, während sein

بِسْمِ ٱللَّهِ ٱلرَّحْمَٰنِ ٱلرَّحِيمِ

الٓر ۚ كِتَٰبٌ أُحْكِمَتْ ءَايَٰتُهُۥ ثُمَّ فُصِّلَتْ مِن لَّدُنْ
حَكِيمٍ خَبِيرٍ ﴿١﴾ أَلَّا تَعْبُدُوٓا۟ إِلَّا ٱللَّهَ ۚ إِنَّنِى لَكُم مِّنْهُ
نَذِيرٌ وَبَشِيرٌ ﴿٢﴾ وَأَنِ ٱسْتَغْفِرُوا۟ رَبَّكُمْ ثُمَّ تُوبُوٓا۟ إِلَيْهِ
يُمَتِّعْكُم مَّتَٰعًا حَسَنًا إِلَىٰٓ أَجَلٍ مُّسَمًّى وَيُؤْتِ كُلَّ ذِى
فَضْلٍ فَضْلَهُۥ ۖ وَإِن تَوَلَّوْا۟ فَإِنِّىٓ أَخَافُ عَلَيْكُمْ عَذَابَ
يَوْمٍ كَبِيرٍ ﴿٣﴾ إِلَى ٱللَّهِ مَرْجِعُكُمْ ۖ وَهُوَ عَلَىٰ كُلِّ شَىْءٍ
قَدِيرٌ ﴿٤﴾ أَلَآ إِنَّهُمْ يَثْنُونَ صُدُورَهُمْ لِيَسْتَخْفُوا۟ مِنْهُ ۚ أَلَا
حِينَ يَسْتَغْشُونَ ثِيَابَهُمْ يَعْلَمُ مَا يُسِرُّونَ وَمَا يُعْلِنُونَ ۚ إِنَّهُۥ
عَلِيمٌۢ بِذَاتِ ٱلصُّدُورِ ﴿٥﴾ * وَمَا مِن دَآبَّةٍ فِى ٱلْأَرْضِ
إِلَّا عَلَى ٱللَّهِ رِزْقُهَا وَيَعْلَمُ مُسْتَقَرَّهَا وَمُسْتَوْدَعَهَا ۚ كُلٌّ
فِى كِتَٰبٍ مُّبِينٍ ﴿٦﴾ وَهُوَ ٱلَّذِى خَلَقَ ٱلسَّمَٰوَٰتِ
وَٱلْأَرْضَ فِى سِتَّةِ أَيَّامٍ وَكَانَ عَرْشُهُۥ عَلَى ٱلْمَآءِ لِيَبْلُوَكُمْ

Thron auf dem Wasser war, um euch zu prüfen (und festzustellen), wer von euch am besten handelt. Und wenn du sagst: »Ihr werdet nach dem Tod auferweckt werden«, sagen diejenigen, die ungläubig sind, bestimmt: »Das ist ja offenkundige Zauberei.«
8 Und wenn Wir ihnen die Pein für eine bestimmte Weile zurückstellen, sagen sie wohl: »Was hält sie zurück?«: Siehe, am Tag, da sie über sie kommt, kann sie nicht von ihnen abgewehrt werden, und es wird sie das umschließen, worüber sie spotteten.
9 Und wenn Wir den Menschen von Uns her Barmherzigkeit kosten lassen und sie ihm dann wegnehmen, ist er sehr verzweifelt und undankbar.
10 Und wenn Wir ihn nach einem Leid, das ihn erfaßt hat, Angenehmes kosten lassen, sagt er gewiß: »Das Übel ist von mir gewichen.« Und er ist froh und prahlerisch,
11 mit Ausnahme derer, die geduldig sind und die guten Werke tun; für sie ist Vergebung und ein großer Lohn bestimmt.
12 Vielleicht möchtest du einen Teil von dem, was dir offenbart wird, auslassen und fühlst dadurch deine Brust beklommen, und dies weil sie sagen: »Wäre doch ein Schatz auf ihn herabgesandt worden oder ein Engel mit ihm gekommen!« Du aber bist nur ein Warner. Und Gott ist Sachwalter über alle Dinge.
13 Oder sagen sie: »Er hat ihn erdichtet«? Sprich: Dann bringt zehn Suren bei, die ihm gleich wären und die

أَيُّكُمْ أَحْسَنُ عَمَلًا ۗ وَلَئِن قُلْتَ إِنَّكُم مَّبْعُوثُونَ مِنۢ بَعْدِ
ٱلْمَوْتِ لَيَقُولَنَّ ٱلَّذِينَ كَفَرُوٓا۟ إِنْ هَٰذَآ إِلَّا سِحْرٌ مُّبِينٌ ﴿٧﴾
وَلَئِنْ أَخَّرْنَا عَنْهُمُ ٱلْعَذَابَ إِلَىٰٓ أُمَّةٍ مَّعْدُودَةٍ لَّيَقُولُنَّ
مَا يَحْبِسُهُۥٓ ۗ أَلَا يَوْمَ يَأْتِيهِمْ لَيْسَ مَصْرُوفًا عَنْهُمْ وَحَاقَ
بِهِم مَّا كَانُوا۟ بِهِۦ يَسْتَهْزِءُونَ ﴿٨﴾ وَلَئِنْ أَذَقْنَا ٱلْإِنسَٰنَ
مِنَّا رَحْمَةً ثُمَّ نَزَعْنَٰهَا مِنْهُ إِنَّهُۥ لَيَـُٔوسٌ كَفُورٌ ﴿٩﴾
وَلَئِنْ أَذَقْنَٰهُ نَعْمَآءَ بَعْدَ ضَرَّآءَ مَسَّتْهُ لَيَقُولَنَّ ذَهَبَ
ٱلسَّيِّـَٔاتُ عَنِّىٓ ۚ إِنَّهُۥ لَفَرِحٌ فَخُورٌ ﴿١٠﴾ إِلَّا ٱلَّذِينَ صَبَرُوا۟
وَعَمِلُوا۟ ٱلصَّٰلِحَٰتِ أُو۟لَٰٓئِكَ لَهُم مَّغْفِرَةٌ وَأَجْرٌ كَبِيرٌ ﴿١١﴾
فَلَعَلَّكَ تَارِكٌۢ بَعْضَ مَا يُوحَىٰٓ إِلَيْكَ وَضَآئِقٌۢ بِهِۦ صَدْرُكَ
أَن يَقُولُوا۟ لَوْلَآ أُنزِلَ عَلَيْهِ كَنزٌ أَوْ جَآءَ مَعَهُۥ مَلَكٌ ۚ إِنَّمَآ
أَنتَ نَذِيرٌ ۚ وَٱللَّهُ عَلَىٰ كُلِّ شَىْءٍ وَكِيلٌ ﴿١٢﴾ أَمْ يَقُولُونَ
ٱفْتَرَىٰهُ ۖ قُلْ فَأْتُوا۟ بِعَشْرِ سُوَرٍ مِّثْلِهِۦ مُفْتَرَيَٰتٍ وَٱدْعُوا۟

erdichtet sind, und ruft, wen ihr könnt, anstelle Gottes an, so ihr die Wahrheit sagt. 14 Wenn sie euch nicht erhören, dann wißt, daß er mit Gottes Wissen herabgesandt worden ist und daß es keinen Gott gibt außer Ihm. Werdet ihr nun Gottergebene sein? 15 Denen, die das diesseitige Leben und seinen Schmuck begehren, erstatten Wir in ihm ihre Taten voll, und ihnen wird in ihm nichts abgezogen. 16 Das sind die, für die im Jenseits nichts bestimmt ist als das Feuer. Wertlos ist, was sie in ihm vollbracht haben, und nichtig ist, was sie zu tun pflegten. 17 Ist denn der, der von seinem Herrn einen deutlichen Beweis hat, auf den auch ein Zeuge von Ihm folgt und dem das Buch des Mose vorausging als Vorbild und Bamherzigkeit ... (den anderen gleich)? Diese glauben daran. Wer aber von den Parteien ihn verleugnet, dessen Verabredungsort ist das Feuer. So sei nicht über ihn im Zweifel, er ist die Wahrheit von deinem Herrn. Aber die meisten Menschen glauben nicht. 18 Und wer ist ungerechter als der, der gegen Gott eine Lüge erdichtet? Jene werden ihrem Herrn vorgeführt, und die Zeugen werden sagen: »Das sind die, die gegen ihren Herrn gelogen haben.« Möge der Fluch Gottes über die kommen, die Unrecht tun, 19 die vom Weg Gottes abweisen und sich ihn krumm wünschen und die ja das Jenseits verleugnen! 20 Jene konnten (Gottes Willen) auf der Erde nicht vereiteln, und sie haben außer

مِنِ ٱسْتَطَعْتُم مِّن دُونِ ٱللَّهِ إِن كُنتُمْ صَـٰدِقِينَ ﴿١٣﴾
فَإِلَّمْ يَسْتَجِيبُوا۟ لَكُمْ فَٱعْلَمُوٓا۟ أَنَّمَآ أُنزِلَ بِعِلْمِ ٱللَّهِ وَأَن
لَّآ إِلَـٰهَ إِلَّا هُوَ ۖ فَهَلْ أَنتُم مُّسْلِمُونَ ﴿١٤﴾ مَن كَانَ يُرِيدُ
ٱلْحَيَوٰةَ ٱلدُّنْيَا وَزِينَتَهَا نُوَفِّ إِلَيْهِمْ أَعْمَـٰلَهُمْ فِيهَا وَهُمْ فِيهَا
لَا يُبْخَسُونَ ﴿١٥﴾ أُو۟لَـٰٓئِكَ ٱلَّذِينَ لَيْسَ لَهُمْ فِى ٱلْـَٔاخِرَةِ إِلَّا
ٱلنَّارُ ۖ وَحَبِطَ مَا صَنَعُوا۟ فِيهَا وَبَـٰطِلٌ مَّا كَانُوا۟ يَعْمَلُونَ ﴿١٦﴾
أَفَمَن كَانَ عَلَىٰ بَيِّنَةٍ مِّن رَّبِّهِۦ وَيَتْلُوهُ شَاهِدٌ مِّنْهُ وَمِن
قَبْلِهِۦ كِتَـٰبُ مُوسَىٰٓ إِمَامًا وَرَحْمَةً ۚ أُو۟لَـٰٓئِكَ يُؤْمِنُونَ بِهِۦ ۚ
وَمَن يَكْفُرْ بِهِۦ مِنَ ٱلْأَحْزَابِ فَٱلنَّارُ مَوْعِدُهُۥ ۚ فَلَا تَكُ
فِى مِرْيَةٍ مِّنْهُ ۚ إِنَّهُ ٱلْحَقُّ مِن رَّبِّكَ وَلَـٰكِنَّ أَكْثَرَ ٱلنَّاسِ
لَا يُؤْمِنُونَ ﴿١٧﴾ وَمَنْ أَظْلَمُ مِمَّنِ ٱفْتَرَىٰ عَلَى ٱللَّهِ كَذِبًا ۚ
أُو۟لَـٰٓئِكَ يُعْرَضُونَ عَلَىٰ رَبِّهِمْ وَيَقُولُ ٱلْأَشْهَـٰدُ هَـٰٓؤُلَآءِ
ٱلَّذِينَ كَذَبُوا۟ عَلَىٰ رَبِّهِمْ ۚ أَلَا لَعْنَةُ ٱللَّهِ عَلَى ٱلظَّـٰلِمِينَ ﴿١٨﴾
ٱلَّذِينَ يَصُدُّونَ عَن سَبِيلِ ٱللَّهِ وَيَبْغُونَهَا عِوَجًا وَهُم
بِٱلْـَٔاخِرَةِ هُمْ كَـٰفِرُونَ ﴿١٩﴾ أُو۟لَـٰٓئِكَ لَمْ يَكُونُوا۟ مُعْجِزِينَ

Gott keine Freunde. Die Pein wird ihnen verdoppelt. Sie vermochten nicht zu hören, und sie
konnten nicht sehen. 21 Das sind die, die sich
selbst verloren haben, und es ist ihnen entschwunden, was sie erdichteten. 22 Zweifellos
sind sie im Jenseits die größten Verlierer. 23 Diejenigen, die glauben und die guten Werke tun
und sich vor ihrem Herrn demütigen, das sind
die Gefährten des Paradieses; darin werden sie
[23¼] ewig weilen. *24 Es ist mit den beiden Gruppen
wie mit dem Blinden und dem Tauben und dem,
der sehen, und dem, der hören kann. Sind die
beiden etwa einander gleichzusetzen? Wollt ihr
es nicht bedenken?

فِى ٱلْأَرْضِ وَمَا كَانَ لَهُم مِّن دُونِ ٱللَّهِ مِنْ أَوْلِيَآءَ
يُضَٰعَفُ لَهُمُ ٱلْعَذَابُ ۚ مَا كَانُوا۟ يَسْتَطِيعُونَ ٱلسَّمْعَ وَمَا
كَانُوا۟ يُبْصِرُونَ ﴿٢٠﴾ أُو۟لَٰٓئِكَ ٱلَّذِينَ خَسِرُوٓا۟ أَنفُسَهُمْ
وَضَلَّ عَنْهُم مَّا كَانُوا۟ يَفْتَرُونَ ﴿٢١﴾ لَا جَرَمَ أَنَّهُمْ فِى ٱلْءَاخِرَةِ
هُمُ ٱلْأَخْسَرُونَ ﴿٢٢﴾ إِنَّ ٱلَّذِينَ ءَامَنُوا۟ وَعَمِلُوا۟ ٱلصَّٰلِحَٰتِ
وَأَخْبَتُوٓا۟ إِلَىٰ رَبِّهِمْ أُو۟لَٰٓئِكَ أَصْحَٰبُ ٱلْجَنَّةِ ۖ هُمْ فِيهَا
خَٰلِدُونَ ﴿٢٣﴾ * مَثَلُ ٱلْفَرِيقَيْنِ كَٱلْأَعْمَىٰ وَٱلْأَصَمِّ
وَٱلْبَصِيرِ وَٱلسَّمِيعِ ۚ هَلْ يَسْتَوِيَانِ مَثَلًا ۚ أَفَلَا تَذَكَّرُونَ ﴿٢٤﴾

Varianten: 11,1–24

11,1: uḥkimat āyātuhū thumma fuṣṣilat: aḥkamtu āyātihī thumma faṣṣaltu: dessen Zeichen Ich eindeutig festgelegt und dann im einzelnen dargelegt habe (laut Zamakhsharī II, S. 377); thumma faṣṣalat: und die dann getrennt hat (zwischen der Wahrheit und dem Irrtum) (bei ʿIkrima; nach Ḍaḥḥāk).

11,3: wa in tawallau: fa in tawallaytum (bei Ubayy); wa in ttawallau (nach Bazzī); wa in taulū (laut Zamakhsharī II, S. 378).
fa innī: fa inniya (nach Nāfiʿ, Ibn Kathīr, Abū ʿAmr).

11,4: wahuwa: wahwa (nach Qālūn, Abū ʿAmr, Kisāʾī).

11,5: alā innahum: ʿalā annahum (bei Ibn ʿAbbās).
yathnūna ṣudūrahum: la-tathnaunī / la-yathnauni / yathnawī / tathnawī / tathtauni / yathnawinnu / tathnawinnu / wa atathnawinnu ṣudūruhum (bei Ibn ʿAbbās); tathnaunī … (bei Ibn ʿAbbās, Mudjāhid, Djaʿfar al-Ṣādiq; nach Naṣr ibn ʿAlī); yathnaunī … (bei Ibn ʿAbbās, Mudjāhid); yathnaʾunna / tathnaʾinna / liyathnauniya … (bei Mudjāhid), tathannau fī ṣudūrihim (bei Ibn ʿAbbās).

11,7: qulta innakum: qulta annakum (laut Zamakhsharī II, S. 380); qulta biʾannakum (bei Ubayy).
siḥrun: sāḥirun: Zauberer (nach Ḥamza, Kisāʾī).

11,8: yastahziʾūna: yastahziyūna, yastahzūna (nach Ḥamza).

11,10: ʿannī: ʿanniya (nach Nāfiʿ, Abū ʿAmr).

11,12: ʿalayhi: ilayhi: zu ihm (herabgesandt) (bei Ibn Masʿūd).
djāʾa maʿahū malakun: djāʾat hu l-malāʾika: die Engel zu ihm kommen (bei Ibn Masʿūd).

11,13: bi ʿashri suwarin: bi suwarin: (bringt) Suren (bei Ibn Masʿūd, Ubayy).

11,15: nuwaffi: nūfi (nach Ḥasan al-Baṣrī); yuwaffi: erstatet Er (laut Zamakhsharī II, S. 384).
ilayhim: ilayhum (nach Ḥamza).

11,16: ḥabiṭa: uḥbiṭa: wertlos wurde gemacht (bei al-Rabīʿ ibn Khuthaym).
bāṭilun: ḅāṭilan (bei Ibn Masʿūd, Ubayy; nach ʿĀṣim nach einigen Gewährsmännern); baṭala (laut Zamakhsharī II, S. 382); bāṭilan wa ḥabiṭan: nichtig und wertlos (bei Ubayy nach einigen Gewährsmännern).

11,17: kitābu: kitāba (laut Zamakhsharī II, S. 385).
miryatin: muryatin (laut Zamakhsharī II, S. 385).

11,20: yuḍāʿafu: yudaʿʿafu (nach Ibn Kathīr, Ibn ʿĀmir).

11,24: tadhakkarūna: tatadhakkarūna (nach den Rezitatoren außer Ḥafṣ, Ḥamza, Kisāʾī).

Kommentar

Im Namen Gottes, des Erbarmers, des Barmherzigen: Zu dieser einführenden Formel siehe die Angaben im Band 1 dieses Koran-Kommentars (Gütersloh 1990), S. 84 (es geht da um die Frage, ob dieser Satz als Koranvers zu betrachten ist oder nicht); S. 147–150 (Kommentar zum Inhalt des Satzes); → 1,1.

11,1(1): **Alif Lām Rā:** Diese Buchstaben finden sich auch am Anfang der Suren 10, 12, 14 und 15. Zu den verschiedenen Versuchen, die den Suren vorangestellten sogenannten »geheimnisvollen Buchstaben« zu enträtseln, siehe den Band 1 dieses Koran-Kommentars (Gütersloh 1990), S. 85–90. → 2,1.

(Dies ist) ein Buch, dessen Zeichen eindeutig festgelegt: Das Verb *uḥkimat* bedeutet im Vergleich mit → 3,7, wo die Koranverse in eindeutige (*muḥkamāt*) und mehrdeutige (*mutashābihāt*) aufgeteilt werden, daß die Verse des Korans allgemein eindeutig festgelegt sind, die also nicht aufgehoben werden und keinen Widerspruch in sich beinhalten. Eine andere Bedeutung ist, daß diese Verse in ihren Wörtern gut formuliert und im Satzbau ohne fehlerhafte Stellen sind.

und dann im einzelnen dargelegt sind: in ihrem Inhalt (religiöse Wahrheiten, Rechtsbestimmungen, Ermahnungen, Prophetengeschichten, Unterscheidung zwischen Erlaubtem und Verbotenem usw.), in ihrer Struktur (Suren und Abschnitten) und in der Art ihrer Herabsendung (in Abständen und nicht in einem Stück)[1]. → 6,55.

von einem Weisen und Kundigen: 27,6; → 6,18. Gott ist in seiner Weisheit und seinem allumfassenden Wissen der Ursprung des Korans. – Man kann auch übersetzen: ... dargelegt sind; es kommt von einem Weisen und Kundigen.

11,2(2): **»Ihr sollt Gott allein dienen«:** → 2,21; → 2,83; 12,40; 17,23; 41,41; 46,21.

– ich bin euch von Ihm her ein Warner und Freudenbote -: auch in 11,25; → 5,19.

Zu den beiden Sätzen siehe auch 11,25–26; 51,51.

1. Vgl. Zamakhsharī II, S. 377; Rāzī IX, 17, S. 184–185.

11,3(3): **und: »Bittet euren Herrn um Vergebung, dann wendet euch Ihm zu:** ähnlich in 11,52 (Hūd).61 (Ṣāliḥ).90 (Shuʿayb); – 71,10–12.

Es gibt keine Zusicherung der Vergebung ohne Reue und Umkehr des Sünders; oder die Bitte um Vergebung betrifft die begangenen Sünden, während die Umkehr auf das künftige Handeln bezogen ist.

so wird Er euch eine schöne Nutznießung auf eine bestimmte Frist geben: → 2,36; bestimmte Frist: → 6,2. Hier geht es um die Nutznießung des diesseitigen Lebens.

und Er wird jedem, der ein Verdienst (erworben) hat, sein Verdienst zukommen lassen«: Hier geht es um die Belohnung des Jenseits[2]. Gott wird dabei berücksichtigen, ob jemand besondere Verdienste erworben hat, denn die Rangstufen im Paradies werden unterschiedlich vergeben.

Wenn ihr euch abkehrt, so fürchte ich für euch die Pein eines schweren Tages: → 7,59. Wer sich so sehr mit den diesseitigen Interessen beschäftigt, wird blind für die Forderungen Gottes. Er geht in die Irre und muß im Jenseits schwere Pein erleiden.

11,4(4): **Zu Gott wird eure Rückkehr sein:** → 2,28; → 5,48.

und Er hat Macht zu allen Dingen: → 2,20. Dies ist als Drohung zu verstehen. Gott kann in die Tat umsetzen, was er auch immer beschlossen hat[3].

11,5(5): **Aber siehe, sie falten ihre Brust zusammen, um sich vor Ihm zu verstecken:** Das Falten der Brust beschreibt die Haltung derer, die etwas nicht preisgeben und deshalb verstecken wollen.

Weiter **11,5**(6): **Siehe, wenn sie sich (auch) mit ihren Gewändern überdecken:** Das ist eine Steigerung der Haltung derer, die Dinge verstecken und der Wahrnehmung durch andere entziehen wollen; siehe auch den Ausdruck in 71,7 (die Worte verbergen, sie sollen nicht gehört werden).

2. Man könnte auch übersetzen: Er läßt seine Huld jedem zukommen, der ein Verdienst (erworben) hat; oder eventuell: Er läßt seine Huld jedem zukommen, der seine Huld (erhalten) hat. Die letzte Möglichkeit wird jedoch von den muslimischen Kommentatoren nicht unterstützt.

3. Rāzī findet in dieser Aussage über die Allmacht Gottes eine tröstliche Seite: Die Allmacht Gottes ist auch in der Lage, den sich abkehrenden Menschen nicht nur zu bestraffen, sondern auch zu retten; vgl. IX, 17, S. 191.

Er weiß doch, was sie geheimhalten und was sie offenlegen: → 2,77; → 2,33.

Weiter **11,5**(7): **Er weiß über das innere Geheimnis Bescheid:** wörtlich: über das, was in der Brust ist. → 3,119.

11,6(8): **Und es gibt kein Tier auf der Erde, ohne daß Gott für seinen Unterhalt sorgen:** Gott umfaßt alles in seinem Wissen und er sorgt für alle seine Geschöpfe. Fürsorge Gottes für die Tiere auch in 11,56; 29,60.

und seinen Aufenthaltsort und seinen Aufbewahrungsort kennen würde: zur Deutung der beiden Begriffe → 6,98.

Alles steht in einem deutlichen Buch: → 6,38; zu Gottes Bestimmung → 9,51; 13,38; 15,4; 17,58; 33,6.

11,7(9): **Er ist es, der die Himmel und die Erde in sechs Tagen erschaffen hat, während sein Thron auf dem Wasser war:** → 6,1; → 7,54. Der Thron Gottes über dem Wasser: vgl. in der *Bibel*, Ps 29,10 (Der Herr thront über der Flut); Sir 24,4 (Ich wohnte in den Höhen, auf einer Wolkensäule stand mein Thron); Offb 4,6; 22,1; – Gen 1,2.

um euch zu prüfen (und festzustellen), wer von euch am besten handelt: auch in 67,2; – 18,7; zum Thema vgl. 47,31.

Weiter **11,7**(10): **Und wenn du sagst: »Ihr werdet nach dem Tod auferweckt werden«, sagen diejenigen, die ungläubig sind, bestimmt: »Das ist ja offenkundige Zauberei«:** 37,14–17; → 10,76; → 7,109.

11,8(11): **Und wenn Wir ihnen die Pein für eine bestimmte Weile zurückstellen:** → 7,34. Das Wort *ilā ummatin* bedeutet auch in 12,45 »für eine Weile«. Sonst bedeutet das Wort *umma* Gemeinschaft, Gruppe[4].

Die Pein wird zurückgestellt bis zum Tag der Auferstehung und der Abrechnung (so Ḥasan al-Baṣrī), oder zu einem Tag, den Gott bestimmt, z.B. bei der Schlacht von Badr (624), die von den Ungläubigen als Niederlage erlitten wurde.

4. Um diese Bedeutung auch hier geltend zu machen, glossieren die Kommentatoren: Hier also: eine Gruppe von Zeiten (Zamakhsharī II, S. 380); Zeit bis zum Verschwinden einer Gemeinschaft (Rāzī IX, 17, S. 196).

sagen sie wohl: »Was hält sie zurück?«: Die Ungläubigen machen sich darüber lustig und fordern Muḥammad heraus, dies möge doch schnell geschehen; zum Thema Beschleunigung der Pein siehe → 6,57; → 10,50–51.

Siehe, am Tag, da sie über sie kommt, kann sie nicht von ihnen abgewehrt werden: d. h. niemand kann sie von ihnen abwehren. → 6,16.

und es wird sie das umschließen, worüber sie spotteten: → 6,10.

11,9(12): **Und wenn Wir den Menschen von Uns her Barmherzigkeit kosten lassen und sie ihm dann wegnehmen, ist er sehr verzweifelt und undankbar:** *kosten lassen:* erfahren oder auch nur in geringem Maß erleben lassen. *verzweifelt:* 17,83; 41,49; *undankbar (kafūr):* 17,67; 22,38.66; 31,32; 34,17; 34,17; 35,36; 42,15.48; 43,15; 76,2.24. – *kaffār:* 14,34; 80,17; 100,6.
Zur Undankbarkeit und Unbeständigkeit des Menschen siehe → 10,12.

11,10(13): **Und wenn Wir ihn nach einem Leid, das ihn erfaßt hat, Angenehmes kosten lassen, sagt er gewiß: »Das Übel ist von mir gewichen.« Und er ist froh und prahlerisch:** Verbindung zwischen Freude und Prahlen auch in 57,23; *prahlerisch:* → 4,36; 31,18.

11,11(14): **mit Ausnahme derer, die geduldig sind und die guten Werke tun; für sie ist Vergebung und ein großer Lohn bestimmt:** → 5,9; ähnlich auch in 103,3.

11,12(15): **Vielleicht möchtest du einen Teil von dem, was dir offenbart wird, auslassen:** um den Forderungen der Ungläubigen zu entsprechen, ihnen wegen ihrer Götter keine Vorhaltungen zu machen, oder nicht über Auferstehung und Gericht zu sprechen; oder aus Angst vor ihrem Widerstand und ihrer Ablehnung.

und fühlst dadurch deine Brust beklommen: 15,97; → 6,125; vgl. auch → 4,65; → 7,2.

und dies weil sie sagen: »Wäre doch ein Schatz auf ihn herabgesandt worden: → 6,50.

oder ein Engel mit ihm gekommen!«: → 6,8; zum ganzen Satz siehe auch 59,9.

Du aber bist nur ein Warner: → 7,184.

Und Gott ist Sachwalter über alle Dinge: → 3,173.

11,13(16): **Oder sagen sie: »Er hat ihn erdichtet«?:** oder: Er hat es erdichtet, d. h. was ihm offenbart wird.

Sprich: Dann bringt zehn Suren bei, die ihm gleich wären und die erdichtet sind, und ruft, wen ihr könnt, anstelle Gottes an, so ihr die Wahrheit sagt: fast wörtlich auch in → 10,38; zu dieser Herausforderung an die Adresse der Ungläubigen siehe auch → 2,23.

11,14(17): **Wenn sie euch nicht erhören, dann wißt, daß er mit Gottes Wissen herabgesandt worden ist und daß es keinen Gott gibt außer Ihm. Werdet ihr nun Gottergebene sein?:** *sie*: die ihr anstelle Gottes anruft. Eine andere Deutungsmöglichkeit lautet: Wenn sie, d. h. die Ungläubigen, euch Muslime nicht erhören, dann wißt ...

mit dem Wissen Gottes herabgesandt: → 4,166. – *Gottergebene:* auch in 21,108; → 2,132.

11,15(18): **Denen, die das diesseitige Leben und seinen Schmuck begehren:** *Schmuck:* auch in 18,7.28.46; 28,60; 33,28; 57,20. Zum Thema siehe → 3,14.145.

erstatten Wir in ihm ihre Taten voll, und ihnen wird in ihm nichts abgezogen: *in ihm:* im diesseitigen Leben; → 2,272; auch 42,20.

11,16(19): **Das sind die, für die im Jenseits nichts bestimmt ist als das Feuer:** Ähnlich wie in den Versen 11,15–16 ist es in 17,18 ausgedrückt: »Wer das schnell eintreffende *(das Diesseits)* will, dem gewähren Wir darin schnell, was Wir wollen – dem, den Wir wollen. Dann bestimmen Wir für ihn die Hölle ...«

Wertlos ist, was sie in ihm vollbracht haben: in ihm: im Diesseits. → 2,217.

und nichtig ist, was sie zu tun pflegten: auch in 7,139. Dies gilt für die Ungläubigen, oder für die Heuchler, die in ihrem Handeln nur diesseitige Interessen verfolgen, oder auch für jeden, der zwar sich bemüht, im Diesseits Gutes zu tun, aber an das Jenseits nicht denkt. Das Gute, was er den anderen Lebewesen tut, wird im Diesseits vergolten; es ist jedoch wertlos im Hinblick auf die jenseitige Belohnung[5].

11,17(20): **Ist denn der, der von seinem Herrn einen deutlichen Beweis hat:** auch in 11,28; → 6,57.157

auf den auch ein Zeuge von Ihm folgt und dem das Buch des Mose vorausging als Vorbild und Bamherzigkeit ... (den anderen gleich)? Diese glauben daran: Buch des Mose: → 3,18; → 6,154; 46,12; Vorbild: 16,43 (So fragt die Besitzer der Ermahnung, wenn ihr nicht Bescheid wißt); 21,7.

Dieser Satz hat verschiedene Deutungen erfahren:
– Ist denn der (von den Juden z. B., die den Islam angenommen haben), der von Gott einen deutlichen Beweis hat (durch Vernunft und Betrachtung der guten Gründe, die die Wahrheit des Islam deutlich machen), einen Beweis, auf den auch der Koran als Zeuge von seiten Gottes (oder auf den ein Zeuge aus dem Koran) folgt und dem das Buch des Mose vorausging ... Damit sind die Vernunftbeweise, das Zeugnis des Korans und das Zeugnis der Tora angesprochen[6].
– Ist Muḥammad, der den Koran als Beweis von Gott hat, den ein Zeuge von seiten Gottes (Gabriel) oder von ihm selbst (die Zunge Muḥammads oder gar ʿAlī ibn Abī Ṭālib) verliest und dem das Buch des Mose vorausging ...
– Sind die gläubigen Muslime, die den Koran als Beweis von Gott her haben, auf den Muḥammad als Zeuge folgt und dem das Buch des Mose vorausging ...[7]

Wer aber von den Parteien ihn verleugnet, dessen Verabredungsort ist das Feuer: 15,43. Die Parteien sind hier die Gruppen von Ungläubigen, die sich gegen Muḥammad zusammengetan haben und den Koran ablehnen.

So sei nicht über ihn im Zweifel, er ist die Wahrheit von deinem Herrn: über den Koran bzw. den Islam; siehe die Ausführungen in → 10,94 – die Wahrheit ... → 2,147.

Aber die meisten Menschen glauben nicht: → 2,100; 13,1; 40,59; – 26,8.67.103.121.139.158.174.190.

5. Vgl. Zamakhsharī II, S. 384; Rāzī IX, 17, S. 206–207. – Manār XII, S. 50, wundert sich, daß die Kommentatoren genau festzustellen suchen, wer hier gemeint ist, wo der Vers allgemein gehalten ist.
6. Diese Deutung wird von Zamakhsharī (II, S. 385), Rāzī (IX, 17, S. 209), Manār XII, S. 50–52) bevorzugt.
7. Vgl. Rāzī IX, 17, S. 209–210.

11,18(21): **Und wer ist ungerechter als der, der gegen Gott eine Lüge erdichtet?:** → 6,21.

Jene werden ihrem Herrn vorgeführt: auch in 18,48; 69,18.

und die Zeugen werden sagen: »Das sind die, die gegen ihren Herrn gelogen haben«: Die Zeugen sind entweder die Engel, die die Taten der Menschen aufzeichnen, oder die Menschen oder auch die Propheten; zum Thema siehe → 2,143; → 4,41; 16,89; 39,69; 40,51; 50,21; 85,2–3.

Möge der Fluch Gottes über die kommen, die Unrecht tun: → 2,89; 2,88; → 3,61; → 7,44.

11,19(22): **die vom Weg Gottes abweisen und sich ihn krumm wünschen und die ja das Jenseits verleugnen!:** wörtlich in → 7,45.

11,20(22): **Jene konnten (Gottes Willen) auf der Erde nicht vereiteln:** und der Pein Gottes entfliehen; → 6,134; 46,32.

und sie haben außer Gott keine Freunde: → 7,3; 11,113; 42,46; 46,32; – 13,16; 17,97.

Die Pein wird ihnen verdoppelt: → 9,101; 25,69; 33,30.68.

Sie vermochten nicht zu hören, und sie konnten nicht sehen: so daß ihre Herzen die Botschaft Gottes und seines Propheten nicht aufnehmen konnten; → 2,7; 18,101.

11,21(23): **Das sind die, die sich selbst verloren haben:** → 6,12.

und es ist ihnen entschwunden, was sie erdichteten: → 6,24. Zum ganzen Satz siehe → 7,53.

11,22(24): **Zweifellos sind sie im Jenseits die größten Verlierer:** → 3,85.

11,23(25): **Diejenigen, die glauben und die guten Werke tun und sich vor ihrem Herrn demütigen:** oder die in ihrem Herrn Ruhe finden; auch in 22,34.54.

das sind die Gefährten des Paradieses; darin werden sie ewig weilen: → 2,82.

11,24(26): **Es ist mit den beiden Gruppen wie mit dem Blinden und dem Tauben und dem, der sehen, und dem, der hören kann:** Sehen und hören bedeuten die Offenheit gegenüber der göttlichen Botschaft; → 6,50.

Sind die beiden etwa einander gleichzusetzen?: auch in 39,29; siehe → 4,94; → 5,100.

Wollt ihr es nicht bedenken?: → 10,3.

11,25–49

25 Und Wir sandten Noach zu seinem Volk: »Ich
bin euch ein deutlicher Warner: 26 Ihr sollt Gott
allein dienen. Ich fürchte für euch die Pein eines
schmerzvollen Tages.«: 27 Die Vornehmen aus
seinem Volk, die ungläubig waren, sagten: »Wir
sehen, daß du nur ein Mensch bist wie wir. Und
wir sehen, daß nur die dir folgen, die unsere Niedrigsten sind, und zwar ohne reifliche Überlegung. Und wir sehen bei euch keinen Vorzug
über uns. Vielmehr meinen wir, daß ihr lügt.«
28 Er sagte: »O mein Volk, was meint ihr? Wenn
ich einen deutlichen Beweis von meinem Herrn
habe und Er mir Barmherzigkeit von sich hat zukommen lassen, die eurem Blick entzogen wurde, könnten wir sie euch aufzwingen, wo sie
euch zuwider ist? 29 Und, o mein Volk, ich verlange von euch dafür kein Geld. Mein Lohn obliegt Gott allein. Und ich werde nicht diejenigen,
die glauben, vertreiben; sie werden ihrem Herrn
begegnen. Aber ich sehe, daß ihr Leute seid, die
töricht sind. 30 Und, o mein Volk, wer wird mir
denn vor Gott Unterstützung gewähren, wenn
ich sie vertreiben sollte? Wollt ihr es nicht bedenken? 31 Und ich sage euch nicht, ich hätte
die Vorratskammern Gottes, und ich kenne auch
nicht das Unsichtbare. Und ich sage nicht, ich sei
ein Engel. Und ich sage nicht von denen, die eure

وَلَقَدْ أَرْسَلْنَا نُوحًا إِلَىٰ قَوْمِهِۦٓ إِنِّى لَكُمْ نَذِيرٌ مُّبِينٌ ﴿٢٥﴾
أَن لَّا تَعْبُدُوٓا۟ إِلَّا ٱللَّهَ ۖ إِنِّىٓ أَخَافُ عَلَيْكُمْ عَذَابَ يَوْمٍ
أَلِيمٍ ﴿٢٦﴾ فَقَالَ ٱلْمَلَأُ ٱلَّذِينَ كَفَرُوا۟ مِن قَوْمِهِۦ مَا نَرَىٰكَ
إِلَّا بَشَرًا مِّثْلَنَا وَمَا نَرَىٰكَ ٱتَّبَعَكَ إِلَّا ٱلَّذِينَ هُمْ أَرَاذِلُنَا
بَادِىَ ٱلرَّأْىِ وَمَا نَرَىٰ لَكُمْ عَلَيْنَا مِن فَضْلٍۭ بَلْ نَظُنُّكُمْ
كَٰذِبِينَ ﴿٢٧﴾ قَالَ يَٰقَوْمِ أَرَءَيْتُمْ إِن كُنتُ عَلَىٰ بَيِّنَةٍ مِّن
رَّبِّى وَءَاتَىٰنِى رَحْمَةً مِّنْ عِندِهِۦ فَعُمِّيَتْ عَلَيْكُمْ أَنُلْزِمُكُمُوهَا
وَأَنتُمْ لَهَا كَٰرِهُونَ ﴿٢٨﴾ وَيَٰقَوْمِ لَآ أَسْـَٔلُكُمْ عَلَيْهِ مَالًا ۖ
إِنْ أَجْرِىَ إِلَّا عَلَى ٱللَّهِ ۚ وَمَآ أَنَا۠ بِطَارِدِ ٱلَّذِينَ ءَامَنُوٓا۟ ۚ إِنَّهُم
مُّلَٰقُوا۟ رَبِّهِمْ وَلَٰكِنِّىٓ أَرَىٰكُمْ قَوْمًا تَجْهَلُونَ ﴿٢٩﴾ وَيَٰقَوْمِ
مَن يَنصُرُنِى مِنَ ٱللَّهِ إِن طَرَدتُّهُمْ ۚ أَفَلَا تَذَكَّرُونَ ﴿٣٠﴾
وَلَآ أَقُولُ لَكُمْ عِندِى خَزَآئِنُ ٱللَّهِ وَلَآ أَعْلَمُ ٱلْغَيْبَ وَلَآ
أَقُولُ إِنِّى مَلَكٌ وَلَآ أَقُولُ لِلَّذِينَ تَزْدَرِىٓ أَعْيُنُكُمْ لَن

Augen verachten, Gott werde ihnen niemals etwas Gutes zukommen lassen – Gott weiß besser,
was in ihrem Inneren ist – sonst würde ich zu
denen gehören, die Unrecht tun.« 32 Sie sagten:
»O Noach, du hast mit uns gestritten und den
Streit mit uns lange geführt. So bring uns doch
her, was du uns androhst, so du zu denen gehörst, die die Wahrheit sagen.« 33 Er sagte:
»Bringen wird es euch Gott, wenn Er will, und
ihr könnt es nicht vereiteln. 34 Und nicht nützt
euch mein Rat, so ich euch raten will, wenn Gott
euch abirren lassen will. Er ist euer Herr, und zu
Ihm werdet ihr zurückgebracht.«
35 Oder sagen sie wohl: »Er hat ihn erdichtet«?
Sprich: Wenn ich ihn erdichtet habe, so lastet
meine Übeltat auf mir, und ich bin unschuldig
an dem, was ihr verübt.
36 Und dem Noach wurde offenbart: »Niemand
aus deinem Volk wird glauben außer denen, die
bereits geglaubt haben. So fühle dich nicht elend
wegen dessen, was sie taten. 37 Und verfertige
das Schiff vor unseren Augen und nach unserer
Offenbarung. Und sprich Mich nicht an zugunsten derer, die Unrecht getan haben. Sie werden
sicher ertränkt werden.« 38 Er ging daran, das
Schiff zu verfertigen. Und sooft Vornehme aus
seinem Volk an ihm vorbeikamen, verhöhnten
sie ihn. Er sagte: »Wenn ihr uns jetzt verhöhnt,
werden auch wir euch verhöhnen, so wie ihr
(uns jetzt) verhöhnt. 39 Und ihr werdet zu wis-

يُؤْتِيَهُمُ ٱللَّهُ خَيْرًا ۖ ٱللَّهُ أَعْلَمُ بِمَا فِىٓ أَنفُسِهِمْ ۖ إِنِّىٓ إِذًا لَّمِنَ
ٱلظَّٰلِمِينَ ﴿٣١﴾ قَالُوا۟ يَٰنُوحُ قَدْ جَٰدَلْتَنَا فَأَكْثَرْتَ
جِدَٰلَنَا فَأْتِنَا بِمَا تَعِدُنَآ إِن كُنتَ مِنَ ٱلصَّٰدِقِينَ ﴿٣٢﴾
قَالَ إِنَّمَا يَأْتِيكُم بِهِ ٱللَّهُ إِن شَآءَ وَمَآ أَنتُم بِمُعْجِزِينَ ﴿٣٣﴾
وَلَا يَنفَعُكُمْ نُصْحِىٓ إِنْ أَرَدتُّ أَنْ أَنصَحَ لَكُمْ ۙ إِن كَانَ
ٱللَّهُ يُرِيدُ أَن يُغْوِيَكُمْ ۚ هُوَ رَبُّكُمْ وَإِلَيْهِ تُرْجَعُونَ ﴿٣٤﴾
أَمْ يَقُولُونَ ٱفْتَرَىٰهُ ۖ قُلْ إِنِ ٱفْتَرَيْتُهُۥ فَعَلَىَّ إِجْرَامِى وَأَنَا۠
بَرِىٓءٌ مِّمَّا تُجْرِمُونَ ﴿٣٥﴾ وَأُوحِىَ إِلَىٰ نُوحٍ أَنَّهُۥ لَن يُؤْمِنَ مِن
قَوْمِكَ إِلَّا مَن قَدْ ءَامَنَ فَلَا تَبْتَئِسْ بِمَا كَانُوا۟ يَفْعَلُونَ ﴿٣٦﴾
وَٱصْنَعِ ٱلْفُلْكَ بِأَعْيُنِنَا وَوَحْيِنَا وَلَا تُخَٰطِبْنِى فِى ٱلَّذِينَ
ظَلَمُوٓا۟ ۚ إِنَّهُم مُّغْرَقُونَ ﴿٣٧﴾ وَيَصْنَعُ ٱلْفُلْكَ وَكُلَّمَا
مَرَّ عَلَيْهِ مَلَأٌ مِّن قَوْمِهِۦ سَخِرُوا۟ مِنْهُ ۚ قَالَ إِن تَسْخَرُوا۟ مِنَّا
فَإِنَّا نَسْخَرُ مِنكُمْ كَمَا تَسْخَرُونَ ﴿٣٨﴾ فَسَوْفَ تَعْلَمُونَ

sen bekommen, über wen eine Pein kommen
wird, die ihn zuschanden macht, und (über
wen) eine beständige Pein hereinbricht.« 40 Als
nun unser Befehl kam und der Ofen brodelte,
sprachen Wir: »Lade darin ein Paar von jeder
Art und deine Angehörigen außer dem, gegen
den der Spruch vorher erging, und diejenigen,
die glauben.« Mit ihm glaubten aber nur wenige.
[23½] *41 Und er sagte: »Steigt hinein. Im Namen
Gottes erfolge seine Fahrt und seine Landung.
Mein Herr ist voller Vergebung und barmherzig.« 42 Es fuhr mit ihnen dahin auf Wogen wie
Berge. Noach rief seinem Sohn zu, der abseits
stand: »O mein Sohn, steig ein mit uns und sei
nicht mit den Ungläubigen.« 43 Er sagte: »Ich
werde Unterkunft finden auf einem Berg, der
mich vor dem Wasser schützt.« Er sagte: »Es gibt
niemanden, der vor dem Befehl Gottes schützen
könnte, außer für den, dessen Er sich erbarmt.«
Die Woge trennte sie beide, und so war er einer
von denen, die ertränkt wurden.

44 Und es wurde gesprochen: »O Erde, verschlinge dein Wasser. O Himmel, halt ein.« Das
Wasser nahm ab, und die Angelegenheit war
entschieden. Es hielt auf dem Djūdī an. Und es
wurde gesprochen: »Weg mit den Leuten, die
Unrecht tun!« 45 Und Noach rief seinen Herrn
an und sagte: »Mein Herr, mein Sohn gehört zu
meinen Angehörigen, und dein Versprechen ist
die Wahrheit, und Du bist der Weiseste derer, die

مَن يَأْتِيهِ عَذَابٌ يُخْزِيهِ وَيَحِلُّ عَلَيْهِ عَذَابٌ مُّقِيمٌ ﴿٣٩﴾
حَتَّىٰٓ إِذَا جَآءَ أَمْرُنَا وَفَارَ ٱلتَّنُّورُ قُلْنَا ٱحْمِلْ فِيهَا مِن كُلٍّ
زَوْجَيْنِ ٱثْنَيْنِ وَأَهْلَكَ إِلَّا مَن سَبَقَ عَلَيْهِ ٱلْقَوْلُ وَمَنْ ءَامَنَ ۚ
وَمَآ ءَامَنَ مَعَهُۥٓ إِلَّا قَلِيلٌ ﴿٤٠﴾ ۞ وَقَالَ ٱرْكَبُوا۟ فِيهَا
بِسْمِ ٱللَّهِ مَجْر۪ىٰهَا وَمُرْسَىٰهَآ ۚ إِنَّ رَبِّى لَغَفُورٌ رَّحِيمٌ ﴿٤١﴾
وَهِىَ تَجْرِى بِهِمْ فِى مَوْجٍ كَٱلْجِبَالِ وَنَادَىٰ نُوحٌ ٱبْنَهُۥ وَكَانَ
فِى مَعْزِلٍ يَٰبُنَىَّ ٱرْكَب مَّعَنَا وَلَا تَكُن مَّعَ ٱلْكَٰفِرِينَ ﴿٤٢﴾
قَالَ سَـَٔاوِىٓ إِلَىٰ جَبَلٍ يَعْصِمُنِى مِنَ ٱلْمَآءِ ۚ قَالَ لَا عَاصِمَ
ٱلْيَوْمَ مِنْ أَمْرِ ٱللَّهِ إِلَّا مَن رَّحِمَ ۚ وَحَالَ بَيْنَهُمَا ٱلْمَوْجُ
فَكَانَ مِنَ ٱلْمُغْرَقِينَ ﴿٤٣﴾ وَقِيلَ يَٰٓأَرْضُ ٱبْلَعِى مَآءَكِ
وَيَٰسَمَآءُ أَقْلِعِى وَغِيضَ ٱلْمَآءُ وَقُضِىَ ٱلْأَمْرُ وَٱسْتَوَتْ
عَلَى ٱلْجُودِىِّ ۖ وَقِيلَ بُعْدًا لِّلْقَوْمِ ٱلظَّٰلِمِينَ ﴿٤٤﴾
وَنَادَىٰ نُوحٌ رَّبَّهُۥ فَقَالَ رَبِّ إِنَّ ٱبْنِى مِنْ أَهْلِى وَإِنَّ وَعْدَكَ
ٱلْحَقُّ وَأَنتَ أَحْكَمُ ٱلْحَٰكِمِينَ ﴿٤٥﴾ قَالَ يَٰنُوحُ إِنَّهُۥ

Urteile fällen.« 46 Er sprach: »O Noach, er gehört nicht zu deinen Angehörigen. Es ist eine Tat, die nicht gut ist. So bitte Mich nicht um etwas, wovon du kein Wissen hast. Ich ermahne dich, nicht einer der Törichten zu sein.« 47 Er sagte: »O mein Herr, ich suche Zuflucht bei Dir davor, daß ich Dich um etwas bitte, wovon ich kein Wissen habe. Wenn Du mir nicht vergibst und dich meiner (nicht) erbarmst, werde ich zu den Verlierern gehören.« 48 Es wurde gesprochen: »O Noach, steig hinunter in unserem Frieden und mit unseren Segnungen über dich und über Gemeinschaften von denen, die mit dir sind. Es gibt Gemeinschaften, denen Wir eine Nutznießung geben werden, dann wird sie eine schmerzhafte Pein von Uns erfassen.« 49 Dies gehört zu den Berichten über das Unsichtbare, die Wir dir offenbaren. Du wußtest sie vorher nicht, weder du noch dein Volk. Sei nun geduldig. Das Ende gehört den Gottesfürchtigen.

لَيْسَ مِنْ أَهْلِكَ ۖ إِنَّهُۥ عَمَلٌ غَيْرُ صَـٰلِحٍ ۖ فَلَا تَسْـَٔلْنِ مَا لَيْسَ
لَكَ بِهِۦ عِلْمٌ ۖ إِنِّىٓ أَعِظُكَ أَن تَكُونَ مِنَ ٱلْجَـٰهِلِينَ ﴿٤٦﴾
قَالَ رَبِّ إِنِّىٓ أَعُوذُ بِكَ أَنْ أَسْـَٔلَكَ مَا لَيْسَ لِى بِهِۦ عِلْمٌ ۖ
وَإِلَّا تَغْفِرْ لِى وَتَرْحَمْنِىٓ أَكُن مِّنَ ٱلْخَـٰسِرِينَ ﴿٤٧﴾ قِيلَ
يَـٰنُوحُ ٱهْبِطْ بِسَلَـٰمٍ مِّنَّا وَبَرَكَـٰتٍ عَلَيْكَ وَعَلَىٰٓ أُمَمٍ مِّمَّن
مَّعَكَ ۚ وَأُمَمٌ سَنُمَتِّعُهُمْ ثُمَّ يَمَسُّهُم مِّنَّا عَذَابٌ أَلِيمٌ ﴿٤٨﴾
تِلْكَ مِنْ أَنۢبَآءِ ٱلْغَيْبِ نُوحِيهَآ إِلَيْكَ ۖ مَا كُنتَ تَعْلَمُهَآ
أَنتَ وَلَا قَوْمُكَ مِن قَبْلِ هَـٰذَا ۖ فَٱصْبِرْ ۖ إِنَّ ٱلْعَـٰقِبَةَ
لِلْمُتَّقِينَ ﴿٤٩﴾

Varianten: 11,25–49

11,25: qaumihī: hinzugefügt: fa qāla yā qaumi: da sagte er: O mein Volk (bei Ibn Masʿūd).
innī: annī (nach Ibn Kathīr, Abū ʿAmr, Kisāʾī); inniya (nach Ibn Kathīr, Abū ʿAmr).
11,26: innī: inniya (nach Nāfiʿ, Ibn Kathīr, Abū ʿAmr).
11,27: bādiʾa l-rāʾyi: bādiya (nach Abū ʿAmr); l-rāyi (nach al-Sūsī); raʾyi l-ʿayni: beim ersten Blick (bei Mudjāhid).
11,28: araʾaytum: arāytum (nach Nāfiʿ, Warsh); araytum (nach Kisāʾī).
wa ātānī raḥmatan min ʿindihī: ausgefallen (bei Ibn Masʿūd nach einigen Gewährsmännern).
fa ʿummiyat (ʿalaykum): wa ʿumiyat (bei al-Aʿmash; nach Ibn Waththāb); fa ʿamyat (nach den Rezitatoren außer Ḥafṣ, Ḥamza, Kisāʾī); fa ʿammāhā: die Er eurem Blick entzogen hat (bei Ubayy, ʿAlī ibn Abī Ṭālib).
anulzimukumūha: hinzugefügt: min shaṭri anfusinā: von uns aus (bei Ubayy, Ibn ʿAbbās); min shaṭri qulūbinā: nach unserer Herzenslust (bei Ubayy und Ibn ʿAbbās nach einigen Gewährsmännern).
11,29: adjriya: adjrī (nach Ibn Kathīr, Shuʿba, Ḥamza, Kisāʾī).
bi-ṭāriḍi: bi-ṭāriḍin (laut Zamakhsharī II, S. 390).
walākinnī: walākinniya (nach Nāfiʿ, al-Bazzī, Abū ʿAmr).
11,30: tadhakkarūna: tatadhakkarūna (nach den Rezitatoren außer Ḥafṣ, Ḥamza, Kisāʾī).
11,31: innī: inniya (nach Nāfiʿ, Abū ʿAmr).
11,34: nuṣḥī: nuṣḥiya (nach Nāfiʿ, Abū ʿAmr).
11,37: bi aʿyuninā: bi aʿyunnā (bei Ṭalḥa).
11,40: djāʾa amrunā: djā amrunā (nach Qālūn, al-Bazzī, Abū ʿAmr); djāʾa mrunā (nach Warsh, Qunbul).
kullin: kulli: von jedem Paar zwei (nach den Rezitatoren außer Ḥafṣ).
11,41: madjrāhā: mudjrāhā (nach den Rezitatoren außer Ḥafṣ); mudjrīhā: der sie fahren läßt (bei Mudjāhid).
mursāhā: marsāhā (bei Ibn Masʿūd, al-Aʿmash; nach ʿĪsā al-Thaqafī); mursīhā: der sie landen läßt (bei Mudjāhid).
11,42: wahiya: wahya (nach Qālūn, Abū ʿAmr, Kisāʾī).
bnahū: bnahā: ihren (der Frau Noachs) Sohn (bei ʿAlī ibn Abī Ṭālib, Djaʿfar al-Ṣādiq); bnaha: ihren Sohn (nach Muḥammad ibn ʿAlī, ʿUrwa ibn al-Zubayr); bnāhu: O mein Sohn (bei al-Rabīʿ ibn Khuthaym; nach al-Suddī).
yā bunayya: yā bunayyi (nach den Rezitatoren außer ʿĀṣim, Ḥafṣ).
11,43: illā man raḥima: illā man ruḥima: außer dem, dem Erbarmen erwiesen wurde (laut Zamakhsharī II, S. 397).

11,44: wa yā samā'u aqli'ī: wa yā samā'u qli'ī (nach Nāfi', Ibn Kathīr, Abū 'Amr).
wa quḍiya l-amru wa stawat 'alā l-djūdiyyi: wa stawat 'alā l-djūdiyyi wa quḍiya l-amru (bei Ibn Mas'ūd).

11,46: 'amalun ghayru ṣāliḥin: 'amila ghayra ṣāliḥin: er hat etwas getan, was nicht gut ist (bei Umm Salama; nach Kisā'ī, Ya'qūb); 'amila 'amalan ghayra ṣāliḥin: er hat eine Tat begangen, die nicht gut ist (bei 'Ikrima).
(falā) tas'alni mā: tas'alanni mā (nach Qālūn, Ibn 'Āmir); tas'alannī mā (nach Warsh); tas'alanna mā (nach Ibn Kathīr); tas'alnī mā (nach Abū 'Amr).
innī: inniya (nach Nāfi', Ibn Kathīr. Abū 'Amr).

11,47: innī: inniya (nach Nāfi', Ibn Kathīr, Abū 'Amr).

11,48: hbiṭ: hbuṭ (laut Zamakhsharī II, S. 401).
barakātin: barakatin: mit unserem Segen (laut Zamakhsharī II, S. 401).

11,49: min qabli hādhā: hinzugefügt: l-kitābi: vor diesem Buch (bei Ubayy); l-qur'āni: vor diesem Koran (bei Ibn Mas'ūd, Ṭalḥa, al-Rabī' ibn Khuthaym).

Kommentar

11,25(27): **Und Wir sandten Noach zu seinem Volk:** Die Geschichte von Noach wurde bereits in 7,59–64 kurz erzählt; zu den übrigen Stellen des Korans, die sich auf Noach beziehen, siehe → 7,59. Vgl. die *Bibel,* Gen 6,9 – 9,28; die Nachkommen Noachs: 10,1–32. – Zu Vers 11,25 vgl. → 7,59.

»Ich bin euch ein deutlicher Warner: *deutlicher Warner* auch in 15,89; 22,115; 29,50; 38,70; 46,9; 51,50.51; 67,26; 71,2; Warner: → 2,213.

11,26(28): **Ihr sollt Gott allein dienen. Ich fürchte für euch die Pein eines schmerzvollen Tages:** → 7,59. Gott allein dienen: → 11,2.
Über die Bemühungen Noachs, sein Volk zur Umkehr zu bewegen, berichten auch manche Stellen jüdischer religiöser Literatur:

> »Noaḥ, den der Anblick ihrer Übeltaten mit Schmerz und Betrübnis erfüllte, gab sich alle mögliche Mühe, ihren Sinn zu ändern und sie auf bessere Wege zurückzuführen« (Josephus, Antiquitates I, 3,1).
>
> »Nōaḥ, der Gerechte, wies sie zurecht und sprach zu ihnen: Tut Buße, sonst bringt Gott die Sündflut über euch und wird eure Leichname auf dem Wasser wie Schläuche schwimmen lassen ...« (Sanhedrin 108a)[1].

11,27(29): **Die Vornehmen aus seinem Volk, die ungläubig waren, sagten:** Das sind die Anführer der Ungläubigen und Gegner des Propheten; → 7,60. Sie listen im folgenden die Gründe, die sie zur Verweigerung des Glaubens führen, auf.

»Wir sehen, daß du nur ein Mensch bist wie wir: → 6,91.

Und wir sehen, daß nur die dir folgen, die unsere Niedrigsten sind: auch in 26,111; in einem ähnlichen Zusammenhang bezogen auf Muḥammad: → 6,52.

und zwar ohne reifliche Überlegung: *bādiya l-ra*'yi: Das Adjektiv *bādiya* kann bedeuten: erster oder offensichtlicher. Das ergibt folgende Übersetzung: nach der ersten Meinungsbildung bzw. nach dem ersten Eindruck (dies bezieht sich auf die Haltung der Anhänger des Propheten); oder, wenn man den Aus-

1. Vgl. *H. Speyer:* Die biblischen Erzählungen im Qoran, Neudruck: Hildesheim 1961, S. 94.

druck auf die Feststellung der Ungläubigen bezieht: nach offensichtlicher Einschätzung.

Und wir sehen bei euch keinen Vorzug über uns. Vielmehr meinen wir, daß ihr lügt«: ähnlich in 7,66.

11,28(30): **Er sagte: »O mein Volk, was meint ihr? Wenn ich einen deutlichen Beweis von meinem Herrn habe und Er mir Barmherzigkeit von sich hat zukommen lassen, die eurem Blick entzogen wurde:** Dies äußern auch andere Propheten: Ṣāliḥ (11,63); Shuʿayb (11,88); → 11,17.

Die hier erwähnte Barmherzigkeit bedeutet entweder prophetische Gabe oder das als Wunder zu betrachtende Zorngericht Gottes, das die Ungläubigen noch nicht wahrzunehmen vermögen.

könnten wir sie euch aufzwingen, wo sie euch zuwider ist?: *sie:* die Barmherzigkeit. Man kann auch das Pronomen auf den »deutlichen Beweis« beziehen und übersetzen: ihn. Zur freien Annahme des Glaubens siehe → 2,256. Der Prophet kann die Menschen nicht zur Annahme des Glaubens zwingen; Gott ist es, der die Menschen rechtleitet: 11,34; → 10,42–43.

11,29(31): **Und, o mein Volk, ich verlange von euch dafür kein Geld. Mein Lohn obliegt Gott allein:** → 6,90. Deswegen ist es für den Propheten nicht von Belang, ob jemand reich oder arm ist. Oder die Verkündigung der Botschaft bürdet euch keine Kosten auf, so entfällt ein mögliches Hindernis, das euch davon abhält, den Glauben anzunehmen.

Und ich werde nicht diejenigen, die glauben, vertreiben: → 6,52.

sie werden ihrem Herrn begegnen: → 2,46. Auch wenn die Ungläubigen sie verdächtigen, eine heuchlerische Haltung einzunehmen, Gott weiß über sie Bescheid und wird sie zur Rechenschaft ziehen, nicht der Prophet selbst. Oder: Ihre Vertreibung wäre für sie ein Grund, bei Gott Klage gegen den Prophet zu erheben. Die Anschuldigungen der Ungläubigen beruhen auf Unwissenheit.

Aber ich sehe, daß ihr Leute seid, die töricht sind: → 7,138.

11,30(32): **Und, o mein Volk, wer wird mir denn vor Gott Unterstützung gewähren, wenn ich sie vertreiben sollte?:** auch in 10,63; vgl. 40,2; → 2,120.

Wollt ihr es nicht bedenken?: → 11,24.

11,31(33): **Und ich sage euch nicht, ich hätte die Vorratskammern Gottes, und ich kenne auch nicht das Unsichtbare. Und ich sage nicht, ich sei ein Engel:** → 11,12; → 6,50. – Engel: → 6,8.

Und ich sage nicht von denen, die eure Augen verachten, Gott werde ihnen niemals etwas Gutes zukommen lassen: siehe → 6,52.

Gott weiß besser, was in ihrem Inneren ist: wörtlich: in ihren Seelen; auch in 17,25; 29,10; ähnlich in 3,167; 5,61; 60,1; 84,23. Zum Wissen Gottes → 2,33. Gott weiß besser als die Menschen, ob sie aufrichtig sind oder nur heucheln.

sonst würde ich zu denen gehören, die Unrecht tun«: → 6,52; → 2,35.145.

11,32(34): **Sie sagten: »O Noach, du hast mit uns gestritten und den Streit mit uns lange geführt. So bring uns doch her, was du uns androhst, so du zu denen gehörst, die die Wahrheit sagen«:** Das ist die übliche Herausforderung der Ungläubigen an die Adresse der Propheten; → 7,70.

11,33(35): **Er sagte: »Bringen wird es euch Gott, wenn Er will, und ihr könnt es nicht vereiteln:** ähnlich in → 6,134.

11,34(36): **Und nicht nützt euch mein Rat, so ich euch raten will, wenn Gott euch abirren lassen will:** → 7,62; abirren oder verderben bzw. peinigen.

Er ist euer Herr, und zu Ihm werdet ihr zurückgebracht«: → 2,28. Noach ermahnt sie durch die Erinnerung an das Gericht Gottes.

11,35(37): **Oder sagen sie wohl: »Er hat ihn erdichtet«?:** Dieser Vers ist ein Einschub und bezieht sich auf die Auseinandersetzung zwischen Muḥammad und den ungläubigen Mekkanern[2]. Die Mehrheit der Kommentatoren betrachtet den Vers als Fortsetzung der Worte Noachs[3].

Sprich: Wenn ich ihn erdichtet habe, so lastet meine Übeltat auf mir: → 10,41.

2. Das ist die Meinung von Ṭabarī, Ibn Kathīr (II, S. 425), Manār (XI, S. 71), Ṭabāṭabā'ī (X, S. 218–219). Beispiele solcher Einschübe gibt es im Koran 20,53–56; 31,14.
3. Die Meinung wird von Rāzī unterstützt: IX, 17, S. 228–229.

und ich bin unschuldig an dem, was ihr verübt: → 10,41; zum Ausdruck »ich bin unschuldig« siehe → 6,19.

11,36(38): **Und dem Noach wurde offenbart: »Niemand aus deinem Volk wird glauben außer denen, die bereits geglaubt haben. So fühle dich nicht elend wegen dessen, was sie taten:** auch in 12,69; → 10,65.

11,37(39): **Und verfertige das Schiff vor unseren Augen und nach unserer Offenbarung:** Gott wird seine Arbeit beobachten und ihn vor Fehlern schützen. Vgl. *Bibel,* Gen 6,14; zu den Anweisungen Gottes beim Bau der Arche siehe Gen 6,15–16.

Und sprich Mich nicht an zugunsten derer, die Unrecht getan haben. Sie werden sicher ertränkt werden«: Noach soll keine Fürsprache für die verstockten Ungläubigen einlegen und um die Zurückstellung oder gar die Abwendung der Pein bitten.

11,38(40): **Er ging daran, das Schiff zu verfertigen. Und sooft Vornehme aus seinem Volk an ihm vorbeikamen, verhöhnten sie ihn. Er sagte: »Wenn ihr uns jetzt verhöhnt, werden auch wir euch verhöhnen, so wie ihr (uns jetzt) verhöhnt:** ähnlich in 83,29; vgl. → 2,14–15. Vornehme: oder eine Gruppe.

Die muslimischen Kommentatoren versuchen, die Verhöhnung Noachs durch seine Landsleute zu konkretisieren: Die Ungläubigen hätten gesagt, daß Gott den Noach eigentlich dieses mühsame Werk hätte ersparen können; – oder daß das Schiff groß ist und fern von jedem Wasser gebaut würde, so daß es kaum in ein Meer geschleppt werden kann; – oder daß die Zeit vergeht, das angedrohte Zorngericht Gottes aber ausbleibt.

Noach denkt an die Schande und die Pein der Ungläubigen, sobald das Strafgericht Gottes über sie hereinbricht und ihnen somit die Pein des Jenseits angekündigt wird.

Auch in jüdischen Texten ist von dieser Verhöhnung die Rede:

»Da stand Nōaḥ auf, tat Buße und pflanzte Zedern. Sie fragten ihn: Was sollen diese Zedern? Er sprah zu ihnen: Gott will eine Sündflut über die Welt bringen, und er hat mir befohlen, eine Arche zu machen, damit ich und mein Haus sich in ihr retten können. Da lachten sie über ihn und spotteten über seine Reden« (Tanḥūmā Nōaḥ).

»Sie verachteten ihn und sagten: Du, Alter, was soll diese Arche? Er antwortete ihnen: Gott wird die Flut über euch bringen. Da sprachen sie; Was für eine Flut? Ist es eine Feuersflut, so haben wir ein Hilfsmittel (dagegen) …

Bringt er aber eine Wasserflut, so haben wir, sobald er sie aus der Erde hervorkommen läßt, eiserne Platten, womit wir die Erde bedecken. Sollte er sie aber vom Himmel bringen, so haben wir auch ein Schutzmittel (dagegen) … Da sprach er zu ihnen: Er wird sie zwischen den Fersen eurer Füße hervorkommen lassen« (Sanhedrin 108b)[4].

11,39(41): **Und ihr werdet zu wissen bekommen, über wen eine Pein kommen wird, die ihn zuschanden macht, und (über wen) eine beständige Pein hereinbricht«:** Andere mögliche Übersetzungen: über wen eine Pein, die ihn zuschanden macht, kommen und eine beständige Pein hereinbrechen wird. Man kann auch übersetzen: Und ihr werdet den zu wissen bekommen, über den … Siehe 11,93; 39,39–40; – beständige Pein: → 5,37; – 54,38.

11,40(42): **Als nun unser Befehl kam und der Ofen brodelte:** wörtlich: der Ofen überkochte; auch in 23,27. – Der Befehl Gottes bedeutet hier den Beginn seines Strafgerichtes oder er betrifft Noach, der nun handeln soll: siehe auch in 11,58.66.82.94; – → 11,101; → 2,109; 5,52.

Viele muslimische Kommentatoren denken beim Ofen an die Stelle zum Brotbacken: Da habe das Wasser zu brodeln begonnen. Andere deuten den Ausdruck im übertragenen Sinn als Hinweis auf den Zorn Gottes oder (so ʿAlī ibn Abī Ṭālib) auf den Tagesanbruch. Wieder andere interpretieren das Wort *tannūr* als Erdboden oder Erderhebung[5].

Vgl. die *Bibel,* Gen 7,11–12. Auch findet man in *Sanhedrin* X, 5: »Jeder Wassertropfen, den Gott über die Zeitgenossen Noachs niedergehen ließ, war vorher in der Hölle erhitzt und dann auf die Erde gegossen worden.«

sprachen Wir: »Lade darin ein Paar von jeder Art und deine Angehörigen: vgl. in der *Bibel,* Gen 6,18–20; 7,1–3.

außer dem, gegen den der Spruch vorher erging: Es geht um den Sohn Noachs, von dem die nächsten Verse 42–43 und 45 erzählen werden. Man kann auch im Plural übersetzen: außer denen, gegen die … Damit wären dann alle Ungläubigen aus der Sippe Noachs gemeint, oder wenigstens sein Sohn und seine Frau, die der Koran unter die Ungläubigen zählt (66,10).

und diejenigen, die glauben.« Mit ihm glaubten aber nur wenige: Es wird deutlich, daß das Schiff dazu bestimmt war, die Gläubigen zu retten, während die Ungläubigen die Strafe erleiden müssen.

4. Vgl. Speyer, S. 98.
5. Vgl. Rāzī IX, 17, S. 233–235; Manār XII, S. 75; Ṭabāṭabā'ī X, S. 226.

11,41(43): **Und er sagte: »Steigt hinein. Im Namen Gottes erfolge seine Fahrt und seine Landung:** auch in 23,28–29.

Mein Herr ist voller Vergebung und barmherzig«: → 2,173. Dies alles wird gelingen, nicht weil die Menschen es schaffen, sondern weil Gott sie entsprechend seiner Vergebung und Barmherzigkeit behandelt.

11,42(44): **Es fuhr mit ihnen dahin auf Wogen wie Berge:** wörtlich: in Wogen. *Es:* das Schiff.

Noach rief seinem Sohn zu, der abseits stand: »O mein Sohn, steig ein mit uns und sei nicht mit den Ungläubigen«: Noach bemüht sich, seinen Sohn zu retten, der sich den anderen Angehörigen nicht anschloß, entweder weil er ein Ungläubiger oder ein Heuchler war. Kommentatoren (wie Muḥammad ibn ʿAlī al-Bāqir und Ḥasan al-Baṣrī) meinen, es handele sich um den Sohn der Frau Noachs.

11,43(45): **Er sagte: »Ich werde Unterkunft finden auf einem Berg, der mich vor dem Wasser schützt.« Er sagte: »Es gibt niemanden, der vor dem Befehl Gottes schützen könnte, außer für den, dessen Er sich erbarmt«:** oder: außer dem, der sich erbarmt (d. h. Gott); oder: außer dem, der sich seiner selbst erbarmt (und Gott gehorcht).

Die Woge trennte sie beide, und so war er einer von denen, die ertränkt wurden: Weiter unten wird Noach versuchen, seinen Sohn doch noch zu retten, wenigstens vor der Pein, die für die Ungläubigen und Ungehorsamen bestimmt ist (11,45).

11,44(46): **Und es wurde gesprochen:** Das ist ein weiteres Eingreifen Gottes.

»O Erde, verschlinge dein Wasser. O Himmel, halt ein.« Das Wasser nahm ab, und die Angelegenheit war entschieden: oder: wurde ausgeführt; siehe zum Ausdruck → 2,210. Vgl. die *Bibel,* Gen 8,1–3.

Es hielt auf dem Djūdī an: *Es:* das Schiff. Der Djūdī ist der Name eines niedrigen Berges im Norden Syriens. Vgl. die *Bibel,* Gen 8,4 (»im Gebirge Ararat«).

Und es wurde gesprochen: »Weg mit den Leuten, die Unrecht tun!«: Es ist ein Wort von Gott[6]. Zum Ausdruck siehe 11,60.68.95; 23,41.44; – ähnlich in 67,11.

11,45(47): **Und Noach rief seinen Herrn an und sagte: »Mein Herr, mein Sohn gehört zu meinen Angehörigen, und dein Versprechen ist wahr:** → 4,122.

und Du bist der Weiseste derer, die Urteile fällen«: → 7,87.

11,46(48): **Er sprach: »O Noach, er gehört nicht zu deinen Angehörigen:** da er ja dem Wort Gottes durch den Mund seines Propheten nicht geglaubt und den Befehlen nicht gehorcht hat.

Es ist eine Tat, die nicht gut ist: die Bitte Noachs, oder die Handlung seines Sohnes.

So bitte Mich nicht um etwas, wovon du kein Wissen hast: → 3,66.

Ich ermahne dich, nicht einer der Törichten zu sein«: → 2,67.

11,47(49): **Er sagte: »O mein Herr, ich suche Zuflucht bei Dir davor, daß ich Dich um etwas bitte, wovon ich kein Wissen habe. Wenn Du mir nicht vergibst und dich meiner (nicht) erbarmst, werde ich zu den Verlierern gehören«:** zum letzten Satz → 7,23.

11,48(50): **Es wurde gesprochen: »O Noach, steig hinunter in unserem Frieden und mit unseren Segnungen über dich und über Gemeinschaften von denen, die mit dir sind:** Auch die *Bibel* spricht vom Segen, den Gott Noach und seinen Söhnen erteilt (Gen 9,1), und vom Bund, die er mit Noach, seinen Söhnen und ihren Nachkommen sowie mit allen Lebewesen geschlossen hat (Gen 9,8–10.12; vgl. Koran 33,7). Zu den Nachkommen Noachs siehe Gen 10,1–32.

Es gibt Gemeinschaften, denen Wir eine Nutznießung geben werden, dann wird sie eine schmerzhafte Pein von Uns erfassen«: Unter den Nachkommen Noachs wird es auch Gemeinschaften geben, die nur im Diesseits

6. Oder, nach einigen Kommentatoren, von Noach; in diesem letzten Fall, würde die Übersetzung lauten: Und es wurde gesagt … Aber in 11,44 und 11,48 wird mit dieser Formel eindeutig ein Wort Gottes angekündigt.

genießen (→ 2,36) und aufgrund ihres Unglaubens und Ungehorsams die jenseitige Pein erleiden werden.

11,49(51): **Dies gehört zu den Berichten über das Unsichtbare, die Wir dir offenbaren. Du wußtest sie vorher nicht, weder du noch dein Volk:** → 3,44. Weder Muḥammad noch seine mekkanischen Landsleute kannten die Einzelheiten der Geschichte Noachs. Einige muslimische Kommentatoren denken wohl an die parallelen Angaben der *Bibel*, aber sie meinen, entweder daß die Bibel nur allgemeine Angaben macht, während der Koran ausführlicher darüber berichtet und Einzelheiten enthält, die unbekannt waren (Rāzī, Manār), oder daß die Angaben der Bibel unzuverlässig sind, weil sie der Verfälschung unterzogen wurden (Manār und Ṭabāṭabā'ī)[7].

Sei nun geduldig. Das Ende gehört den Gottesfürchtigen: → 7,128.

7. Vgl. Rāzī IX, 18, S. 9; Manār XII, S. 89; – Manār XII, S. 104; Ṭabāṭabā'ī X, S. 241, 257.

11,50–68

50 Und (Wir sandten) zu ʿĀd ihren Bruder Hūd.
Er sagte: »O mein Volk, dienet Gott, Ihr habt
keinen Gott außer Ihm. Ihr erdichtet ja nur Lügen. 51 O mein Volk, ich verlange von euch keinen Lohn. Mein Lohn obliegt dem, der mich geschaffen hat. Habt ihr denn keinen Verstand?
52 Und, o mein Volk, bittet euren Herrn um Vergebung, dann wendet euch Ihm zu, so wird Er
den Himmel über euch ergiebig regnen lassen
52 und euch zu eurer Kraft noch mehr Kraft hinzu verleihen. Und kehrt euch nicht als Übeltäter
ab.« 53 Sie sagten: »O Hūd, du hast uns keinen
deutlichen Beweis gebracht. Wir werden nicht
unsere Götter auf dein Wort hin verlassen, und
wir werden dir nicht glauben. 54 Wir können
nur sagen, daß einer unserer Götter dir Böses
zugefügt hat.« Er sagte: »Ich nehme Gott zum
Zeugen, und auch ihr sollt bezeugen, daß ich unschuldig bin an dem, was ihr (Ihm) beigesellt
55 (und) neben Ihn (stellt). Geht gegen mich allesamt mit eurer List vor und gewährt mir keinen Aufschub. 56 Ich vertraue auf Gott, meinen
Herrn und euren Herrn. Es gibt kein Tier, das Er
nicht an seinem Schopf halten würde. Mein Herr
befindet sich auf einem geraden Weg. 57 Wenn
ihr euch abkehrt, so habe ich euch das ausgerichtet, womit ich zu euch gesandt worden bin. Mein

وَإِلَىٰ عَادٍ أَخَاهُمْ هُودًا ۚ قَالَ يَٰقَوْمِ ٱعْبُدُوا۟
ٱللَّهَ مَا لَكُم مِّنْ إِلَٰهٍ غَيْرُهُۥٓ ۖ إِنْ أَنتُمْ إِلَّا مُفْتَرُونَ ﴿٥٠﴾
يَٰقَوْمِ لَآ أَسْـَٔلُكُمْ عَلَيْهِ أَجْرًا ۖ إِنْ أَجْرِىَ إِلَّا عَلَى ٱلَّذِى
فَطَرَنِىٓ ۚ أَفَلَا تَعْقِلُونَ ﴿٥١﴾ وَيَٰقَوْمِ ٱسْتَغْفِرُوا۟ رَبَّكُمْ ثُمَّ
تُوبُوٓا۟ إِلَيْهِ يُرْسِلِ ٱلسَّمَآءَ عَلَيْكُم مِّدْرَارًا وَيَزِدْكُمْ قُوَّةً
إِلَىٰ قُوَّتِكُمْ وَلَا تَتَوَلَّوْا۟ مُجْرِمِينَ ﴿٥٢﴾ قَالُوا۟ يَٰهُودُ مَا جِئْتَنَا
بِبَيِّنَةٍ وَمَا نَحْنُ بِتَارِكِىٓ ءَالِهَتِنَا عَن قَوْلِكَ وَمَا نَحْنُ لَكَ
بِمُؤْمِنِينَ ﴿٥٣﴾ إِن نَّقُولُ إِلَّا ٱعْتَرَىٰكَ بَعْضُ ءَالِهَتِنَا بِسُوٓءٍ ۗ
قَالَ إِنِّىٓ أُشْهِدُ ٱللَّهَ وَٱشْهَدُوٓا۟ أَنِّى بَرِىٓءٌ مِّمَّا تُشْرِكُونَ ۙ ﴿٥٤﴾
مِن دُونِهِۦ ۖ فَكِيدُونِى جَمِيعًا ثُمَّ لَا تُنظِرُونِ ﴿٥٥﴾ إِنِّى
تَوَكَّلْتُ عَلَى ٱللَّهِ رَبِّى وَرَبِّكُم ۚ مَّا مِن دَآبَّةٍ إِلَّا هُوَ ءَاخِذٌۢ
بِنَاصِيَتِهَآ ۚ إِنَّ رَبِّى عَلَىٰ صِرَٰطٍ مُّسْتَقِيمٍ ﴿٥٦﴾ فَإِن
تَوَلَّوْا۟ فَقَدْ أَبْلَغْتُكُم مَّآ أُرْسِلْتُ بِهِۦٓ إِلَيْكُمْ ۚ وَيَسْتَخْلِفُ

Herr wird ein anderes Volk nach euch folgen lassen, und ihr könnt Ihm nichts schaden. Mein Herr ist Hüter über alle Dinge.« 58 Als nun unser Befehl eintraf, erretteten Wir Hūd und diejenigen, die mit ihm glaubten, aus Barmherzigkeit von Uns, und Wir erretteten sie vor einer schweren Pein. 59 Das waren die ʿĀd. Sie leugneten die Zeichen ihres Herrn und waren gegen seine Gesandten ungehorsam und folgten dem Befehl eines jeden widerspenstigen Gewaltherrschers. 60 Aber der Fluch verfolgte sie im Diesseits und (so auch) am Tag der Auferstehung. Die ʿĀd waren undankbar gegen ihren Herrn. Ja, weg mit ʿĀd, dem Volk von Hūd!

[23¾] *61 Und (Wir sandten) zu Thamūd ihren Bruder Ṣāliḥ. Er sagte: »O mein Volk, dienet Gott. Ihr habt keinen Gott außer Ihm. Er hat euch aus der Erde entstehen lassen und sie euch zu bebauen und zu bestellen gegeben. So bittet Ihn um Vergebung, dann wendet euch Ihm zu. Mein Herr ist nahe und bereit zu erhören.« 62 Sie sagten: »O Ṣāliḥ, du warst vorher in unserer Mitte einer, auf den man Hoffnung setzte. Willst du uns denn verbieten, zu verehren, was unsere Väter immer verehrt haben? Wir hegen über das, wozu du uns aufrufst, einen starken Zweifel.« 63 Er sagte: »O mein Volk, was meint ihr? Wenn ich einen deutlichen Beweis von meinem Herrn habe und Er mir eine Barmherzigkeit von sich hat zukommen lassen, wer wird mir vor Gott Unter-

رَبِّى قَوْمًا غَيْرَكُمْ وَلَا تَضُرُّونَهُۥ شَيْـًٔا ۚ إِنَّ رَبِّى عَلَىٰ كُلِّ
شَىْءٍ حَفِيظٌ ﴿٥٧﴾ وَلَمَّا جَآءَ أَمْرُنَا نَجَّيْنَا هُودًا وَٱلَّذِينَ
ءَامَنُوا۟ مَعَهُۥ بِرَحْمَةٍ مِّنَّا وَنَجَّيْنَـٰهُم مِّنْ عَذَابٍ غَلِيظٍ ﴿٥٨﴾
وَتِلْكَ عَادٌ ۖ جَحَدُوا۟ بِـَٔايَـٰتِ رَبِّهِمْ وَعَصَوْا۟ رُسُلَهُۥ وَٱتَّبَعُوٓا۟
أَمْرَ كُلِّ جَبَّارٍ عَنِيدٍ ﴿٥٩﴾ وَأُتْبِعُوا۟ فِى هَـٰذِهِ ٱلدُّنْيَا لَعْنَةً
وَيَوْمَ ٱلْقِيَـٰمَةِ ۗ أَلَآ إِنَّ عَادًا كَفَرُوا۟ رَبَّهُمْ ۗ أَلَا بُعْدًا لِّعَادٍ
قَوْمِ هُودٍ ﴿٦٠﴾ * وَإِلَىٰ ثَمُودَ أَخَاهُمْ صَـٰلِحًا ۚ قَالَ يَـٰقَوْمِ
ٱعْبُدُوا۟ ٱللَّهَ مَا لَكُم مِّنْ إِلَـٰهٍ غَيْرُهُۥ ۖ هُوَ أَنشَأَكُم مِّنَ
ٱلْأَرْضِ وَٱسْتَعْمَرَكُمْ فِيهَا فَٱسْتَغْفِرُوهُ ثُمَّ تُوبُوٓا۟ إِلَيْهِ ۚ
إِنَّ رَبِّى قَرِيبٌ مُّجِيبٌ ﴿٦١﴾ قَالُوا۟ يَـٰصَـٰلِحُ قَدْ كُنتَ فِينَا
مَرْجُوًّا قَبْلَ هَـٰذَآ ۖ أَتَنْهَىٰنَآ أَن نَّعْبُدَ مَا يَعْبُدُ ءَابَآؤُنَا وَإِنَّنَا
لَفِى شَكٍّ مِّمَّا تَدْعُونَآ إِلَيْهِ مُرِيبٍ ﴿٦٢﴾ قَالَ يَـٰقَوْمِ أَرَءَيْتُمْ
إِن كُنتُ عَلَىٰ بَيِّنَةٍ مِّن رَّبِّى وَءَاتَىٰنِى مِنْهُ رَحْمَةً فَمَن يَنصُرُنِى

stützung gewähren, wenn ich gegen Ihn ungehorsam bin? Ihr bringt mir nur noch einen größeren Verlust. 64 Und, o mein Volk, dies ist die Kamelstute Gottes, euch zum Zeichen. Laßt sie auf Gottes Erde weiden und rührt sie nicht mit etwas Bösem an. Sonst ergreift euch eine baldige Pein.« 65 Sie schnitten ihr die Flechsen durch und stachen sie. Da sagte er: »Genießt (euer Leben) in eurer Wohnstätte noch drei Tage lang. Dies ist eine Androhung, die nicht erlogen ist.« 66 Als nun unser Befehl eintraf, erretteten Wir Ṣāliḥ und diejenigen, die mit ihm glaubten, aus Barmherzigkeit von Uns, und vor der Schande jenes Tages. Dein Herr ist ja der Starke, der Mächtige. 67 Da ergriff diejenigen, die Unrecht taten, der Schrei, und am Morgen lagen sie in ihren Wohnstätten auf ihren Gesichtern, 68 als hätten sie nicht lange darin gewohnt. Die Thamūd waren undankbar gegen ihren Herrn. Ja, weg mit Thamūd!

مِنَ ٱللَّهِ إِنْ عَصَيْتُهُۥ ۖ فَمَا تَزِيدُونَنِى غَيْرَ تَخْسِيرٍ ﴿٦٣﴾
وَيَٰقَوْمِ هَٰذِهِۦ نَاقَةُ ٱللَّهِ لَكُمْ ءَايَةً فَذَرُوهَا تَأْكُلْ فِىٓ أَرْضِ
ٱللَّهِ وَلَا تَمَسُّوهَا بِسُوٓءٍ فَيَأْخُذَكُمْ عَذَابٌ قَرِيبٌ ﴿٦٤﴾
فَعَقَرُوهَا فَقَالَ تَمَتَّعُوا۟ فِى دَارِكُمْ ثَلَٰثَةَ أَيَّامٍ ۖ ذَٰلِكَ وَعْدٌ
غَيْرُ مَكْذُوبٍ ﴿٦٥﴾ فَلَمَّا جَآءَ أَمْرُنَا نَجَّيْنَا صَٰلِحًا وَٱلَّذِينَ
ءَامَنُوا۟ مَعَهُۥ بِرَحْمَةٍ مِّنَّا وَمِنْ خِزْىِ يَوْمِئِذٍ ۚ إِنَّ رَبَّكَ
هُوَ ٱلْقَوِىُّ ٱلْعَزِيزُ ﴿٦٦﴾ وَأَخَذَ ٱلَّذِينَ ظَلَمُوا۟ ٱلصَّيْحَةُ
فَأَصْبَحُوا۟ فِى دِيَٰرِهِمْ جَٰثِمِينَ ﴿٦٧﴾ كَأَن لَّمْ يَغْنَوْا۟ فِيهَآ ۗ
أَلَآ إِنَّ ثَمُودَا۟ كَفَرُوا۟ رَبَّهُمْ ۗ أَلَا بُعْدًا لِّثَمُودَ ﴿٦٨﴾

Varianten: 11,50–68

11,50: ghayruhū: ghayrihī (nach Kisā'ī); ghayru llāhi: außer Gott (bei Ubayy).
11,51: adjriya: adjrī (nach den Rezitatoren außer Nāfi', Abū 'Amr, Ḥafṣ).
fatarānī: fataraniya (nach Nāfi', al-Bazzī).
11,54: innī: inniya (nach Nāfi').
11,56: ṣirāṭin: sirāṭin (nach Qunbul).
11,57: fa in tawallau: fa in ttawallau (nach al-Bazzī).
yastakhlifu: yastakhlif (bei Ibn Mas'ūd; nach Hubayra in der Tradition von Ḥafṣ).
taḍurrūnahū: taḍurrūhū (bei Ibn Mas'ūd; nach Hubayra); tanquṣūnahū: Ihm etwas abzwacken (bei Ibn Mas'ūd nach einigen Gewährsmännern).
11,58: djā'a amrunā: djā amrunā (nach Qālūn, al-Bazzī, Abū 'Amr); djā'ā mrunā (nach Qunbul).
11,61: ghayruhū: ghayrihī (nach Kisā'ī).
11,63: ara'aytum: arāytum (nah Nāfi', Warsh); araytum (nach Kisā'ī).
11,66: djā'a amrunā: djā amrunā (nach Qālūn, al-Bazzī, Abū 'Amr).
yaumi'idhin: yauma'idhin (bei al-A'mash nach einigen Gewährsmännern; nach Nāfi', Kisā'ī, Warsh, Qālūn).
11,68: alā inna thamūdā: alā inna thamūdan (nach den Rezitatoren außer Ḥamza, Ḥafṣ).
bu'dan li thamūda: bu'dan li thamūdin (nach Kisā'ī).

Kommentar

In den Prophetengeschichten kommen viele Ausdrücke immer wieder vor. Einige finden sich in bereits kommentierten Suren. Deswegen wird hier nicht noch einmal darauf eingegangen, es werden lediglich Verweise auf die entsprechenden Stellen gegeben.

11,50–60: Vgl. zur Geschichte von Hūd und seinem Volk → 7,65–72; dort auch die Zusammenfassung der koranischen Angaben über Hūd.

11,50(52): **Und (Wir sandten) zu ʿĀd ihren Bruder Hūd:** → 7,65.

Er sagte: »O mein Volk, dienet Gott, Ihr habt keinen Gott außer Ihm: zu den zwei ersten Sätzen → 7,59.

Ihr erdichtet ja nur Lügen: über die Götzen, die ihr dient und deren Verehrung ihr fördert.

11,51(53): **O mein Volk, ich verlange von euch keinen Lohn. Mein Lohn obliegt dem, der mich geschaffen hat:** so auch in → 11,29; → 6,90.

Habt ihr denn keinen Verstand?: → 2,44.

11,52(54): **Und, o mein Volk, bittet euren Herrn um Vergebung, dann wendet euch Ihm zu:** auch in → 11,3; 71,10.

so wird Er den Himmel über euch ergiebig regnen lassen: auch in 71,11. Hūd sucht seine ungläubigen Landsleute auch durch die Verheißung irdischer Güter zu gewinnen.

Weiter **11,52**(55): **und euch zu eurer Kraft noch mehr Kraft hinzu verleihen:** über die Kraft und Stärke des Volkes ʿĀd siehe auch 7,69.

Und kehrt euch nicht als Übeltäter ab«: Warnung vor der Verstockung im Unglauben und Ungehorsam.

11,53(56): **Sie sagten: »O Hūd, du hast uns keinen deutlichen Beweis gebracht. Wir werden nicht unsere Götter auf dein Wort hin verlassen:** → 7,70; zum Festhalten an der eigenen Tradition siehe 37,36; → 2,170.

und wir werden dir nicht glauben: → 6,25; → 7,123.

11,54(57): **Wir können nur sagen, daß einer unserer Götter dir Böses zugefügt hat«:** d. h. dich irre gemacht und deinen Verstand gestört hat.

Er sagte: »Ich nehme Gott zum Zeugen, und auch ihr sollt bezeugen, daß ich unschuldig bin an dem, was ihr (Ihm) beigesellt: zum letzen Satz → 6,19.

11,55(58): **(und) neben Ihn (stellt). Geht gegen mich allesamt mit eurer List vor und gewährt mir keinen Aufschub:** → 7,195; → 10,71. *allesamt:* ihr alle und eure Teilhaber, wie in 10,71.

11,56(59): **Ich vertraue auf Gott, meinen Herrn und euren Herrn:** bereits in 10,71 (Noach).

Es gibt kein Tier, das Er nicht an seinem Schopf halten würde: Dies ist ein Zeichen der Allmacht Gottes und seiner Fürsorge für alle Lebenwesen. → 11,6.

Mein Herr befindet sich auf einem geraden Weg: → 1,6. Er ist zwar allmächtig, aber er behandelt alle in Wahrheit und Gerechtigkeit; oder: er weist die Menschen auf den rechten Weg hin.

11,57(60): **Wenn ihr euch abkehrt, so habe ich euch das ausgerichtet, womit ich zu euch gesandt worden bin:** und kann somit nicht belangt werden; → 7,68.

Mein Herr wird ein anderes Volk nach euch folgen lassen: → 4,133; → 2,30.

und ihr könnt Ihm nichts schaden: zum ganzen Satz → 9,39; wenn ihr euch abkehrt, könnt ihr Gott nichts schaden: auch in → 3,144.

Mein Herr ist Hüter über alle Dinge«: auch in 34,21; 42,6. Er bewacht und bewahrt die Taten der Menschen bis zum Tag des Gerichts und der Abrechnung;

oder er bewahrt mich vor eurem Unglauben und eurer List; oder er bewahrt alle Dinge vor dem Verderben, wenn er will[1].

11,58(61): **Als nun unser Befehl eintraf:** wie in → 11,40 bedeutet der Befehl Gottes entweder sein Zorngericht oder den Beginn der Ereignisse.

erretteten Wir Hūd und diejenigen, die mit ihm glaubten, aus Barmherzigkeit von Uns: → 7,72. Es geht hier um die Rettung vor der diesseitigen Strafe. *aus Barmherzigkeit:* da Gott sie von den Ungläubigen schied und vor der Katastrophe bewahrte; oder da niemand Rettung erfährt ohne das Wirken der Barmherzigkeit Gottes; oder da Gott sie in seiner Barmherzigkeit zum Glauben und zur Rechtschaffenheit führte[2].

und Wir erretteten sie vor einer schweren Pein: 14,17; 31,24; 41,50. Diese Pein ist entweder das Verderben, das über das Volk des Hūd hereingebrochen ist (in der Gestalt eines eiskalten Windes: 54,19–20; 69,1), oder die jenseitige Pein[3].

11,59(62): **Das waren die ʿĀd. Sie leugneten die Zeichen ihres Herrn und waren gegen seine Gesandten ungehorsam:** Hier wird der Grund ihrer Bestrafung angegeben.

und folgten dem Befehl eines jeden widerspenstigen Gewaltherrschers: → 11,97; widerspenstiger Gewaltherrscher: auch in 14,15. Ihre gemeinen Leute folgten den Befehlen ihrer Anführer und ahmten sie nach.

11,60(63): **Aber der Fluch verfolgte sie im Diesseits und (so auch) am Tag der Auferstehung:** auch in 11,99; 28,42; – 24,23; 33,57.

Die ʿĀd waren undankbar gegen ihren Herrn: oder sie verleugneten ihren Herrn.

Ja, weg mit ʿĀd, dem Volk von Hūd!: → 11,44.

1. Vgl. Rāzī IX, 18, S. 15.
2. Vgl. Rāzī IX, 18, S. 16.
3. Für beide Deutungen sprechen sich aus Zamakhsharī II, S. 405; Bayḍāwī, S. 566–567; Manār XII, S. 119; für die diesseitige Strafe allein tritt Ṭabāṭabāʾī X, S. 304, ein; – für die jenseitige Pein allein sprechen sich Rāzī IX, 18, S. 16, und R. Paret aus: Der Koran. Kommentar und Konkordanz, S. 237; Ders., Mohammed und der Koran, Stuttgart 1958, S. 88–89.

11,61–68: Vgl. zur Geschichte von Ṣāliḥ und seinem Volk → 7,73–79; dort auch die Zusammenfassung der koranischen Angaben über Ṣāliḥ.

11,61(64): **Und (Wir sandten) zu Thamūd ihren Bruder Ṣāliḥ. Er sagte: »O mein Volk, dienet Gott. Ihr habt keinen Gott außer Ihm:** → 7,73; → 7,59; vgl. → 11,50.

Er hat euch aus der Erde entstehen lassen: auch in 53,32; → 3,59; aus Ton: → 6,2; → 7,12; – 15,26; 55,14.

und sie euch zu bebauen und zu bestellen gegeben: ähnlich in der *Bibel*, Gen 1,28; 2,15. – Man kann auch übersetzen: und euch langes Leben geschenkt; oder: sie euch lebenslang gegeben.

So bittet Ihn um Vergebung, dann wendet euch Ihm zu: → 11,3.

Mein Herr ist nahe und bereit zu erhören«: → 2,186. Er weiß alles und hört eure Bitten, und er ist in seiner Huld und Barmherzigkeit bereit, die Bitten der Menschen zu erhören.

11,62(65): **Sie sagten: »O Ṣāliḥ, du warst vorher in unserer Mitte einer, auf den man Hoffnung setzte:** aufgrund seiner Haltung zu den Bedürftigen und Schwachen, oder aufgrund seiner Frömmigkeit erwarteten die Leute, daß Ṣāliḥ ihre Religion unterstützen würde.

Willst du uns denn verbieten, zu verehren, was unsere Väter immer verehrt haben?: → 7,70; vgl. → 11,53.

Wir hegen über das, wozu du uns aufrufst, einen starken Zweifel«: auch in 11,110; 14,9; 34,54; 41,45; 42,14; → 4,157.

11,63(66): **Er sagte: »O mein Volk, was meint ihr? Wenn ich einen deutlichen Beweis von meinem Herrn habe und Er mir eine Barmherzigkeit von sich hat zukommen lassen:** → 11,28; → 11,17.

wer wird mir vor Gott Unterstützung gewähren, wenn ich gegen Ihn ungehorsam bin?: → 11,30; wenn ich ungehorsam bin: auch in 6,15; → 10,15; 39,13.

Ihr bringt mir nur noch einen größeren Verlust: auch in 11,101; vgl. 35,39.

Ihr bringt mich um den Wert meiner guten Taten; oder ihr führt mich dazu, euch als Verlierer zu bezeichnen[4].

11,64(67): **Und, o mein Volk, dies ist die Kamelstute Gottes, euch zum Zeichen. Laßt sie auf Gottes Erde weiden und rührt sie nicht mit etwas Bösem an. Sonst ergreift euch eine baldige Pein«:** fast wörtlich in → 7,73. *baldige Pein*: in 11,65 wird von einer Frist von drei Tagen gesprochen.

11,65(68): **Sie schnitten ihr die Flechsen durch und stachen sie:** → 7,77.

Da sagte er: »Genießt (euer Leben) in eurer Wohnstätte noch drei Tage lang. Dies ist eine Androhung, die nicht erlogen ist«: genießt: auch in 51,43; → 2,36.

11,66(69): **Als nun unser Befehl eintraf, erretteten Wir Ṣāliḥ und diejenigen, die mit ihm glaubten, aus Barmherzigkeit von Uns:** wörtlich → 11,58.

und vor der Schande jenes Tages: als das Zorngericht die Ungläubigen traf und ihre Schande zur Lektion für die nachfolgenden Generationen wurde[5].

Dein Herr ist ja der Starke, der Mächtige: → 22,40.74; 33,25; 52,19; 57,25; 58,21.

11,67(70): **Da ergriff diejenigen, die Unrecht taten, der Schrei, und am Morgen lagen sie in ihren Wohnstätten auf ihren Gesichtern:** ähnlich in → 7,78, wo statt »der Schrei« das Beben steht. – Strafe durch den Schrei, d. h. einen fürchterlichen Schrei oder durch einen Donnerschlag (so Ibn ʿAbbās), auch in 15,83; 23,41; 54,31; – 29,40; 36,29.49.53; 38,15; 50,42.

11,68(71): **als hätten sie nicht lange darin gewohnt:** wörtlich in → 7,92.

Die Thamūd waren undankbar gegen ihren Herrn. Ja, weg mit Thamūd!: → 11,60.

4. Vgl. Zamakhsharī II, S. 408; zitiert bei Rāzī IX, 18, S. 19–20.

5. Paret schreibt: »Der Ausdruck kann kaum anders als auf das Gericht am Ende aller Tage bezogen werden«: Der Koran. Kommentar und Konkordanz, S. 238. Zamakhsharī läßt diese Deutung als zweite Möglichkeit zu. II, S. 409.

11,69–95

69 Unsere Boten kamen zu Abraham mit der
frohen Botschaft. Sie sagten: »Frieden!« Er sagte: »Frieden!« Es dauerte nicht lange, da brachte
er ein geschmortes Kalb herbei. 70 Und als er
sah, daß ihre Hände nicht hinlangten, fand er es
von ihnen befremdlich, und er empfand Angst
vor ihnen. Sie sagten: »Hab keine Angst. Wir
sind zu dem Volk von Lot gesandt«. 71 Seine
Frau stand da. Da lachte sie. Da verkündeten
Wir ihr Isaak, und nach Isaak Jakob. 72 Sie sagte:
»O wehe mir, soll ich noch gebären, wo ich doch
alt bin und dieser mein Mann ist, ein Greis? Das
ist doch eine verwunderliche Sache.« 73 Sie
sagten: »Bist du verwundert über den Befehl
Gottes? Die Barmherzigkeit Gottes und seine
Segnungen kommen auf euch, ihr Leute des
Hauses! Er ist des Lobes und der Ehre würdig.«
74 Als der Schrecken von Abraham gewichen
und die frohe Botschaft zu ihm gekommen war,
begann er mit Uns über das Volk von Lot zu
streiten. 75 Abraham war ja langmütig, voller
Trauer und bereit, sich Gott reumütig zuzuwenden. 76 »O Abraham, laß davon an. Der Befehl
deines Herrn ist eingetroffen. Über sie kommt
eine Pein, die unabwendbar ist.« 77 Und als unsere Boten zu Lot kamen, geriet er ihretwegen in
eine böse Lage und wußte daraus keinen Aus-

وَلَقَدْ
جَآءَتْ رُسُلُنَآ إِبْرَٰهِيمَ بِٱلْبُشْرَىٰ قَالُوا۟ سَلَـٰمًا ۖ قَالَ سَلَـٰمٌ ۖ
فَمَا لَبِثَ أَن جَآءَ بِعِجْلٍ حَنِيذٍ ﴿٦٩﴾ فَلَمَّا رَءَآ أَيْدِيَهُمْ
لَا تَصِلُ إِلَيْهِ نَكِرَهُمْ وَأَوْجَسَ مِنْهُمْ خِيفَةً ۚ قَالُوا۟ لَا تَخَفْ
إِنَّآ أُرْسِلْنَآ إِلَىٰ قَوْمِ لُوطٍ ﴿٧٠﴾ وَٱمْرَأَتُهُۥ قَآئِمَةٌ فَضَحِكَتْ
فَبَشَّرْنَـٰهَا بِإِسْحَـٰقَ وَمِن وَرَآءِ إِسْحَـٰقَ يَعْقُوبَ ﴿٧١﴾ قَالَتْ
يَـٰوَيْلَتَىٰٓ ءَأَلِدُ وَأَنَا۠ عَجُوزٌ وَهَـٰذَا بَعْلِى شَيْخًا ۖ إِنَّ هَـٰذَا
لَشَىْءٌ عَجِيبٌ ﴿٧٢﴾ قَالُوٓا۟ أَتَعْجَبِينَ مِنْ أَمْرِ ٱللَّهِ ۖ رَحْمَتُ
ٱللَّهِ وَبَرَكَـٰتُهُۥ عَلَيْكُمْ أَهْلَ ٱلْبَيْتِ ۚ إِنَّهُۥ حَمِيدٌ مَّجِيدٌ ﴿٧٣﴾
فَلَمَّا ذَهَبَ عَنْ إِبْرَٰهِيمَ ٱلرَّوْعُ وَجَآءَتْهُ ٱلْبُشْرَىٰ يُجَـٰدِلُنَا
فِى قَوْمِ لُوطٍ ﴿٧٤﴾ إِنَّ إِبْرَٰهِيمَ لَحَلِيمٌ أَوَّٰهٌ مُّنِيبٌ ﴿٧٥﴾
يَـٰٓإِبْرَٰهِيمُ أَعْرِضْ عَنْ هَـٰذَآ ۖ إِنَّهُۥ قَدْ جَآءَ أَمْرُ رَبِّكَ ۖ
وَإِنَّهُمْ ءَاتِيهِمْ عَذَابٌ غَيْرُ مَرْدُودٍ ﴿٧٦﴾ وَلَمَّا جَآءَتْ
رُسُلُنَا لُوطًا سِىٓءَ بِهِمْ وَضَاقَ بِهِمْ ذَرْعًا وَقَالَ هَـٰذَا يَوْمٌ

weg. Er sagte: »Das ist ein drangsalvoller Tag.«
78 Seine Leute kamen zu ihm geeilt. Zuvor
pflegten sie Missetaten zu verüben. Er sagte:
»O mein Volk, da sind meine Töchter, sie sind
reiner für euch. So fürchtet Gott und bringt
nicht Schande über mich im Zusammenhang
mit meinen Gästen. Gibt es denn unter euch keinen vernünftigen Mann?« 79 Sie sagten: »Du
weißt genau, daß wir kein Recht auf deine Töchter haben, und du weißt wohl, was wir wollen.«
80 Er sagte: »Hätte ich doch Kraft genug, um
euch zu widerstehen, oder könnte ich nur auf
einem starken Stützpunkt Unterkunft finden!«
81 Sie sagten: »O Lot, wir sind die Boten deines
Herrn. Sie werden nicht zu dir gelangen. So zieh
mit deinen Angehörigen in einem Teil der Nacht
fort, und keiner von euch soll sich umdrehen.
Ausgenommen deine Frau; treffen wird sie das,
was ihnen zustoßen wird. Ihre Verabredungszeit
ist der Morgen. Ist nicht der Morgen schon nahe?« 82 Als nun unser Befehl eintraf, kehrten
Wir in ihrer Stadt das Oberste zuunterst und
ließen auf sie Steine aus übereinandergeschichtetem Ton regnen, 83 bei deinem Herrn gekennzeichnete (Steine). Und sie liegt denen, die Unrecht tun, gewiß nicht fern.
[24] *84 Und (Wir sandten) zu Madyan ihren Bruder
Shuʿayb. Er sagte: »O mein Volk, dienet Gott.
Ihr habt keinen Gott außer Ihm. Laßt an Maß
und Gewicht nichts fehlen. Ich sehe, es geht euch

عَصِيبٌ ﴿٧٧﴾ وَجَآءَهُۥ قَوْمُهُۥ يُهْرَعُونَ إِلَيْهِ وَمِن قَبْلُ
كَانُوا۟ يَعْمَلُونَ ٱلسَّيِّـَٔاتِ ۚ قَالَ يَـٰقَوْمِ هَـٰٓؤُلَآءِ بَنَاتِى هُنَّ
أَطْهَرُ لَكُمْ ۖ فَٱتَّقُوا۟ ٱللَّهَ وَلَا تُخْزُونِ فِى ضَيْفِىٓ ۖ أَلَيْسَ
مِنكُمْ رَجُلٌ رَّشِيدٌ ﴿٧٨﴾ قَالُوا۟ لَقَدْ عَلِمْتَ مَا لَنَا فِى بَنَاتِكَ
مِنْ حَقٍّ وَإِنَّكَ لَتَعْلَمُ مَا نُرِيدُ ﴿٧٩﴾ قَالَ لَوْ أَنَّ لِى بِكُمْ قُوَّةً
أَوْ ءَاوِىٓ إِلَىٰ رُكْنٍ شَدِيدٍ ﴿٨٠﴾ قَالُوا۟ يَـٰلُوطُ إِنَّا رُسُلُ
رَبِّكَ لَن يَصِلُوٓا۟ إِلَيْكَ ۖ فَأَسْرِ بِأَهْلِكَ بِقِطْعٍ مِّنَ ٱلَّيْلِ وَلَا
يَلْتَفِتْ مِنكُمْ أَحَدٌ إِلَّا ٱمْرَأَتَكَ ۖ إِنَّهُۥ مُصِيبُهَا مَآ أَصَابَهُمْ ۚ
إِنَّ مَوْعِدَهُمُ ٱلصُّبْحُ ۚ أَلَيْسَ ٱلصُّبْحُ بِقَرِيبٍ ﴿٨١﴾ فَلَمَّا
جَآءَ أَمْرُنَا جَعَلْنَا عَـٰلِيَهَا سَافِلَهَا وَأَمْطَرْنَا عَلَيْهَا حِجَارَةً
مِّن سِجِّيلٍ مَّنضُودٍ ﴿٨٢﴾ مُّسَوَّمَةً عِندَ رَبِّكَ ۚ وَمَا هِىَ مِنَ
ٱلظَّـٰلِمِينَ بِبَعِيدٍ ﴿٨٣﴾ ۞ وَإِلَىٰ مَدْيَنَ أَخَاهُمْ شُعَيْبًا ۚ
قَالَ يَـٰقَوْمِ ٱعْبُدُوا۟ ٱللَّهَ مَا لَكُم مِّنْ إِلَـٰهٍ غَيْرُهُۥ ۖ وَلَا تَنقُصُوا۟
ٱلْمِكْيَالَ وَٱلْمِيزَانَ ۖ إِنِّىٓ أَرَىٰكُم بِخَيْرٍ وَإِنِّىٓ أَخَافُ عَلَيْكُمْ

gut. Ich fürchte aber für euch die Pein eines umgreifenden Tages. 85 Und, o mein Volk, gebt volles Maß und Gewicht nach Gerechtigkeit und zieht den Menschen nichts ab, was ihnen gehört, und verbreitet nicht Unheil auf der Erde. 86 Was von Gott her bleibt, ist besser für euch, so ihr gläubig seid. 86 Und ich bin nicht Hüter über euch.« 87 Sie sagten: »O Shuʿayb, befiehlt dir denn dein Gebet, daß wir das verlassen, was unsere Väter verehrt haben, oder davon abstehen, mit unserem Vermögen zu tun, was wir wollen? Du bist ja wohl der Langmütige, der Vernünftige!« 88 Er sagte: »O mein Volk, was meint ihr, wenn ich einen deutlichen Beweis von meinem Herrn habe und Er mir einen schönen Lebensunterhalt beschert hat? Ich will auch nicht (einfach) euch widersprechen im Hinblick auf das, was ich euch verbiete. Ich will nur Ordnung schaffen, soweit ich vermag. Durch Gott allein wird mir das Gelingen beschieden. Auf Ihn vertraue ich, und Ihm wende ich mich reumütig zu. 89 Und, o mein Volk, (euer) Zerwürfnis mit mir soll euch nicht dazu führen, daß euch das trifft, was früher das Volk von Noach oder das Volk von Hūd oder das Volk von Ṣāliḥ getroffen hat. Und das Volk von Lot liegt nicht fernab von euch. 90 Und bittet euren Herrn um Vergebung und dann wendet euch Ihm zu. Mein Herr ist barmherzig und liebevoll.« 91 Sie sagten: »O Shuʿayb, wir begreifen nicht viel von dem, was

عَذَابَ يَوْمٍ مُّحِيطٍ ﴿٨٤﴾ وَيَٰقَوْمِ أَوْفُوا۟ ٱلْمِكْيَالَ وَٱلْمِيزَانَ
بِٱلْقِسْطِ ۖ وَلَا تَبْخَسُوا۟ ٱلنَّاسَ أَشْيَآءَهُمْ وَلَا تَعْثَوْا۟
فِى ٱلْأَرْضِ مُفْسِدِينَ ﴿٨٥﴾ بَقِيَّتُ ٱللَّهِ خَيْرٌ لَّكُمْ إِن كُنتُم
مُّؤْمِنِينَ ۚ وَمَآ أَنَا۠ عَلَيْكُم بِحَفِيظٍ ﴿٨٦﴾ قَالُوا۟ يَٰشُعَيْبُ
أَصَلَوٰتُكَ تَأْمُرُكَ أَن نَّتْرُكَ مَا يَعْبُدُ ءَابَآؤُنَآ أَوْ أَن نَّفْعَلَ
فِىٓ أَمْوَٰلِنَا مَا نَشَٰٓؤُا۟ ۖ إِنَّكَ لَأَنتَ ٱلْحَلِيمُ ٱلرَّشِيدُ ﴿٨٧﴾
قَالَ يَٰقَوْمِ أَرَءَيْتُمْ إِن كُنتُ عَلَىٰ بَيِّنَةٍ مِّن رَّبِّى وَرَزَقَنِى
مِنْهُ رِزْقًا حَسَنًا ۚ وَمَآ أُرِيدُ أَنْ أُخَالِفَكُمْ إِلَىٰ مَآ أَنْهَىٰكُمْ عَنْهُ ۚ
إِنْ أُرِيدُ إِلَّا ٱلْإِصْلَٰحَ مَا ٱسْتَطَعْتُ ۚ وَمَا تَوْفِيقِىٓ إِلَّا بِٱللَّهِ ۚ
عَلَيْهِ تَوَكَّلْتُ وَإِلَيْهِ أُنِيبُ ﴿٨٨﴾ وَيَٰقَوْمِ لَا يَجْرِمَنَّكُمْ
وَٱسْتَغْفِرُوا۟ رَبَّكُمْ ثُمَّ تُوبُوٓا۟ إِلَيْهِ ۚ إِنَّ رَبِّى رَحِيمٌ
وَدُودٌ ﴿٩٠﴾ قَالُوا۟ يَٰشُعَيْبُ مَا نَفْقَهُ كَثِيرًا مِّمَّا تَقُولُ وَإِنَّا

du sagst: Und wir sehen, daß du in unserer Mitte schwach bist. Wenn dein Anhang nicht wäre, hätten wir dich gesteinigt. Vor dir haben wir ja keinen Respekt.«
92 Er sagte: »O mein Volk, habt ihr vor meinem Anhang eher Respekt als vor Gott, und habt ihr Ihn hinter eurem Rücken zurückgelassen? Mein Herr umfaßt, was ihr tut.
93 Und, o mein Volk, handelt nach eurem Standpunkt, ich werde auch so handeln. Ihr werdet zu wissen bekommen, über wen eine Pein kommen wird, die ihn zuschanden macht, und wer ein Lügner ist. Und wartet ab, ich warte mit euch ab«:
94 Als nun unser Befehl eintraf, erretteten Wir Shuʿayb und diejenigen, die mit ihm glaubten, aus Barmherzigkeit von Uns. Da ergriff diejenigen, die Unrecht taten, der Schrei, und am Morgen lagen sie in ihren Wohnstätten auf ihren Gesichtern,
95 als hätten sie nicht lange darin gewohnt. Ja, weg mit Madyan, wie auch die Thamūd weggerafft wurden!

لَنَرَىٰكَ فِينَا ضَعِيفًا ۖ وَلَوْلَا رَهْطُكَ لَرَجَمْنَـٰكَ ۖ وَمَآ أَنتَ
عَلَيْنَا بِعَزِيزٍ ﴿٩١﴾ قَالَ يَـٰقَوْمِ أَرَهْطِىٓ أَعَزُّ عَلَيْكُم مِّنَ ٱللَّهِ
وَٱتَّخَذْتُمُوهُ وَرَآءَكُمْ ظِهْرِيًّا ۖ إِنَّ رَبِّى بِمَا تَعْمَلُونَ
مُحِيطٌ ﴿٩٢﴾ وَيَـٰقَوْمِ ٱعْمَلُوا۟ عَلَىٰ مَكَانَتِكُمْ إِنِّى عَـٰمِلٌ ۖ
سَوْفَ تَعْلَمُونَ مَن يَأْتِيهِ عَذَابٌ يُخْزِيهِ وَمَنْ هُوَ كَـٰذِبٌ ۖ
وَٱرْتَقِبُوٓا۟ إِنِّى مَعَكُمْ رَقِيبٌ ﴿٩٣﴾ وَلَمَّا جَآءَ أَمْرُنَا نَجَّيْنَا
شُعَيْبًا وَٱلَّذِينَ ءَامَنُوا۟ مَعَهُۥ بِرَحْمَةٍ مِّنَّا وَأَخَذَتِ ٱلَّذِينَ
ظَلَمُوا۟ ٱلصَّيْحَةُ فَأَصْبَحُوا۟ فِى دِيَـٰرِهِمْ جَـٰثِمِينَ ﴿٩٤﴾ كَأَن
لَّمْ يَغْنَوْا۟ فِيهَآ ۗ أَلَا بُعْدًا لِّمَدْيَنَ كَمَا بَعِدَتْ ثَمُودُ ﴿٩٥﴾

Varianten: 11,69–95

11,69: rusulunā: ruslunā (nach Abū ʿAmr).
salāmun: silmun (nach Ḥamza, Kisāʾī).
qāla salāmun: hinzugefügt: wa kullu shayʾin sallamat ʿalayhi l-malāʾikatu faqālū salāman qāla salāmun: und jede Sache, über die die Engel gegrüßt und gesagt haben: »Frieden!«, sagte: »Frieden!« (bei Saʿīd ibn Djubayr).
11,71: wa mraʾatuhū: wahiya: sie (stand da) (bei Ibn Masʿūd nach einigen Gewährsmännern).
qāʾimatun: hinzugefügt: wahuwa qāʿidun / djālisun: während er dasaß (bei Ibn Masʿūd).
fa ḍaḥikat: fa ḍaḥakat (nach Muḥammad ibn Zayd al-Aʿrābī); hinzugefügt: wahuwa djālisun: (sie lachte) während er dasaß (bei Ubayy).
wamin warāʾi isḥāqa: wamin warā isḥāqa (nach Qālūn, al-Bazzī, Abū ʿAmr); wamin warāʾi sḥāqa (nach Warsh, Qunbul).
yaʿqūba: yaʿqūbu (nach den Rezitatoren außer Ḥamza, Ibn ʿĀmir, Ḥafṣ).
11,72: yā waylatā: yā waylatī (nach Ḥasan al-Baṣrī).
aʾalidu: ālidu (nach Qālūn, Abū ʿAmr); alidu (nach Ibn Kathīr); annā yakūnu lī waladun: woher soll ich ein Kind bekommen (bei Ibn Masʿūd).
shaykhan: shaykhun (bei Ibn Masʿūd, Ubayy, al-Rabīʿ ibn Khuthaym, al-Aʿmash; nach Ḥasan al-Baṣrī).
11,74: yudjādilunā; yudjādiluhum: mit ihnen zu streiten (bei Ibn Masʿūd).
11,76: djāʾa amru: djā amru (nach Qālūn, al-Bazzī, Abū ʿAmr); djāʾa mru (nach Warsh, Qunbul).
11,77: rusulunā: ruslunā (nach Abū ʿAmr).
11,78: al-sayyiʾāt: al-khabāʾith: schlimme Taten (bei Ibn Masʿūd); al-khubtha: das Schlimme (bei Ubayy).
walā tukhzūni: walā tukhzūnī (nach Nāfiʿ, Abū ʿAmr).
ḍayfī: dāyfiya (nach Nāfiʿ, Abū ʿAmr).
11,80: au āwī: au āwiya (laut Zamakhsharī II, S. 415).
11,81: fa asri: fa sri (nach Nāfiʿ, Ibn Kathīr).
walā yaltafit minkum aḥadun: ausgefallen (bei Ibn Masʿūd).
illā mraʾataka: illā mraʾatuka (bei Ubayy; nach Ibn Kathīr, Abū ʿAmr); hinzugefügt: wa laqad waffaynā ilayhi ahlahū kullahum illā ʿadjūzun fī l-ghabar: Wir erstatten ihm seine Angehörigen alle, bis auf eine alte Frau, die dem Verderben anheimfiel (vgl. 26,170–171) (bei Ibn Masʿūd).
al-ṣubḥu: al-ṣubuḥu (laut Zamakhsharī II, S. 416).
11,84: ghayrihī: ghayruhū (nach Kisāʾī).
innī (arākum): inniya (nach Nāfiʿ, al-Bazzī, Abū ʿAmr).
innī (akhāfu): inniya (nach Nāfiʿ, Ibn Kathīr, Abū ʿAmr).

11,86: baqiyyatu llāhi: taqiyyatu llāhi: die Furcht Gottes (bei Mudjāhid, Ibn ʿAbbās; nach Ḥasan al-Baṣrī).

11,87: a-ṣalātuka: a-ṣalawātuka: deine Gebete (nach den Rezitatoren außer Ḥamza, Kisāʾī, Ḥafṣ).
au an nafʿala: au an tafʿala: daß du (mit unserem Vermögen) tust (nach Ibn Abī ʿAbla).
nashāʾu innaka: nashāʾu winnaka (nach Nāfiʿ, Ibn Kathīr, Abū ʿAmr).

11,88: araʾaytum: arāytum (nach Nāfiʿ, Warsh); araytum (nach Kisāʾī).
taufīqī: taufīqiya (nach Nāfiʿ, Abū ʿAmr, Ibn ʿĀmir).

11,89: yadjrimannakum: yudjrimannakum (nach Ibn Kathīr).
shiqāqī: shiqāqiya (nach Nāfiʿ, Ibn Kathīr, Abū ʿAmr).

11,92: arahṭī: arahṭiya (nach Ibn Dhakwān, Nāfiʿ, Ibn Kathīr, Abū ʿAmr).

11,93: makānatikum: makānātikum: nach euren Standpunkten (nach Shuʿba).

11,94: djāʾa amrunā: djā amrunā (nach Qālūn, al-Bazzī, Abū ʿAmr); djāʾa mrunā (nach Warsh, Qunbul).

11,95: baʿidat: baʿudat (nach al-Sulamī).

11,69–77: Die Begegnung Abrahams mit den Boten Gottes, die Verheißung Isaaks und die bittende Verhandlung Abrahams zugunsten der sündigen Städte erinnert an die Angaben der *Bibel,* Gen 18,1–15.16–33.

11,69(72): **Unsere Boten kamen zu Abraham mit der frohen Botschaft:** Die Engel überbringen Abraham die Verheißung eines Sohnes, Isaak. Deswegen beginnt die Begegnung mit einem freundlichen Gruß. Siehe auch in 51,24–26; – 15,51–52; 29,31.

Sie sagten: »Frieden!« Er sagte: »Frieden!« Es dauerte nicht lange, da brachte er ein geschmortes Kalb herbei: vgl. in der *Bibel,* Gen 18,7–8.

11,70(73): **Und als er sah, daß ihre Hände nicht hinlangten, fand er es von ihnen befremdlich, und er empfand Angst vor ihnen. Sie sagten: »Hab keine Angst. Wir sind zu dem Volk von Lot gesandt«:** siehe 15,52–53.57–58; 51,27–28.31–32. Auch Lot wird Befremden empfinden: 15,62.

Daß die Boten Gottes als Engel nicht essen und trinken, ist verständlich, aber Abraham sah in ihrer Haltung vorerst einen Hinweis auf eine ernste und furchterregende Angelegenheit, er fürchtete sich vor ihnen. Sie beruhigten ihn durch den Hinweis, daß ihre Mission für Abraham eine frohe Botschaft beinhaltet, aber das Zorngericht Gottes nicht ihm, sonden dem Volk von Lot gilt.

Die Engel essen nicht bei Abraham, dies findet sich auch bei Josephus, Antiquitates I, 11,2: »Sie vermittelten ihm den Eindruck, daß sie bereits gegesssen hatten.« Siehe auch Philo von Alexandrien (Der Abrahamo, Ausgabe Cohn § 118): »Ein Wunder war es aber, daß sie, ohne zu trinken und zu essen, die Vorstellung hervorriefen, als ob sie getrunken und gegessen hätten[1].«

11,71(74): **Seine Frau stand da. Da lachte sie. Da verkündeten Wir ihr Isaak, und nach Isaak Jakob:** auch in 15,53; 51,28.

In der *Bibel,* Gen 18,12, lacht Sara, die Frau Abrahams, weil sie sich über die Ankündigung eines Sohnes wundert, obwohl sie und ihr Mann Abraham bereits betagt waren; siehe auch Gen 18,13–15.

Die muslimischen Kommentatoren deuten das Lachen Saras als Zeichen der

1. Vgl. H. Speyer, S. 149; dort weitere Belege aus Gen. r. 48,12 und Gen. r. 48,16.

Verwunderung (so in 11,72 und in der Bibel) oder – weil dies eben vor der Verheißung des Kindes erfolgt ist – als Zeichen der Freude darüber, daß der Besuch für Abraham nichts Bedrohliches enthielt, und auch über die Verheißung des Kindes[2].

Der Text macht hier nicht deutlich, daß Jakob der Sohn Isaaks sein wird: vgl. auch in 19,49; 21,72; 29,27. Deutlich ist es aber ausgesprochen in 2,133; 12,6.38. Zu Isaak → 2,133; zu Jakob → 2,132.

11,72(75): **Sie sagte: »O wehe mir, soll ich noch gebären, wo ich doch alt bin und dieser mein Mann ist, ein Greis? Das ist doch eine verwunderliche Sache«:** vgl. Gen 18,12.

11,73(76): **Sie sagten: »Bist du verwundert über den Befehl Gottes? Die Barmherzigkeit Gottes und seine Segnungen kommen auf euch, ihr Leute des Hauses! Er ist des Lobes und der Ehre würdig«:** Das sind die Angehörigen Abrahams, aus seinem Haus. Auch die Angehörigen Muḥammads werden als *ahl al-bayt* (Leute des Hauses) bezeichnet (33,33)[3].

Die Segnungen Gottes bedeuten, daß Gott der Sippe Abrahams Prophetie und Wundertätigkeit verliehen und große Gnaden geschenkt hat.

11,74(77): **Als der Schrecken von Abraham gewichen und die frohe Botschaft zu ihm gekommen war, begann er mit Uns über das Volk von Lot zu streiten:** Zu den zähen Verhandlungen Abrahams mit Gott zugunsten der sündigen Städte siehe in der *Bibel,* Gen 18,23–33. Auch die muslimischen Kommentatoren haben die Lage ähnlich wie in der Bibel beschrieben[4].

11,75(77): **Abraham war ja langmütig, voller Trauer und bereit, sich Gott reumütig zuzuwenden:** → 9,114; *munīb* (wer sich reumütig zuwendet): auch in 30,31.33; 34,9; 39,8; 50,8.33.

2. Vgl. Rāzī IX, 18, S. 26–27.

3. Rudi Paret merkt an, daß mit *ahl al-bayt* vielleicht nicht die Angehörigen der Familie Abrahams gemeint sind, »sondern allgemeiner die ›Leute des Gotteshause‹ (nämlich der Kaʿba), d. h. die Angehörigen des im Kaʿbakult symbolisierten reinen Glaubens. (Mit *al-bait* wird sonst im Koran durchweg die Kaʿba bezeichnet.) Man müßte dann allerdings annehmen, daß im vorliegenden Vers bereits auf die Legende angespielt wird, nach der eben Abraham den Kaʿbakult im Sinne des reinen Monotheismus eingeführt hat. Siehe R. Paret, in: Orientalistische Studien, Enno Littmann überreicht, Leiden 1935, S. 127–130«: in: Der Koran, Kommentar und Konkordanz, S. 239–240.

4. Vgl. Zamakhsharī II, S. 412; Rāzī IX, 18, S. 30.

11,76(78): **O Abraham, laß davon an. Der Befehl deines Herrn ist eingetroffen:** → 11,40.

Über sie kommt eine Pein, die unabwendbar ist«: ähnlicher Ausdruck in 70,1; vgl. 70,28.

11,77–82: Hier folgt die Geschichte von der Bestrafung des Volkes von Lot. Vgl. in der *Bibel,* Gen 19,1–29.

11,77(79): **Und als unsere Boten zu Lot kamen, geriet er ihretwegen in eine böse Lage und wußte daraus keinen Ausweg. Er sagte: »Das ist ein drangsalvoller Tag«:** siehe 15,61–62; 29,33. Er dachte, es seien Menschen, die bei ihm zu Gast sein wollten, da fürchtete er sich vor seinen bösen Landsleuten, daß er ihnen wohl kaum widerstehen könnte.

11,78–79: Zum allgemeinen Thema siehe 7,80–82; 15,67.72; 26,161–163.165–166; 27,54.56; 29,28–30; 54,36–37.

11,78(80): **Seine Leute kamen zu ihm geeilt. Zuvor pflegten sie Missetaten zu verüben:** vor allem indem sie Geschlechtsverkehr mit Männern zu haben pflegten; auch in 21,74; 29,28–29.

Er sagte: »O mein Volk, da sind meine Töchter, sie sind reiner für euch: Unter den muslimischen Kommentatoren bestätigt Qatāda, daß es sich um die eigenen Töchter des Lot handelt (so auch in der *Bibel,* Gen 19,8), während Mudjāhid und Saʿīd ibn Djubayr meinen, es seien hier die Frauen seiner Gemeinschaft gemeint. Das Angebot Lots wird auch von ihnen als Empfehlung, seine Töchter zu heiraten, verstanden, denn damals sei ja eine Heirat zwischen Gläubigen und Ungläubigen noch erlaubt gewesen[5].

sie sind reiner für euch: Die Suche nach Reinheit wird dem Lot in → 7,82 vorgeworfen.

So fürchtet Gott und bringt nicht Schande über mich im Zusammenhang mit meinen Gästen. Gibt es denn unter euch keinen vernünftigen Mann?«: Außer ihren Missetaten befürchtet Lot, daß in seinem Haus die Gebote der Gastfreundschaft nicht beachtet werden.

5. Vgl. Rāzī IX, 18, S. 33–34.

11,79(81): **Sie sagten: »Du weißt genau, daß wir kein Recht auf deine Töchter haben, und du weißt wohl, was wir wollen«:** *kein Recht:* weil sie nicht ihre Gattinnen sind, oder weil sie sie nicht brauchen und nicht begehren.

11,80(82): **Er sagte: »Hätte ich doch Kraft genug, um euch zu widerstehen, oder könnte ich nur auf einem starken Stützpunkt Unterkunft finden!«:** Die Ohnmacht Lots wird die Macht Gottes in seinem Strafgericht um so größer erscheinen lassen.

11,81(83): **Sie sagten:** Hier sind es die Boten Gottes, die zu Lot sprechen.

»O Lot, wir sind die Boten deines Herrn. Sie werden nicht zu dir gelangen. So zieh mit deinen Angehörigen in einem Teil der Nacht fort, und keiner von euch soll sich umdrehen. Ausgenommen deine Frau; treffen wird sie das, was ihnen zustoßen wird: zur Rettung Lots und zum Los seiner Frau → 7,83.

Ihre Verabredungszeit ist der Morgen. Ist nicht der Morgen schon nahe?«: Das ist die Zeit des Strafgerichts gegen die sündigen Menschen.

11,82–83: → 7,84.

11,82(84): **Als nun unser Befehl eintraf:** → 11,40.

kehrten Wir in ihrer Stadt das Oberste zuunterst und ließen auf sie Steine aus übereinandergeschichtetem Ton regnen: Steine: auch in 51,33; übereinandergeschichtet: auch in 56,29; 50,10.

11,83(84): **bei deinem Herrn gekennzeichnete (Steine). Und sie liegt denen, die Unrecht tun, gewiß nicht fern:** Diese vernichtete Stadt ist nicht weit entfernt von den Übeltätern, auch nicht von Mekka. Man kann auch übersetzen: Sie (d.h. die Steine) liegen … Gott kann mit ihnen alle Bösen treffen.

Drohungen am Ende der Geschichte von Lot finden sich auch in 15,75–77; 26,174; 29,35; 37,137–138; 51,37.

11,84–95: Hier wird die Geschichte von Shuʿayb erzählt; siehe → 7,85–93.

11,84(85): Und (Wir sandten) zu Madyan ihren Bruder Shuʿayb. Er sagte:

»O mein Volk, dienet Gott. Ihr habt keinen Gott außer Ihm. Laßt an Maß und Gewicht nichts fehlen: → 7,85.

Ich sehe, es geht euch gut: Es waren wohlhabende Geschäftsleute, die ihr Prophet zur Gerechtigkeit und Ehrlichkeit mahnt und daran erinnert, daß ihr Wohlstand sie nicht vor Gottes Zorn retten kann.

Ich fürchte aber für euch die Pein eines umgreifenden Tages: → 7,59. Darin sind alle Arten von Pein, die diesseitigen Strafen und die jenseitige Pein, enthalten.

11,85(86): **Und, o mein Volk, gebt volles Maß und Gewicht nach Gerechtigkeit und zieht den Menschen nichts ab, was ihnen gehört, und verbreitet nicht Unheil auf der Erde:** fast wörtlich in → 7,85.

11,86(87): **Was von Gott her bleibt:** auch 11,116. Das ist, was bei gerechtem Handel dem Geschäftsmann übrig bleibt; oder auch was bei Gott durch ein gerechtes Tun übrig bleibt: seine Huld und sein Lohn[6].

ist besser für euch, so ihr gläubig seid: oder: so ihr mir glaubt. → 7,85.

Weiter **11,86**(88): **Und ich bin nicht Hüter über euch«:** → 6,104.

11,87(89): **Sie sagten: »O Shuʿayb, befiehlt dir denn dein Gebet, daß wir das verlassen, was unsere Väter verehrt haben:** → 7,70.

oder davon abstehen, mit unserem Vermögen zu tun, was wir wollen? Du bist ja wohl der Langmütige, der Vernünftige!«: Daß das Gebet vor den bösen Taten schützt, wird im Koran bestätigt: 29,45. Hier wird Shuʿayb vorgeworfen, daß seine Hinwendung zu Gott, seine Langmut und seine Vernunft ihn nicht davon abhalten, seinen Landsleuten Ungehöriges (Abfall von der eigenen religiösen Tradition) und Unvernünftiges (keine freie Entscheidung über das eigene Vermögen) zu empfehlen. Ein wenig Ironie könnte auch durch die Worte vernommen werden[7].

6. Die muslimischen Kommentatoren haben viele Varianten zur Deutung des Ausdrucks angeboten; siehe Zamakhsharī II, S. 418; Rāzī IX, 18, S. 42–43; Manār XII, S. 142; Ṭabāṭabāʾī X; S. 364.
7. Vgl. Zamakhsharī II, S. 420; Rāzī IX, 18, S. 44–45.

11,88(90): **Er sagte: »O mein Volk, was meint ihr, wenn ich einen deutlichen Beweis von meinem Herrn habe:** → 11,28.63; → 11,17.

und Er mir einen schönen Lebensunterhalt beschert hat?: auch in 16,75; 22,58; – 65,11.

Ich will auch nicht (einfach) euch widersprechen im Hinblick auf das, was ich euch verbiete: sondern ich halte mich selbst daran. Oder: ich will nicht anders sein als ihr und das tun, was ich euch verboten habe[8].

Ich will nur Ordnung schaffen, soweit ich vermag: solange und soviel und was ich vermag. Ordnung schaffen: → 2,11.

Durch Gott allein wird mir das Gelingen beschieden. Auf Ihn vertraue ich: → 11,56.

und Ihm wende ich mich reumütig zu: auch in 42,10; – 60,4; vgl. 13,30.

11,89(91): **Und, o mein Volk, (euer) Zerwürfnis mit mir soll euch nicht dazu führen, daß euch das trifft, was früher das Volk von Noach oder das Volk von Hūd oder das Volk von Ṣāliḥ getroffen hat:** Hier wird an die in den vorherigen Abschnitten dieser Sure beschriebenen Strafgerichte Gottes erinnert. *dazu führen:* → 5,2.

Und das Volk von Lot liegt nicht fernab von euch: örtlich oder zeitlich, und ihr kennt es; → 11,83. Dies soll als eindringliche Warnung für das Volk Shuʿaybs dienen.

11,90(92): **Und bittet euren Herrn um Vergebung und dann wendet euch Ihm zu:** → 11,3.52.61.

Mein Herr ist barmherzig und liebevoll«: siehe auch 19,96; barmherzig: → 1,1; liebevoll: 85,14.

11,91(93): **Sie sagten: »O Shuʿayb, wir begreifen nicht viel von dem, was du sagst:** Sie schenken seinen Worten keine Aufmerksamkeit, oder sie nehmen sie nicht ernst, oder sie lassen sich nicht überzeugen[9].

8. So die Interpretation von Zamakhsharī II, S. 420, zitiert bei Rāzī IX, 18, S. 47.
9. Vgl. Rāzī IX, 18, S. 50.

Und wir sehen, daß du in unserer Mitte schwach bist: bereits in 11,27 wird dies dem Noach vorgeworfen.

Wenn dein Anhang nicht wäre, hätten wir dich gesteinigt. Vor dir haben wir ja keinen Respekt«: oder: du bist für uns nicht unerreichbar. *gesteinigt:* durch Steinigung getötet oder vertrieben.

Diese Äußerung kann sich trefflich auf die Lage Muḥammads in Mekka anwenden lassen: Seine Sippe bzw. seine Anhänger waren eine Zeitlang mächtig genug, um den Widersachern in Mekka Respekt abzunötigen und somit Muḥammad vor Übergriffen zu schützen.

11,92(94): **Er sagte: »O mein Volk, habt ihr vor meinem Anhang eher Respekt als vor Gott, und habt ihr Ihn hinter eurem Rücken zurückgelassen?:** und beachtet Ihn gar nicht.

Mein Herr umfaßt, was ihr tut: → 3,120.

11,93(95): **Und, o mein Volk, handelt nach eurem Standpunkt, ich werde auch so handeln. Ihr werdet zu wissen bekommen:** → 6,135.

Weiter **11,93**(96): **über wen eine Pein kommen wird, die ihn zuschanden macht:** → 11,39.

und wer ein Lügner ist. Und wartet ab, ich warte mit euch ab«: → 6,158. Das Urteil wird Gott überlassen, aber der Prophet lebt in der Gewißheit, daß die Gläubigen gerettet werden und daß die Strafe die Ungläubigen ereilen wird.

11,94(97): **Als nun unser Befehl eintraf, erretteten Wir Shuʿayb und diejenigen, die mit ihm glaubten, aus Barmherzigkeit von Uns. Da ergriff diejenigen, die Unrecht taten, der Schrei, und am Morgen lagen sie in ihren Wohnstätten auf ihren Gesichtern:** fast wörtlich in → 11,66–67.

11,95(98): **als hätten sie nicht lange darin gewohnt. Ja, weg mit Madyan, wie auch die Thamūd weggerafft wurden!:** → 11,68.

11,96–123

96 Und Wir sandten Mose mit unseren Zeichen
und einer offenkundigen Ermächtigung 97 zu
Pharao und seinen Vornehmen. Diese folgten
dem Befehl des Pharao; der Befehl des Pharao
war aber nicht richtig. 98 Er wird seinem Volk
am Tag der Auferstehung vorangehen. Er führt
sie wie zur Tränke ins Feuer hinab – welch
schlimme Tränke, zu der sie hinabgeführt werden! 99 Und der Fluch verfolgte sie im Diesseits
und (so auch) am Tag der Auferstehung – welch
schlimmes Geschenk, das ihnen geschenkt wird!
100 Dies gehört zu den Berichten über die Städte; Wir erzählen es dir: Einige von ihnen stehen
noch, andere sind abgemäht. 101 Nicht Wir haben ihnen Unrecht getan, sondern sie haben sich
selbst Unrecht getan. Ihre Götter, die sie anstelle
Gottes anrufen, haben ihnen nichts genützt, als
der Befehl deines Herrn eintraf, und sie brachten
ihnen nur noch ein größeres Verderben. 102 So
ist die Art deines Herrn heimzusuchen, wenn Er
die Städte heimsucht, während sie Unrecht tun.
Seine Heimsuchung ist schmerzhaft und hart.
103 Darin ist ein Zeichen für den, der die Pein
des Jenseits fürchtet. Das ist ein Tag, auf den die
Menschen versammelt werden. Das ist ein Tag,
den sie alle erleben werden. 104 Und Wir stellen
ihn nur für eine bestimmte Frist zurück. 105 Am

وَلَقَدْ أَرْسَلْنَا مُوسَىٰ بِـَٔايَـٰتِنَا وَسُلْطَـٰنٍ مُّبِينٍ ۙ ﴿٩٦﴾
إِلَىٰ فِرْعَوْنَ وَمَلَإِيْهِۦ فَٱتَّبَعُوٓا۟ أَمْرَ فِرْعَوْنَ ۖ وَمَآ أَمْرُ فِرْعَوْنَ
بِرَشِيدٍ ﴿٩٧﴾ يَقْدُمُ قَوْمَهُۥ يَوْمَ ٱلْقِيَـٰمَةِ فَأَوْرَدَهُمُ ٱلنَّارَ ۖ
وَبِئْسَ ٱلْوِرْدُ ٱلْمَوْرُودُ ﴿٩٨﴾ وَأُتْبِعُوا۟ فِى هَـٰذِهِۦ لَعْنَةً وَيَوْمَ
ٱلْقِيَـٰمَةِ ۚ بِئْسَ ٱلرِّفْدُ ٱلْمَرْفُودُ ﴿٩٩﴾ ذَٰلِكَ مِنْ أَنۢبَآءِ ٱلْقُرَىٰ
نَقُصُّهُۥ عَلَيْكَ ۖ مِنْهَا قَآئِمٌ وَحَصِيدٌ ﴿١٠٠﴾ وَمَا ظَلَمْنَـٰهُمْ
وَلَـٰكِن ظَلَمُوٓا۟ أَنفُسَهُمْ ۖ فَمَآ أَغْنَتْ عَنْهُمْ ءَالِهَتُهُمُ
ٱلَّتِى يَدْعُونَ مِن دُونِ ٱللَّهِ مِن شَىْءٍ لَّمَّا جَآءَ أَمْرُ رَبِّكَ ۖ
وَمَا زَادُوهُمْ غَيْرَ تَتْبِيبٍ ﴿١٠١﴾ وَكَذَٰلِكَ أَخْذُ رَبِّكَ إِذَآ
أَخَذَ ٱلْقُرَىٰ وَهِىَ ظَـٰلِمَةٌ ۚ إِنَّ أَخْذَهُۥٓ أَلِيمٌ شَدِيدٌ ﴿١٠٢﴾
إِنَّ فِى ذَٰلِكَ لَـَٔايَةً لِّمَنْ خَافَ عَذَابَ ٱلْـَٔاخِرَةِ ۚ ذَٰلِكَ يَوْمٌ
مَّجْمُوعٌ لَّهُ ٱلنَّاسُ وَذَٰلِكَ يَوْمٌ مَّشْهُودٌ ﴿١٠٣﴾ وَمَا نُؤَخِّرُهُۥٓ إِلَّا
لِأَجَلٍ مَّعْدُودٍ ﴿١٠٤﴾ يَوْمَ يَأْتِ لَا تَكَلَّمُ نَفْسٌ إِلَّا بِإِذْنِهِۦ ۚ

Tag, da er eintrifft, wird niemand sprechen, außer mit seiner Erlaubnis. Einige von ihnen werden dann unglücklich und andere selig sein.
106 Diejenigen, die unglücklich sind, werden
dann im Feuer sein; darin werden sie seufzen
und schluchzen, 107 und sie werden darin ewig
weilen, solange die Himmel und die Erde währen, außer was dein Herr will. Dein Herr tut ja,
[24¼] was Er will. *108 Diejenigen, die selig sind, werden im Paradies sein; darin werden sie ewig weilen, solange die Himmel und die Erde währen,
außer was dein Herr will, als Gabe, die nicht verringert wird. 109 So sei nicht über das, was diese
da verehren, im Zweifel. Sie verehren nur, wie
ihre Väter zuvor verehrt haben. Und Wir werden
ihnen ihren Anteil unverkürzt erstatten.
110 Und Wir ließen dem Mose das Buch zukommen. Da wurden sie darüber uneins. Und gäbe es
nicht einen früher ergangenen Spruch von deinem Herrn, so wäre zwischen ihnen entschieden
worden. Und sie sind darüber in einem starken
Zweifel. 111 Und allen wird dein Herr bestimmt
ihre Taten voll vergelten. Er hat Kenntnis von
dem, was sie tun. 112 So verhalte dich recht,
wie dir befohlen wurde, du und diejenigen, die
mit dir umkehren, und zeigt kein Übermaß an
Frevel. Er sieht wohl, was ihr tut. 113 Und sucht
nicht Stütze bei denen, die Unrecht tun, sonst
erfaßt euch das Feuer. Dann werdet ihr keine
Freunde haben außer Gott, und dann werdet ihr

فَمِنْهُمْ شَقِيٌّ وَسَعِيدٌ ﴿١٠٥﴾ فَأَمَّا ٱلَّذِينَ شَقُوا۟ فَفِى ٱلنَّارِ لَهُمْ
فِيهَا زَفِيرٌ وَشَهِيقٌ ﴿١٠٦﴾ خَٰلِدِينَ فِيهَا مَا دَامَتِ ٱلسَّمَٰوَٰتُ
وَٱلْأَرْضُ إِلَّا مَا شَآءَ رَبُّكَ ۚ إِنَّ رَبَّكَ فَعَّالٌ لِّمَا يُرِيدُ ﴿١٠٧﴾
۞ وَأَمَّا ٱلَّذِينَ سُعِدُوا۟ فَفِى ٱلْجَنَّةِ خَٰلِدِينَ فِيهَا مَا دَامَتِ
ٱلسَّمَٰوَٰتُ وَٱلْأَرْضُ إِلَّا مَا شَآءَ رَبُّكَ ۖ عَطَآءً غَيْرَ
مَجْذُوذٍ ﴿١٠٨﴾ فَلَا تَكُ فِى مِرْيَةٍ مِّمَّا يَعْبُدُ هَٰٓؤُلَآءِ ۚ مَا يَعْبُدُونَ
إِلَّا كَمَا يَعْبُدُ ءَابَآؤُهُم مِّن قَبْلُ ۚ وَإِنَّا لَمُوَفُّوهُمْ
نَصِيبَهُمْ غَيْرَ مَنقُوصٍ ﴿١٠٩﴾ وَلَقَدْ ءَاتَيْنَا مُوسَى ٱلْكِتَٰبَ
فَٱخْتُلِفَ فِيهِ ۚ وَلَوْلَا كَلِمَةٌ سَبَقَتْ مِن رَّبِّكَ لَقُضِىَ بَيْنَهُمْ ۚ
وَإِنَّهُمْ لَفِى شَكٍّ مِّنْهُ مُرِيبٍ ﴿١١٠﴾ وَإِنَّ كُلًّا لَّمَّا لَيُوَفِّيَنَّهُمْ
رَبُّكَ أَعْمَٰلَهُمْ ۚ إِنَّهُۥ بِمَا يَعْمَلُونَ خَبِيرٌ ﴿١١١﴾ فَٱسْتَقِمْ كَمَآ
أُمِرْتَ وَمَن تَابَ مَعَكَ وَلَا تَطْغَوْا۟ ۚ إِنَّهُۥ بِمَا تَعْمَلُونَ
بَصِيرٌ ﴿١١٢﴾ وَلَا تَرْكَنُوٓا۟ إِلَى ٱلَّذِينَ ظَلَمُوا۟ فَتَمَسَّكُمُ ٱلنَّارُ
وَمَا لَكُم مِّن دُونِ ٱللَّهِ مِنْ أَوْلِيَآءَ ثُمَّ لَا تُنصَرُونَ ﴿١١٣﴾

keine Unterstützung erfahren. 114 Und verrichte das Gebet an beiden Enden des Tages und zu
Nachtzeiten. Die guten Taten vertreiben die
Missetaten. Das ist eine Erinnerung für die, die
(Gottes) gedenken. 115 Und sei geduldig. Gott
läßt den Lohn der Rechtsschaffenen nicht verlorengehen. 116 Wenn es doch unter den Generationen vor euch einen tugendhaften Rest von
Leuten gäbe, die verbieten, auf der Erde Unheil
zu stiften – abgesehen von einigen wenigen von
ihnen, die Wir gerettet haben! Diejenigen, die
Unrecht taten, folgten dem ihnen verliehenen
üppigen Leben und wurden Übeltäter. 117 Und
dein Herr hätte unmöglich Städte zu Unrecht
dem Verderben preisgegeben, während ihre Bewohner Besserung zeigten. 118 Und wenn dein
Herr gewollt hätte, hätte Er die Menschen zu
einer einzigen Gemeinschaft gemacht. Aber sie
sind noch uneins, 119 außer denen, derer sich
dein Herr erbarmt hat. Dazu hat Er sie erschaffen. Und so erfüllt sich der Spruch deines Herrn:
»Ich werde die Hölle mit den Djinn und den
Menschen allen füllen.«
120 Alles erzählen Wir dir von den Berichten
über die Gesandten, um dein Herz zu festigen.
Darin ist die Wahrheit zu dir gekommen, und
eine Ermahnung und Erinnerung für die Gläubigen. 121 Und sprich zu denen, die nicht glauben:
Handelt nach eurem Standpunkt, wir werden
(auch so) handeln. 122 Und wartet ab, wir war-

وَأَقِمِ ٱلصَّلَوٰةَ طَرَفَيِ ٱلنَّهَارِ وَزُلَفًا مِّنَ ٱلَّيْلِ ۚ إِنَّ ٱلْحَسَنَٰتِ
يُذْهِبْنَ ٱلسَّيِّـَٔاتِ ۚ ذَٰلِكَ ذِكْرَىٰ لِلذَّٰكِرِينَ ﴿١١٤﴾ وَٱصْبِرْ فَإِنَّ
ٱللَّهَ لَا يُضِيعُ أَجْرَ ٱلْمُحْسِنِينَ ﴿١١٥﴾ فَلَوْلَا كَانَ مِنَ ٱلْقُرُونِ
مِن قَبْلِكُمْ أُو۟لُوا۟ بَقِيَّةٍ يَنْهَوْنَ عَنِ ٱلْفَسَادِ فِى ٱلْأَرْضِ
إِلَّا قَلِيلًا مِّمَّنْ أَنجَيْنَا مِنْهُمْ ۗ وَٱتَّبَعَ ٱلَّذِينَ ظَلَمُوا۟ مَآ أُتْرِفُوا۟
فِيهِ وَكَانُوا۟ مُجْرِمِينَ ﴿١١٦﴾ وَمَا كَانَ رَبُّكَ لِيُهْلِكَ ٱلْقُرَىٰ
بِظُلْمٍ وَأَهْلُهَا مُصْلِحُونَ ﴿١١٧﴾ وَلَوْ شَآءَ رَبُّكَ لَجَعَلَ
ٱلنَّاسَ أُمَّةً وَٰحِدَةً ۖ وَلَا يَزَالُونَ مُخْتَلِفِينَ ﴿١١٨﴾ إِلَّا مَن رَّحِمَ
رَبُّكَ ۚ وَلِذَٰلِكَ خَلَقَهُمْ ۗ وَتَمَّتْ كَلِمَةُ رَبِّكَ لَأَمْلَأَنَّ جَهَنَّمَ
مِنَ ٱلْجِنَّةِ وَٱلنَّاسِ أَجْمَعِينَ ﴿١١٩﴾ وَكُلًّا نَّقُصُّ عَلَيْكَ
مِنْ أَنۢبَآءِ ٱلرُّسُلِ مَا نُثَبِّتُ بِهِۦ فُؤَادَكَ ۚ وَجَآءَكَ فِى هَٰذِهِ
ٱلْحَقُّ وَمَوْعِظَةٌ وَذِكْرَىٰ لِلْمُؤْمِنِينَ ﴿١٢٠﴾ وَقُل لِّلَّذِينَ لَا
يُؤْمِنُونَ ٱعْمَلُوا۟ عَلَىٰ مَكَانَتِكُمْ إِنَّا عَٰمِلُونَ ﴿١٢١﴾ وَٱنتَظِرُوٓا۟

ten auch ab. 123 Und Gott gehört das Unsichtbare der Himmel und der Erde, und zu Ihm wird die ganze Angelegenheit zurückgebracht. So diene Ihm und vertraue auf Ihn. Und dein Herr läßt nicht unbeachtet, was ihr tut.

إِنَّا مُنتَظِرُونَ ﴿١٢٢﴾ وَلِلَّهِ غَيْبُ ٱلسَّمَـٰوَٰتِ وَٱلْأَرْضِ
وَإِلَيْهِ يُرْجَعُ ٱلْأَمْرُ كُلُّهُۥ فَٱعْبُدْهُ وَتَوَكَّلْ عَلَيْهِ ۚ وَمَا رَبُّكَ
بِغَـٰفِلٍ عَمَّا تَعْمَلُونَ ﴿١٢٣﴾

Varianten: 11,96–123

11,100: qā'imun wa ḥaṣīdun: qā'iman wa ḥaṣīdan (bei Ubayy, Djaʿfar al-Ṣādiq; nach Ibn Dharr).

11,101: aghnat: aghnā (bei Ibn Masʿūd).
allatī yadʿūna: allātī kānū yadʿūna; die sie anzurufen pflegten (bei Ibn Masʿūd).
djā'a amru: djā amru (nach Qālūn, al-Bazzī, Abū ʿAmr); djā'a mru (nach Warsh, Qunbul).
zādūhum: zādahum: und er brachte (bei Ibn Masʿūd).

11,102: wa kadhālika: kadhālika (bei Ibn Masʿūd).
akhdhu rabbika idhā: akhadha rabbuka idh: (bei Ṭalḥa; nach ʿĀṣim, al-Djaḥdarī); ukhdhu … (nach ʿĀṣim, al-Djaḥdarī nach einigen Gewährsmännern).
idhā: idh: als (Er … heimsuchte) (bei Ubayy, Ṭalḥa).
al-qurā: hinzugefügt: biẓulmin: zu Unrecht (bei Mudjāhid)
wahiya: wahya (nach Qālūn, Abū ʿAmr).

11,104: wamā nu'akhkhiruhū: wamā nuwakhkhiruhū (nach Warsh); yu'akhkhiruhum: Er stellt sie zurück (bei al-Rabīʿ ibn Khuthaym); yu'akhkhiruhū: Er stellt ihn zurück (laut Zamakhsharī II, S. 429).

11,105: ya'ti: ya'tūna: da sie kommen (bei Ibn Masʿūd, Ubayy nach einigen Gewährsmännern, al-Aʿmash); ya'tī (bei Ibn Masʿūd nach einigen Gewährsmänner, Ubayy; nach Nāfiʿ, Kisā'ī, Ibn Kathīr, Qālūn).
walā takallamu: walā ttakallamu (nach al-Bazzī).
nafsun: dābbatun minhum: kein Tier von ihnen (wird sprechen) (bei Ubayy nach einigen Gewährsmännern; nach Abū Dharr).

11,108: suʿidū: saʿidū (nach den Rezitatoren außer al-Aʿmash; Ḥamza, Kisā'ī, Ḥafṣ).

11,111: wa inna kullan llammā: wa in kullan llamā (nach Nāfiʿ, Ibn Kathīr); wa in kullan lammā (nach Shuʿba); wa in kullun illā (nach Ibn Masʿūd, Ubayy und al-Aʿmash nach einigen Gewährsmännern; nach Ḥasan al-Baṣrī, Abān); wa in kullun lammā (bei Ubayy nach einigen Gewährsmännern, al-Aʿmash, al-Rabīʿ ibn Khuthaym; anch Ibn Qays, Abū Midjlaz); wa in min kullin illā (bei Ubayy nach einigen Gewährsmännern); wa inna kullan lamman: allen zusammen … (nach al-Zuhrī, Sulaymān ibn Arqam).
layuwaffiyannahum: layuffīhim (bei Ubayy); layuffiyanna (bei al-Rabīʿ ibn Khuthaym; nach Ibn Qays, Abū Midjlaz).
rabbuka aʿmālahum: aʿmālahum rabbuka (bei Ubayy).

11,113: walā tarkanū ilā lladhīna ẓalamū fatamassakumu l-nāru: walā takūnū maʿa lladhīna ẓalamū fatamāssakumu l-nāru (bei Ubayy; nach Ibn Qays).

tarkanū: turkinū (nach Ibn Abī ʿAbla).
fatamassakum: fatimassakum (laut Zamakhsharī II, S. 433).
tunṣarūna: tunṣarū (bei Ibn Masʿūd; al-Rabīʿ ibn Khuthaym; nach Zayd ibn ʿAlī).

11,114: wa zulafan: wa zulfā (bei Mudjāhid); wa zulfan (bei Mudjāhid nach einigen Gewährsmänner; nach Ibn Muḥayṣin); zalufan (nach al-Qaʿqāʿ, Ibn Abī Isḥāq).

11,116: baqiyyatin: buqyatin (laut Zamakhsharī II, S. 437); taqiyyatin: Furcht (bei Ibn Masʿūd, Ubayy); baqiyyatin wa aḥlāmin: tugenhafte und vernünftige Leute (bei Ubayy nach einigen Gewährsmännern).
wa ttabaʿa: wa utbiʿa (bei Djaʿfar al-Ṣādiq; nach al-Ḍaḥḥāk, ʿĪsā al-Thaqafī, Abū ʿAmr).

11,121: makānatikum: makānātikum: nach euren Standpunkten (nach Shuʿba).

11,123: yurdjaʿu: yardjiʿu: geht zurück (nach den Rezitatoren außer Nāfiʿ, Ḥafṣ).
taʿmalūna: yaʿmalūna: (was) sie tun (nach den Rezitatoren außer Nāfiʿ, Ḥafṣ).

11,96(99): **Und Wir sandten Mose mit unseren Zeichen:** → 7,103; → 4,153.

und einer offenkundigen Ermächtigung: → 4,153. Die Zeichen sind hier Wunder und die Ermächtigung die Kraft, solche Wunder zu wirken. Oder mit den Zeichen sind die Tora und die Rechtsbestimmungen und mit der Ermächtigung die großen Wunder gemeint.

11,97(99): **zu Pharao und seinen Vornehmen:** → 7,103.

Diese folgten dem Befehl des Pharao; der Befehl des Pharao war aber nicht richtig: → 11,59. Pharao hat im bezug auf Mose und dessen Anliegen nicht die richtigen Entscheidungen getroffen. Deswegen ist sein Volk in die Irre gegangen, und es wird – wie der nächste Vers deutlich macht – auch im Jenseits die Strafe erleiden müssen.
Das Wort *amr* kann auch mit Angelegenheit bzw. Weg übersetzt werden.

11,98(100): **Er wird seinem Volk am Tag der Auferstehung vorangehen. Er führt sie wie zur Tränke ins Feuer hinab – welch schlimme Tränke, zu der sie hinabgeführt werden!:** wörtlich: Er hat sie geführt …: Die Sache ist ja bereits unverrückbar entschieden. Vgl. 19,71.86; 21,98.99.

11,99(101): **Und der Fluch verfolgte sie im Diesseits und (so auch) am Tag der Auferstehung:** → 11,60.

welch schlimmes Geschenk, das ihnen geschenkt wird!: oder: zusätzliche Gabe, die ihnen geschenkt wird, d. h. der Fluch im Jenseits nach dem diesseitgen Fluch (so Qatāda).

11,100(102): **Dies gehört zu den Berichten über die Städte; Wir erzählen es dir:** → 6,34; 40,78.

Einige von ihnen stehen noch, andere sind abgemäht: → 10,24.

11,101(103): **Nicht Wir haben ihnen Unrecht getan, sondern sie haben sich selbst Unrecht getan:** → 9,70. Das Strafgericht Gottes traf sie nicht zu

Unrecht, sie haben es durch ihren Unglauben und Ungehorsam selbst heraufbeschworen und somit auch ihren Anteil an den diesseitigen Gütern frühzeitig verloren[1].

Ihre Götter, die sie anstelle Gottes anrufen, haben ihnen nichts genützt: → 3,10; siehe 45,10; – 53,26.

als der Befehl deines Herrn eintraf: → 11,40.

und sie brachten ihnen nur noch ein größeres Verderben: Verderben und/oder Verlust[2]; → 11,63.

11,102(104): **So ist die Art deines Herrn heimzusuchen, wenn Er die Städte heimsucht, während sie Unrecht tun:** → 4,75; → 8,54; 17,16; 23,41; 28,40.58.

Seine Heimsuchung ist schmerzhaft und hart: ähnlich in 54,42; 69,10; 73,16.

11,103(105): **Darin ist ein Zeichen für den, der die Pein des Jenseits fürchtet:** siehe 15,75–77; 26,67.121.139.158.174.190; 27,52.

Das ist ein Tag, auf den die Menschen versammelt werden: → 3,9.

Das ist ein Tag, den sie alle erleben werden: wörtlich: an dem sie alle zugegen sein werden. Siehe 17,78; 19,37; 85,3.

11,104(106): **Und Wir stellen ihn nur für eine bestimmte Frist zurück:** *ihn:* den Tag. → 7,34; – 11,8; 14,10; 39,53; 71,4.

11,105(107): **Am Tag, da er eintrifft:** die Kommentatoren haben hier mehrere Übersetzungsmöglichkeiten angegeben: *er:* der Tag des Gerichtes[3]; oder es: das Strafgericht[4], oder sie: die Frist (im Vers 11,104)[5], oder Er: Gott[6].

1. Vgl. Rāzī IX, 18, S. 57.
2. Vgl. Manār XII, S. 155; siehe auch Zamakhsharī II, S. 427; Rāzī IX, 18, S. 58.
3. So Manār XII, S. 158; auch eine Option bei Zamakhsharī II, S. 429. Stylistisch (Am Tag, da der Tag eintrifft) findet sich eine Parallele in 64,9: »Am Tag, da Er euch zum Tag der Versammlung versammelt.«
4. So Rāzī IX, 18, S. 61.
5. So Ṭabāṭabā'ī XI, S. 9.
6. So Zamakhsharī II, S. 429.

wird niemand sprechen, außer mit seiner Erlaubnis: ähnlich in 20,108–109; 36,65; 77,35–36; 78,38.

Einige von ihnen werden dann unglücklich und andere selig sein: ähnlich in 42,7.

11,106(108): **Diejenigen, die unglücklich sind, werden dann im Feuer sein; darin werden sie seufzen und schluchzen:** seufzen: auch in 21,100; 25,12; schluchzen: 67,7.

11,107(109): **und sie werden darin ewig weilen, solange die Himmel und die Erde währen:** → 2,162; → 2,25.

außer was dein Herr will: → 6,128. Muslimische Autoren sehen in diesem Halbsatz einen Hinweis darauf, daß die Sünder, die in der Treue zum Glauben sterben, durch die Barmherzigkeit Gottes dem ewigen Feuer entrinnen werden.

Dein Herr tut ja, was Er will: 85,16; → 2,253.

11,108(110): **Diejenigen, die selig sind, werden im Paradies sein; darin werden sie ewig weilen, solange die Himmel und die Erde währen:** → 11,107; ewig weilen: → 2,39.

außer was dein Herr will: Es bedeutet wohl nicht, daß Gott die Bewohner des Paradieses vertreibt, sondern daß er sie in höhere Rangstufen einweist; → 9,72.

als Gabe, die nicht verringert wird: die nicht unterbrochen, nicht abgebrochen wird; wörtlich: die nicht abgeschnitten wird.

11,109(111): **So sei nicht über das, was diese da verehren, im Zweifel:** → 2,147.

Sie verehren nur, wie ihre Väter zuvor verehrt haben: → 2,170.

Und Wir werden ihnen ihren Anteil unverkürzt erstatten: → 3,57; ihren Anteil an der Pein, oder an den vergänglichen Gütern des Diesseits.

11,110(112): **Und Wir ließen dem Mose das Buch zukommen. Da wurden sie darüber uneins:** → 2,176; 2,213. Dies soll als Beispiel gelten für das

Handeln Gottes und die Haltung der Menschen sein. Damals wurde Mose die Tora gegeben; aber die Menschen gerieten darüber in Zweifel, wurden darüber uneins und verweigerten den Glauben an die Tora und das Gesetz Gottes.

Und gäbe es nicht einen früher ergangenen Spruch von deinem Herrn, so wäre zwischen ihnen entschieden worden: → 10,19. Wenn Gott nicht die Pein oder die Entscheidung über die Streitpunkte zurückgestellt hätte …
zwischen ihnen: den Juden oder dem Volk Muḥammads.

Und sie sind darüber in einem starken Zweifel: darüber: über das Buch (die Tora) oder über ihn, den Koran[7].

11,111(113): **Und allen wird dein Herr bestimmt ihre Taten voll vergelten:** → 2,272.

Er hat Kenntnis von dem, was sie tun: → 2,234.

11,112(114): **So verhalte dich recht, wie dir befohlen wurde, du und diejenigen, die mit dir umkehren, und zeigt kein Übermaß an Frevel:** Hier wird von Muḥammad und den Muslimen rechtes Verhalten im Glauben und in den Taten gefordert.

Er sieht wohl, was ihr tut: → 2,96.

11,113(115): **Und sucht nicht Stütze bei denen, die Unrecht tun, sonst erfaßt euch das Feuer:** ähnlich in 17,74–75.

Dann werdet ihr keine Freunde haben außer Gott: → 11,20.

und dann werdet ihr keine Unterstützung finden: → 3,111.

11,114(116): **Und verrichte das Gebet an beiden Enden des Tages:** auch in 20,130; 50,39: in diesem Vers wird klargestellt, daß es sich um die Zeit vor Sonnenaufgang und vor Sonnenuntergang handelt.

und zu Nachtzeiten: 50,39; → 3,113.

Die guten Taten vertreiben die Missetaten: Die guten Taten sind die fünf

7. Vgl. Rāzī IX, 18, S. 70.

Pflichtgebete (so Ibn ʿAbbās) oder der Lobpreis Gottes und manche Gebetsformeln, aber auch das rechte Handeln und vor allem der Glaube. Muslimische Theologen berufen sich auf diesen Satz, um festzustellen, daß der Glaube den Unglauben und damit auch die ewige Pein vertreibt[8].

Das ist eine Erinnerung für die, die (Gottes) gedenken: Sie sollen sich an das rechte Verhalten und an die Pflicht, das Gebet zu verrichten, erinnern, sowie an die Früchte und Verheißungen, die mit dem Gebet zusammenhängen (11,112–114).

11,115(117): **Und sei geduldig:** Es geht allgemein um die Geduld, oder um das Ausharren im Gebet (20,132).

Gott läßt den Lohn der Rechtschaffenen nicht verlorengehen: → 7,170; → 3,171; → 2,143.

11,116(118): **Wenn es doch unter den Generationen vor euch einen tugendhaften Rest von Leuten gäbe, die verbieten, auf der Erde Unheil zu stiften:** → 2,11.

abgesehen von einigen wenigen von ihnen, die Wir gerettet haben!: → 10,103.

Diejenigen, die Unrecht taten, folgten dem ihnen verliehenen üppigen Leben und wurden Übeltäter: Zum üppigen Leben siehe 21,13; – 23,33.64; 34,34; 43,23; 56,45.

11,117(119): **Und dein Herr hätte unmöglich Städte zu Unrecht dem Verderben preisgegeben, während ihre Bewohner Besserung zeigten:** → 6,131; Besserung zeigen: → 2,11.

zu Unrecht: oder: wegen des Unrechts; (das sie taten).

11,118(120): **Und wenn dein Herr gewollt hätte, hätte Er die Menschen zu einer einzigen Gemeinschaft gemacht. Aber sie sind noch uneins:** → 5,48; → 6,35; – → 2,213.

11,119(120): **außer denen, derer sich dein Herr erbarmt hat. Dazu hat Er sie erschaffen:** daß sie Gegenstand seiner Barmherzigkeit werden (so Ibn ʿAb-

8. Vgl. Rāzī IX, 18, S. 76.

bās, Mudjāhid, ʿIkrima, Qatāda, al-Ḍaḥḥāk, sowie die Muʿtaziliten), oder daß sie die Entscheidungsfreiheit erhalten und uneins werden können (so Ḥasan al-Baṣrī, Muqātil, ʿAṭāʾ, so auch Zamakhsharī), oder daß die einen uneins werden und die anderen Erbarmen finden[9].

Und so erfüllt sich der Spruch deines Herrn: → 6,115.

»Ich werde die Hölle mit den Djinn und den Menschen allen füllen«: → 7,18.

11,120(121): **Alles erzählen Wir dir von den Berichten über die Gesandten:** → 6,34.

um dein Herz zu festigen: Das Beispiel des früheren Propheten soll Muḥammad trösten und stärken, damit er seine Botschaft ausrichtet und die damit verbundenen Schwierigkeiten mit Geduld erträgt.

Darin ist die Wahrheit zu dir gekommen, und eine Ermahnung und Erinnerung für die Gläubigen: → 10,57. Darin: in dieser Sure oder in diesen Berichten.

11,121(122): **Und sprich zu denen, die nicht glauben: Handelt nach eurem Standpunkt, wir werden (auch so) handeln:** → 6,135.

11,122(122): **Und wartet ab, wir warten auch ab:** → 6,158. Beide Sätze in 11,121–122 sind bereits in → 11,93 zu lesen.

11,123(123): **Und Gott gehört das Unsichtbare der Himmel und der Erde:** → 2,33.

und zu Ihm wird die ganze Angelegenheit zurückgebracht: → 2,210.

So diene Ihm und vertraue auf Ihn. Und dein Herr läßt nicht unbeachtet, was ihr tut: zum letzten Satz → 2,74.

9. Vgl. Zamakhsharī II, S. 438; Rāzī IX, 18, S. 80–81; Qurṭubī V, 9, S. 101; Manār XII, S. 194.

(١٢) سُورَةُ يُوسُفَ مَكِّيَّةٌ
وَآيَاتُهَا إِحْدَى عَشْرَةَ وَمِائَةٌ

Sure 12

Joseh (Yūsuf)

zu Mekka, 111 Verse

12,1–111

Sure 12

Joseh (Yūsuf)

zu Mekka, 111 Verse

Allgemeine Fragen

Bezeichnung

Die Sure 12 heißt Josef, nach dem Namen des Sohnes Jakobs, der bereits in Vers 4 erwähnt wird und dessen Geschichte sich fast auf die gesamte Sure erstreckt.

Datierung

Die Sure 12 gehört in die dritte mekkanische Periode, und zwar nach der Sure 11: Hūd. Muslimische Kommentatoren bestätigen nach Ibn ʿAbbās und Qatāda, daß die Verse 1–3 (die als Einleitung dienen) und der Vers 7 (ein Einschub) in die medinische Zeit zu datieren sind.

Struktur und Inhalt

Die Sure besteht, nach der kurzen Einführung (12,1–3), in iher Gesamtheit aus der Geschichte von Josef (12,14–101) und den Schlußfolgerungen an die Adresse der Mekkaner, die zur Annahme des Glaubens an Muḥammad und seine Botschaft aufgefordert werden (12,102–111).

Die Geschichte verläuft im großen und ganzen parallel zu den Angaben der *Bibel,* Gen, Kapitel 37, 39 bis 45. Parallele Stellen in der jüdischen religiösen Literatur werden im Kommentar angegeben.

Anders als die Geschichten der übrigen Propheten wird die Geschichte Josefs nur in dieser Sure erzählt. Außerdem wird Josef an zwei weiteren Stellen genannt: 6,84; 40,34.

12,1–111

12,1–21

Im Namen Gottes, des Erbarmers, des Barmherzigen.
1 Alif Lām Rā. Dies sind die Zeichen des deutlichen Buches. 2 Wir haben es als einen arabischen Koran hinabgesandt, auf daß ihr verständig werdet. 3 Wir erzählen dir die schönste
Erzählung dadurch, daß Wir dir diesen Koran
offenbart haben. Du warst vordem einer von denen, die (davon) keine Ahnung hatten.
4 Als Josef zu seinem Vater sagte: »O mein Vater, ich sah elf Sterne und die Sonne und den
Mond, ich sah sie vor mir niederfallen.« 5 Er
sagte: »O mein Sohn, erzähle von deinem
Traumgesicht nicht deinen Brüdern, sonst werden sie eine List gegen dich ausführen. Der
Satan ist den Menschen ein offenkundiger Feind.
6 Und so wird dein Herr dich erwählen und dich
etwas von der Deutung der Geschichten lehren
und seine Gnade an dir und an der Sippe Jakobs
vollenden, wie Er sie vorher an deinen beiden
Vätern Abraham und Isaak vollendet hat. Dein
Herr weiß Bescheid und ist weise.«
[24½] *7 Siehe, in Josef und seinen Brüdern sind Zeichen für die, die (nach der Wahrheit) fragen.
8 Als sie sagten: »Josef und sein Bruder sind unserem Vater bestimmt lieber als wir, obwohl wir
eine (beachtliche) Gruppe sind. Unser Vater be-

بِسۡمِ ٱللَّهِ ٱلرَّحۡمَٰنِ ٱلرَّحِيمِ

الٓر ۚ تِلۡكَ ءَايَٰتُ ٱلۡكِتَٰبِ ٱلۡمُبِينِ ﴿١﴾ إِنَّآ أَنزَلۡنَٰهُ
قُرۡءَٰنًا عَرَبِيًّا لَّعَلَّكُمۡ تَعۡقِلُونَ ﴿٢﴾ نَحۡنُ نَقُصُّ عَلَيۡكَ
أَحۡسَنَ ٱلۡقَصَصِ بِمَآ أَوۡحَيۡنَآ إِلَيۡكَ هَٰذَا ٱلۡقُرۡءَانَ وَإِن
كُنتَ مِن قَبۡلِهِۦ لَمِنَ ٱلۡغَٰفِلِينَ ﴿٣﴾ إِذۡ قَالَ يُوسُفُ
لِأَبِيهِ يَٰٓأَبَتِ إِنِّي رَأَيۡتُ أَحَدَ عَشَرَ كَوۡكَبًا وَٱلشَّمۡسَ
وَٱلۡقَمَرَ رَأَيۡتُهُمۡ لِي سَٰجِدِينَ ﴿٤﴾ قَالَ يَٰبُنَيَّ لَا تَقۡصُصۡ
رُءۡيَاكَ عَلَىٰٓ إِخۡوَتِكَ فَيَكِيدُواْ لَكَ كَيۡدًا ۖ إِنَّ ٱلشَّيۡطَٰنَ
لِلۡإِنسَٰنِ عَدُوٌّ مُّبِينٌ ﴿٥﴾ وَكَذَٰلِكَ يَجۡتَبِيكَ رَبُّكَ وَيُعَلِّمُكَ
مِن تَأۡوِيلِ ٱلۡأَحَادِيثِ وَيُتِمُّ نِعۡمَتَهُۥ عَلَيۡكَ وَعَلَىٰٓ ءَالِ
يَعۡقُوبَ كَمَآ أَتَمَّهَا عَلَىٰٓ أَبَوَيۡكَ مِن قَبۡلُ إِبۡرَٰهِيمَ وَإِسۡحَٰقَ ۚ
إِنَّ رَبَّكَ عَلِيمٌ حَكِيمٌ ﴿٦﴾ * لَّقَدۡ كَانَ فِي يُوسُفَ
وَإِخۡوَتِهِۦٓ ءَايَٰتٌ لِّلسَّآئِلِينَ ﴿٧﴾ إِذۡ قَالُواْ لَيُوسُفُ
وَأَخُوهُ أَحَبُّ إِلَىٰٓ أَبِينَا مِنَّا وَنَحۡنُ عُصۡبَةٌ إِنَّ أَبَانَا لَفِي

findet sich in einem offenkundigen Irrtum. 9 Tötet Josef oder werft ihn ins Land hinaus, so wird
das Gesicht eures Vaters nur noch auf euch
schauen, und danach werdet ihr Leute sein, die
rechtschaffen sind.« 10 Ein Sprecher unter ihnen
sagte: »Tötet Josef nicht, werft ihn (lieber) in die
verborgene Tiefe der Zisterne, dann wird ihn
schon der eine oder andere Reisende aufnehmen,
wenn ihr doch etwas tun wollt.« 11 Sie sagten:
»O unser Vater, warum vertraust du uns Josef
nicht an? Wir werden ihm sicher gut raten.
12 Schick ihn morgen mit uns, daß er sich frei
bewege und spiele. Wir werden ihn sicher behüten.« 13 Er sagte: »Es macht mich traurig, daß
ihr ihn mitnehmen wollt. Und ich fürchte daß
ihn der Wolf frißt, während ihr nicht auf ihn
achtgebt.« 14 Sie sagten: »Sollte ihn der Wolf
fressen, wo wir doch eine (beachtliche) Gruppe
sind, dann werden wir gewiß Verlust davon tragen.« 15 Als sie ihn mitnahmen und übereinkamen, ihn in die verborgene Tiefe der Zisterne
hinunterzulassen ... – Und Wir offenbarten
ihm: »Du wirst ihnen noch das, was sie hier getan haben, kundtun, ohne daß sie es merken.«
16 Und am Abend kamen sie weinend zu ihrem
Vater. 17 Sie sagten: »O unser Vater, wir gingen,
um einen Wettlauf zu machen, und ließen Josef
bei unseren Sachen zurück. Da fraß ihn der
Wolf. Du glaubst uns wohl nicht, auch wenn

ضَلَٰلٖ مُّبِينٍ ﴿٨﴾ ٱقۡتُلُواْ يُوسُفَ أَوِ ٱطۡرَحُوهُ أَرۡضٗا يَخۡلُ
لَكُمۡ وَجۡهُ أَبِيكُمۡ وَتَكُونُواْ مِنۢ بَعۡدِهِۦ قَوۡمٗا صَٰلِحِينَ ﴿٩﴾
قَالَ قَآئِلٞ مِّنۡهُمۡ لَا تَقۡتُلُواْ يُوسُفَ وَأَلۡقُوهُ فِي غَيَٰبَتِ
ٱلۡجُبِّ يَلۡتَقِطۡهُ بَعۡضُ ٱلسَّيَّارَةِ إِن كُنتُمۡ فَٰعِلِينَ ﴿١٠﴾
قَالُواْ يَٰٓأَبَانَا مَا لَكَ لَا تَأۡمَ۬نَّا عَلَىٰ يُوسُفَ وَإِنَّا لَهُۥ
لَنَٰصِحُونَ ﴿١١﴾ أَرۡسِلۡهُ مَعَنَا غَدٗا يَرۡتَعۡ وَيَلۡعَبۡ وَإِنَّا لَهُۥ
لَحَٰفِظُونَ ﴿١٢﴾ قَالَ إِنِّي لَيَحۡزُنُنِيٓ أَن تَذۡهَبُواْ بِهِۦ وَأَخَافُ
أَن يَأۡكُلَهُ ٱلذِّئۡبُ وَأَنتُمۡ عَنۡهُ غَٰفِلُونَ ﴿١٣﴾ قَالُواْ لَئِنۡ أَكَلَهُ
ٱلذِّئۡبُ وَنَحۡنُ عُصۡبَةٌ إِنَّآ إِذٗا لَّخَٰسِرُونَ ﴿١٤﴾ فَلَمَّا ذَهَبُواْ
بِهِۦ وَأَجۡمَعُوٓاْ أَن يَجۡعَلُوهُ فِي غَيَٰبَتِ ٱلۡجُبِّۚ وَأَوۡحَيۡنَآ إِلَيۡهِ
لَتُنَبِّئَنَّهُم بِأَمۡرِهِمۡ هَٰذَا وَهُمۡ لَا يَشۡعُرُونَ ﴿١٥﴾ وَجَآءُوٓ أَبَاهُمۡ
عِشَآءٗ يَبۡكُونَ ﴿١٦﴾ قَالُواْ يَٰٓأَبَانَآ إِنَّا ذَهَبۡنَا نَسۡتَبِقُ وَتَرَكۡنَا
يُوسُفَ عِندَ مَتَٰعِنَا فَأَكَلَهُ ٱلذِّئۡبُۖ وَمَآ أَنتَ بِمُؤۡمِنٖ لَّنَا

wir die Wahrheit sagen.« 18 Sie trugen auf sein Hemd falsches Blut auf. Er sagte: »Nein, eure Seele hat euch etwas eingeredet. (Es gilt) schöne Geduld (zu üben). Gott ist der, der um Hilfe gebeten wird gegen das, was ihr beschreibt.« 19 Reisende kamen vorbei. Sie schickten ihren Wasserschöpfer, und er ließ seinen Eimer hinunter. Er sagte: »O gute Nachricht! Da ist ein Junge.« Sie versteckten ihn als Ware. Und Gott wußte wohl, was sie taten. 20 Und sie verkauften ihn für einen zu niedrigen Preis, einige gezählte Drachmen. Und sie übten Verzicht in bezug auf ihn. 21 Und derjenige aus Ägypten, der ihn gekauft hatte, sagte zu seiner Frau: »Bereite ihm eine freundliche Bleibe. Möge er uns Nutzen bringen, oder vielleicht nehmen wir ihn als Kind an.« Und Wir gaben dem Josef eine angesehene Stellung im Land. Und Wir wollten ihn die Deutung der Geschichten lehren. Und Gott ist in seiner Angelegenheit überlegen. Aber die meisten Menschen wissen nicht Bescheid.

وَلَوْ كُنَّا صَٰدِقِينَ ﴿١٧﴾ وَجَآءُو عَلَىٰ قَمِيصِهِۦ بِدَمٍ كَذِبٍ ۚ
قَالَ بَلْ سَوَّلَتْ لَكُمْ أَنفُسُكُمْ أَمْرًا ۖ فَصَبْرٌ جَمِيلٌ ۖ
وَٱللَّهُ ٱلْمُسْتَعَانُ عَلَىٰ مَا تَصِفُونَ ﴿١٨﴾ وَجَآءَتْ سَيَّارَةٌ
فَأَرْسَلُوا۟ وَارِدَهُمْ فَأَدْلَىٰ دَلْوَهُۥ ۖ قَالَ يَٰبُشْرَىٰ هَٰذَا غُلَٰمٌ ۚ
وَأَسَرُّوهُ بِضَٰعَةً ۚ وَٱللَّهُ عَلِيمٌۢ بِمَا يَعْمَلُونَ ﴿١٩﴾ وَشَرَوْهُ بِثَمَنٍۭ
بَخْسٍ دَرَٰهِمَ مَعْدُودَةٍ وَكَانُوا۟ فِيهِ مِنَ ٱلزَّٰهِدِينَ ﴿٢٠﴾
وَقَالَ ٱلَّذِى ٱشْتَرَىٰهُ مِن مِّصْرَ لِٱمْرَأَتِهِۦٓ أَكْرِمِى مَثْوَىٰهُ
عَسَىٰٓ أَن يَنفَعَنَآ أَوْ نَتَّخِذَهُۥ وَلَدًا ۚ وَكَذَٰلِكَ مَكَّنَّا لِيُوسُفَ
فِى ٱلْأَرْضِ وَلِنُعَلِّمَهُۥ مِن تَأْوِيلِ ٱلْأَحَادِيثِ ۚ وَٱللَّهُ غَالِبٌ
عَلَىٰٓ أَمْرِهِۦ وَلَٰكِنَّ أَكْثَرَ ٱلنَّاسِ لَا يَعْلَمُونَ ﴿٢١﴾

Varianten: 12,1–21

12,2: qur'ānan: qurānan (nach Ibn Kathīr).
12,3: al-qur'āna: al-qurāna (nach Ibn Kathīr).
12,4: yūsufu: yūsifu, yūsafu (laut Zamakhsharī II, S. 441); yu'sifu (bei Ṭalḥa); yu'safu (nach Abū Zayd).
yā abati: yā abata (nach Abū Djaʿfar, Ibn ʿĀmir).
innī: inniya (laut Zamakhsharī II, S. 443).
12,5: yā bunayya: yā bunayyi (nach den Rezitatoren außer Ḥafṣ).
ru'yāka: rūyāka (nach al-Sūsī); ruyyāka, riyyāka (laut Zamakhsharī II, S. 444).
12,6: wa kadhālika: kadhālika (bei Ubayy).
12,7: āyātun: āyatun: ein Zeichen (bei Mudjāhid; nach Ibn Kathīr); ʿibratun: eine Lehre (bei Ubayy).
12,8: ʿuṣbatun: ʿuṣbatan (bei Ibn Masʿūd, ʿAlī ibn Abī Ṭālib).
12,10: minhum: hinzugefügt: waylakum: O weh euch, (tötet …) (bei Ibn Masʿūd).
lā taqtulū yūsufa: lā taqtulūhu: tötet ihn nicht (bei Ibn Masʿūd).
wa alqūhu: wa djʿalūhu: und stellt ihn (bei Ibn Masʿūd).
ghayābati: ghayābāti (plural) (nach Nāfiʿ); ghayyābāti (laut Zamakhsharī II, S. 447); ghaybati (bei Ubayy, Mudjāhid, al-Rabīʿ ibn Khuthaym; nach al-Djaḥdarī, Abū ʿAmr).
yaltaqiṭhu: taltaqiṭhu (bei Mudjāhid; nach Abū Radjā', Ḥasan al-Baṣrī, Qatāda).
12,11: ta'mannā: ta'manunā (bei Ubayy, al-Aʿmash, Ṭalḥa nach einigen Gewährsmännern, al Rabīʿ ibn Khuthaym; anch Ḥasan al-Baṣrī); ti'mannā (bei Ubayy anch einigen Gewährsmännern); tīmannā (bei al-Aʿmash nach einigen Gewährsmännern; nach Ibn Waththāb, Abū Razīn); ta'manunnā (bei Ṭalḥa).
12,12: yartaʿ wa yalʿab: yartaʿi wa yalʿab: daß er (das Vieh) weide und spiele (nach Nāfiʿ); yurtiʿ wa yalʿab: daß er weide und spiele (bei Ubayy, Mudjāhid; nach Qatāda, Abū Nahīk, Ibn Abī ʿAbla); yalhu wa yalʿab: daß er sich die Zeit vertreibe und spiele (bei al-Rabīʿ ibn Khuthaym); yartaʿi wa yalʿabu: daß er (das Vieh) weide und (dann) spielt er (nach al-ʿAlā' ibn Sayyāba); nartaʿi wa yalʿab: daß wir (das Vieh) weiden und er spiele (nach Ibn Kathīr); nartaʿī wa yalʿabu: daß wir (das Vieh) weiden und er spiele (bei Mudjāhid, Djaʿfar al-Ṣādiq; nach al-Aʿradj); nartaʿ wa nalʿab: daß wir uns frei bewegen und spielen (bei Abū ʿAmr, Ibn ʿĀmir); nartaʿi wa nalʿab: daß wir (das Vieh) weiden und spielen (nach al-Bazzī); nartaʿi wa nalʿabu: daß wir (das Vieh) weiden, und (dann) spielen wir (nach Qunbul); nalhu wa nalʿab: daß wir uns die Zeit vertreiben und spielen (bei Ibn Masʿūd).

12,13: layaḥzununī: layaḥzunnī (bei Ṭalḥa; nach Zayd ibn ʿAlī, Sulaymān al-Taymī); layaḥzununiya (nach Nāfiʿ, Ibn Kathīr); layuḥzinunī (nach Nāfiʿ).
al-dhiʾbu: al-dhību (nach Warsh, al-Sūsī, Kisāʾī).

12,14: al-dhiʾbu: al-dhību (nach Warsh, al-Sūsī, Kisāʾī).

12,15: ghayābati: ghayābāti (nach Nāfiʿ); ghaybati (bei Ubayy, Mudjāhid, al-Rabīʿ ibn Khuthaym; nach al-Djaḥdarī, Abū ʿAmr).
litunabbiʾahum: linunabbiʾahum: Wir werden ihnen kundtun (laut Zamakhsharī II, S. 450).

12,16: ʿishāʾan: ʿashiyyan (nach Ḥasan al-Baṣrī); ʿushan: blind (vom Weinen) (nach Ibn Djinnī).

12,17: nastabiqu: nantaḍilu: um einen Wettkampf zu machen (bei Ibn Masʿūd).
al-dhiʾbu: al-dhību (nach Warsh, al-Sūsī, Kisāʾī).

12,18: kadhibin: kadhiban: (sie trugen) lügnerisch (auf sein Hemd) (bei al-Rabīʿ ibn Khuthaym; nach Zayd ibn ʿAlī).
fa ṣabrun djamīlun: fa ṣabran djamīlan (bei Ibn Masʿūd, Ubayy, Anas ibn Mālik; nach ʿĪsā al-Thaqafī).

12,19: yā bushrā: yā bushrāya: o gute Nachricht für mich (nach Nāfiʿ); yā bushrayya: o gute Nachricht für mich (nach Ibn Abī Isḥāq); yā bushrī: o gute Nachricht für mich (nach Ḥasan al-Baṣrī).

Kommentar

Im Namen Gottes, des Erbarmers, des Barmherzigen: Zu diesem einführenden Satz siehe die Angaben im Band 1 dieses Koran-Kommentars (Gütersloh 1990): S. 84 (ob dieser Satz als Koranvers zu betrachten ist), S. 147–150 (Kommentierung des Inhalts); → 1,1.

12,1(1): **Alif Lām Rā. Dies sind die Zeichen des deutlichen Buches:** auch in 26,2; 28,2; – 15,1; 27,1; ähnlicher Ausdruck in 10,1; 13,1. Zur Deutung des Verses → 10,1.

12,2(2): **Wir haben es als einen arabischen Koran hinabgesandt:** auch in 43,3; zum Koran als arabisches Buch siehe auch 20,113; 39,28; 41,3; 42,7; 46,12; – 13,37; 16,103; 19,97; 26,195. Jeder Prophet wird gesandt, um die Botschaft in der Sprache seines Volkes auszurichten: 14,4.

auf daß ihr verständig werdet: → 2,73; → 2,44.

12,3(3): **Wir erzählen dir die schönste Erzählung dadurch, daß Wir dir diesen Koran offenbart haben:** Zum Erzählen siehe 18,13; → 4,164.

Du warst vordem einer von denen, die (davon) keine Ahnung hatten: ähnlich 42,52 (Du wußtest nicht, was das Buch und was der Glaube ist); keine Ahnung haben: → 6,156.

Nach der allgemeinen Einleitung wird nun auf die nachfolgende Geschichte von Josef hingewiesen.

12,4(4): **Als Josef zu seinem Vater sagte:** verkürzter Zeitsatz, → 2,30.

»O mein Vater, ich sah elf Sterne und die Sonne und den Mond, ich sah sie vor mir niederfallen«: Dieses Traumgesicht wird ähnlich in der *Bibel* erzählt: Gen 37,9.

12,5(5): **Er sagte: »O mein Sohn, erzähle von deinem Traumgesicht nicht deinen Brüdern, sonst werden sie eine List gegen dich ausführen:** In der *Bibel,* Gen 37,10, erzählt Josef seinen Traum seinem Vater und seinen Brüdern. Dort wird auch festgestellt, daß diese Brüder Josef haßten (Gen 37,4.8) und eifersüchtig auf ihn waren (Gen 37,11).

Der Satan ist den Menschen ein offenkundiger Feind: → 2,168. Die List der Brüder Josefs wird im Zusammenhang mit dem bösen Wirken des Teufels gesehen.

12,6(6): **Und so wird dein Herr dich erwählen und dich etwas von der Deutung der Geschichten lehren:** Man könnte eventuell auch übersetzen: dich den Ausgang der Ereignisse lehren[1]. Deutung: → 4,59. Die Erwählung beinhaltet die hohe Stellung oder die Verheißung der verschiedenen Güter des Diesseits und der Seligkeit des Jenseits im Sinne des Korans; vgl. 29,27. Ḥasan al-Baṣrī deutet die Erwählung als die Gabe der Prophetie.

und seine Gnade an dir und an der Sippe Jakobs vollenden: Diese Gnade ist wohl die Gabe der Prophetie; siehe dazu 29,27: Und Wir schenkten ihm (Abraham) Isaak und Jakob und ließen in seiner Nachkommenschaft die Prophetie und das Buch auftreten. Und Wir ließen ihm seinen Lohn im Diesseits zukommen. Und im Jenseits gehört er zu den Rechtschaffenen. Vgl. auch 57,26.

wie Er sie vorher an deinen beiden Vätern Abraham und Isaak vollendet hat: siehe die Ausführungen in → 11,71.

Dein Herr weiß Bescheid und ist weise«: → 2,32.

12,7(7): **Siehe, in Josef und seinen Brüdern sind Zeichen für die, die (nach der Wahrheit) fragen:** 41,10; vgl. 15,75. Es sind entweder ganz allgemein die Menschen, die für die Lehre der Ereignisse offen sind, oder speziell die Zeitgenossen Muḥammads, die aus der Geschichte von Josef und seinen Brüdern die Lehre ziehen und ihren Widerstand gegen Muḥammad aufgeben sollen: So wie Gott Josef die Oberhand verliehen hat, so wird er auch Muḥammad stärken und seine Sendung unterstützen.

12,8(8): **Als sie sagten:** sie: die Brüder Josefs. Verkürzter Zeitsatz, → 2,30.

»Josef und sein Bruder: Benjamin, sein Bruder aus seiner Mutter Rahel; vgl. die *Bibel*, Gen 30,24; 35,18; 35,24[2].

1. Vgl. Rāzī IX, 18, S. 92.
2. Die muslimischen Kommentatoren zählen die Kinder Abrahams nach ihren in der Bibel bekannten Namen: Gen 30,1–24; 35,18; 35,21–26; vgl. Zamakhsharī II, S. 445–446; Rāzī IX, 18, S. 93–94.

sind unserem Vater bestimmt lieber als wir, obwohl wir eine (beachtliche) Gruppe sind: vgl. in der *Bibel,* Gen 37,4.

Unser Vater befindet sich in einem offenkundigen Irrtum: in der Einschätzung der Geschäftslage, in der Verwaltung der Angelegenheiten der Sippe und in bezug auf die Stärke und Nützlichkeit seiner Söhne.

12,9(9): **Tötet Josef oder werft ihn ins Land hinaus, so wird das Gesicht eures Vaters nur noch auf euch schauen:** und nicht mehr allein auf Josef gerichtet sein; seine Liebe und Zuneigung wird dann wieder euch gehören.

und danach werdet ihr Leute sein, die rechtschaffen sind«: oder: deren Verhältnis (zu ihrem Vater) wieder in Ordnung ist; oder: deren Angelegenheiten wieder in Ordnung sind[3].

12,10(10): **Ein Sprecher unter ihnen sagte:** Das ist Ruben nach der *Bibel,* Gen 37,22.

»Tötet Josef nicht, werft ihn (lieber) in die verborgene Tiefe der Zisterne: vgl. Gen 37,22.

dann wird ihn schon der eine oder andere Reisende aufnehmen, wenn ihr doch etwas tun wollt«: Zum letzten Ausdruck siehe auch 15,71; 21,68; – 21,17. Dieser Satz legt eigentlich den Brüdern nahe, auf alle Gewaltanwendung zu verzichten.

12,11(11): **Sie sagten: »O unser Vater, warum vertraust du uns Josef nicht an? Wir werden ihm sicher gut raten:** Später in der Sure wird an diesen Satz erinnert: 12,63.

12,12(12): **Schick ihn morgen mit uns, daß er sich frei bewege und spiele. Wir werden ihn sicher behüten«:** ähnlicher Ausdruck später: 12,64.

12,13(13): **Er sagte: »Es macht mich traurig, daß ihr ihn mitnehmen wollt. Und ich fürchte, daß ihn der Wolf frißt, während ihr nicht auf ihn achtgebt«:** Während in der *Bibel,* Gen 37,12–17, Jakob seinen Sohn Josef zu dessen Brüdern schickt, ohne böse Ahnungen zu äußern, drückt hier Jakob

3. Vgl. Zamakhsharī II, S. 447; Rāzī IX, 18, S. 97; Qurṭubī V, 9, S. 117.

seine Befürchtungen aus und nimmt die böse Nachricht, die seine Söhne ihm bringen werden, vorweg.

12,14(14): **Sie sagten: »Sollte ihn der Wolf fressen, wo wir doch eine (beachtliche) Gruppe sind, dann werden wir gewiß Verlust davon tragen«:** damit würde sich unsere Ohnmacht und unsere Schwäche zeigen; → 7,90; 23,34.

12,15(15): **Als sie ihn mitnahmen und übereinkamen, ihn in die verborgene Tiefe der Zisterne hinunterzulassen ...:** Der Satz ist unvollendet, aber man kann ihn ohne Schwierigkeiten ergänzen, z. B.: da taten sie es.
Vgl. dazu die *Bibel*, Gen 37,23–24.

– Und Wir offenbarten ihm: dieser Satz ist als Einschub zu betrachten.

»Du wirst ihnen noch das, was sie hier getan haben, kundtun, ohne daß sie es merken«: siehe dazu 12,89. Zum letzten Ausdruck → 2,9.

12,16(16): **Und am Abend kamen sie weinend zu ihrem Vater:** zum folgenden vgl. in der *Bibel*, Gen 37,31–35.

12,17(17): **Sie sagten: »O unser Vater, wir gingen, um einen Wettlauf zu machen:** oder: Wettkampf im Werfen (so al-Zadjdjādj).

und ließen Josef bei unseren Sachen zurück. Da fraß ihn der Wolf. Du glaubst uns wohl nicht, auch wenn wir die Wahrheit sagen«: Die Brüder Josefs sind skeptisch in bezug auf die Wirkung ihrer Aussage.

12,18(18): **Sie trugen auf sein Hemd falsches Blut auf:** nicht Josefs Blut selbst.

Er sagte: »Nein, eure Seele hat euch etwas eingeredet: etwas anderes als das, was ihr erzählt; auch in 20,96; 47,25.

(Es gilt) schöne Geduld (zu üben): ohne Klage bzw. ohne Verzweiflung; auch in 12,83; 70,5.

Gott ist der, der um Hilfe gebeten wird gegen das, was ihr beschreibt«: um Hilfe gebeten wird: → 1,5.

12,19(19): **Reisende kamen vorbei:** vgl. in der *Bibel,* Gen 37,28.

Sie schickten ihren Wasserschöpfer, und er ließ seinen Eimer hinunter. Er sagte: »O gute Nachricht! Da ist ein Junge«: Hier unterscheidet sich die Erzählung des Korans von den Angaben der Bibel in einigen Einzelheiten[4].

Sie versteckten ihn als Ware: Es sind entweder der Wasserschöpfer und seine Leute, die Josef wie eine Ware zu verkaufen beabsichtigten, – oder die Brüder Josefs, die seine richtige Identität verheimlichten und ihn als Sklaven weggaben, als wäre er eine käufliche Ware.

Und Gott wußte wohl, was sie taten: → 2,283.

12,20(20): **Und sie verkauften ihn für einen zu niedrigen Preis:** vgl. in der *Bibel,* Gen 37,36. *sie:* die Brüder Josefs. Oder: sie kauften ihn, d. h. die Reisenden.

einige gezählte Drachmen: Das ist der geringe Preis, von dem die Rede war. Drachmen sind kleine Münzen, die nicht nach ihrem Gewicht gerechnet, sondern einfach gezählt wurden. Erst ab dem Wert von 40 Drachmen achtete man auf das Gewicht der Münzen[5].

Und sie übten Verzicht in bezug auf ihn: indem sie sich mit einem geringen Preis zufriedengaben.

12,21(21): **Und derjenige aus Ägypten, der ihn gekauft hatte:** vgl. in der *Bibel,* Gen 37,36; 39,3–4.

sagte zu seiner Frau: »Bereite ihm eine freundliche Bleibe: siehe auch 12,23; Bleibe: 47,19.

Möge er uns Nutzen bringen, oder vielleicht nehmen wir ihn als Kind an«: siehe in der *Bibel,* Gen 39,3–4 (Erfolge Josefs im Dienst seines Herrn).

Und Wir gaben dem Josef eine angesehene Stellung im Land: → 6,6.

Und Wir wollten ihn die Deutung der Geschichten lehren: bereits in → 12,6.

4. *yā bushrā:* O gute Nachricht, oder – nach einigen Kommentatoren –: O Buschrā (Personennamen). Qurṭubī (V, 9, S. 135) zitiert al-Naḥḥās, der diese Deutung als schwach beurteilt.
5. Vgl. Zamakhsharī II, S. 453; Rāzī IX, 18, S. 110; Qurṭubī V, 9, S. 138.

Und Gott ist in seiner Angelegenheit überlegen: in seiner eigenen, so daß niemand ihm Widerstand leisten kann; oder in der Angelegenheit Josefs, so daß seine Pläne unausweichlich zur Ausführung kommen.

Aber die meisten Menschen wissen nicht Bescheid: → 6,37.

12,22–42

22 Als er seine Vollkraft erreicht hatte, ließen
Wir ihm Urteilskraft und Wissen zukommen.
So entlohnen Wir die Rechtschaffenen. 23 Und
die, in deren Haus er war, versuchte, ihn zu verführen. Sie schloß die Türen ab und sagte:
»Komm her.« Er sagte: »Gott behüte! Er, mein
Besitzer, hat mir eine schöne Bleibe bereitet. Denen, die Unrecht tun, wird es sicher nicht wohl
ergehen.« 24 Sie hätte sich beinahe mit ihm eingelassen, und er hätte sich beinahe mit ihr eingelassen, hätte er nicht den Beweis seines Herrn
gesehen. Dies (geschah), damit Wir das Böse und
das Schändliche von ihm abwehrten. Er gehört ja
zu unseren auserwählten Dienern. 25 Sie suchten beide als erster die Tür zu erreichen. Sie zerriß ihm von hinten das Hemd. Sie trafen auf ihren Herrn bei der Tür. Sie sagte: »Der Lohn
dessen, der deiner Familie Böses antun wollte,
ist ja wohl das Gefängnis oder eine schmerzhafte
Pein.« 26 Er sagte: »Sie war es, die versucht hat,
mich zu verführen.« Und ein Zeuge aus ihrer
Familie bezeugte: »Wenn sein Hemd vorn
zerrissen ist, hat sie die Wahrheit gesagt, und er
ist einer von denen, die lügen. 27 Und wenn sein
Hemd hinten zerrissen ist, hat sie gelogen, und
er ist einer von denen, die die Wahrheit sagen.«
28 Als er nun sah, daß sein Hemd hinten zerris-

وَلَمَّا

بَلَغَ أَشُدَّهُۥٓ ءَاتَيْنَٰهُ حُكْمًا وَعِلْمًا ۚ وَكَذَٰلِكَ نَجْزِى

ٱلْمُحْسِنِينَ ﴿٢٢﴾ وَرَٰوَدَتْهُ ٱلَّتِى هُوَ فِى بَيْتِهَا عَن نَّفْسِهِۦ

وَغَلَّقَتِ ٱلْأَبْوَٰبَ وَقَالَتْ هَيْتَ لَكَ ۚ قَالَ مَعَاذَ ٱللَّهِ ۖ

إِنَّهُۥ رَبِّىٓ أَحْسَنَ مَثْوَاىَ ۖ إِنَّهُۥ لَا يُفْلِحُ ٱلظَّٰلِمُونَ ﴿٢٣﴾

وَلَقَدْ هَمَّتْ بِهِۦ ۖ وَهَمَّ بِهَا لَوْلَآ أَن رَّءَا بُرْهَٰنَ رَبِّهِۦ ۚ

كَذَٰلِكَ لِنَصْرِفَ عَنْهُ ٱلسُّوٓءَ وَٱلْفَحْشَآءَ ۚ إِنَّهُۥ مِنْ عِبَادِنَا

ٱلْمُخْلَصِينَ ﴿٢٤﴾ وَٱسْتَبَقَا ٱلْبَابَ وَقَدَّتْ قَمِيصَهُۥ مِن دُبُرٍ

وَأَلْفَيَا سَيِّدَهَا لَدَا ٱلْبَابِ ۚ قَالَتْ مَا جَزَآءُ مَنْ أَرَادَ بِأَهْلِكَ

سُوٓءًا إِلَّآ أَن يُسْجَنَ أَوْ عَذَابٌ أَلِيمٌ ﴿٢٥﴾ قَالَ هِىَ رَٰوَدَتْنِى

عَن نَّفْسِى ۚ وَشَهِدَ شَاهِدٌ مِّنْ أَهْلِهَآ إِن كَانَ قَمِيصُهُۥ قُدَّ

مِن قُبُلٍ فَصَدَقَتْ وَهُوَ مِنَ ٱلْكَٰذِبِينَ ﴿٢٦﴾ وَإِن كَانَ

قَمِيصُهُۥ قُدَّ مِن دُبُرٍ فَكَذَبَتْ وَهُوَ مِنَ ٱلصَّٰدِقِينَ ﴿٢٧﴾

فَلَمَّا رَءَا قَمِيصَهُۥ قُدَّ مِن دُبُرٍ قَالَ إِنَّهُۥ مِن كَيْدِكُنَّ ۖ

sen war, sagte er: »Das ist eine List von euch.
Eure List ist gewaltig. 29 Josef, wende dich davon
ab. Und (du), bitte um Vergebung für deine
Schuld. Du gehörst ja zu denen, die sich versün-
[24¾] digt haben.« *30 Nun sagten Frauen in der
Stadt: »Die Gemahlin des Hochmögenden versucht, ihren Knecht zu verführen. Er hat sie in
leidenschaftliche Liebe versetzt. Wir sehen, sie
befindet sich in einem offenkundigen Irrtum.«
31 Als sie von ihren Ränken hörte, schickte sie
zu ihnen und bereitete ihnen ein Gelage. Sie ließ
einer jeden von ihnen ein Messer geben und sagte (zu Josef): »Komm zu ihnen heraus.« Als sie
ihn sahen, fanden sie ihn außerordentlich, und
sie schnitten sich in die Hände und sagten: »Gott
bewahre! Das ist nicht ein Mensch. Das ist nur
ein edler Engel.« 32 Sie sagte: »Das ist der, dessentwegen ihr mich getadelt habt. Ich habe versucht, ihn zu verführen. Er aber hielt an seiner
Unschuld fest. Und wenn er nicht tut, was ich
ihm befehle, wird er bestimmt ins Gefängnis geworfen werden, und er wird zu denen gehören,
die erniedrigt werden.« 33 Er sagte: »Mein Herr,
mir ist das Gefängnis lieber als das, wozu sie
mich auffordern. Und wenn Du ihre List von
mir nicht abwehrst, werde ich mich zu ihnen
hingezogen fühlen und einer der Törichten
sein.« 34 Sein Herr erhörte ihn und wehrte ihre
List von ihm ab. Er ist es, der alles hört und weiß.

إِنَّ كَيْدَكُنَّ عَظِيمٌ ﴿٢٨﴾ يُوسُفُ أَعْرِضْ عَنْ هَٰذَا ۚ
وَٱسْتَغْفِرِى لِذَنۢبِكِ ۖ إِنَّكِ كُنتِ مِنَ ٱلْخَاطِـِٔينَ ﴿٢٩﴾
۞ وَقَالَ نِسْوَةٌ فِى ٱلْمَدِينَةِ ٱمْرَأَتُ ٱلْعَزِيزِ تُرَٰوِدُ فَتَىٰهَا عَن
نَّفْسِهِۦ ۖ قَدْ شَغَفَهَا حُبًّا ۖ إِنَّا لَنَرَىٰهَا فِى ضَلَٰلٍ مُّبِينٍ ﴿٣٠﴾
فَلَمَّا سَمِعَتْ بِمَكْرِهِنَّ أَرْسَلَتْ إِلَيْهِنَّ وَأَعْتَدَتْ لَهُنَّ
مُتَّكَـًٔا وَءَاتَتْ كُلَّ وَٰحِدَةٍ مِّنْهُنَّ سِكِّينًا وَقَالَتِ ٱخْرُجْ
عَلَيْهِنَّ ۖ فَلَمَّا رَأَيْنَهُۥٓ أَكْبَرْنَهُۥ وَقَطَّعْنَ أَيْدِيَهُنَّ وَقُلْنَ
حَٰشَ لِلَّهِ مَا هَٰذَا بَشَرًا إِنْ هَٰذَآ إِلَّا مَلَكٌ كَرِيمٌ ﴿٣١﴾
قَالَتْ فَذَٰلِكُنَّ ٱلَّذِى لُمْتُنَّنِى فِيهِ ۖ وَلَقَدْ رَٰوَدتُّهُۥ عَن
نَّفْسِهِۦ فَٱسْتَعْصَمَ ۖ وَلَئِن لَّمْ يَفْعَلْ مَآ ءَامُرُهُۥ لَيُسْجَنَنَّ
وَلَيَكُونًا مِّنَ ٱلصَّٰغِرِينَ ﴿٣٢﴾ قَالَ رَبِّ ٱلسِّجْنُ أَحَبُّ
إِلَىَّ مِمَّا يَدْعُونَنِىٓ إِلَيْهِ ۖ وَإِلَّا تَصْرِفْ عَنِّى كَيْدَهُنَّ أَصْبُ
إِلَيْهِنَّ وَأَكُن مِّنَ ٱلْجَٰهِلِينَ ﴿٣٣﴾ فَٱسْتَجَابَ لَهُۥ رَبُّهُۥ
فَصَرَفَ عَنْهُ كَيْدَهُنَّ ۚ إِنَّهُۥ هُوَ ٱلسَّمِيعُ ٱلْعَلِيمُ ﴿٣٤﴾

35 Dann, nachdem sie die Zeichen gesehen hatten, schien es ihnen angebracht, ihn eine Zeitlang ins Gefängnis zu werfen. 36 Mit ihm kamen zwei Knechte ins Gefängnis. Der eine von
ihnen sagte: »Ich sah mich Wein keltern.« Der
andere sagte: »Ich sah mich auf dem Kopf Brot
tragen, von dem die Vögel fraßen. So tu uns
kund, wie dies zu deuten ist. Wir sehen es, du
gehörst zu den Rechtschaffenen.« 37 Er sagte:
»Es wird euch das Essen, mit dem ihr versorgt
werdet, nicht gebracht, ohne daß ich euch kundgetan habe, wie es zu deuten ist, bevor es euch
gebracht wird. Das ist etwas von dem, was mich
mein Herr gelehrt hat. Verlassen habe ich die
Glaubensrichtung von Leuten, die nicht an Gott
glauben und das Jenseits verleugnen, 38 und ich
bin der Glaubensrichtung meiner Väter Abraham, Isaak und Jakob gefolgt. Wir dürfen Gott
nichts beigesellen. Das ist etwas von der Huld
Gottes zu uns und zu den Menschen. Aber die
meisten Menschen sind nicht dankbar. 39 O ihr
beiden Insassen des Gefängnisses! Sind verschiedene Herren besser, oder der eine Gott, der
bezwingende Macht besitzt? 40 Ihr dient außer
Ihm nur Namen, die ihr genannt habt, ihr und
eure Väter, für die aber Gott keine Ermächtigung
herabgesandt hat. Das Urteil gehört Gott allein.
Er hat befohlen, daß ihr nur Ihm dienen sollt.
Das ist die richtige Religion. Aber die meisten
Menschen wissen nicht Bescheid. 41 O ihr bei-

ثُمَّ بَدَا لَهُم مِّنۢ بَعۡدِ مَا رَأَوُاْ ٱلۡأٓيَٰتِ لَيَسۡجُنُنَّهُۥ حَتَّىٰ
حِينٖ ﴿٣٥﴾ وَدَخَلَ مَعَهُ ٱلسِّجۡنَ فَتَيَانِۖ قَالَ أَحَدُهُمَآ
إِنِّيٓ أَرَىٰنِيٓ أَعۡصِرُ خَمۡرٗاۖ وَقَالَ ٱلۡأٓخَرُ إِنِّيٓ أَرَىٰنِيٓ أَحۡمِلُ
فَوۡقَ رَأۡسِي خُبۡزٗا تَأۡكُلُ ٱلطَّيۡرُ مِنۡهُۖ نَبِّئۡنَا بِتَأۡوِيلِهِۦٓۖ
إِنَّا نَرَىٰكَ مِنَ ٱلۡمُحۡسِنِينَ ﴿٣٦﴾ قَالَ لَا يَأۡتِيكُمَا طَعَامٞ
تُرۡزَقَانِهِۦٓ إِلَّا نَبَّأۡتُكُمَا بِتَأۡوِيلِهِۦ قَبۡلَ أَن يَأۡتِيَكُمَاۚ
ذَٰلِكُمَا مِمَّا عَلَّمَنِي رَبِّيٓۚ إِنِّي تَرَكۡتُ مِلَّةَ قَوۡمٖ لَّا يُؤۡمِنُونَ بِٱللَّهِ
وَهُم بِٱلۡأٓخِرَةِ هُمۡ كَٰفِرُونَ ﴿٣٧﴾ وَٱتَّبَعۡتُ مِلَّةَ ءَابَآءِيٓ
إِبۡرَٰهِيمَ وَإِسۡحَٰقَ وَيَعۡقُوبَۚ مَا كَانَ لَنَآ أَن نُّشۡرِكَ بِٱللَّهِ
مِن شَيۡءٖۚ ذَٰلِكَ مِن فَضۡلِ ٱللَّهِ عَلَيۡنَا وَعَلَى ٱلنَّاسِ وَلَٰكِنَّ
أَكۡثَرَ ٱلنَّاسِ لَا يَشۡكُرُونَ ﴿٣٨﴾ يَٰصَٰحِبَيِ ٱلسِّجۡنِ ءَأَرۡبَابٞ
مُّتَفَرِّقُونَ خَيۡرٌ أَمِ ٱللَّهُ ٱلۡوَٰحِدُ ٱلۡقَهَّارُ ﴿٣٩﴾ مَا تَعۡبُدُونَ مِن
دُونِهِۦٓ إِلَّآ أَسۡمَآءٗ سَمَّيۡتُمُوهَآ أَنتُمۡ وَءَابَآؤُكُم مَّآ أَنزَلَ ٱللَّهُ
بِهَا مِن سُلۡطَٰنٍۚ إِنِ ٱلۡحُكۡمُ إِلَّا لِلَّهِۚ أَمَرَ أَلَّا تَعۡبُدُوٓاْ إِلَّآ
إِيَّاهُۚ ذَٰلِكَ ٱلدِّينُ ٱلۡقَيِّمُ وَلَٰكِنَّ أَكۡثَرَ ٱلنَّاسِ لَا يَعۡلَمُونَ ﴿٤٠﴾

den Insassen des Gefängnisses! Der eine von euch wird seinem Herrn Wein zu trinken geben. Der andere aber wird gekreuzigt, und die Vögel werden von seinem Kopf fressen. Entschieden ist die Angelegenheit, über die ihr um Auskunft fragt.« 42 Und er sagte zu dem von ihnen, mit dessen Rettung er rechnete. »Gedenke meiner bei deinem Herrn.« Aber der Satan ließ ihn vergessen, ihn bei seinem Herrn zu erwähnen. So blieb er noch einige Jahre im Gefängnis.

يَٰصَٰحِبَيِ ٱلسِّجۡنِ أَمَّآ أَحَدُكُمَا فَيَسۡقِي رَبَّهُۥ خَمۡرٗاۖ
وَأَمَّا ٱلۡأٓخَرُ فَيُصۡلَبُ فَتَأۡكُلُ ٱلطَّيۡرُ مِن رَّأۡسِهِۦۚ قُضِيَ ٱلۡأَمۡرُ
ٱلَّذِي فِيهِ تَسۡتَفۡتِيَانِ ﴿٤١﴾ وَقَالَ لِلَّذِي ظَنَّ أَنَّهُۥ نَاجٖ مِّنۡهُمَا
ٱذۡكُرۡنِي عِندَ رَبِّكَ فَأَنسَىٰهُ ٱلشَّيۡطَٰنُ ذِكۡرَ رَبِّهِۦ فَلَبِثَ
فِي ٱلسِّجۡنِ بِضۡعَ سِنِينَ ﴿٤٢﴾

Varianten: 12,22–42

12,22: ātaynāhū ḥukman wa ʿilman: djaʿalnāhū ḥakaman wa ʿalaman: Wir machten ihn zum Schiedsrichter und Herrscher (bei Ibn Masʿūd).

12,23: wa rāwadathu: wa rawwadathu (bei Anas ibn Mālik, al-Rabīʿ ibn Khuthaym; nach Muʿādh, Abū ʿImrān, Abū Radjāʾ).
wa ghallaqati: wa tarraʿati (bei Ubayy).
wa ghllaqati l-abwāba: wa ghallaqat abwābahā wa nazaʿat thiyābahā: und sie schloß ihre Türen und legte ihre Kleider ab (bei Ibn Masʿūd).
hayta laka: hīta laka (nach Abū Djaʿfar, Nāfiʿ, Ibn ʿĀmir); hayti laka (bei Ibn ʿAbbās; nach Ibn Abī Isḥāq); haytu laka (nach ʿAbd al-Raḥmān, al-Sulamī, Ibn Kathīr); hītu laka (nach Yaḥyā ibn Waththāb); hiʾtu laka: ich habe mich für dich bereitet (bei ʿAlī ibn Abī Ṭālib, Ibn ʿAbbās, Mudjāhid, ʿIkrima; nach Hishām ibn ʿAmmār, Abū ʿAmr); huyiʾtu laka: ich wurde für dich bereitet (bei Ibn Masʿūd nach einigen Gewährsmännern); hiʾta laka: du, schöne Gestalt (bei Ibn ʿAbbās; nach Hishām, Ibn ʿĀmir); huyyiʾta/hayyīta laka (bei Ibn ʿAbbās); hā anā laka: Da bin ich für dich (bei Ubayy, ʿAlī ibn Abī Ṭālib; nach Muʿādh al-Qāriʾ).
rabbī: rabbiya (nach Nāfiʿ, Ibn Kathīr, Abū ʿAmr).

12,24: al-mukhlaṣīna: al-mukhliṣīna: aufrichtigen (Dienern) (nach Ibn Kathīr, Ibn ʿĀmir, Abū ʿAmr).

12,25: alfayā: wadjadā: sie fanden (ihren Herrn) (bei Ibn Masʿūd).
ʿadhābun alīmun: ʿadhāban alīman (bei al-Rabīʿ ibn Khuthaym; nach Zayd ibn ʿAlī).

12,27: min qubulin: min qublin (nach Abū ʿAmr); min qubula (nach Ibn Isḥāq).
min duburin: min dubrin (nach Abū ʿAmr); min dubura (nach Ibn Isḥāq).

12,30: shaghafahā: shaʿafahā (nach Abū Djaʿfar ibn Muḥammad; ibn Muḥayṣin, Ḥasan al-Baṣrī).

12,31: muttakaʾan: muttakan (laut Zamakhsharī II, S. 464); muttakāʾan (nach Ḥasan al-Baṣrī); mutkan (bei Mudjāhid, Saʿīd ibn Djubayr); matkaʾan (nach al-Aʿradj); matkan (bei Ibn Masʿūd; nach Muʿādh).
wa qālati khrudj: wa qālitu khrudj (nach den Rezitatoren außer Abū ʿAmr, Ḥamza, Ḥafṣ).
ḥāsha lillāhi: ḥāshā lillāhi (bei Ibn Masʿūd und Ubayy nach einigen Gewährsmännern, al-Aʿmash, nach Nāfiʿ, Abū ʿAmr, al-Yazīdī, Muʿādh, Abū Nahīk); ḥāshan lillāhi (nach Abū al-Sammāl); ḥashā lillāhi (bei al-Aʿmash); ḥāsh lillāhi (laut Zamakhsharī II, S. 465); ḥāsha llāhi / ḥāshā llāhi / khāshā llāhi (bei Ibn Masʿūd, Ubayy); ḥāshā llāha (bei Ibn Masʿūd und Ubayy nach einigen Gewährsmännern); ḥāshā l-ilāha (laut Zamakhsharī II, S. 465).
basharan: basharun (bei Ibn Masʿūd); bi shirā: kein Gekaufter (bei Ubayy; nach Abū l-Djauzāʾ); bi shirāʾin: kein Gekaufter (bei Ibn Masʿūd

nach einigen Gewährsmännern); bi shiran (bei Ibn Masʿūd nach einigen Gewährsmännern; nach Ḥasan al-Baṣrī).

12,32: wa layakūnan: wa layakūnanna (laut Zamakhsharī II, S. 467).

12,33: al-sidjnu: al-sadjnu: die Gefangennahme (nach ʿUthmān ibn ʿAffān, Ibn Abī Isḥāq, ʿAbd al-Raḥmān al-Aʿradj; Yaʿqūb).
aṣbu: aṣabbu (bei Ibn Masʿūd, Ubayy; nach Ibn al-Samayfaʿ)
wa akun: wa akūnu (bei Ubayy; nach Ibn Abī ʿAbla, Abū ʿImrān).

12,35: layasdjunannahū: latasdjununnahū: ihr werdet ihn ins Gefängnis werfen (nach Ḥasan al-Baṣrī).
ḥattā: ʿattā (bei Ibn Masʿūd, al-Rabīʿ ibn Khuthaym: nach dem Dialekt von Hudhayl).

12,36: innī arānī (zweimal): inniya arānī (nach Nāfiʿ); inniya arāniya (nach Abū ʿAmr); innī arāniya (nach Nāfiʿ, Ibn Kathīr).
khamran: ʿinaban: Trauben (bei Ibn Masʿūd).
ra’sī: rāsī (nach al-Sūsī).
khubzan: tharīdan (bei Ibn Masʿūd).

12,37: nabba’tukumā: nabbātukumā (nach al-Sūsī).
rabbī innī: rabbiya innī (nach Nāfiʿ, Abū ʿAmr).

12,38: ābā’ī: ābā’iya (nach den Rezitatoren außer Ḥafṣ und den Kūfiten).
ibrāhīma: ibrāhāma (nach Hishām).

12,39: a’arbābun: ā’arbābun (nach Qālūn, Abū ʿAmr); ārbābun (nach Warsh, Ibn Kathīr).

12,41: ra’sihī: rāsihī (nach al-Sūsī).

Kommentar

12,22(22): **Als er seine Vollkraft erreicht hatte, ließen Wir ihm Urteilskraft und Wissen zukommen:** Der ganze Vers auch in 28,14, bezogen auf Mose; Urteilskraft: → 3,79.

So entlohnen Wir die Rechtschaffenen: → 6,84.

12,23(23): **Und die, in deren Haus er war, versuchte, ihn zu verführen. Sie schloß die Türen ab und sagte: »Komm her«:** *hayta laka*: Komm her; Der Ausdruck sei der syrischen Sprache entlehnt (so Ibn ʿAbbās und Ḥasan al-Baṣrī), oder dem Koptischen (so al-Suddī)[1].

Vgl. die *Bibel*, Gen 39,7.11–12.

Er sagte: »Gott behüte! Er, mein Besitzer, hat mir eine schöne Bleibe bereitet: *rabbī*: Besitzer (nach Mudjāhid, Ibn Isḥāq, al-Suddī, so auch Zamakhsharī und Rāzī); al-Zadjjādj denkt hier eher an Gott[2].

Vgl. die *Bibel*, Gen 39,8–9.

Denen, die Unrecht tun, wird es sicher nicht wohl ergehen«: → 6,21. Vgl. die *Bibel*, Gen 39,9.

12,24(24): **Sie hätte sich beinahe mit ihm eingelassen, und er hätte sich beinahe mit ihr eingelassen, hätte er nicht den Beweis seines Herrn gesehen:** Die Versuchung Josefs wurde erst überwunden, als er einen besonderen Hinweis von Gott erhielt: Er erinnerte sich, daß Gott den Ehebruch verbietet und den Ehebrecher bestraft; oder er konnte mit Hilfe seiner Tugenden Standhaftigkeit erlangen und »das Böse und das Schändliche« abwehren. Oder er sah ein besonderes Zeichen von seiten Gottes: Ibn ʿAbbās hat erläutert, daß Josef seinen Vater Jakob sah, was ihm Stärke verlieh, um der Verführung zu widerstehen, oder daß dies doch nicht genügt hat, es bedurfte der Erscheinung des Engels Gabriel, der Josef einen Schlag versetzte[3].

Ähnliche Vorstellungen wie bei Ibn ʿAbbās finden sich auch in der jüdischen religiösen Literatur:

1. Vgl. Qurṭubī V, 9, S. 144.
2. Vgl. Zamakhsharī II, S. 455; Rāzī IX, 18, S. 114; vgl. Qurṭubī V, 9, S. 145.
3. Vgl. Rāzī IX, 18, S. 123.

– »Er sah das Bild seines Vaters, und das sprach zu ihm: Joseph, einst werden deine Brüder in den Ephōdsteinen eingeschrieben sein. Willst du da nicht unter ihnen sein?« (Tanḥ wajjseb)[4].

– »In diesem Augenblick kam zu ihm das Bild seines Vaters und erschien ihm im Fenster, indem es ihm zurief: Joseph, einst werden deine Brüder auf die Efōdsteine aufgeschrieben werden und du mit ihnen. Willst du, daß dein Name unter ihnen ausgelöscht werden soll …?« (Gen. r. 87)[5].

Eine andere Erläuterung bei den Muslimen lautet, daß die Frau aus Scham ein Götzenbild in ihrem Haus verhüllte, worauf Josef ihr erwiderte: Soll ich mich nicht vor meinem Gott schämen, der über alle gebietet und jedem nach seinen Werken vergelten wird?[6]

Ähnlich heißt es in Parascha 87, Kap. 39, 8: »Nach R. Abun führte sie ihn aus einem Zimmer in das andere, aus einem geheimen Gemache in das andere, bis sie ihn an ihr Bett brachte. Da war ein Götzenbild über ihr eingegraben, sie aber nahm ein Tuch und verhüllte es. Da sprach er: Du tust wohl recht, das Gesicht desselben zu verhüllen, um vor ihm keine Schandtat zu begehen, wie steht es aber mit dem, von dem es Sach 4,10 heißt: Die Augen des Ewigen, welche die ganze Welt durchlaufen?«

Dies (geschah), damit Wir das Böse und das Schändliche von ihm abwehrten: Die muslimischen Kommentatoren haben die kritische Lage Josefs in eindeutigen Worten beschrieben, die allerdings keine Grundlage im koranischen Text besitzen. Dies hat Rāzī z. B. dazu veranlaßt, solche für Josef ungünstige Annahmen zurückzuweisen und Josef im Hinblick auf seine prophetische Sendung von jeder Neigung zur Schandtat freizusprechen[7].

Er gehört ja zu unseren auserwählten Dienern: Der Ausdruck – bezogen auf andere Gestalten – findet sich auch in 14,40; 37,40.74.128.160.169; 38,83; – 19,51.

12,25(25): **Sie suchten beide als erster die Tür zu erreichen. Sie zerriß ihm von hinten das Hemd:** vgl. die *Bibel,* Gen 39,12–13.

Sie trafen auf ihren Herrn bei der Tür: d. h. den Herrn der Frau, ihren Mann.

Sie sagte: »Der Lohn dessen, der deiner Familie Böses antun wollte, ist

4. Zitiert bei Speyer, S. 201.
5. Zitiert bei Speyer, S. 202, und nach Sotah, 36.2 bei *Abraham Geiger:* Judaism and Islam, Neuausgabe: New York 1970, S. 111. Vgl. auch Masson, S. 381, dort auch Anmerkung 5.
6. Vgl. Zamakhsharī II, S. 457; Rāzī IX, 18, S. 123.
7. Vgl. Rāzī IX, 18, S. 118–122. – Vgl. auch die Zusammenfassung der Argumente und Gegenargumente bei Ṭabāṭabā'ī XI, S. 128–140.

ja wohl das Gefängnis oder eine schmerzhafte Pein«: vgl. die *Bibel,* Gen 39,13–19.

12,26(26): **Er sagte: »Sie war es, die versucht hat, mich zu verführen«:** Josef wehrt sich gegen den heuchlerischen Angriff der Frau.

Und ein Zeuge aus ihrer Familie bezeugte: »Wenn sein Hemd vorn zerrissen ist, hat sie die Wahrheit gesagt, und er ist einer von denen, die lügen: Dieser Zeuge übernimmt hier die Rolle des Schiedsrichters: Ein vorn zerrissenes Hemd bedeutet, daß sich die Frau gegen einen Angriff wehrte.

12,27(27): **Und wenn sein Hemd hinten zerrissen ist, hat sie gelogen, und er ist einer von denen, die die Wahrheit sagen«:** Denn damit wird deutlich, daß er in seiner Flucht vor der Frau von dieser mit Gewalt zurückgehalten werden sollte.

12,28(28): **Als er nun sah:** der Mann der Frau oder der Zeuge.

daß sein Hemd hinten zerrissen war, sagte er: »Das ist eine List von euch. Eure List ist gewaltig: Hier wird die List der Frauen im allgemeinen angesprochen; vgl. unten 12,31.

12,29(29): **Josef, wende dich davon ab:** siehe auch → 11,76 (an Abraham).

Und (du), bitte um Vergebung für deine Schuld. Du gehörst ja zu denen, die sich versündigt haben: Die Frau soll bei Gott oder bei ihrem Gatten um Vergebung für ihre Sünde bitten.

12,30(30): **Nun sagten Frauen in der Stadt: »Die Gemahlin des Hochmögenden versucht, ihren Knecht zu verführen. Er hat sie in leidenschaftliche Liebe versetzt. Wir sehen, sie befindet sich in einem offenkundigen Irrtum:** zum letzten Satz → 3,164.

12,31(31): **Als sie von ihren Ränken hörte:** Sie tadelten sie nur, um eine Gelegenheit zu erhalten, selbst Josef zu sehen; oder sie hielten die Sache nicht geheim, sondern machten sie publik.

Speyer zitiert Midrās haggādōl, Jalq. zur Gen. § 146: »Die Königinnen und Fürstinnen, die die Frau des Potiphar nach der Affäre mit Josef besuchen, sagen:

Warum machst du ein so böses Gesicht? Hast du etwa ein Auge auf jenen Sklaven geworfen?[8]«

schickte sie zu ihnen und bereitete ihnen ein Gelage. Sie ließ einer jeden von ihnen ein Messer geben und sagte (zu Josef): »Komm zu ihnen heraus.« Als sie ihn sahen, fanden sie ihn außerordentlich: Der letzte Halbsatz ist die Übersetzung von *akbarnahū*. Einige Kommentatoren erwähnen auch die Deutung: sie menstruierten[9], oder auch: sie gerieten in starke Erregung[10].

Die *Bibel*, Gen 39,6, erwähnt: »Josef war schön von Gestalt und Aussehen.«

und sie schnitten sich in die Hände: Speyer zitiert Midrās haggādōl: »Einst versammelten sich die Ägypterinnen um Josephs Schönheit zu betrachten. Was tat Potiphars Frau? Sie nahm Etrōgīm, gab einer jeden davon und auch ein Messer. Dann rief sie Joseph und ließ ihn vor sie treten. Völlig hingerissen von der Schönheit Josephs, schnitten sie sich in die Hände. Da sprach sie zu ihnen: Wenn das bei euch vorkommen konnte, da ihr nur eine Stunde mit ihm zusammen wart, um wieviel mehr mußte es also mir ergehen, da ich ihn stündlich vor mir sehe[11].«

12,32(32): **Sie sagte: »Das ist der, dessentwegen ihr mich getadelt habt. Ich habe versucht, ihn zu verführen. Er aber hielt an seiner Unschuld fest. Und wenn er nicht tut, was ich ihm befehle, wird er bestimmt ins Gefängnis geworfen werden, und er wird zu denen gehören, die erniedrigt werden«:** zum letzten Halbsatz → 7,13.

12,33(33): **Er sagte: »Mein Herr, mir ist das Gefängnis lieber als das, wozu sie mich auffordern:** *sie:* plural männlich, d. h. die Leute. In seinem Gebet zu Gott stellt Josef fest, daß die Leute ihm nachstellen und ihn zu verführen suchen.

Und wenn Du ihre List von mir nicht abwehrst, werde ich mich zu ihnen hingezogen fühlen und einer der Törichten sein: siehe bereits 12,24, wo die Schwierigkeiten Josefs angedeutet werden; *ihre List:* die List der Frauen.

8. Vgl. Speyer, S. 205.
9. Vgl. Zamakhsharī II, S. 465; Rāzī IX, 18, S. 130.
10. Vgl. Qurṭubī V, 9, S. 157.
11. Vgl. Speyer, S. 205. D. Masson (S. 382, Anm. 2) weist darauf hin, daß Heller (La Légende biblique dans l'Islam, in: Revue des Etudes Judaïques? 98, 1934, S. 6, 14) meint, der Midrash sei durch die koranische Erzählung beeinflußt worden.

12,34(24): **Sein Herr erhörte ihn und wehrte ihre List von ihm ab. Er ist es, der alles hört und weiß:** zum letzten Satz → 2,127.

12,35(35): **Dann, nachdem sie die Zeichen gesehen hatten:** Nachdem der Mann und seine Ratgeber durch die deutlichen Feststellungen überzeugt waren, daß Josef unschuldig war.

schien es ihnen angebracht, ihn eine Zeitlang ins Gefängnis zu werfen: Sie wollten dafür sorgen, daß die Affäre nicht zu sehr in die Öffentlichkeit drang und die Frau eindeutig als die Schuldige hingestellt wurde; deshalb wurde Josef zwar nicht hingerichtet wie die Schuldigen, sondern nur vorläufig ins Gefängnis geworfen. Vgl. die *Bibel,* Gen 39,20.

12,36(36): **Mit ihm kamen zwei Knechte ins Gefängnis:** Es waren der Mundschenk und der Bäcker des Pharao. Die Geschichte hier bis 12,42 erinnert in kurzer Form an die Angaben der *Bibel,* Gen 40,1–19.

Der eine von ihnen sagte: »Ich sah mich Wein keltern«: wörtlich: (Trauben zu) Wein pressen.

Der andere sagte: »Ich sah mich auf dem Kopf Brot tragen, von dem die Vögel fraßen. So tu uns kund, wie dies zu deuten ist: Sie haben wirklich eine Vision gehabt (so die Meinung von Mudjāhid) oder sie haben eine solche erfunden, um Josef auf die Probe zu stellen (so Ibn ʿAbbās).

Wir sehen es, du gehörst zu den Rechtschaffenen: auch in 12,78. Wir stellen fest, daß du Gutes tust, daß du gut bist in deiner allgemeinen Behandlung der Menschen oder in deinem religiösen Verhalten oder in deiner Ausdrucksweise[12].

12,37(37): **Er sagte: »Es wird euch das Essen, mit dem ihr versorgt werdet, nicht gebracht, ohne daß ich euch kundgetan habe, wie es zu deuten ist, bevor es euch gebracht wird:** *wie es zu deuten ist:* was ihr gesehen habt, oder was ihr zu essen bekommt und ob es gut oder böse für euch ist (vgl. ähnliche Aussage von Jesus → 3,49: »... und ich tue euch kund, was ihr eßt und in euren Häusern aufspeichert«).

Das ist etwas von dem, was mich mein Herr gelehrt hat: → 12,6.

12. Vgl. Rāzī IX, 18, S. 138.

Verlassen habe ich die Glaubensrichtung von Leuten, die nicht an Gott glauben und das Jenseits verleugnen: auch in 11,19; 41,7. Der Satz sowie der nächste Vers klingt wie ein Bekenntnis Muḥammads selbst an die Adresse der ungläubigen Mekkaner.

12,38(38): **und ich bin der Glaubensrichtung meiner Väter Abraham, Isaak und Jakob gefolgt. Wir dürfen Gott nichts beigesellen:** → 12,6; → 2,120.130.

Das ist etwas von der Huld Gottes zu uns und zu den Menschen: → 4,70; 5,54; Huld: → 2,64.

Aber die meisten Menschen sind nicht dankbar: → 2,243.

12,39(39): **O ihr beiden Insassen des Gefängnisses! Sind verschiedene Herren besser, oder der eine Gott, der bezwingende Macht besitzt?:** vgl. ähnlichen Ausdruck in 27,59. Das Thema kommt in der Auseinandersetzung mit dem Polytheismus der Mekkaner vor: 21,22; 23,91; – der eine Gott, der bezwingende Macht hat: auch in 13,16; 14,48; 38,65; 39,4; 40,16.

12,40(40): **Ihr dient außer Ihm nur Namen, die ihr genannt habt, ihr und eure Väter, für die aber Gott keine Ermächtigung herabgesandt hat:** → 7,71; → 3,15. Auch hier hört sich der ganze Vers wie eine Wiedergabe der Auseinandersetzung Muḥammads mit den Ungläubigen.

Das Urteil gehört Gott allein: → 6,57.

Er hat befohlen, daß ihr nur Ihm dienen sollt: → 9,31; – 13,36; 27,91; 39,11.

Das ist die richtige Religion: → 9,36; → 6,161.

Aber die meisten Menschen wissen nicht Bescheid: → 6,37.

12,41(41): **O ihr beiden Insassen des Gefängnisses! Der eine von euch wird seinem Herrn Wein zu trinken geben. Der andere aber wird gekreuzigt, und die Vögel werden von seinem Kopf fressen:** vgl. die *Bibel,* Gen 40,13; – 40,19.

Entschieden ist die Angelegenheit, über die ihr um Auskunft fragt«: So wird es geschehen; → 6,68.

12,42(42). **Und er sagte zu dem von ihnen, mit dessen Rettung er rechnete:** oder: der mit seiner eigenen Rettung rechnete.

»Gedenke meiner bei deinem Herrn«: beim König.

Aber der Satan ließ ihn vergessen, ihn bei seinem Herrn zu erwähnen: Erst später erinnerte er sich wieder daran: 12,45; vgl. die *Bibel,* Gen 40,23. Die Kommentatoren erwähnen, daß man den Satz auch auf Josef beziehen kann: Dieser habe durch die Wirkung des Satans das Gedenken seines Herrn vergessen, da er auf die Fürsprache des Mitgefangenen eher als auf die Hilfe Gottes vertraut habe.

der Satan ließ ihn vergessen: → 6,68.

So blieb er noch einige Jahre im Gefängnis: Nach der *Bibel,* Gen 41,1 waren es zwei Jahre.

12,43–57

43 Und der König sagte: »Ich sah sieben fette
Kühe, die von sieben mageren gefressen wurden,
und sieben grüne Ähren und (sieben) andere, die
verdorrt waren. O ihr Vornehmen, gebt mir
Auskunft über mein Traumgesicht, so ihr das
Traumgesicht auslegen könnt. 44 Sie sagten:
»Wirres Bündel von Träumen. Wir wissen über
die Deutung der Träume nicht Bescheid.«
45 Derjenige von ihnen, der gerettet wurde und
sich nach einer Weile erinnerte, sagte: »Ich werde euch seine Deutung kundtun. Schickt mich
los.« »Josef, du Wahrhaftiger, gib uns Auskunft
über sieben fette Kühe, die von sieben mageren
gefressen werden, und von sieben grünen Ähren
und (sieben) anderen, die verdorrt sind. So mag
ich zu den Menschen zurückkehren, auf daß sie
Bescheid wissen.« 47 Er sagte: »Ihr werdet sieben Jahre wie gewohnt säen. Was aber ihr erntet,
das laßt in seinen Ähren, bis auf einen geringen
Teil von dem, was ihr verzehrt. 48 Danach werden dann sieben harte (Jahre) kommen, die das
verzehren werden, was ihr für sie vorher eingebracht habt, bis auf einen geringen Teil von dem,
was ihr aufbewahrt. 49 Danach wird dann ein
Jahr kommen, in dem die Menschen Regen
haben und in dem sie keltern werden.« 50 Der

وَقَالَ ٱلْمَلِكُ إِنِّىٓ أَرَىٰ سَبْعَ
بَقَرَٰتٍ سِمَانٍ يَأْكُلُهُنَّ سَبْعٌ عِجَافٌ وَسَبْعَ سُنۢبُلَٰتٍ خُضْرٍ
وَأُخَرَ يَابِسَٰتٍ ۖ يَٰٓأَيُّهَا ٱلْمَلَأُ أَفْتُونِى فِى رُءْيَٰىَ إِن كُنتُمْ
لِلرُّءْيَا تَعْبُرُونَ ﴿٤٣﴾ قَالُوٓا۟ أَضْغَٰثُ أَحْلَٰمٍ ۖ وَمَا نَحْنُ
بِتَأْوِيلِ ٱلْأَحْلَٰمِ بِعَٰلِمِينَ ﴿٤٤﴾ وَقَالَ ٱلَّذِى نَجَا مِنْهُمَا
وَٱدَّكَرَ بَعْدَ أُمَّةٍ أَنَا۠ أُنَبِّئُكُم بِتَأْوِيلِهِۦ فَأَرْسِلُونِ ﴿٤٥﴾
يُوسُفُ أَيُّهَا ٱلصِّدِّيقُ أَفْتِنَا فِى سَبْعِ بَقَرَٰتٍ سِمَانٍ يَأْكُلُهُنَّ
سَبْعٌ عِجَافٌ وَسَبْعِ سُنۢبُلَٰتٍ خُضْرٍ وَأُخَرَ يَابِسَٰتٍ لَّعَلِّىٓ
أَرْجِعُ إِلَى ٱلنَّاسِ لَعَلَّهُمْ يَعْلَمُونَ ﴿٤٦﴾ قَالَ تَزْرَعُونَ
سَبْعَ سِنِينَ دَأَبًا فَمَا حَصَدتُّمْ فَذَرُوهُ فِى سُنۢبُلِهِۦٓ إِلَّا قَلِيلًا
مِّمَّا تَأْكُلُونَ ﴿٤٧﴾ ثُمَّ يَأْتِى مِنۢ بَعْدِ ذَٰلِكَ سَبْعٌ شِدَادٌ
يَأْكُلْنَ مَا قَدَّمْتُمْ لَهُنَّ إِلَّا قَلِيلًا مِّمَّا تُحْصِنُونَ ﴿٤٨﴾ ثُمَّ يَأْتِى
مِنۢ بَعْدِ ذَٰلِكَ عَامٌ فِيهِ يُغَاثُ ٱلنَّاسُ وَفِيهِ يَعْصِرُونَ ﴿٤٩﴾

König sagte: »Bringt ihn zu mir.« Als der Bote zu
ihm kam, sagte er: »Kehr zu deinem Herrn zurück und frag ihn, wie es mit den Frauen steht,
die sich in ihre Hände geschnitten haben. Mein
Herr weiß doch über ihre List Bescheid.« 51 Er
sagte: »Was war da mit euch, als ihr versucht
habt, Josef zu verführen?« Sie sagten: »Gott bewahre! Wir wissen gegen ihn nichts Böses (anzugeben).« Die Frau des Hochmögenden sagte:
»Jetzt ist die Wahrheit offenbar geworden. Ich
habe versucht, ihn zu verführen. Und er gehört
zu denen, die die Wahrheit sagen.« 52 (Josef sagte): »Dies ist, damit er weiß, daß ich ihn nicht in
seiner Abwesenheit verraten habe und daß Gott
die List der Verräter nicht gelingen läßt.
13. *53 Und ich erkläre mich nicht selbst für un-
Teil schuldig. Die Seele gebietet ja mit Nachdruck
[25] das Böse, es sei denn, mein Herr erbarmt sich.
Mein Herr ist voller Vergebung und barmherzig.« 54 Und der König sagte: »Bringt ihn zu
mir. Ich will ihn ausschließlich für mich haben.«
Als er mit ihm gesprochen hatte, sagte er: »Heute bist du bei uns in angesehener Stellung und
genießt unser Vertrauen.« 55 Er sagte: »Setze
mich über die Vorratskammern des Landes ein.
Ich bin ein (guter) Hüter und weiß Bescheid.«
56 So haben Wir dem Josef eine angesehene
Stellung im Land gegeben, so daß er darin sich
aufhalten konnte, wo er wollte. Wir treffen mit
unserer Barmherzigkeit, wen Wir wollen, und

وَقَالَ ٱلْمَلِكُ ٱئْتُونِى بِهِۦ ۖ فَلَمَّا جَآءَهُ ٱلرَّسُولُ قَالَ ٱرْجِعْ
إِلَىٰ رَبِّكَ فَسْـَٔلْهُ مَا بَالُ ٱلنِّسْوَةِ ٱلَّـٰتِى قَطَّعْنَ أَيْدِيَهُنَّ ۚ
إِنَّ رَبِّى بِكَيْدِهِنَّ عَلِيمٌ ﴿٥٠﴾ قَالَ مَا خَطْبُكُنَّ إِذْ رَٰوَدتُّنَّ
يُوسُفَ عَن نَّفْسِهِۦ ۚ قُلْنَ حَـٰشَ لِلَّهِ مَا عَلِمْنَا عَلَيْهِ مِن سُوٓءٍ ۚ
قَالَتِ ٱمْرَأَتُ ٱلْعَزِيزِ ٱلْـَٔـٰنَ حَصْحَصَ ٱلْحَقُّ أَنَا۠ رَٰوَدتُّهُۥ
عَن نَّفْسِهِۦ وَإِنَّهُۥ لَمِنَ ٱلصَّـٰدِقِينَ ﴿٥١﴾ ذَٰلِكَ لِيَعْلَمَ
أَنِّى لَمْ أَخُنْهُ بِٱلْغَيْبِ وَأَنَّ ٱللَّهَ لَا يَهْدِى كَيْدَ ٱلْخَآئِنِينَ ﴿٥٢﴾
* وَمَآ أُبَرِّئُ نَفْسِىٓ ۚ إِنَّ ٱلنَّفْسَ لَأَمَّارَةٌۢ بِٱلسُّوٓءِ إِلَّا
مَا رَحِمَ رَبِّىٓ ۚ إِنَّ رَبِّى غَفُورٌ رَّحِيمٌ ﴿٥٣﴾ وَقَالَ ٱلْمَلِكُ
ٱئْتُونِى بِهِۦٓ أَسْتَخْلِصْهُ لِنَفْسِى ۖ فَلَمَّا كَلَّمَهُۥ قَالَ إِنَّكَ ٱلْيَوْمَ
لَدَيْنَا مَكِينٌ أَمِينٌ ﴿٥٤﴾ قَالَ ٱجْعَلْنِى عَلَىٰ خَزَآئِنِ ٱلْأَرْضِ ۖ
إِنِّى حَفِيظٌ عَلِيمٌ ﴿٥٥﴾ وَكَذَٰلِكَ مَكَّنَّا لِيُوسُفَ فِى ٱلْأَرْضِ
يَتَبَوَّأُ مِنْهَا حَيْثُ يَشَآءُ ۚ نُصِيبُ بِرَحْمَتِنَا مَن نَّشَآءُ ۖ

Wir lassen den Lohn der Rechtschaffenen nicht verlorengehen. 57 Und wahrlich, der Lohn des Jenseits ist besser für die, die glauben und gottesfürchtig sind.

وَلَا نُضِيعُ أَجْرَ ٱلْمُحْسِنِينَ ﴿٥٦﴾ وَلَأَجْرُ ٱلْآخِرَةِ خَيْرٌ
لِّلَّذِينَ ءَامَنُواْ وَكَانُواْ يَتَّقُونَ ﴿٥٧﴾

Varianten: 12,43–57

12,43: innī arā: inniya arā (nach Nāfiʿ, Ibn Kathīr, Abū ʿAmr).
sunbulātin: sanābila (bei Ibn Masʿūd, Djaʿfar al-Ṣādiq).
al-mala'u aftūnī: al-mala'u ftūnī (nach Nāfiʿ, Ibn Kathīr).
ru'yāya: rūyāya (nach al-Sūsī).

12,45: baʿda ummatin: baʿda amatin (bei Ibn ʿAbbās, ʿIkrima; nach Qatāda); baʿda immatin: nachdem er Gnade erfahren hatte (nach al-Ashhab al-ʿUqaylī); baʿda amahin: nachdem er vergessen hatte (bei Ibn ʿAbbās, ʿIkrima; nach al-Ḍaḥḥāk).
unabbi'ukum: ātīkum: euch (seine Deutung) bringen (bei Ubayy; nach Ḥasan al-Baṣrī).

12,46: sunbulātin: sanābila (bei Ibn Masʿūd).
laʿallī: laʿalliya (nach den Rezitatoren außer Ḥafṣ und den Kūfiten).

12,47: da'aban: da'ban (nach den Rezitatoren außer Ḥafṣ); dāban (nach al-Sūsī).
famā ḥaṣadtum: hinzugefügt: min ḥabbin: (was ihr) an Getreide (erntet) (bei al-Rabīʿ ibn Khuthaym; nach Abū Nahīk; Abū Midjlaz).
fī sunbulihī: hinzugefügt: fa innahū abqā lahū: es läßt es länger bestehen (bei Ibn Masʿūd, Ubayy).

12,48: ya'kulna: ta'kulna (bei Djaʿfar al-Ṣādiq).

12,49: yaʿṣirūna: taʿṣirūna: (in dem) ihr keltern werdet (nach Ḥamza, Kisā'ī); taʿtaṣirūna: ihr für euch keltern werdet (bei Ibn Masʿūd); taʿaṣṣirūna (bei Ubayy; nach al-Mutawakkil); – yuʿṣarūna: sie gerettet werden (laut Zamakhsharī II, S. 477); tuʿṣarūna: ihr gerettet werdet (bei Djaʿfar al-Ṣādiq, Saʿīd ibn Djubayr); yaʿṣurūna: in den sie retten werden (laut Zamakhsharī II, S. 477).

12,50: fa s'alhu: fa salhu (nach Ibn Kathīr, Kisā'ī).
al-niswati: al-nuswati (nach Shuʿba, ʿĀṣim).

12,51: ḥasha lillāhi: ḥashā lillāhi (nach Abū ʿAmr).

12,53: nafsī: nafsiya (nach Nāfiʿ, Abū ʿAmr).
bil-sū'i illā: bil-sū illā (nach Abū ʿAmr); bil-sūwwi illā (nach Qālūn, al-Bazzī).
rabbī: rabbiya (nach Nāfiʿ, Abū ʿAmr).

12,54: al-maliku 'tūnī: al-maliku wtūnī (nach Warsh, al-Sūsī).

12,56: ḥaythu yashā'u: ḥaythu nashā'u: wo Wir wollen (nach Ibn Kathīr).

Kommentar

12,43(43): **Und der König sagte: »Ich sah sieben fette Kühe, die von sieben mageren gefressen wurden, und sieben grüne Ähren und (sieben) andere, die verdorrt waren:** vgl. in der *Bibel,* Gen 41,1–4 (Kühe).5–7 (Ähren).

O ihr Vornehmen, gebt mir Auskunft über mein Traumgesicht, so ihr das Traumgesicht auslegen könnt: vgl. die *Bibel,* Gen 41,8. *Vornehmen* → 7,109; → 7,60.

12,44(44): **Sie sagten: »Wirres Bündel von Träumen:** Der Ausdruck findet sich auch in 21,5, abschätzig bezogen auf Muḥammad.

Wir wissen über die Deutung der Träume nicht Bescheid: präziser: über die Deutung solcher Träume. Vgl. die *Bibel,* Gen 41,8.

12,45(45): **Derjenige von ihnen, der gerettet wurde und sich nach einer Weile erinnerte:** Der Mundschenk hatte Josef vergessen und erinnert sich nun seiner und seiner Fähigkeit, Träume zu deuten.

sagte: »Ich werde euch seine Deutung kundtun. Schickt mich los«: vgl. die *Bibel,* Gen 41,9–14.

»Josef, du Wahrhaftiger: Hier und in den nächsten Versen 47–50 wird als Gespräch zwischen dem Mundschenk und Josef wiedergegeben, was in der *Bibel,* Gen 41,14–36, als Gespräch zwischen dem Pharao und Josef angegeben wird.

du Wahrhaftiger: Das ist der besondere Titel Josefs in der jüdischen und islamischen religiösen Literatur. Josef ist ein Wahrhaftiger wie Abraham (19,41), Idrīs (19,56), Maria, die Mutter Jesu (5,75); die Wahrhaftigen: → 4,69; 57,19.

gib uns Auskunft über sieben fette Kühe, die von sieben mageren gefressen werden, und von sieben grünen Ähren und (sieben) anderen, die verdorrt sind. So mag ich zu den Menschen zurückkehren, auf daß sie Bescheid wissen«: über diese Angelegenheit, oder allgemein über die Dinge, die für ihr Leben wichtig sind.

12,47(47): **Er sagte:** Josef deutet hier den Traum des Königs; vgl. die *Bibel*, Gen 41,25–36.

»Ihr werdet sieben Jahre wie gewohnt säen. Was aber ihr erntet, das laßt in seinen Ähren, bis auf einen geringen Teil von dem, was ihr verzehrt.

12,48(48): **Danach werden dann sieben harte (Jahre) kommen, die das verzehren werden, was ihr für sie vorher eingebracht habt, bis auf einen geringen Teil von dem, was ihr aufbewahrt.**

12,49(49): **Danach wird dann ein Jahr kommen, in dem die Menschen Regen haben und in dem sie keltern werden«:** Die muslimischen Kommentatoren sehen in diesem Vers ein Zeichen, daß Gott dem Josef ein zusätzliches Wissen offenbart hat, das nicht im Traum angedeutet wurde. Diese Einzelheit findet sich nicht in der *Bibel*.

12,50(50). **Der König sagte: »Bringt ihn zu mir«:** Offensichtlich hatte ihm die Deutung seines Traumes durch Josef gefallen.

Als der Bote zu ihm kam, sagte er: »Kehr zu deinem Herrn zurück und frag ihn, wie es mit den Frauen steht, die sich in ihre Hände geschnitten haben: Anspielung auf 12,31.

Mein Herr weiß doch über ihre List Bescheid«: Gott oder der König selbst. Zum Ausdruck siehe 12,34.

12,51(51): **Er sagte:** der König.

»Was war da mit euch, als ihr versucht habt, Josef zu verführen?« Sie sagten: »Gott bewahre! Wir wissen gegen ihn nichts Böses (anzugeben)«: Die Frauen bezeugen vor dem König die Unschuld Josefs.

Die Frau des Hochmögenden sagte: »Jetzt ist die Wahrheit offenbar geworden. Ich habe versucht, ihn zu verführen. Und er gehört zu denen, die die Wahrheit sagen«: Die Frau bekennt öffentlich die Wahrheit über die Haltung Josefs und wäscht ihn von der Schuld rein.

12,52(52): **(Josef sagte): »Dies ist, damit er weiß, daß ich ihn nicht in seiner Abwesenheit verraten habe und daß Gott die List der Verräter**

nicht gelingen läßt: Irgendwann wird die Wahrheit ans Licht gebracht und damit die List der Übeltäter zunichte gemacht.

Die meisten Kommentatoren sehen in den Versen 52–53 eine Erklärung des Josef. Einige meinen, diese Verse bildeten eine Fortsetzung der Aussage der Frau des Hochmögenden: Indem sie die Unschuld Josefs bekennt, erläutert sie, daß im Endeffekt auch sie sich des Ehebruchs nicht schuldig gemacht hat, daß aber ihre List doch von Gott vereitelt wurde.

12,53(53): **Und ich erkläre mich nicht selbst für unschuldig. Die Seele gebietet ja mit Nachdruck das Böse, es sei denn, mein Herr erbarmt sich:** Erinnerung an Vers 12,24, der die Gefahr für Josef und für die Frau, sich in Schuld zu verstricken, beschreibt.

Mein Herr ist voller Vergebung und barmherzig: → 2,173.

12,54(54): **Und der König sagte: »Bringt ihn zu mir. Ich will ihn ausschließlich für mich haben.« Als er mit ihm gesprochen hatte, sagte er: »Heute bist du bei uns in angesehener Stellung und genießt unser Vertrauen«:** vgl. die *Bibel,* Gen 41,30–40.

12,55(55): **Er sagte: »Setze mich über die Vorratskammern des Landes ein. Ich bin ein (guter) Hüter und weiß Bescheid«:** oder: ein kluger, erfahrere Hüter. Vgl. die *Bibel,* Gen 41,43.

12,56(56): **So haben Wir dem Josef eine angesehene Stellung im Land gegeben:** → 12,21.

so daß er darin sich aufhalten konnte, wo er wollte. Wir treffen mit unserer Barmherzigkeit, wen Wir wollen: zum letzten Halbsatz → 2,105.

und Wir lassen den Lohn der Rechtschaffenen nicht verlorengehen: → 2,143.

12,57(57): **Und wahrlich, der Lohn des Jenseits ist besser für die, die glauben und gottesfürchtig sind:** Trotz aller irdischen Macht und allen Ansehens bleibt der Lohn des Jenseits bei Gott besser als die irdischen Güter; → 2,103; 16,41; 17,21.

12,58–101

58 Und die Brüder Josefs kamen und traten bei
ihm ein. Er erkannte sie, während sie ihn für einen Unbekannten hielten. 59 Als er sie nun mit
ihrem Bedarf ausgestattet hatte, sagte er:
»Bringt mir einen Bruder von euch, (einen) von
eurem Vater. Seht ihr nicht, daß ich das Maß voll
erstatte und daß ich der beste Gastgeber bin?
60 Wenn ihr ihn mir nicht bringt, so bekommt
ihr bei mir kein Maß mehr, und ihr sollt nicht in
meine Nähe treten.« 61 Sie sagten: »Wir werden
versuchen, seinen Vater in bezug auf ihn zu
überreden, und wir werden es bestimmt tun.«
62 Und er sagte zu seinen Knechten: »Steckt
auch ihre Tauschware in ihr Gepäck, daß sie sie
(wieder) erkennen, wenn sie zu ihren Angehörigen heimgekehrt sind. Vielleicht werden sie
dann auch zurückkommen.« 63 Als sie zu ihrem
Vater zurückkamen, sagten sie: »O unser Vater,
die (nächste) Zuteilung wurde uns verwehrt. So
schick unseren Bruder mit uns, damit wir eine
Zuteilung zugemessen bekommen. Und wir werden ihn bestimmt behüten.« 64 Er sagte: »Kann
ich ihn euch etwa anders anvertrauen, als ich
euch zuvor seinen Bruder anvertraut habe? Gott
ist der beste Hüter, und Er ist der Barmherzigste
der Barmherzigen.« 65 Und als sie ihre Sachen
öffneten, fanden sie, daß ihre Tauschware ihnen

وَجَآءَ إِخۡوَةُ يُوسُفَ

فَدَخَلُواْ عَلَيۡهِ فَعَرَفَهُمۡ وَهُمۡ لَهُۥ مُنكِرُونَ ﴿٥٨﴾ وَلَمَّا جَهَّزَهُم
بِجَهَازِهِمۡ قَالَ ٱئۡتُونِي بِأَخٖ لَّكُم مِّنۡ أَبِيكُمۡۚ أَلَا تَرَوۡنَ أَنِّيٓ
أُوفِي ٱلۡكَيۡلَ وَأَنَا۠ خَيۡرُ ٱلۡمُنزِلِينَ ﴿٥٩﴾ فَإِن لَّمۡ تَأۡتُونِي بِهِۦ
فَلَا كَيۡلَ لَكُمۡ عِندِي وَلَا تَقۡرَبُونِ ﴿٦٠﴾ قَالُواْ سَنُرَٰوِدُ عَنۡهُ
أَبَاهُ وَإِنَّا لَفَٰعِلُونَ ﴿٦١﴾ وَقَالَ لِفِتۡيَٰنِهِ ٱجۡعَلُواْ بِضَٰعَتَهُمۡ
فِي رِحَالِهِمۡ لَعَلَّهُمۡ يَعۡرِفُونَهَآ إِذَا ٱنقَلَبُوٓاْ إِلَىٰٓ أَهۡلِهِمۡ لَعَلَّهُمۡ
يَرۡجِعُونَ ﴿٦٢﴾ فَلَمَّا رَجَعُوٓاْ إِلَىٰٓ أَبِيهِمۡ قَالُواْ يَٰٓأَبَانَا مُنِعَ مِنَّا
ٱلۡكَيۡلُ فَأَرۡسِلۡ مَعَنَآ أَخَانَا نَكۡتَلۡ وَإِنَّا لَهُۥ لَحَٰفِظُونَ ﴿٦٣﴾
قَالَ هَلۡ ءَامَنُكُمۡ عَلَيۡهِ إِلَّا كَمَآ أَمِنتُكُمۡ عَلَىٰٓ أَخِيهِ مِن قَبۡلُۖ
فَٱللَّهُ خَيۡرٌ حَٰفِظٗاۖ وَهُوَ أَرۡحَمُ ٱلرَّٰحِمِينَ ﴿٦٤﴾ وَلَمَّا فَتَحُواْ
مَتَٰعَهُمۡ وَجَدُواْ بِضَٰعَتَهُمۡ رُدَّتۡ إِلَيۡهِمۡۖ قَالُواْ يَٰٓأَبَانَا مَا نَبۡغِيۖ

zurückgegeben worden war. Sie sagten: »O unser Vater, was wünschen wir (mehr)? Das ist unsere Tauschware, sie ist uns zurückgegeben worden. Wir werden Vorrat für unsere Angehörigen bringen, unseren Bruder behüten und die Last eines Kamels mehr zugemessen bekommen. Das ist ein leicht zu erhaltendes Maß.« 66 Er sagte: »Ich werde ihn nicht mit euch schicken, bis ihr mir ein verbindliches Versprechen vor Gott gebt, daß ihr ihn mir zurückbringt, es sei denn, ihr werdet umringt.« Als sie ihm ihr verbindliches Versprechen gegeben hatten, sagte er: »Gott ist Sachwalter über das, was wir (hier) sagen.« 67 Und er sagte: »O meine Söhne, geht nicht durch ein einziges Tor hinein. Geht durch verschiedene Tore hinein. Ich kann euch vor Gott nichts nützen. Das Urteil gehört Gott allein. Auf Ihn vertraue ich. Auf Ihn sollen die vertrauen, die (überhaupt auf jemanden) vertrauen.« 68 Als sie hineingingen, wie ihr Vater ihnen befohlen hatte, hat es ihnen vor Gott nichts genützt. Es war nur ein Bedürfnis in der Seele Jakobs, das er (damit) erfüllte. Und er besaß Wissen, weil Wir es ihn gelehrt hatten. Aber die meisten Menschen wissen nicht Bescheid. 69 Als sie bei Josef eintraten, nahm er seinen Bruder zu sich. Er sagte: »Ich, ich bin dein Bruder. So fühle dich nicht elend wegen dessen, was sie taten.« 70 Als er sie nun mit ihrem Bedarf ausgestattet hatte, tat er das Trinkgefäß in das

هَٰذِهِۦ بِضَٰعَتُنَا رُدَّتۡ إِلَيۡنَاۖ وَنَمِيرُ أَهۡلَنَا وَنَحۡفَظُ أَخَانَا
وَنَزۡدَادُ كَيۡلَ بَعِيرٖۖ ذَٰلِكَ كَيۡلٞ يَسِيرٞ ٦٥ قَالَ لَنۡ أُرۡسِلَهُۥ
مَعَكُمۡ حَتَّىٰ تُؤۡتُونِ مَوۡثِقٗا مِّنَ ٱللَّهِ لَتَأۡتُنَّنِي بِهِۦٓ إِلَّآ أَن يُحَاطَ
بِكُمۡۖ فَلَمَّآ ءَاتَوۡهُ مَوۡثِقَهُمۡ قَالَ ٱللَّهُ عَلَىٰ مَا نَقُولُ وَكِيلٞ ٦٦
وَقَالَ يَٰبَنِيَّ لَا تَدۡخُلُواْ مِنۢ بَابٖ وَٰحِدٖ وَٱدۡخُلُواْ مِنۡ أَبۡوَٰبٖ
مُّتَفَرِّقَةٖۖ وَمَآ أُغۡنِي عَنكُم مِّنَ ٱللَّهِ مِن شَيۡءٍۖ إِنِ ٱلۡحُكۡمُ
إِلَّا لِلَّهِۖ عَلَيۡهِ تَوَكَّلۡتُۖ وَعَلَيۡهِ فَلۡيَتَوَكَّلِ ٱلۡمُتَوَكِّلُونَ ٦٧
وَلَمَّا دَخَلُواْ مِنۡ حَيۡثُ أَمَرَهُمۡ أَبُوهُم مَّا كَانَ يُغۡنِي عَنۡهُم
مِّنَ ٱللَّهِ مِن شَيۡءٍ إِلَّا حَاجَةٗ فِي نَفۡسِ يَعۡقُوبَ قَضَىٰهَاۚ
وَإِنَّهُۥ لَذُو عِلۡمٖ لِّمَا عَلَّمۡنَٰهُ وَلَٰكِنَّ أَكۡثَرَ ٱلنَّاسِ
لَا يَعۡلَمُونَ ٦٨ وَلَمَّا دَخَلُواْ عَلَىٰ يُوسُفَ ءَاوَىٰٓ إِلَيۡهِ أَخَاهُۖ
قَالَ إِنِّيٓ أَنَا۠ أَخُوكَ فَلَا تَبۡتَئِسۡ بِمَا كَانُواْ يَعۡمَلُونَ ٦٩
فَلَمَّا جَهَّزَهُم بِجَهَازِهِمۡ جَعَلَ ٱلسِّقَايَةَ فِي رَحۡلِ أَخِيهِ

Gepäck seines Bruders. Dann rief ein Rufer aus:
»Ihr da von der Karawane, ihr seid ja Diebe.«
71 Sie sagten, während sie auf sie zugingen:
»Was vermißt ihr?« 72 Sie sagten: »Wir vermissen den Pokal des Königs. Wer ihn zurückbringt,
erhält die Last eines Kamels, und dafür bin ich
Bürge.« 73 Sie sagten: »Bei Gott, ihr wißt es,
wir sind nicht gekommen, um im Land Unheil
zu stiften, und wir sind keine Diebe.« 74 Sie sagten: »Was ist die Vergeltung dafür, wenn ihr
lügt?« 75 Sie sagten: »Die Vergeltung dafür ist,
daß der, in dessen Gepäck er gefunden wird,
selbst als Entgelt dafür dienen soll. So vergelten
wir denen, die Unrecht tun.« 76 Er begann (zu
suchen) in ihren Behältern vor dem Behälter seines Bruders. Dann holte er ihn aus dem Behälter
seines Bruders. So führten Wir für Josef eine List
aus. Nach der Religion des Königs hätte er unmöglich seinen Bruder (als Sklaven) nehmen
können, es sei denn, daß Gott es wollte. Wir erhöhen, wen Wir wollen, um Rangstufen. Und
über jeden, der Wissen besitzt, steht einer, der
25¼ (noch mehr) weiß. *77 Sie sagten: »Wenn er
stiehlt, so hat auch ein Bruder von ihm zuvor
gestohlen.« Josef hielt es in seinem Inneren geheim und zeigte es ihnen nicht offen. Er sagte:
»Ihr seid noch schlimmer daran. Und Gott weiß
besser, was ihr beschreibt.« 78 Sie sagten: »O
Hochmögender, er hat einen Vater, einen hochbetagten Greis. So nimm einen von uns an seiner

ثُمَّ أَذَّنَ مُؤَذِّنٌ أَيَّتُهَا ٱلْعِيرُ إِنَّكُمْ لَسَٰرِقُونَ ﴿٧٠﴾ قَالُوا۟ وَأَقْبَلُوا۟
عَلَيْهِم مَّاذَا تَفْقِدُونَ ﴿٧١﴾ قَالُوا۟ نَفْقِدُ صُوَاعَ ٱلْمَلِكِ وَلِمَن
جَآءَ بِهِۦ حِمْلُ بَعِيرٍ وَأَنَا۠ بِهِۦ زَعِيمٌ ﴿٧٢﴾ قَالُوا۟ تَٱللَّهِ لَقَدْ عَلِمْتُم
مَّا جِئْنَا لِنُفْسِدَ فِى ٱلْأَرْضِ وَمَا كُنَّا سَٰرِقِينَ ﴿٧٣﴾ قَالُوا۟ فَمَا
جَزَٰٓؤُهُۥٓ إِن كُنتُمْ كَٰذِبِينَ ﴿٧٤﴾ قَالُوا۟ جَزَٰٓؤُهُۥ مَن وُجِدَ
فِى رَحْلِهِۦ فَهُوَ جَزَٰٓؤُهُۥ ۚ كَذَٰلِكَ نَجْزِى ٱلظَّٰلِمِينَ ﴿٧٥﴾
فَبَدَأَ بِأَوْعِيَتِهِمْ قَبْلَ وِعَآءِ أَخِيهِ ثُمَّ ٱسْتَخْرَجَهَا مِن وِعَآءِ
أَخِيهِ ۚ كَذَٰلِكَ كِدْنَا لِيُوسُفَ ۖ مَا كَانَ لِيَأْخُذَ أَخَاهُ فِى دِينِ
ٱلْمَلِكِ إِلَّآ أَن يَشَآءَ ٱللَّهُ ۚ نَرْفَعُ دَرَجَٰتٍ مَّن نَّشَآءُ ۗ وَفَوْقَ
كُلِّ ذِى عِلْمٍ عَلِيمٌ ﴿٧٦﴾ * قَالُوٓا۟ إِن يَسْرِقْ فَقَدْ سَرَقَ
أَخٌ لَّهُۥ مِن قَبْلُ ۚ فَأَسَرَّهَا يُوسُفُ فِى نَفْسِهِۦ وَلَمْ يُبْدِهَا
لَهُمْ ۚ قَالَ أَنتُمْ شَرٌّ مَّكَانًا ۖ وَٱللَّهُ أَعْلَمُ بِمَا تَصِفُونَ ﴿٧٧﴾
قَالُوا۟ يَٰٓأَيُّهَا ٱلْعَزِيزُ إِنَّ لَهُۥٓ أَبًا شَيْخًا كَبِيرًا فَخُذْ أَحَدَنَا

Stelle. Wir sehen, daß du einer der Rechtschaffenen bist.« 79 Er sagte: »Gott behüte, daß wir einen anderen nehmen als den, bei dem wir unsere Sachen gefunden haben. Sonst würden wir zu denen gehören, die Unrecht tun.« 80 Als sie an ihm jede Hoffnung verloren hatten, gingen sie zu einem vertraulichen Gespräch unter sich. Der Älteste von ihnen sagte: »Wißt ihr nicht, daß euer Vater von euch ein verbindliches Versprechen vor Gott entgegengenommen hat, und daß ihr zuvor eure Pflicht in bezug auf Josef nicht erfüllt habt? Ich werde das Land nicht verlassen, bis mein Vater es mir erlaubt oder Gott ein Urteil für mich fällt, und Er ist der Beste derer, die Urteile fällen. 81 Kehrt zu eurem Vater zurück und sagt: ›O unser Vater, dein Sohn hat gestohlen, und wir bezeugen nur das, was wir wissen, und wir können nicht Hüter sein über das, was verborgen ist. 82 Und frag die Stadt, in der wir waren, und die Karawane, mit der wir gekommen sind. Wir sagen ja die Wahrheit.‹« 83 Er sagte: »Eure Seele hat euch etwas eingeredet. (Es gilt) schöne Geduld (zu üben). Möge Gott sie mir alle zurückbringen! Er ist der, der alles weiß und weise ist.« 84 Und er kehrte sich von ihnen ab und sagte: »O wie voller Gram bin ich um Josef!« Und seine Augen wurden weiß vor Trauer, und er unterdrückte (seinen Groll). 85 Sie sagten: »Bei Gott, du hörst nicht auf, des Josef zu gedenken, bis du bald zusammenbrichst

مَكَانَهُۥٓ ۖ إِنَّا نَرَىٰكَ مِنَ ٱلْمُحْسِنِينَ ﴿٧٨﴾ قَالَ مَعَاذَ ٱللَّهِ أَن
نَّأْخُذَ إِلَّا مَن وَجَدْنَا مَتَٰعَنَا عِندَهُۥٓ إِنَّآ إِذًا لَّظَٰلِمُونَ ﴿٧٩﴾
فَلَمَّا ٱسْتَيْـَٔسُوا۟ مِنْهُ خَلَصُوا۟ نَجِيًّا ۖ قَالَ كَبِيرُهُمْ أَلَمْ تَعْلَمُوٓا۟
أَنَّ أَبَاكُمْ قَدْ أَخَذَ عَلَيْكُم مَّوْثِقًا مِّنَ ٱللَّهِ وَمِن قَبْلُ مَا فَرَّطتُمْ
فِى يُوسُفَ ۖ فَلَنْ أَبْرَحَ ٱلْأَرْضَ حَتَّىٰ يَأْذَنَ لِىٓ أَبِىٓ أَوْ
يَحْكُمَ ٱللَّهُ لِى ۖ وَهُوَ خَيْرُ ٱلْحَٰكِمِينَ ﴿٨٠﴾ ٱرْجِعُوٓا۟ إِلَىٰٓ
أَبِيكُمْ فَقُولُوا۟ يَٰٓأَبَانَآ إِنَّ ٱبْنَكَ سَرَقَ وَمَا شَهِدْنَآ إِلَّا بِمَا
عَلِمْنَا وَمَا كُنَّا لِلْغَيْبِ حَٰفِظِينَ ﴿٨١﴾ وَسْـَٔلِ ٱلْقَرْيَةَ ٱلَّتِى
كُنَّا فِيهَا وَٱلْعِيرَ ٱلَّتِىٓ أَقْبَلْنَا فِيهَا ۖ وَإِنَّا لَصَٰدِقُونَ ﴿٨٢﴾
قَالَ بَلْ سَوَّلَتْ لَكُمْ أَنفُسُكُمْ أَمْرًا ۖ فَصَبْرٌ جَمِيلٌ ۖ عَسَى
ٱللَّهُ أَن يَأْتِيَنِى بِهِمْ جَمِيعًا ۚ إِنَّهُۥ هُوَ ٱلْعَلِيمُ ٱلْحَكِيمُ ﴿٨٣﴾
وَتَوَلَّىٰ عَنْهُمْ وَقَالَ يَٰٓأَسَفَىٰ عَلَىٰ يُوسُفَ وَٱبْيَضَّتْ عَيْنَاهُ
مِنَ ٱلْحُزْنِ فَهُوَ كَظِيمٌ ﴿٨٤﴾ قَالُوا۟ تَٱللَّهِ تَفْتَؤُا۟ تَذْكُرُ يُوسُفَ

oder zu denen gehörst, die zugrunde gehen.«
86 Er sagte: »Ich klage ja meinen Kummer und meine Trauer Gott allein, und ich weiß von Gott, was ihr nicht wißt.
87 O meine Söhne, geht und erkundigt euch über Josef und seinen Bruder. Und verliert nicht die Hoffnung, daß Gott Aufatmen verschafft. Die Hoffnung, daß Gott Aufatmen verschafft, verlieren nur die ungläubigen Leute.«
88 Als sie (wieder) bei ihm eintraten, sagten sie: »O Hochmögender, Not hat uns und unsere Angehörigen erfaßt. Und wir haben (nur) eine zusammengewürfelte Ware gebracht. So erstatte uns (dennoch) volles Maß und gib es uns als Almosen. Gott vergilt denen, die Almosen geben.«
89 Er sagte: »Wißt ihr (noch), was ihr Josef und seinem Bruder angetan habt, als ihr töricht gehandelt habt?«
90 Sie sagten: »Bist du denn wirklich Josef?« Er sagte: »Ich bin Josef, und das ist mein Bruder. Gott hat uns eine Wohltat erwiesen. Wahrlich, wenn einer gottesfürchtig und geduldig ist, so läßt Gott den Lohn der Rechtschaffenen nicht verlorengehen.«
91 Sie sagten: »Bei Gott, Gott hat dich vor uns bevorzugt. Und wir haben bestimmt gesündigt.«
92 Er sagte: »Keine Schelte soll heute über euch kommen. Gott vergibt euch, Er ist ja der Barmherzigste der Barmherzigen.
93 Nehmt dieses mein Hemd mit und legt es auf das Gesicht meines

حَتَّىٰ تَكُونَ حَرَضًا أَوْ تَكُونَ مِنَ ٱلْهَٰلِكِينَ ﴿٨٥﴾ قَالَ
إِنَّمَآ أَشْكُواْ بَثِّى وَحُزْنِىٓ إِلَى ٱللَّهِ وَأَعْلَمُ مِنَ ٱللَّهِ مَا لَا
تَعْلَمُونَ ﴿٨٦﴾ يَٰبَنِىَّ ٱذْهَبُواْ فَتَحَسَّسُواْ مِن يُوسُفَ
وَأَخِيهِ وَلَا تَاْيْـَٔسُواْ مِن رَّوْحِ ٱللَّهِ ۖ إِنَّهُۥ لَا يَاْيْـَٔسُ مِن
رَّوْحِ ٱللَّهِ إِلَّا ٱلْقَوْمُ ٱلْكَٰفِرُونَ ﴿٨٧﴾ فَلَمَّا دَخَلُواْ عَلَيْهِ
قَالُواْ يَٰٓأَيُّهَا ٱلْعَزِيزُ مَسَّنَا وَأَهْلَنَا ٱلضُّرُّ وَجِئْنَا بِبِضَٰعَةٍ
مُّزْجَىٰةٍ فَأَوْفِ لَنَا ٱلْكَيْلَ وَتَصَدَّقْ عَلَيْنَآ ۖ إِنَّ ٱللَّهَ
يَجْزِى ٱلْمُتَصَدِّقِينَ ﴿٨٨﴾ قَالَ هَلْ عَلِمْتُم مَّا فَعَلْتُم بِيُوسُفَ
وَأَخِيهِ إِذْ أَنتُمْ جَٰهِلُونَ ﴿٨٩﴾ قَالُوٓاْ أَءِنَّكَ لَأَنتَ يُوسُفُ ۖ
قَالَ أَنَا۠ يُوسُفُ وَهَٰذَآ أَخِى ۖ قَدْ مَنَّ ٱللَّهُ عَلَيْنَآ ۖ إِنَّهُۥ مَن
يَتَّقِ وَيَصْبِرْ فَإِنَّ ٱللَّهَ لَا يُضِيعُ أَجْرَ ٱلْمُحْسِنِينَ ﴿٩٠﴾
قَالُواْ تَٱللَّهِ لَقَدْ ءَاثَرَكَ ٱللَّهُ عَلَيْنَا وَإِن كُنَّا لَخَٰطِـِٔينَ ﴿٩١﴾
قَالَ لَا تَثْرِيبَ عَلَيْكُمُ ٱلْيَوْمَ ۖ يَغْفِرُ ٱللَّهُ لَكُمْ ۖ وَهُوَ
أَرْحَمُ ٱلرَّٰحِمِينَ ﴿٩٢﴾ ٱذْهَبُواْ بِقَمِيصِى هَٰذَا فَأَلْقُوهُ عَلَىٰ

Vaters, dann wird er wieder sehen können. Und
bringt alle eure Angehörigen zu mir.« 94 Als
nun die Karawane aufbrach, sagte ihr Vater:
»Wahrlich, ich spüre Josefs Geruch. Wenn ihr
nur nicht (meine Worte) als dummes Gerede zurückweisen würdet!« 95 Sie sagten: »Bei Gott,
du befindest dich in deinem alten Irrtum.«
96 Als nun der Freudenbote kam, legte er es auf
sein Gesicht, und er konnte wieder sehen. 96 Er
sagte: »Habe ich euch nicht gesagt, daß ich von
Gott weiß, was ihr nicht wißt?« 97 Sie sagten:
»O unser Vater, bitte für uns um Vergebung unserer Sünden. Wir haben ja gesündigt.« 98 Er
sagte: »Ich werde meinen Herrn um Vergebung
für euch bitten. Er ist der, der voller Vergebung
und barmherzig ist.« 99 Als sie nun bei Josef
eintraten, nahm er seine Eltern zu sich, und sagte: »Betretet Ägypten, so Gott will, in Sicherheit.« 100 Und er erhob seine Eltern auf den
Thron. Und sie warfen sich vor ihm nieder. Er
sagte: »O mein Vater, das ist die Deutung meines
Traumgesichts von früher. Mein Herr hat es
wahrgemacht. Und Er hat mir Gutes erwiesen,
als Er mich aus dem Gefängnis herauskommen
ließ und euch aus der Steppe hierherbrachte,
nachdem der Satan zwischen mir und meinen
Brüdern (zu Zwietracht) aufgestachelt hatte.
Mein Herr weiß zu erreichen, was Er will. Er ist
[25½] der, der alles weiß und weise ist. *101 Mein
Herr, du hast mir etwas von der Königsherrschaft zukommen lassen und mich etwas von

وَجْهِ أَبِى يَأْتِ بَصِيرًا وَأْتُونِى بِأَهْلِكُمْ أَجْمَعِينَ ﴿٩٣﴾
وَلَمَّا فَصَلَتِ ٱلْعِيرُ قَالَ أَبُوهُمْ إِنِّى لَأَجِدُ رِيحَ يُوسُفَ ۖ
لَوْلَآ أَن تُفَنِّدُونِ ﴿٩٤﴾ قَالُوا۟ تَٱللَّهِ إِنَّكَ لَفِى ضَلَـٰلِكَ
ٱلْقَدِيمِ ﴿٩٥﴾ فَلَمَّآ أَن جَآءَ ٱلْبَشِيرُ أَلْقَىٰهُ عَلَىٰ وَجْهِهِۦ
فَٱرْتَدَّ بَصِيرًا ۖ قَالَ أَلَمْ أَقُل لَّكُمْ إِنِّىٓ أَعْلَمُ مِنَ ٱللَّهِ
مَا لَا تَعْلَمُونَ ﴿٩٦﴾ قَالُوا۟ يَـٰٓأَبَانَا ٱسْتَغْفِرْ لَنَا ذُنُوبَنَآ إِنَّا
كُنَّا خَـٰطِـِٔينَ ﴿٩٧﴾ قَالَ سَوْفَ أَسْتَغْفِرُ لَكُمْ رَبِّىٓ ۖ إِنَّهُۥ
هُوَ ٱلْغَفُورُ ٱلرَّحِيمُ ﴿٩٨﴾ فَلَمَّا دَخَلُوا۟ عَلَىٰ يُوسُفَ ءَاوَىٰٓ
إِلَيْهِ أَبَوَيْهِ وَقَالَ ٱدْخُلُوا۟ مِصْرَ إِن شَآءَ ٱللَّهُ ءَامِنِينَ ﴿٩٩﴾
وَرَفَعَ أَبَوَيْهِ عَلَى ٱلْعَرْشِ وَخَرُّوا۟ لَهُۥ سُجَّدًا ۖ وَقَالَ يَـٰٓأَبَتِ
هَـٰذَا تَأْوِيلُ رُءْيَـٰىَ مِن قَبْلُ قَدْ جَعَلَهَا رَبِّى حَقًّا ۖ وَقَدْ
أَحْسَنَ بِىٓ إِذْ أَخْرَجَنِى مِنَ ٱلسِّجْنِ وَجَآءَ بِكُم مِّنَ
ٱلْبَدْوِ مِنۢ بَعْدِ أَن نَّزَغَ ٱلشَّيْطَـٰنُ بَيْنِى وَبَيْنَ إِخْوَتِىٓ ۚ إِنَّ
رَبِّى لَطِيفٌ لِّمَا يَشَآءُ ۚ إِنَّهُۥ هُوَ ٱلْعَلِيمُ ٱلْحَكِيمُ ﴿١٠٠﴾

der Deutung der Geschichten gelehrt. Du Schöpfer der Himmel und der Erde, Du bist mein Freund im Diesseits und Jenseits. Berufe mich als gottergeben ab und stelle mich zu den Rechtschaffenen.«

* رَبِّ قَدْ ءَاتَيْتَنِى مِنَ ٱلْمُلْكِ وَعَلَّمْتَنِى مِن تَأْوِيلِ
ٱلْأَحَادِيثِ ۚ فَاطِرَ ٱلسَّمَٰوَٰتِ وَٱلْأَرْضِ أَنتَ وَلِىِّۦ فِى ٱلدُّنْيَا
وَٱلْءَاخِرَةِ ۖ تَوَفَّنِى مُسْلِمًا وَأَلْحِقْنِى بِٱلصَّٰلِحِينَ ﴿١٠١﴾

Varianten: 12,58–101

12,58: wa djā'a ikhwatu: wa djā ikhwatu (nach Qālūn, al-Bazzī, Abū ʿAmr); wa djā'a wikhwatu, wa djā'a khwatu (nach Warsh, Qunbul).
12,59: innī ūfī: inniya ūfī (nach Nāfiʿ).
12,62: li fityānihī: li fityatihī (bei Ibn Masʿūd; nach den Rezitatoren außer Ḥamza, Kisā'ī, Ḥafṣ).
12,63: naktal: yaktal: damit er eine Zuteilung zugemessen bekommt (nach Ḥamza, Kisā'ī); yakīlu: damit er ... (bei Ubayy).
12,64: khayrun ḥāfiẓan: khayru ḥāfiẓin (bei Ubayy, al-Aʿmash; nach Abū l-Mutawakkil); khayru al-ḥāfiẓina (bei Ibn Masʿūd, al-Rabīʿ ibn Khuthaym; nach Abū Hurayra); khayrun ḥifẓan: der Beste beim Hüten (nach Abū ʿAmr, ʿĀṣim); khayru ḥifẓin (bei al-Aʿmash).
12,65: ilayhim: ilayhum (nach Ḥamza).
mā nabghī: mā tabghī: was wünschst du (mehr)? (bei Ibn Masʿūd; nach Abū Hurayra).
ruddat ilaynā: riddat ilaynā (nach ʿAlqama).
numīru: namīru (nach al-Sulamī).
12,66: tu'tūni: tu'tūnī (nach Ibn Kathīr, Abū ʿAmr).
12,68: limā ʿallamnāhū: mimmā ʿallamnāhū: von dem (was Wir ihn gelehrt haben) (bei al-Aʿmash).
12,69: dakhalū ʿalā yūsuf: dakhalū ʿalayhi: bei ihm eintraten (bei Ibn Masʿud).
āwā ilayhi akhāhu: ʿarafa yūsufu akhāhu: erkannte Josef seinen Bruder (bei Ibn Masʿūd).
innī: inniya (nach Nāfiʿ, Ibn Kathīr, Abū ʿAmr).
12,70: djaʿala: wa djaʿala (bei Ibn Masʿūd, al-Rabīʿ ibn Khuthaym).
mu'adhdhinun: muwadhdhinun (nach Warsh); hinzugefügt: min qabli an takhrudja l-ʿīru: bevor die Laststiere auszogen (bei Ibn Masʿūd).
12,71: ʿalayhim: ʿalayhi: auf ihn (zugingen) (bei Ibn Masʿūd).
tafqidūna: tufqidūna (nach Abū ʿAbd al-Raḥmān al-Sulamī).
12,72: ṣuwāʿa: ṣiyāʿa (bei Ubayy, Saʿīd ibn Djubayr); ṣuyāʿa (bei Saʿīd ibn Djubayr); ṣūʿa (bei Ubayy; nach Abū Radjā'); ṣāʿa (bei Mudjāhid; nach Abū Hurayra, Qatāda, al-Ḍaḥḥāk); ṣūgha: Goldbehälter (nach Yaḥyā ibn Yaʿmur); ṣaugha (bei Ibn Masʿūd; nach Zayd ibn ʿAlī, Ibn Waththāb, Ibn Yaʿmur); ṣawāʿa, ṣawāʿin, ṣawāgha (bei Saʿīd ibn Djubayr nach einigen Gewährsmännern), ṣauʿa (bei Ubayy nach einigen Gewährsmännern; nach Abū Radjā'); ṣāgha (laut Zamakhsharī II, S. 490).
12,73: dji'nā: djīnā (nach al-Sūsī).
12,76: wiʿā'i akhīhi: iʿā'i akhīhi (bei Ubayy, Saʿīd ibn Djubayr; nach ʿĪsā al-Thaqafī, Abān ibn Taghlib); wuʿā'i akhīhi (nach Ḥamza); wiʿā'i yakhīhi (nach Ibn Kathīr, Abū ʿAmr, Warsh, Qunbul).

daradjātin: daradjāti (nach den Rezitatorem außer Ḥafṣ und den Kūfiten).
wa fauqa kulli dhī ʿilmin ʿalīmun: wa fauqa kulli ʿālimin ʿālīmun, wa fauqa kulli dhī ʿālimin ʿalmun, wa fauqa kulli dhī ʿilmin ʿālimun (bei Ibn Masʿūd).

12,77: fa asarrahā: fa asarrahū (bei Ibn Masʿūd).

12,78: shaykhan kabīran: hinzugefügt: wa qad akhadha mīthāqanā ʿalyhi: und er hat unsere Verpflichtung ihm gegenüber entgegengenommen (bei Ubayy).
fa khudh aḥadanā: fa khudh ayyan shiʾta minnā: so nimm, wen du willst von uns (bei Ubayy).

12,80: istayʾasū: istaʾyasū, istāyasū (nach al-Bazzī neben der geläufigen Lesart).
lī abī: lī abiya (nach Ibn Kathīr); liya abiya (nach Nāfiʿ, Abū ʿAmr).

12,81: saraqa: surriqa: wurde des Diebstahls bezichtigt (bei Ibn ʿAbbās; nach Kisāʾī, al-Ḍaḥḥāk, Abū Razīn).
wa mā shahidnā: wa mā shahidnā ʿalayhi: wir bezeugen gegen ihn nur (bei Ubayy).

12,82: wa sʾal: wa sal (nach Ibn Kathīr, Kisāʾī).

12,83: ʿasā llāhu an: lā yaʿul an: es ist nicht unmöglich (bei Ibn Masʿūd).

12,85: taftaʾu: lā tazālu (bei al-Rabīʿ ibn Khuthaym, al-Aʿmash).
ḥaraḍan: ḥuruḍan (nach Ḥasan al-Baṣrī).

12,86: wa ḥuznī: wa ḥuzniya (nach Nāfiʿ, Abū ʿAmr, Ibn ʿĀmir); wa ḥazanī (nach Ḥasan al-Baṣrī); wa ḥuzunī (nach Qatāda).

12,87: fa taḥassasū: fa tadjassasū (laut Zamakhsharī II, S. 500).
lā tayʾasū: taʾyasū (nach al-Bazzī, neben der geläufigen Lesart).
yayʾas: yaʾyas (nach al-Bazzī, neben der geläufigen Lesart).
min rauḥi llāhi (zweimal): min rūḥi llāhi: (verzweifelt nicht) am Geist Gottes (nach Ḥasan al-Baṣrī, Qatāda); min raḥmati llāhi: an der Barmherzigkeit Gottes (bei Ubayy, al-Rabīʿ ibn Khuthaym; nach Abū Midjlaz); min faḍli llāhi: an der Huld Gottes (bei Ibn Masʿūd).

12,88: fa aufi lanā l-kayla: hinzugefügt: wa auqir rikābanā: und belade unsere Reittiere (bei Ibn Masʿūd).

12,90: aʾinnaka: ayinnaka (nach Nāfiʿ, Abū ʿAmr); āyinnaka (nach Qālūn, Abū ʿAmr, Hishām); innaka: du bist (nach Ibn Kathīr).
la anta: awa anta (bei Ubayy).
akhī: hinzugefügt: baynī wa baynahū qurbā: (mein Bruder), zwischen mir und ihm besteht eine Verwandtschaft (bei Ibn Masʿūd).
yattaqi: yattaqī (nach Qunbul).

12,92: wahuwa: wahwa (nach Qālūn, Abū ʿAmr, Kisāʾī).

12,93: waʾtūnī: waytūnī (nach Warsh, al-Sūsī).

12,94: faṣalati: infaṣala (bei Ibn ʿAbbās); faṣala (bei Ubayy).

12,96: djāʾa l-bashīru: hinzugefügt: min bayni l-ʿīri: (als der Freudenbote) von den Lasttieren (bei Ibn Masʿūd).
innī: inniya (nach Nāfiʿ, Ibn Kathīr, Abū ʿAmr).
12,98: rabbī: rabbiya (nach Nāfiʿ, Abū ʿAmr).
12,99: abawayhi: hinzugefügt: wa ikhwatahū: (seine Eltern) und seine Brüder (bei Ibn Masʿūd, al-Rabīʿ ibn Khuthaym, Ṭalḥa).
12,100: ʿalā l-ʿarshi: ʿalā l-sarīri: auf die Liege (bei Ubayy).
yā abati: yā abah (nach Ibn ʿĀmir).
bī idh: biya idh (nach Nāfiʿ, Abū ʿAmr).
ikhwatī: ikhwatiya (nach Warsh).
yashāʾu innahū: yashāʾu winnahū (nach Nāfiʿ, Ibn Kathīr, Abū ʿAmr)
12,101: ātaytanī: ātaytani (bei Ibn Masʿūd).
ʿallamtanī: ʿallamtani (bei Ibn Masʿūd).

Kommentar

12,58(58): **Und die Brüder Josefs kamen und traten bei ihm ein. Er erkannte sie, während sie ihn für einen Unbekannten hielten:** vgl. die *Bibel,* Gen 42,6.8.

12,59(59): **Als er sie nun mit ihrem Bedarf ausgestattet hatte:** wörtlich: mit ihrer Ausstattung ausstattete; auch später 12,70.

sagte er: »Bringt mir einen Bruder von euch, (einen) von eurem Vater. Seht ihr nicht, daß ich das Maß voll erstatte: Das ist ein Beweis gerechten Handelns im Geschäftsleben; → 6,152; → 7,85. Vgl. die *Bibel,* Gen 42,20.

und daß ich der beste Gastgeber bin?: auch in 23,29.

12,60(60): **Wenn ihr ihn mir nicht bringt, so bekommt ihr bei mir kein Maß mehr, und ihr sollt nicht in meine Nähe treten«:** Die Drohung ist wohl als psychisches Druckmittel zu verstehen.

12,61(62): **Sie sagten: »Wir werden versuchen, seinen Vater in bezug auf ihn zu überreden, und wir werden es bestimmt tun«:** zum letzten Halbsatz siehe auch 21,79.104.

12,62(62): **Und er sagte zu seinen Knechten: »Steckt auch ihre Tauschware in ihr Gepäck, daß sie sie (wieder) erkennen, wenn sie zu ihren Angehörigen heimgekehrt sind. Vielleicht werden sie dann auch zurückkommen«:** vgl. die *Bibel,* Gen 42,25.

Josef zeigt sich großzügig – glossieren die muslimischen Kommentatoren –, weil er seinem Vater Gutes tun will, oder weil man von seinen Angehörigen in Notzeiten kein Geld für Lebensmittel nehmen soll.

Seine Brüder sollen ermutigt werden, zurückzukommen, entweder aus Ehrlichkeit, um nach dem Vorfall zu fragen und die Tauschware abzugeben, oder aus Zuversicht, da sie ja feststellen konnten, daß Josef es gut mit ihnen meinte. Dies alles wird es vielleicht dem Vater erleichtern, den jüngsten Sohn mit seinen Brüdern nach Ägypten zu schicken[1].

1. Vgl. Zamakhsharī II, S. 485; Rāzī IX, 18, S. 172.

12,63(63): **Als sie zu ihrem Vater zurückkamen, sagten sie: »O unser Vater, die (nächste) Zuteilung wurde uns verwehrt. So schick unseren Bruder mit uns, damit wir eine Zuteilung zugemessen bekommen. Und wir werden ihn bestimmt behüten:** zum letzten Halbsatz → 12,12. Vgl. die *Bibel,* Gen 42,29–30.34.

12,64(64): **Er sagte: »Kann ich ihn euch etwa anders anvertrauen, als ich euch zuvor seinen Bruder anvertraut habe?:** siehe 12,11. Vgl. die *Bibel,* Gen 42,36.

Gott ist der beste Hüter, und Er ist der Barmherzigste der Barmherzigen«: Der letzte Ausdruck findet sich auch in 12,92; → 7,151; 21,83.

12,65(65): **Und als sie ihre Sachen öffneten, fanden sie, daß ihre Tauschware ihnen zurückgegeben worden war:** In der *Bibel,* Gen 42,35, steht, daß sie daraufhin Angst empfunden haben. Anders im Koran: Dies läßt sie auf eine gute Behandlung hoffen.

Sie sagten: »O unser Vater, was wünschen wir (mehr)?: oder: wir wünschen nichts (mehr): Dieses Zeichen seiner Großzügigkeit ist doch eindeutig; oder: wir wollen keine Lüge über Josef erzählen, oder: wir brauchen keine zusätzliche Tauschware für die nächste Zuteilung[2].

Das ist unsere Tauschware, sie ist uns zurückgegeben worden. Wir werden Vorrat für unsere Angehörigen bringen, unseren Bruder behüten und die Last eines Kamels mehr zugemessen bekommen. Das ist ein leicht zu erhaltendes Maß«: Aufgrund ihrer Erfahrung gehen sie davon aus, daß jeder Mann die Last eines Kamels zugemessen bekommt, und einem großzügigen Mann wie Josef dürfte diese zusätzliche Zuteilung keine Schwierigkeit bereiten.

12,66(66): **Er sagte: »Ich werde ihn nicht mit euch schicken, bis ihr mir ein verbindliches Versprechen vor Gott gebt, daß ihr ihn mir zurückbringt, es sei denn, ihr werdet umringt:** und verfügt über keine Möglichkeit, euer Leben und eure Anliegen zu schützen; zum Ausdruck → 2,81.

Als sie ihm ihr verbindliches Versprechen gegeben hatten, sagte er: »Gott ist Sachwalter über das, was wir (hier) sagen«: auch in 28,28; Gott

2. Vgl. Zamakhsharī II, S. 486; Rāzī IX, 18, S. 174; Qurṭubī V, 9, S. 195–196.

ist Sachwalter über alle Dinge: 6,102; 11,12; 39,62; → 3,173. Über dem Versprechen der Menschen steht Gott als letzte Instanz und Zeuge über die Aussage und die eingegangene Verpflichtung.

In der *Bibel,* Gen 43,9, verbürgt Juda für seinen Bruder.

12,67(67): **Und er sagte: »O meine Söhne, geht nicht durch ein einziges Tor hinein. Geht durch verschiedene Tore hinein:** in die Stadt, vgl. 12,82.

Vgl. eine ähnliche Empfehlung in Gen. r. 91,6: »So hat unser Vater uns geboten: Betretet die Stadt nicht durch ein Tor.«[3]

Viele muslimische Kommentatoren gehen – wie im jüdischen Midrash[4] – fast einhellig davon aus, daß diese Maßnahme die Söhne Jakobs vor dem bösen Blick schützen soll[5]. Rāzī meint, man könne hier auch an die Gefahren denken, die aus dem Neid der Leute oder aus dem Zorn des Königs kommen könnten[6].

Ich kann euch vor Gott nichts nützen: und das, was er für euch bestimmt hat, nicht abwehren; → 3,10.

Das Urteil gehört Gott allein: → 12,40.

Auf Ihn vertraue ich. Auf Ihn sollen die vertrauen, die (überhaupt auf jemanden) vertrauen«: auch in 14,12; 39,38; → 3,122.

12,68(68): **Als sie hineingingen, wie ihr Vater ihnen befohlen hatte, hat es ihnen vor Gott nichts genützt:** Was Gott bestimmt, daß kann nicht durch menschliche Maßnahmen abgewehrt werden.

Es war nur ein Bedürfnis in der Seele Jakobs, das er (damit) erfüllte. Und er besaß Wissen, weil Wir es ihn gelehrt hatten: oder: über das, was Wir ihn gelehrt hatten. Sein Wissen erfaßt nur das, was Gott will, und nur insofern es Gott will.

Aber die meisten Menschen wissen nicht Bescheid: 12,21.40; → 7,187.

12,69(69): **Als sie bei Josef eintraten, nahm er seinen Bruder zu sich:** siehe 12,99 (bezogen auf die Eltern Josefs). Der Ausdruck kann bedeuten, daß er Benjamin zur Seite nahm oder umarmte oder bei sich aufnahm.

3. Vgl. *Abraham Geiger:* Judaism and Islam, Neudruck: New York 1970, S. 115; Speyer, S. 214.
4. Vgl. A. Geiger, ebenda.
5. Vgl. Rāzī IX, 18, S. 176–178. Siehe auch Zamakhsharī II, S. 488.
6. Vgl. Rāzī IX, 18, S. 178.

Er sagte: »Ich, ich bin dein Bruder: Die muslimischen Kommentatoren deuten den Ausdruck als Hinweis auf die Verwandtschaft zwischen den beiden. In der *Bibel,* Gen 43,29, verrät Josef noch nicht seine Identität, sondern sagt lediglich: »Gottes Gnade sei mit dir, mein Sohn.« Vielleicht deswegen meint Wahb ibn Munabbih, daß das Wort »Bruder« hier im übertragenen Sinne zu verstehen sei: Ich werde dir wie ein Bruder sein[7].

So fühle dich nicht elend wegen dessen, was sie taten«: so auch in 10,65; 11,36 (Noach). Der Satz erinnert an das böse Verhalten der Brüder gegenüber Josef und Benjamin oder allgemein an ihr übles Verhalten. Er kann bedeuten, daß Benjamin sich nicht betrüben soll, wenn ihn seine Brüder für die besondere Behandlung durch Josef beneiden.

12,70(70): **Als er sie nun mit ihrem Bedarf ausgestattet hatte:** → 12,59.

tat er das Trinkgefäß in das Gepäck seines Bruders: vgl. die *Bibel,* Gen 44,2.

Dann rief ein Rufer aus: »Ihr da von der Karawane, ihr seid ja Diebe«: vgl. dazu und zu den nächsten Versen die *Bibel,* Gen 44,4–6.

12,71(71): **Sie sagten, während sie auf sie zugingen: »Was vermißt ihr?«:** Hier werden der Rufer und die Knechte Josefs angesprochen.

12,72(72): **Sie sagten: »Wir vermissen den Pokal des Königs. Wer ihn zurückbringt, erhält die Last eines Kamels, und dafür bin ich Bürge«:** Im letzten Satz verkündet der Rufer die Entscheidung seines Herrn. So ist der Satz entweder als die Aussage des Rufers oder Josefs selbst zu verstehen.

12,73(73): **Sie sagten: »Bei Gott, ihr wißt es, wir sind nicht gekommen, um im Land Unheil zu stiften:** → 2,11.

und wir sind keine Diebe«: vgl. die *Bibel,* Gen 44,7.

12,74(74): **Sie sagten: »Was ist die Vergeltung dafür, wenn ihr lügt?«:** Die Frage bezieht sich nicht auf die Strafe der Lüge, sondern auf die Strafe des Diebstahls, den die Brüder Josefs verneinen.

7. Zur Deutung von Wahb siehe Zamakhsharī II, S. 489; Rāzī IX, 18, S. 181.

12,75(75): **Sie sagten: »Die Vergeltung dafür ist, daß der, in dessen Gepäck er gefunden wird, selbst als Entgelt dafür dienen soll:** Man kann auch übersetzen: Sein Entgelt ist der, in dessen Gepäck er (d. h. der Pokal) gefunden wird; ja das ist seine Vergeltung. Beide Deutungen bekräftigen, daß der Dieb zum Sklaven genommen wird; vgl. die *Bibel*, Gen 44,17.

So vergelten wir denen, die Unrecht tun«: Hier geht es um das Recht der damaligen Zeit. Der gleiche Ausdruck, bezogen auf Gott, findet sich in 7,41; → 7,40. – Vgl. die *Bibel*, Gen 44,9.

12,76(76): **Er begann (zu suchen):** Josef. In der *Bibel*, Gen 44,12, ist es der Hausverwalter.

in ihren Behältern vor dem Behälter seines Bruders. Dann holte er ihn aus dem Behälter seines Bruders: vgl. die *Bibel*, Gen 44,12.

So führten Wir für Josef eine List aus. Nach der Religion des Königs hätte er unmöglich seinen Bruder (als Sklaven) nehmen können, es sei denn, daß Gott es wollte: *nach der Religion:* nach den Rechtsbestimmungen, denen der König folgt, oder die er erlassen hat. Gott hat diesen Bestimmungen entsprechend gehandelt, um Josef zu dem für ihn von Gott bestimmten Ziel zu führen.

Wir erhöhen, wen Wir wollen, um Rangstufen: in der Klugheit, der Einsicht und der Macht, oder auch in der Nutznießung der Güter des Diesseits und in der Belohnung im Jenseits; → 2,253; → 6,83.

Und über jeden, der Wissen besitzt, steht einer, der (noch mehr) weiß: Josef besitzt mehr Wissen als seine Brüder, und Gott steht über allen, die Wissen besitzen.

12,77(77): **Sie sagten: »Wenn er stiehlt, so hat auch ein Bruder von ihm zuvor gestohlen«:** Saʿīd ibn Djubayr erwähnt zu diesem Vorwurf, daß Rahel, die Mutter Josefs, diesem befohlen hatte, die Götzenbilder ihres Vaters zu stehlen und zu zerschmettern[8]. Da tat er es. Die *Bibel*, Gen 31,19.34, erwähnt daß Rahel die Götterbilder ihres Vaters gestohlen hatte.

8. Vgl. weitere Erläuterungen bei Zamakhsharī II, S. 492–493; Rāzī IX, 18, S. 187–188.

Josef hielt es in seinem Inneren geheim und zeigte es ihnen nicht offen: Josef hielt zunächst geheim die Worte, die er im nächsten Satz sagt, oder die Wahrheit über das, was ihm von seinen Brüdern vorgeworfen wurde.

Er sagte: »Ihr seid noch schlimmer daran: Ihr habt Schlimmeres begangen. → 5,60.

Und Gott weiß besser, was ihr beschreibt«: Gott kennt ja, was wirklich geschehen ist.

12,78(78): **Sie sagten: »O Hochmögender, er hat einen Vater, einen hochbetagten Greis:** oder einen angesehenen alten Mann. Siehe die *Bibel,* Gen 44,29.31.

So nimm einen von uns an seiner Stelle: als Sklaven oder als Geisel, bis wir ihn freikaufen können.

Wir sehen, daß du einer der Rechtschaffenen bist«: wenn du uns auf diese Weise behandelst; oder weil du uns bisher gut behandelt hast; oder weil du die Menschen allgemein gut behandelst; → 12,36.

12,79(79): **Er sagte: »Gott behüte, daß wir einen anderen nehmen als den, bei dem wir unsere Sachen gefunden haben. Sonst würden wir zu denen gehören, die Unrecht tun«:** zum letzten Ausdruck → 2,145.

12,80(80): **Als sie an ihm jede Hoffnung verloren hatten, gingen sie zu einem vertraulichen Gespräch unter sich. Der Älteste von ihnen sagte: »Wißt ihr nicht, daß euer Vater von euch ein verbindliches Versprechen vor Gott entgegengenommen hat:** → 12,66; vgl. die *Bibel,* Gen 44,32.

und daß ihr zuvor eure Pflicht in bezug auf Josef nicht erfüllt habt?: siehe 12,14–18.

Ich werde das Land nicht verlassen, bis mein Vater es mir erlaubt oder Gott ein Urteil für mich fällt, und Er ist der Beste derer, die Urteile fällen: zum letzten Satz → 7,87; 10,109. Vgl. die *Bibel,* Gen 44,33.

12,81(81): **Kehrt zu eurem Vater zurück und sagt: »O unser Vater, dein Sohn hat gestohlen, und wir bezeugen nur das, was wir wissen, und wir können nicht Hüter sein über das, was verborgen ist:** Uns war verborgen, daß er stiehlt, deswegen können wir nicht für sein Tun haften und unser Versprechen einhalten. Oder: Wir können nicht bestimmen, ob die Beschuldigung wahr ist, das Verborgene kennt Gott allein.

12,82(82): **Und frag die Stadt, in der wir waren, und die Karawane, mit der wir gekommen sind. Wir sagen ja die Wahrheit:** Die Stadt, in der dies alles geschehen ist, oder das Land Ägypten. Der Ausdruck kann auch nur rhetorisch gemeint sein: Frag die Stadt und die Karawane und die Mauern und alle möglichen Menschen und Gegenstände[9].

12,83(83): **Er sagte: »Eure Seele hat euch etwas eingeredet. (Es gilt) schöne Geduld (zu üben):** → 12,18.

Möge Gott sie mir alle zurückbringen!: alle meine Söhne, auch den Ältesten, der in Ägypten geblieben war, sowie Benjamin und Josef.

Er ist der, der alles weiß und weise ist: → 2,32.

12,84(84): Und er kehrte sich von ihnen ab und sagte: »O wie voller Gram bin ich um Josef!« Und seine Augen wurden weiß vor Trauer, und er unterdrückte (seinen Groll): oder: er war voll Gram und Groll. *weiß*, d. h. blind: siehe dazu 12,93.

12,85(85): **Sie sagten: »Bei Gott, du hörst nicht auf, des Josef zu gedenken, bis du bald zusammenbrichst oder zu denen gehörst, die zugrunde gehen.«**

12,86(86): **Er sagte: »Ich klage ja meinen Kummer und meine Trauer Gott allein, und ich weiß von Gott, was ihr nicht wißt:** nämlich, daß Josef noch lebt; siehe 12,87. Vgl. Tanḥ miqqsh: »Gott hat Jaqob offenbart, daß Joseph noch lebte.«[10]

12,87(87): **O meine Söhne, geht und erkundigt euch über Josef und seinen Bruder. Und verliert nicht die Hoffnung, daß Gott Aufatmen verschafft. Die Hoffnung, daß Gott Aufatmen verschafft, verlieren nur die ungläubigen Leute«:** ähnlich in 15,56; 29,23; Aufatmen (*rauḥ*): auch in 56,89.

9. Vgl. Rāzī IX, 18, S. 194.
10. Zitiert bei Speyer, S. 218.

12,88(88): **Als sie (wieder) bei ihm eintraten:** bei Josef.

sagten sie: »O Hochmögender, Not hat uns und unsere Angehörigen erfaßt. Und wir haben (nur) eine zusammengewürfelte Ware gebracht: minderwertige Tauschware, die kaum jemand annimmt.

So erstatte uns (dennoch) volles Maß und gib es uns als Almosen. Gott vergilt denen, die Almosen geben«: *als Almosen:* da sie ja wissen, daß ihre Tauschware nichts wert ist.

12,89(89): **Er sagte: »Wißt ihr (noch), was ihr Josef und seinem Bruder angetan habt, als ihr töricht gehandelt habt?«:** vgl. das, was ihr Ältester vorhin gesagt hat: 12,80. Zum ersten Mal erwähnt Josef seinen eigenen Namen vor seinen Brüdern. Er will ihnen helfen, ihn endlich wiederzuerkennen.

12,90(90): **Sie sagten: »Bist du denn wirklich Josef?« Er sagte: »Ich bin Josef, und das ist mein Bruder. Gott hat uns eine Wohltat erwiesen:** vgl. die *Bibel,* Gen 45,3–5.7–8.

Wahrlich, wenn einer gottesfürchtig und geduldig ist, so läßt Gott den Lohn der Rechtschaffenen nicht verlorengehen«: → 3,171; → 2,143.

12,91(91): **Sie sagten: »Bei Gott, Gott hat dich vor uns bevorzugt:** nicht nur unser Vater. Gott hat dir besondere Eigenschaften verliehen und besondere Gaben geschenkt.

Und wir haben bestimmt gesündigt«: siehe auch 12,97.

12,92(92): **Er sagte: »Keine Schelte soll heute über euch kommen. Gott vergibt euch:** Man kann auch übersetzen: Keine Schelte soll über euch kommen. Heute vergibt euch Gott. Vgl. die *Bibel,* Gen 45,5.

Er ist ja der Barmherzigste der Barmherzigen: → 12,64; → 7,151.

12,93(93): **Nehmt dieses mein Hemd mit und legt es auf das Gesicht meines Vaters, dann wird er wieder sehen können:** Jakob war blind oder fast erblindet vor Trauer und Gram: 12,84.

Und bringt alle eure Angehörigen zu mir«: vgl. die *Bibel,* Gen 44,9–10.

12,94(94): **Als nun die Karawane aufbrach, sagte ihr Vater: »Wahrlich, ich spüre Josefs Geruch. Wenn ihr nur nicht (meine Worte) als dummes Gerede zurückweisen würdet!«:** Man kann auch übersetzen: Wenn ihr mich nur nicht der Verwirrung bezichtigt!

Jakob spricht hier zu seinen Leuten in seinem Aufenthaltsort.

12,95(95): **Sie sagten: »Bei Gott, du befindest dich in deinem alten Irrtum«:** Seine Leute hatten Jakob bereits vorgeworfen, daß er nicht aufhört, Josefs zu gedenken: 12,85.

12,96(96): **Als nun der Freudenbote kam, legte er es auf sein Gesicht, und er konnte wieder sehen:** *es*: das Hemd Josefs: 12,93.

Weiter **12,96**(97): **Er sagte: »Habe ich euch nicht gesagt, daß ich von Gott weiß, was ihr nicht wißt?«:** → 12,86.

12,97(98): **Sie sagten: »O unser Vater, bitte für uns um Vergebung unserer Sünden:** → 12,86.

Wir haben ja gesündigt«: bereits in 12,91.

12,98(99): **Er sagte: »Ich werde meinen Herrn um Vergebung für euch bitten:** auch in 19,47.

Er ist der, der voller Vergebung und barmherzig ist: → 2,173.

12,99(100): **Als sie nun bei Josef eintraten, nahm er seine Eltern zu sich:** vgl. die *Bibel,* Gen 46,29. Der Ausdruck findet sich bereits in 12,69.

seine Eltern: sein Vater und seine Mutter. Einige Kommentatoren berücksichtigen die in der Bibel bezeugte Tatsache, daß Rahel, die Mutter Josefs, bereits tot war (Gen 35,18–20), und meinen, es gehe hier um den Vater Josefs und seine Tante.

und sagte: »Betretet Ägypten, so Gott will, in Sicherheit«: Der Ausdruck »so Gott will« kann entweder auf »betretet« oder auf »in Sicherheit« bezogen werden. Die Angehörigen Josefs sollen in Ägypten einen sicheren Aufenthalt erhalten; vgl. die *Bibel,* Gen 47,6.11–12.

in Sicherheit: siehe 15,46; 48,27; – 34,18; → 2,125.126; → 3,97.

12,100(101): **Und er erhob seine Eltern auf den Thron:** auf dem er selbst saß.

Und sie warfen sich vor ihm nieder: es sind entweder alle einschließlich der Eltern, oder – wie einige Kommentatoren meinen – nur die Brüder, die sich vor ihm niederwarfen, dies als Zeichen ihrer Verehrung.

Er sagte: »O mein Vater, das ist die Deutung meines Traumgesichts von früher. Mein Herr hat es wahrgemacht: siehe 12,4.

Und Er hat mir Gutes erwiesen, als Er mich aus dem Gefängnis herauskommen ließ und euch aus der Steppe hierherbrachte, nachdem der Satan zwischen mir und meinen Brüdern (zu Zwietracht) aufgestachelt hatte: zum Ausdruck → 7,200; zur Sache: 12,7–17.

Mein Herr weiß zu erreichen, was Er will: Zu den verschiedenen Bedeutungen des Adjektivs *laṭīf* siehe → 6,103. Gott ist feinfühlig, fein, so daß er alle Einzelheiten kennt und alle Wege, die zum Ziel führen überschaut.

Er ist der, der alles weiß und weise ist: → 2,32.

12,101(102): **Mein Herr, du hast mir etwas von der Königsherrschaft zukommen lassen und mich etwas von der Deutung der Geschichten gelehrt:** siehe 12,26.36.

Du Schöpfer der Himmel und der Erde, Du bist mein Freund im Diesseits und Jenseits: → 6,14.

Berufe mich als gottergeben ab: → 2,132.

und stelle mich zu den Rechtschaffenen«: auch in 26,83; – 5,84; 29,9; 27,19; 68,50; vgl. 21,75.86; → 2,130.

12,102–111

102 Dies gehört zu den Berichten über das Unsichtbare, das Wir dir offenbaren. Du warst nicht
bei ihnen, als sie ihre Ränke schmiedeten.
103 Und die meisten Menschen sind nicht gläubig, du magst dich noch so sehr bemühen.
104 Und du verlangst von ihnen keinen Lohn
dafür. Er ist nur eine Ermahnung für die Weltenbewohner. 105 Wie viele Zeichen gibt es in
den Himmeln und auf der Erde, an denen sie vorbeigehen, indem sie sich von ihnen abwenden?
106 Und die meisten von ihnen glauben nicht
an Gott, ohne (Ihm andere) beizugesellen.
107 Wähnen sie sich denn in Sicherheit davor,
daß eine überdeckende (Strafe) von der Pein
Gottes über sie kommt, oder daß plötzlich die
Stunde über sie kommt, ohne daß sie es merken?
108 Sprich: Das ist mein Weg. Ich rufe zu Gott
aufgrund eines einsichtbringenden Beweises, ich
und diejenigen, die mir folgen. Preis sei Gott!
und ich gehöre nicht zu den Polytheisten.
109 Und Wir haben vor dir von den Bewohnern
der Städte nur Männer gesandt, denen Wir Offenbarungen eingegeben haben. Sind sie nicht
auf der Erde umhergegangen und haben geschaut, wie das Ende derer war, die vor ihnen
lebten? Wahrlich, die Wohnstätte des Jenseits
ist besser für die, die gottesfürchtig sind. Habt

ذَٰلِكَ
مِنْ أَنۢبَآءِ ٱلْغَيْبِ نُوحِيهِ إِلَيْكَ ۖ وَمَا كُنتَ لَدَيْهِمْ إِذْ أَجْمَعُوٓا۟
أَمْرَهُمْ وَهُمْ يَمْكُرُونَ ﴿١٠٢﴾ وَمَآ أَكْثَرُ ٱلنَّاسِ وَلَوْ حَرَصْتَ
بِمُؤْمِنِينَ ﴿١٠٣﴾ وَمَا تَسْـَٔلُهُمْ عَلَيْهِ مِنْ أَجْرٍ ۚ إِنْ هُوَ إِلَّا ذِكْرٌ
لِّلْعَٰلَمِينَ ﴿١٠٤﴾ وَكَأَيِّن مِّنْ ءَايَةٍ فِى ٱلسَّمَٰوَٰتِ وَٱلْأَرْضِ
يَمُرُّونَ عَلَيْهَا وَهُمْ عَنْهَا مُعْرِضُونَ ﴿١٠٥﴾ وَمَا يُؤْمِنُ أَكْثَرُهُم
بِٱللَّهِ إِلَّا وَهُم مُّشْرِكُونَ ﴿١٠٦﴾ أَفَأَمِنُوٓا۟ أَن تَأْتِيَهُمْ غَٰشِيَةٌ مِّنْ
عَذَابِ ٱللَّهِ أَوْ تَأْتِيَهُمُ ٱلسَّاعَةُ بَغْتَةً وَهُمْ لَا يَشْعُرُونَ ﴿١٠٧﴾
قُلْ هَٰذِهِۦ سَبِيلِىٓ أَدْعُوٓا۟ إِلَى ٱللَّهِ ۚ عَلَىٰ بَصِيرَةٍ أَنَا۠ وَمَنِ
ٱتَّبَعَنِى ۖ وَسُبْحَٰنَ ٱللَّهِ وَمَآ أَنَا۠ مِنَ ٱلْمُشْرِكِينَ ﴿١٠٨﴾ وَمَآ
أَرْسَلْنَا مِن قَبْلِكَ إِلَّا رِجَالًا نُّوحِىٓ إِلَيْهِم مِّنْ أَهْلِ
ٱلْقُرَىٰٓ ۗ أَفَلَمْ يَسِيرُوا۟ فِى ٱلْأَرْضِ فَيَنظُرُوا۟ كَيْفَ كَانَ
عَٰقِبَةُ ٱلَّذِينَ مِن قَبْلِهِمْ ۗ وَلَدَارُ ٱلْءَاخِرَةِ خَيْرٌ لِّلَّذِينَ ٱتَّقَوْا۟ ۚ

ihr denn keinen Verstand? 110 Als dann die Gesandten die Hoffnung verloren hatten und sie meinten, sie seien belogen worden, kam unsere Unterstützung zu ihnen. Und so wird errettet, wen Wir wollen. Und niemand kann unsere Schlagkraft von den Leuten zurückhalten, die Übeltäter sind. 111 Wahrlich, in der Erzählung über sie ist eine Lehre für die Einsichtigen. Es ist keine Geschichte, die erdichtet wird, sondern die Bestätigung dessen, was vor ihm vorhanden war, und eine ins einzelne gehende Darlegung aller Dinge, und eine Rechtleitung und Barmherzigkeit für Leute, die glauben.

أَفَلَا تَعْقِلُونَ ﴿١٠٩﴾ حَتَّىٰٓ إِذَا ٱسْتَيْـَٔسَ ٱلرُّسُلُ وَظَنُّوٓا۟ أَنَّهُمْ
قَدْ كُذِبُوا۟ جَآءَهُمْ نَصْرُنَا فَنُجِّىَ مَن نَّشَآءُ ۖ وَلَا يُرَدُّ بَأْسُنَا
عَنِ ٱلْقَوْمِ ٱلْمُجْرِمِينَ ﴿١١٠﴾ لَقَدْ كَانَ فِى قَصَصِهِمْ
عِبْرَةٌ لِّأُو۟لِى ٱلْأَلْبَٰبِ ۗ مَا كَانَ حَدِيثًا يُفْتَرَىٰ وَلَٰكِن
تَصْدِيقَ ٱلَّذِى بَيْنَ يَدَيْهِ وَتَفْصِيلَ كُلِّ شَىْءٍ وَهُدًى
وَرَحْمَةً لِّقَوْمٍ يُؤْمِنُونَ ﴿١١١﴾

Varianten: 12,102–111

12,102: ladayhim: ladayhum (nach Ḥamza).
12,105: wa ka'ayyin: wa kā'in (nach Ibn Kathīr).
wal-arḍu: und die Erde (bei ʿIkrima; nach ʿAmr ibn Fā'id); wal-arḍa (nach al-Suddī).
wal-arḍi yamurrūna ʿalayhā: wal-arḍu yamshūna ʿalayhā: und die Erde, auf der sie schreiten (bei Ibn Masʿūd); hinzugefügt: wal-samā'u wal-arḍu āyatāni ʿaẓīmatāni: und der Himmel und die Erde sind zwei gewaltige Zeichen (bei Ibn Masʿūd nach einigen Gewährsmännern).
12,108: hādhih: hādhā (bei Ibn Masʿūd).
sabīlī: sabīliya (nach Nāfiʿ).
12,109: nūḥī ilayhim: yūḥā ilayhum: denen eingegeben wurde (nach Ḥamza).
afalā taʿqilūna: afalā yaʿqilūna: haben sie denn keinen Verstand? (nach den Rezitatoren außer Nāfiʿ, Ibn ʿĀmir, ʿĀṣim).
12,110: istay'asa: ista'yasa, istāyasa (nach al-Bazzī).
kudhibū: kudhdhibū (bei Ibn Masʿūd nach einigen Gewährsmännern; nach den Rezitatoren außer Ḥafṣ und den Kūfiten); kadhabū: daß sie gelogen haben (bei Mudjāhid; nach Ḥamīd).
fa nudjjiya: fa nadjā: er ist gerettet (bei al-Rabīʿ ibn Khuthaym; nach Ibn Muḥayṣin); fa nundjī: so retten Wir; fa nunadjjī: so erretten Wir (laut Zamakhsharī II, S. 510).
taṣdīqa: taṣdīqu (laut Zamakhsharī II, S. 511).

Kommentar

Der Schlußteil besteht aus verschiedenen Beobachtungen, Ermahnungen und Äußerungen, die an anderer Stelle im Koran (in den bereits kommentierten Suren) vorkommen.

12,102(103): **Dies gehört zu den Berichten über das Unsichtbare, das Wir dir offenbaren:** → 3,44.

Du warst nicht bei ihnen: → 3,44; → 2,137.

als sie ihre Ränke schmiedeten: siehe 12,15.

12,103(103): **Und die meisten Menschen sind nicht gläubig, du magst dich noch so sehr bemühen:** zum Thema siehe 16,37; → 10,99.

12,104(104): **Und du verlangst von ihnen keinen Lohn dafür. Er ist nur eine Ermahnung für die Weltenbewohner:** → 6,90; 38,86–87.

12,105(105): **Wie viele Zeichen gibt es in den Himmeln und auf der Erde, an denen sie vorbeigehen, indem sie sich von ihnen abwenden?:** ähnlich in → 6,4.

12,106(106): **Und die meisten von ihnen glauben nicht an Gott, ohne (Ihm andere) beizugesellen:** siehe → 2,100; → 11,17.

12,107(107): **Wähnen sie sich denn in Sicherheit davor:** zum Ausdruck siehe auch 17,68–69; 67,16–17; – 70,28.

daß eine überdeckende (Strafe) von der Pein Gottes über sie kommt: *ghāshiyatun* (überdeckende Strafe): 88,1; – 29,55; 44,11.

oder daß plötzlich die Stunde über sie kommt, ohne daß sie es merken: auch in 16,26; 39,25. – Zum Thema siehe auch → 6,31.47; → 7,4; 16,45; 21,40.

12,108(108): **Sprich: Das ist mein Weg. Ich rufe zu Gott aufgrund eines**

einsichtbringenden Beweises, ich und diejenigen, die mir folgen: *Ich rufe zu Gott:* siehe auch in 13,36; 40,42; – 22,67; 28,87; 33,46; 41,33; vgl. 42,15.

Preis sei Gott! und ich gehöre nicht zu den Polytheisten: → 9,31.

12,109(109): **Und Wir haben vor dir von den Bewohnern der Städte nur Männer gesandt, denen Wir Offenbarungen eingegeben haben:** auch in 16,43; 21,7.25; – zum Thema → 6,91.

Sind sie nicht auf der Erde umhergegangen und haben geschaut, wie das Ende derer war, die vor ihnen lebten?: → 3,137.

Wahrlich, die Wohnstätte des Jenseits ist besser für die, die gottesfürchtig sind. Habt ihr denn keinen Verstand?: → 6,32.

12,110(110): **Als dann die Gesandten die Hoffnung verloren hatten:** daß das angedrohte Zorgericht eintreffen würde.

und sie meinten, sie seien belogen worden: *sie:* die Gesandten oder die Leute.

kam unsere Unterstützung zu ihnen: zu den Gesandten. → 6,34; → 2,214.

Und so wird errettet, wen Wir wollen: → 10,103.

Und niemand kann unsere Schlagkraft von den Leuten zurückhalten, die Übeltäter sind: → 6,147.

12,111(111): **Wahrlich, in der Erzählung über sie ist eine Lehre für die Einsichtigen:** → 3,13.

Es ist keine Geschichte, die erdichtet wird, sondern die Bestätigung dessen, was vor ihm vorhanden war, und eine ins einzelne gehende Darlegung aller Dinge: → 10,37.

und eine Rechtleitung und Barmherzigkeit für Leute, die glauben: → 10,57; 16,64.

(١٣) سُورَةُ الرَّعْدِ مَدَنِيَّة
وَآيَاتُهَا ثَلَاثٌ وَأَرْبَعُونَ

Sure 13

Der Donner (al-Raʿd)

zu Medina, 43 Verse

13,1–43

Sure 13

Der Donner (al-Raʿd)

zu Medina, 43 Verse

Allgemeine Fragen

Bezeichnung

Das Wort *Donner* kommt in der Sure 13 nur einmal vor: »Und der Donner singt sein Lob …« (13,13). Es hat der Sure ihren Namen verliehen.

Datierung

Die offizielle Ausgabe des Korans gibt an, daß die Sure 13 medinisch ist. Die muslimischen Kommentatoren sind sich hier aber nicht einig. Zamakhsharī schreibt, die Sure sei medinisch, merkt jedoch an, daß gesagt wird, man sei darüber unterschiedlicher Meinung[1]. Rāzī gibt an, die Sure sei medinisch außer 13,31b und 13,41b; oder nur 13,31 (nach al-Aṣamm)[2]. Qurṭubī erwähnt die Gewährsleute für beide Datierungen: al-Kalbī und Muqātil sprechen sich für Medina aus, Ibn ʿAbbās und Qatāda für Medina mit Ausnahme der Verse 13,31–32. Mekkanisch sei die Sure nach der Meinung von Ḥasan al-Baṣrī, ʿIkrima, ʿAṭāʾ und Djābir[3]. Nach al-Laḥḥām sprechen sich Ibn ʿAbbās, Mudjāhid, Saʿīd ibn Djubayr und die Mehrheit der Kommentatoren für eine Datierung in die mekkanische Zeit; einige nehmen die Verse 13,31b und 13,43 aus.[4]

Ṭabāṭabāʾī schreibt, daß aufgrund ihrer Inhalte und der Abfolge ihrer Verse die ganze Sure in die mekkanische Zeit zu datieren sei. Er faßt die Angaben der Tradition zusammen, wobei deutlich wird, daß die Überlieferung, wie sie bei den verschiedenen Autoren zum Ausdruck kommt, manche Widersprüche bei der Benennung der Gewährsmänner für die eine oder andere Datierung beinhaltet:

1. Vgl. Zamakhsharī II, S. 511.
2. Vgl. Rāzī IX, 18, S. 235.
3. Qurṭubī V, 9, S. 243.
4. Vgl. *Saʿīd Muḥammad al-Laḥḥām:* Fayḍ al-Raḥīm fī qirāʾāt al-Qurʾān al-karīm, Beirut 1995, S. 249.

- Al-Kalbī und Muqātil sind für Mekka, mit Ausnahme des letzten Verses 13,43.
- Für Medina, mit Ausnahme der Verse 13,31–32, sprechen sich aus Ḥasan al-Baṣrī, ʿIkrima, Qatāda.
- Einige plädieren für Mekka ausgenommen 13,31b[5].

Die Islamwissenschaftler denken ausgehend von den Themen der Sure an die dritte mekkanische Periode, genauer an die Zeit kurz vor der Auswanderung im Jahre 622[6].

Struktur und Inhalt

Die Sure spricht von der Allmacht und Fürsorge Gottes, von seinem umfassenden Wissen, vom Monotheismus und von der Vergeltung nach den Taten der Menschen. Sie erwähnt die Auseinandersetzung Muḥammads mit den Ungläubigen über die Echtheit der koranischen Offenbarung. Sie mahnt die Polytheisten und betont, daß der Glaube entscheidend ist. Schließlich unterstreicht sie die Vorzüge der koranischen Offenbarung als Vollendung der früheren Botschaften.

Muḥammad hat dem Leser dieser Sure verheißen: »Wer die Sure *der Donner* liest, dem wird der Lohn von zehn guten Taten gegeben, und zwar im Gewicht jeder Wolke, die wegzieht, und jeder Wolke, die kommt, bis zum Tag der Auferstehung. Am Tag der Auferstehung wird er erweckt unter denen, die den Bund Gottes erfüllt haben.«[7]

5. Vgl. Ṭabāṭabāʾī XI, S. 285.
6. Siehe dazu die Chronologie der Suren im Band 1 dieses Koran-Kommentars, S. 92–96.
7. Zitiert bei Zamakhsharī II, S. 536.

13,1–43

13,1–25

Im Namen Gottes, des Erbarmers, des Barmherzigen.
1 Alif Lām Mīm Rā. Dies sind die Zeichen des
Buches. Und was zu dir von deinem Herrn herabgesandt worden ist, ist die Wahrheit. Aber die
meisten Menschen glauben nicht. 2 Gott ist es,
der die Himmel ohne Stützen, die ihr sehen
könntet, emporgehoben und sich dann auf dem
Thron zurechtgesetzt hat. Er hat die Sonne und
den Mond dienstbar gemacht – jedes läuft auf
eine festgesetzte Frist. Er regelt die Angelegenheit. Er legt die Zeichen im einzelnen dar, auf
daß ihr über die Begegnung mit eurem Herrn
Gewißheit heget. 3 Und Er ist es, der die Erde
ausgebreitet und auf ihr festgegründete Berge
und Flüsse gemacht hat. Und von allen Früchten
hat Er auf ihr ein Paar gemacht. Er läßt die Nacht
den Tag überdecken. Darin sind Zeichen für Leute, die nachdenken. 4 Und auf der Erde sind
nebeneinanderliegende Landstrecken und Gärten mit Weinstöcken, und Getreide und Palmen
mit mehreren und mit einzelnen Stämmen aus
der einen Wurzel, welche (alle) mit ein und demselben Wasser bewässert werden. Wir lassen die
einen von ihnen die anderen im Ernteertrag
übertreffen. Darin sind Zeichen für Leute, die
Verstand haben.

بِسْمِ ٱللَّهِ ٱلرَّحْمَٰنِ ٱلرَّحِيمِ

الٓمٓر ۚ تِلْكَ ءَايَٰتُ ٱلْكِتَٰبِ ۗ وَٱلَّذِىٓ أُنزِلَ إِلَيْكَ
مِن رَّبِّكَ ٱلْحَقُّ وَلَٰكِنَّ أَكْثَرَ ٱلنَّاسِ لَا يُؤْمِنُونَ ﴿١﴾
ٱللَّهُ ٱلَّذِى رَفَعَ ٱلسَّمَٰوَٰتِ بِغَيْرِ عَمَدٍ تَرَوْنَهَا ۖ ثُمَّ ٱسْتَوَىٰ
عَلَى ٱلْعَرْشِ ۖ وَسَخَّرَ ٱلشَّمْسَ وَٱلْقَمَرَ ۖ كُلٌّ يَجْرِى لِأَجَلٍ
مُّسَمًّى ۚ يُدَبِّرُ ٱلْأَمْرَ يُفَصِّلُ ٱلْءَايَٰتِ لَعَلَّكُم بِلِقَآءِ
رَبِّكُمْ تُوقِنُونَ ﴿٢﴾ وَهُوَ ٱلَّذِى مَدَّ ٱلْأَرْضَ وَجَعَلَ فِيهَا
رَوَٰسِىَ وَأَنْهَٰرًا ۖ وَمِن كُلِّ ٱلثَّمَرَٰتِ جَعَلَ فِيهَا زَوْجَيْنِ
ٱثْنَيْنِ ۖ يُغْشِى ٱلَّيْلَ ٱلنَّهَارَ ۚ إِنَّ فِى ذَٰلِكَ لَءَايَٰتٍ لِّقَوْمٍ
يَتَفَكَّرُونَ ﴿٣﴾ وَفِى ٱلْأَرْضِ قِطَعٌ مُّتَجَٰوِرَٰتٌ وَجَنَّٰتٌ
مِّنْ أَعْنَٰبٍ وَزَرْعٌ وَنَخِيلٌ صِنْوَانٌ وَغَيْرُ صِنْوَانٍ يُسْقَىٰ بِمَآءٍ
وَٰحِدٍ وَنُفَضِّلُ بَعْضَهَا عَلَىٰ بَعْضٍ فِى ٱلْأُكُلِ ۚ إِنَّ فِى ذَٰلِكَ
لَءَايَٰتٍ لِّقَوْمٍ يَعْقِلُونَ ﴿٤﴾ ۞ وَإِن تَعْجَبْ فَعَجَبٌ

[25¾] *5 Und wenn du dich schon verwunderst, so ist
ihre Rede verwunderlich: »Sollen wir, wenn wir
zu Staub geworden sind, wirklich neu erschaffen
werden?« Das sind die, die ihren Herrn verleugnen; das sind die, die Fesseln an ihrem Hals haben; das sind die Gefährten des Feuers; darin
werden sie ewig weilen. 6 Sie wünschen von dir,
daß ihnen das Schlechte vor dem Guten beschleunigt wird, obwohl doch vor ihnen beispielhafte Strafen verhängt wurden. Und dein Herr
hält den Menschen, auch wenn sie Unrecht tun,
Vergebung bereit. Und dein Herr verhängt eine
harte Strafe. 7 Und diejenigen, die ungläubig
sind, sagen: »Wenn doch ein Zeichen von seinem
Herrn auf ihn herabgesandt würde!« Du bist
aber nur ein Warner. Und jedes Volk hat einen,
der es rechtleitet.
8 Gott weiß, was jedes Weib trägt und um wieviel der Mutterschoß die Tragzeit verkürzt und
um wieviel er sie verlängert. Und jedes Ding hat
bei Ihm ein Maß. 9 Er ist der, der über das Unsichtbare und das Offenbare Bescheid weiß, der
Große, der Erhabene. 10 Es ist gleich, ob einer
von euch seine Worte im geheimen spricht oder
laut äußert, und ob einer sich in der Nacht versteckt oder am Tag hinausgeht. 11 Vor sich und
hinter sich hat er Begleiter, die ihn auf Gottes
Befehl behüten. Gott verändert nicht den Zustand eines Volkes, bis sie selbst ihren eigenen
Zustand verändern. Und wenn Gott einem Volk

قَوْلُهُمْ أَءِذَا كُنَّا تُرَٰبًا أَءِنَّا لَفِى خَلْقٍ جَدِيدٍ ۗ أُو۟لَـٰٓئِكَ ٱلَّذِينَ
كَفَرُوا۟ بِرَبِّهِمْ ۖ وَأُو۟لَـٰٓئِكَ ٱلْأَغْلَـٰلُ فِىٓ أَعْنَاقِهِمْ ۖ وَأُو۟لَـٰٓئِكَ
أَصْحَـٰبُ ٱلنَّارِ ۖ هُمْ فِيهَا خَـٰلِدُونَ ﴿٥﴾ وَيَسْتَعْجِلُونَكَ
بِٱلسَّيِّئَةِ قَبْلَ ٱلْحَسَنَةِ وَقَدْ خَلَتْ مِن قَبْلِهِمُ ٱلْمَثُلَـٰتُ ۗ
وَإِنَّ رَبَّكَ لَذُو مَغْفِرَةٍ لِّلنَّاسِ عَلَىٰ ظُلْمِهِمْ ۖ وَإِنَّ رَبَّكَ
لَشَدِيدُ ٱلْعِقَابِ ﴿٦﴾ وَيَقُولُ ٱلَّذِينَ كَفَرُوا۟ لَوْلَآ أُنزِلَ عَلَيْهِ
ءَايَةٌ مِّن رَّبِّهِۦٓ ۗ إِنَّمَآ أَنتَ مُنذِرٌ ۖ وَلِكُلِّ قَوْمٍ هَادٍ ﴿٧﴾
ٱللَّهُ يَعْلَمُ مَا تَحْمِلُ كُلُّ أُنثَىٰ وَمَا تَغِيضُ ٱلْأَرْحَامُ وَمَا تَزْدَادُ ۚ
وَكُلُّ شَىْءٍ عِندَهُۥ بِمِقْدَارٍ ﴿٨﴾ عَـٰلِمُ ٱلْغَيْبِ وَٱلشَّهَـٰدَةِ
ٱلْكَبِيرُ ٱلْمُتَعَالِ ﴿٩﴾ سَوَآءٌ مِّنكُم مَّنْ أَسَرَّ ٱلْقَوْلَ وَمَن
جَهَرَ بِهِۦ وَمَنْ هُوَ مُسْتَخْفٍۭ بِٱلَّيْلِ وَسَارِبٌۢ بِٱلنَّهَارِ ﴿١٠﴾
لَهُۥ مُعَقِّبَـٰتٌ مِّنۢ بَيْنِ يَدَيْهِ وَمِنْ خَلْفِهِۦ يَحْفَظُونَهُۥ مِنْ
أَمْرِ ٱللَّهِ ۗ إِنَّ ٱللَّهَ لَا يُغَيِّرُ مَا بِقَوْمٍ حَتَّىٰ يُغَيِّرُوا۟ مَا بِأَنفُسِهِمْ ۗ

Böses will, so kann es nicht zurückgewiesen werden. Und sie haben außer Ihm keinen Schutzherrn.
12 Er ist es, der euch den Blitz als Grund zur Angst und zum Begehren sehen und die schweren Wolken entstehen läßt.
13 Und der Donner singt sein Lob, und auch die Engel aus Furcht vor Ihm. Und Er schickt die Donnerschläge und trifft damit, wen Er will. Aber (nein), sie streiten über Gott, und Er kann (dem Gegner) im Streit stark zusetzen.
14 Ihm gebührt die wahre Anrufung. Diejenigen, die sie an seiner Stelle anrufen, erhören sie in keinem Anliegen. Es ist wie mit einem, der seine Hände nach Wasser ausstreckt, damit es seinen Mund erreicht, aber es erreicht ihn nicht. Und das Rufen der Ungläubigen geht gewiß in die Irre.
15 Und vor Gott wirft sich, wer in den Himmeln und auf der Erde ist, nieder, ob freiwillig oder widerwillig, und auch ihre Schatten am Morgen und am Abend.
16 Sprich: Wer ist der Herr der Himmel und der Erde? Sprich: Gott. Sprich: Nehmt ihr euch denn außer Ihm Freunde, die sich selbst weder Nutzen noch Schaden bringen können? Sprich: Sind etwa der Blinde und der Sehende gleich? Oder sind etwa die Finsternisse und das Licht gleich? Oder haben sie Gott solche Teilhaber (zur Seite) gestellt, die erschaffen haben, wie Er erschaffen hat, so daß ihnen die Schöpfung gleichartig erscheint? Sprich: Gott

وَإِذَآ أَرَادَ ٱللَّهُ بِقَوۡمٖ سُوٓءٗا فَلَا مَرَدَّ لَهُۥۚ وَمَا لَهُم مِّن
دُونِهِۦ مِن وَالٍ ﴿١١﴾ هُوَ ٱلَّذِي يُرِيكُمُ ٱلۡبَرۡقَ خَوۡفٗا وَطَمَعٗا
وَيُنشِئُ ٱلسَّحَابَ ٱلثِّقَالَ ﴿١٢﴾ وَيُسَبِّحُ ٱلرَّعۡدُ بِحَمۡدِهِۦ
وَٱلۡمَلَٰٓئِكَةُ مِنۡ خِيفَتِهِۦ وَيُرۡسِلُ ٱلصَّوَٰعِقَ فَيُصِيبُ بِهَا
مَن يَشَآءُ وَهُمۡ يُجَٰدِلُونَ فِي ٱللَّهِ وَهُوَ شَدِيدُ ٱلۡمِحَالِ ﴿١٣﴾
لَهُۥ دَعۡوَةُ ٱلۡحَقِّۚ وَٱلَّذِينَ يَدۡعُونَ مِن دُونِهِۦ لَا يَسۡتَجِيبُونَ
لَهُم بِشَيۡءٍ إِلَّا كَبَٰسِطِ كَفَّيۡهِ إِلَى ٱلۡمَآءِ لِيَبۡلُغَ فَاهُ وَمَا هُوَ
بِبَٰلِغِهِۦۚ وَمَا دُعَآءُ ٱلۡكَٰفِرِينَ إِلَّا فِي ضَلَٰلٖ ﴿١٤﴾
وَلِلَّهِ يَسۡجُدُ مَن فِي ٱلسَّمَٰوَٰتِ وَٱلۡأَرۡضِ طَوۡعٗا وَكَرۡهٗا
وَظِلَٰلُهُم بِٱلۡغُدُوِّ وَٱلۡأٓصَالِ ﴿١٥﴾ ۩ قُلۡ مَن رَّبُّ ٱلسَّمَٰوَٰتِ
وَٱلۡأَرۡضِ قُلِ ٱللَّهُۚ قُلۡ أَفَٱتَّخَذۡتُم مِّن دُونِهِۦٓ أَوۡلِيَآءَ
لَا يَمۡلِكُونَ لِأَنفُسِهِمۡ نَفۡعٗا وَلَا ضَرّٗاۚ قُلۡ هَلۡ يَسۡتَوِي
ٱلۡأَعۡمَىٰ وَٱلۡبَصِيرُ أَمۡ هَلۡ تَسۡتَوِي ٱلظُّلُمَٰتُ وَٱلنُّورُۗ
أَمۡ جَعَلُواْ لِلَّهِ شُرَكَآءَ خَلَقُواْ كَخَلۡقِهِۦ فَتَشَٰبَهَ ٱلۡخَلۡقُ عَلَيۡهِمۡۚ

ist der Schöpfer aller Dinge, und Er ist der Eine, der bezwingende Macht besitzt. 17 Er sendet vom Himmel Wasser herab, und da fließen Täler nach ihrem Maß, und die Flut trägt Schaum an der Oberfläche. Ein ähnlicher Schaum tritt aus dem aus, worüber man das Feuer brennen läßt, um Schmuck oder Gerät anzufertigen. So führt Gott (im Gleichnis) das Wahre und das Falsche an. Was den Schaum betrifft, so vergeht er nutzlos. Was aber den Menschen nützt, bleibt in der Erde. So führt Gott die Gleichnisse an. 18 Diejenigen, die auf ihren Herrn hören, erhalten das Beste. Diejenigen, die nicht auf Ihn hören, würden wohl, wenn sie alles, was auf der Erde ist, besäßen und noch einmal soviel dazu, sich damit loskaufen wollen. Sie erwartet eine böse Abrechnung, und ihre Heimstätte ist die Hölle – welch schlimme Lagerstätte!

[26] *19 Ist etwa derjenige, der weiß, daß das, was zu dir von deinem Herrn herabgesandt worden ist, die Wahrheit ist, wie der, der blind ist? Jedoch bedenken es nur die Einsichtigen.

20 Diejenigen, die den Bund Gottes halten und die Verpflichtung nicht brechen, 21 und die verbinden, was Gott zu verbinden befohlen hat, ihren Herrn fürchten und Angst vor einer bösen Abrechnung haben, 22 und die geduldig sind in der Suche nach dem Antlitz ihres Herrn, das Gebet verrichten und von dem, was Wir ihnen beschert haben, geheim und offen spenden, und

قُلِ ٱللَّهُ خَٰلِقُ كُلِّ شَيْءٍ وَهُوَ ٱلْوَٰحِدُ ٱلْقَهَّٰرُ ﴿١٦﴾ أَنزَلَ مِنَ
ٱلسَّمَآءِ مَآءً فَسَالَتْ أَوْدِيَةٌۢ بِقَدَرِهَا فَٱحْتَمَلَ ٱلسَّيْلُ زَبَدًا
رَّابِيًا ۚ وَمِمَّا يُوقِدُونَ عَلَيْهِ فِى ٱلنَّارِ ٱبْتِغَآءَ حِلْيَةٍ أَوْ مَتَٰعٍ زَبَدٌ
مِّثْلُهُۥ ۚ كَذَٰلِكَ يَضْرِبُ ٱللَّهُ ٱلْحَقَّ وَٱلْبَٰطِلَ ۚ فَأَمَّا ٱلزَّبَدُ
فَيَذْهَبُ جُفَآءً ۖ وَأَمَّا مَا يَنفَعُ ٱلنَّاسَ فَيَمْكُثُ فِى ٱلْأَرْضِ ۚ
كَذَٰلِكَ يَضْرِبُ ٱللَّهُ ٱلْأَمْثَالَ ﴿١٧﴾ لِلَّذِينَ ٱسْتَجَابُوا۟
لِرَبِّهِمُ ٱلْحُسْنَىٰ ۚ وَٱلَّذِينَ لَمْ يَسْتَجِيبُوا۟ لَهُۥ لَوْ أَنَّ لَهُم
مَّا فِى ٱلْأَرْضِ جَمِيعًا وَمِثْلَهُۥ مَعَهُۥ لَٱفْتَدَوْا۟ بِهِۦٓ ۚ أُو۟لَٰٓئِكَ
لَهُمْ سُوٓءُ ٱلْحِسَابِ وَمَأْوَىٰهُمْ جَهَنَّمُ ۖ وَبِئْسَ ٱلْمِهَادُ ﴿١٨﴾
۞ أَفَمَن يَعْلَمُ أَنَّمَآ أُنزِلَ إِلَيْكَ مِن رَّبِّكَ ٱلْحَقُّ كَمَنْ هُوَ
أَعْمَىٰٓ ۚ إِنَّمَا يَتَذَكَّرُ أُو۟لُوا۟ ٱلْأَلْبَٰبِ ﴿١٩﴾ ٱلَّذِينَ يُوفُونَ
بِعَهْدِ ٱللَّهِ وَلَا يَنقُضُونَ ٱلْمِيثَٰقَ ﴿٢٠﴾ وَٱلَّذِينَ يَصِلُونَ
مَآ أَمَرَ ٱللَّهُ بِهِۦٓ أَن يُوصَلَ وَيَخْشَوْنَ رَبَّهُمْ وَيَخَافُونَ سُوٓءَ
ٱلْحِسَابِ ﴿٢١﴾ وَٱلَّذِينَ صَبَرُوا۟ ٱبْتِغَآءَ وَجْهِ رَبِّهِمْ وَأَقَامُوا۟
ٱلصَّلَوٰةَ وَأَنفَقُوا۟ مِمَّا رَزَقْنَٰهُمْ سِرًّا وَعَلَانِيَةً وَيَدْرَءُونَ

das Böse mit dem Guten abwehren, diese werden die jenseitige Wohnstätte erhalten, 23 die Gärten von Eden, in die sie eingehen werden, sie und diejenigen von ihren Vätern, ihren Gattinnen und ihrer Nachkommenschaft, die Gutes getan haben. Und die Engel treten zu ihnen ein durch alle Tore: 24 »Friede sei über euch dafür, daß ihr geduldig waret!« Welch vorzügliche Wohnstätte! 25 Diejenigen, die den Bund Gottes, nachdem er geschlossen worden ist, brechen, und das zerschneiden, was Gott befohlen hat zu verbinden, und auf der Erde Unheil stiften, die werden den Fluch Gottes und eine schlimme Wohnstätte erhalten.

بِٱلۡحَسَنَةِ ٱلسَّيِّئَةَ أُوْلَٰٓئِكَ لَهُمۡ عُقۡبَى ٱلدَّارِ ﴿٢٢﴾ جَنَّٰتُ عَدۡنٖ
يَدۡخُلُونَهَا وَمَن صَلَحَ مِنۡ ءَابَآئِهِمۡ وَأَزۡوَٰجِهِمۡ وَذُرِّيَّٰتِهِمۡۖ
وَٱلۡمَلَٰٓئِكَةُ يَدۡخُلُونَ عَلَيۡهِم مِّن كُلِّ بَابٖ ﴿٢٣﴾ سَلَٰمٌ عَلَيۡكُم
بِمَا صَبَرۡتُمۡۚ فَنِعۡمَ عُقۡبَى ٱلدَّارِ ﴿٢٤﴾ وَٱلَّذِينَ يَنقُضُونَ
عَهۡدَ ٱللَّهِ مِنۢ بَعۡدِ مِيثَٰقِهِۦ وَيَقۡطَعُونَ مَآ أَمَرَ ٱللَّهُ بِهِۦٓ أَن
يُوصَلَ وَيُفۡسِدُونَ فِي ٱلۡأَرۡضِ أُوْلَٰٓئِكَ لَهُمُ ٱللَّعۡنَةُ وَلَهُمۡ
سُوٓءُ ٱلدَّارِ ﴿٢٥﴾

Varianten: 13,1–25

13,1: unzila: ūḥiya: offenbart worden ist (bei Ubayy).
13,2: ʿamadin: ʿumudin (laut Zamakhsharī II, S. 512).
taraunahā: taraunahū (bei Ubayy).
yudabbiru: nudabbiru: Wir regeln (nach Ḥasan al-Baṣrī).
13,3: wahuwa: wahwa (nach Qālūn, Abū ʿAmr, Kisāʾī).
yaghshī: yughashshī (nach Ḥamza, Kisāʾī, Shuʿba).
13,4: qiṭaʿun: qiṭāʿun (bei Ibn Masʿūd, al-Rabīʿ ibn Khuthaym; nach Ibn Dharr); qiṭaʿan (nach Ḥamza, ʿĪsā al-Thaqafī).
wa zarʿun wa nakhīlun ṣinwānun wa ghayru: wa zarʿin wa nakhīlin ṣinwānin wa ghayri: und mit Getreide und Palmen usw. (nach den Rezitatoren außer Ibn Kathīr, Abū ʿAmr, Ḥafṣ).
ṣinwānun: ṣunwānun (bei Mudjāhid; nach al-Sulamī).
yusqā: tusqā (nach den Rezitatoren außer Ibn ʿĀmir, ʿĀṣim, Ḥafṣ); yasqīhā: Er bewässert sie (bei Ibn Masʿūd, Ubayy; nach Ibn Qays).
wa nufaḍḍilu baʿḍahā ʿalā baʿḍin: wa yufaḍḍilu …: und Er läßt die einen von ihnen die anderen … übertreffen (nach Ḥamza, Kisāʾī); wa yafḍulu baʿḍuhā ʿalā baʿḍin: und die einen von ihnen übertreffen die anderen (bei Ibn Masʿūd, Ubayy; nach Ibn Qays).
al-ukuli: al-ukli (nach Nāfiʿ, Ibn Kathīr).
13,5: aʾidhā: āyidhā (nach Qālūn, Abū ʿAmr); ayidhā (nach Warsh, Ibn Kathīr); idhā (nach Ibn ʿĀmir).
aʾinnā: innā (nach Qālūn, Warsh); ayinnā (nach Ibn Kathīr); āyinnā (nach Qālūn, Abū ʿAmr).
13,6: min qablihimu: min qablihimi (nach Abū ʿAmr); min qablihumu (nach Ḥamza, Kisāʾī).
al-mathulātu: al-mathlātu (bei al-Aʿmash); al-muthulātu (laut Zamakhsharī II, S. 514).
13,7: hādi: hādī (nach Ibn Kathīr).
13,8: taghīḍu: taḍaʿu: (womit der Mutterschoß) niederkommt (bei Ubayy).
tazdādu: nazīdu: Wir sie verlängern (bei Ibn Masʿūd); yazīdu (bei Ibn Masʿūd nach einigen Gewährsmännern).
13,9: al-mutaʿāli: al mutaʿālī (nach Ibn Kathīr).
13,10: sawāʾun minkum: sawāʾun ʿalā llāhi: Es ist Gott gleich (bei Ubayy).
wa sāribun: wa man huwa sāribun (bei Ibn Masʿūd).
13,11: muʿaqqibātun: maʿāqibu (bei Ubayy; nach al-Nakhaʿī); maʿāqību (bei Ibn Masʿūd nach einigen Gewährsmännern); muʿiqqibātun (bei Ubayy nach einigen Gewährsmännern).
lahū muʿaqqibātun min bayni yadayhi: lahū muʿaqqibātun min khalfihī wa raqībun min bayni yadayhi: er hat Begleiter hinter sich und einen Wächter vor sich (bei Mudjāhid); lahū raqībun min bayni yadayhi wa

raqībun min khalfihī: er hat einen Wächter vor sich und einen Wächter hinter sich (bei Djaʿfar al-Ṣādiq; nach Muḥammad al-Ḥanafiyya).
wa min khalfihī: wa raqībun min khalfihī: einen Wächter hinter sich (bei Ubayy); wa ruqabāʾu min khalfihī: und Wächter hinter sich (bei Ibn ʿAbbās, Ubayy nach einigen Gewährsmännern).
yaḥfaẓūnahū min amri llāhi: min amri llāhi yaḥfaẓūnahū (bei Ibn ʿAbbās).
min amri llāhi: bi amri llāhi (bei ʿAlī ibn Abī Ṭālib, Ibn ʿAbbās nach einigen Gewährsmännern, ʿIkrima, Djaʿfar al-Ṣādiq; nach Zayd ibn ʿAlī).
13,13: wahuwa: wahwa (nach Qālūn, Abū ʿAmr).
al-miḥāli: al-maḥāli (nach al-Aʿradj).
13,14: yadʿūna: tadʿūna: die ihr anrut (bei Ubayy; nach al-Mutawakkil).
walladhīna yadʿūna min dūnihī: walladhīna min dūnihī: die an seiner Stelle stehen (bei Ibn Masʿūd).
kabāṣiṭin kaffayhi: kabāṣiti kaffayhi (laut Zamakhsharī II, S. 521).
wamā duʿāʾu: vorgeschoben: wa dʿū: ruft an, (das Rufen ...) (bei Ibn Masʿūd).
13,15: wa l-āṣāli: wa l-īṣāli: und beim Erreichen des Abends (laut Zamakhsharī II, S. 521).
13,16: quli llāhu qul: qālū llāhu qul: Sie sagen: Gott. Sprich (bei Ibn Masʿūd, Ubayy).
afattakhadhtum: afattakhattum, afattakhittum (bei Ibn Masʿūd).
tastawī: yastawī (bei al-Aʿmash; nach Shuʿba, Ḥamza, Kisāʾī, Ibn Muḥayṣin).
13,17: yūqidūna: tūqidūna: (worüber) ihr das Feuer brennen laßt (nach den Rezitatoren außer Ḥamza, Kisāʾī, Ḥafṣ).
djufāʾan: djufālan (nach Ruʾba ibn al-ʿAdjjādj).
13,18: lirabbihimu: lirabbihumu (nach Ḥamza, Kisāʾī); lirabbihimi (nach Abū ʿAmr).
13,19: afman: awaman (bei Ibn Masʿūd, Ubayy; nach Zayd ibn ʿAlī).
13,23: yadkhulūnahā: yudkhalūnahā: in die sie geführt werden (laut Zamakhsharī II, S. 527).
ṣalaḥa: ṣaluḥa (nach Ibn Abī ʿAbla).
12,24: bimā ṣabartum: hinzugefügt: ʿalā l-faqri fī l-dunyā: daß ihr die Armut im Diesseits ertragen habt (bei Djaʿar al-Ṣādiq; nach Muḥammad al-Ḥanafiyya).
faniʿma: fanaʿma (laut Zamakhsharī II, S. 526).

Kommentar

Im Namen Gottes, des Erbarmers, des Barmherzigen: Zu dieser einführenden Formel siehe die Angaben im Band 1 dieses Koran-Kommentars, Gütersloh 1990, S. 84 (es geht da um die Frage, ob dieser Satz als Koranvers zu betrachten ist oder nicht); S. 147–150 (Kommentar zum Inhalt des Satzes); → 1,1.

13,1(1): **Alif Lām Mīm Rā:** Zu den verschiedenen Versuchen, die den Suren vorangestellten sogenannten »geheimnisvollen Buchstaben« zu enträtseln, siehe den Band 1 dieses Koran-Kommentars, Gütersloh 1990, S. 85–90.

Dies sind die Zeichen des Buches: → 10,1; → 12,1.

Und was zu dir von deinem Herrn herabgesandt worden ist, ist die Wahrheit: → 2,144.147.176.

Aber die meisten Menschen glauben nicht: → 11,17.

13,2(2): **Gott ist es, der die Himmel ohne Stützen, die ihr sehen könntet, emporgehoben:** oder: Gott ist der, der ... *die Himmel emporgehoben:* auch in 55,7; 79,28; – 52,5; 88,18; *ohne Stützen:* 31,10; 22,65.

Man kann den Satz auch wie folgt übersetzen: der die Himmel ohne Stützen emporgehoben hat; ihr seht es ja; – oder: der die Himmel emporgehoben hat, die ihr ohne Stützen seht[1].

Das Bild erinnert an ein Zelt, das aber ohne Stützen und Pflöcke gespannt ist; siehe in der *Bibel:* »Du spannst den Himmel wie ein Zelt« (Ps 104,2; vgl. Jes 40,22; 42,5; 44,24; 45,12; 48,13; 51,13.16; Sach 12,1).

und sich dann auf dem Thron zurechtgesetzt hat. Er hat die Sonne und den Mond dienstbar gemacht: zum ganzen Satz → 7,54.

jedes läuft auf eine festgesetzte Frist: → 2,282; vgl. → 6,86; → 10,5. Sonne und Mond laufen zu ihren Stellungen im Weltall, die ihnen festgesetzt wurden; oder sie laufen bis zum Ende der Welt am festgesetzten Tag.

Er regelt die Angelegenheit: seiner Geschöpfe in allen Bereichen ihres Lebens und ihrer Beziehungen zu ihm und untereinander; → 10,3.

1. Vgl. Rāzī IX, 18, S. 237.

Er legt die Zeichen im einzelnen dar: → 6,55.

auf daß ihr über die Begegnung mit eurem Herrn Gewißheit heget: → 6,154. Der Glaube an die Schöpfermacht Gottes führt zum Glauben an seine Macht, die Toten wiederzuerwecken.

13,3(3): **Und Er ist es, der die Erde ausgebreitet:** ähnlich in → 2,22; – 55,10; 88,20.

und auf ihr festgegründete Berge und Flüsse gemacht hat: auch in 16,15; 27,61; – 21,31; 77,27; festgegründete Berge: 31,10; 41,10; – 79,32; Flüsse: 14,32; 71,12.

Und von allen Früchten hat Er auf ihr ein Paar gemacht: Früchte: → 2,22; ein Paar: 20,53; 36,36; 43,12; 51,49.

Er läßt die Nacht den Tag überdecken: → 3,27.

Darin sind Zeichen für Leute, die nachdenken: auch in 16,11; 30,21; 39,42; 45,13; – 16,69.

13,4(4): **Und auf der Erde sind nebeneinanderliegende Landstrecken:** die Unterschiede in der Beschaffenheit ihres Erdbodens aufweisen.

und Gärten mit Weinstöcken, und Getreide und Palmen mit mehreren und mit einzelnen Stämmen aus der einen Wurzel: → 2,266.

welche (alle) mit ein und demselben Wasser bewässert werden. Wir lassen die einen von ihnen die anderen im Ernteertrag übertreffen: → 6,141; → 2,265.

Darin sind Zeichen für Leute, die Verstand haben: → 2,164. Die Verständigen werden aus der Vielfalt der Schöpfung den Schöpfer erkennen und an sein mannigfaltiges Wirken in der Welt und im Leben der Menschen glauben.

13,5(5): **Und wenn du dich schon verwunderst:** daß sie dir nicht glauben, oder daß sie den Götzen dienen, oder daß sie zwar an Gott den Schöpfer glauben, aber die Auferweckung der Toten verleugnen.

so ist ihre Rede verwunderlich: »Sollen wir, wenn wir zu Staub geworden sind, wirklich neu erschaffen werden?«: Die Polytheisten leugnen die Möglichkeit der Erweckung der Toten zu einem neuen Leben; siehe zum Thema auch 23,35.82; 27,67; 32,10; 34,7; 37,16.53; 50,3; 56,47; – 17,49.98; 19,66; 36,78.

Weiter **13,5**(6): **Das sind die, die ihren Herrn verleugnen:** Sie verleugnen seine schöperische Allmacht, sie denken nicht daran, daß er die Menschen, die er beim ersten Mal erschaffen hat, wiedererwecken kann.

das sind die, die Fesseln an ihrem Hals haben: als jenseitige Strafe für ihr Leugnen der Auferstehung und der jenseitigen Abrechnung. Abū Bakr al-Aṣamm denkt an die Last im Diesseits, welche ihr Unglaube und ihre Verehrung der Götzen für sie bedeuten. Siehe dazu auch 34,33; 36,8; 40,71; – 69,30–31; 76,4.

das sind die Gefährten des Feuers; darin werden sie ewig weilen: → 2,39.

13,6(7): **Sie wünschen von dir, daß ihnen das Schlechte vor dem Guten beschleunigt wird:** Sie verleugnen die jenseitige Abrechnung und Strafe und fordern dich heraus, auf sie auch im Diesseits, in dem Gott den Menschen Gutes und Schlechtes schickt, die Strafe zu bringen. Vgl. 27,46; → 6,57.

obwohl doch vor ihnen beispielhafte Strafen verhängt wurden: Sie ziehen aber daraus nicht die richtigen Konsequenzen für ihr eigenes Verhalten; → 3,137; → 10,102.

Und dein Herr hält den Menschen, auch wenn sie Unrecht tun, Vergebung bereit. Und dein Herr verhängt eine harte Strafe: Vergebung für die Sünder, vor allem die reuigen unter ihnen, und Strafe für die verstockten Ungläubigen. Siehe auch → 2,173; 41,43; 57,20; – harte Strafe: → 2,196; 6,165; 7,167.

13,7(8): **Und diejenigen, die ungläubig sind, sagen: »Wenn doch ein Zeichen von seinem Herrn auf ihn herabgesandt würde!«:** → 2,118.

Du bist aber nur ein Warner: *mundhir*: auch in 38,4.65; 50,2; 79,45; *nadhīr:* → 2,119.

Und jedes Volk hat einen, der es rechtleitet: Es ist Gott selbst, oder der Prophet, den Gott zu ihm sendet (siehe auch die gleiche Bezeichnung für Abraham: 19,43; Mose: 79,19; allgemein: 64,6).

13,8(9): **Gott weiß, was jedes Weib trägt und um wieviel der Mutterschoß die Tragzeit verkürzt und um wieviel er sie verlängert:** oder im Hinblick auf die Zahl der sich entwickelnden Kinder: wie der Mutterschoß abnimmt und wie er zunimmt; oder im Hinblick auf eine eventuelle Fehlgeburt und auf Fehler beim Kind usw.: was der Mutterschoß aufnimmt und wie er zunimmt. – Eine andere mögliche Übersetzung lautet: Gott weiß, daß jedes Weib trägt und daß der Mutterschoß …

Gott weiß, was jedes Weib trägt: ähnlich in 35,11; 41,47; vgl. 6,143.144; 22,5; 31,34.

Und jedes Ding hat bei Ihm ein Maß: Er kennt sein Maß, oder Er bestimmt ihm sein Maß. Siehe auch 25,2: 54,49; 65,3; – 13,17; 15,21; 23,18; 33,38; 42,27; 43,11; 77,20–23; 80,19; 87,2–3.

Vgl. die *Bibel,* Ijob 28,25; 38,5; Weis 11,20; Jes 34,11; 40,12.

13,9(10): **Er ist der, der über das Unsichtbare und das Offenbare Bescheid weiß:** → 6,73; → 2,33[2].

der Große, der Erhabene: auch in 22,62; 31,30; 34,23; 40,12.

13,10(11): **Es ist gleich, ob einer von euch seine Worte im geheimen spricht oder laut äußert:** → 2,77.

und ob einer sich in der Nacht versteckt oder am Tag hinausgeht: → 4,81.108. Gott weiß über alles Bescheid, niemand kann sich seinem Wissen und der Bewachung der ihn begleitenden Engel entziehen.

13,11(12): **Vor sich und hinter sich hat er Begleiter, die ihn auf Gottes Befehl behüten:** *vor sich und hinter sich:* siehe auch 50,17. Zu den Hütern → 6,61. Die Wächterengel werden hier als *muʿaqqibāt* bezeichnet, d.h. als Engel, die die Taten der Menschen verfolgen und in ihrem Gedächtnis sowie in Büchern festhalten, oder die sich Tag und Nacht ablösen und den Menschen behüten[3]. *hat er:* oder hat Er, d.h. Gott; *die ihn:* den Menschen, der sich versteckt oder hinausgeht. – Der Ausdruck *min amri llāhi* wurde unterschiedlich gedeutet: auf Gottes Befehl (wie in der Übersetzung) oder vor Gottes Befehl, d.h. vor Gottes Strafe, indem sie für ihn um Vergebung bitten. Man kann den

2. Rāzī zitiert hier ein schönes Wort von Imām al-Ḥaramayn: »Gott weiß über unendlich viele Dinge Bescheid, und über jedes von ihnen weiß er unendlich viele Einzelheiten«: X, 19, S. 18.

3. Abū Muslim al-Iṣfahānī meint, es sind hier die Personen, die die Könige und Vornehmen begleiten, um sie zu beschützen; vgl. Rāzī X, 19, S. 23; Qurṭubī V, 1, S. 255–256.

Satz auch wie folgt übersetzen: Vor sich und hinter sich hat er auf Befehl Gottes Begleiter, die ihn behüten; oder auch: Begleiter von Gottes Befehl: d. h. aus dem Bereich des Befehls Gottes, nicht dem Bereich der menschlichen Welt[4].

Gott verändert nicht den Zustand eines Volkes, bis sie selbst ihren eigenen Zustand verändern: → 8,53. Volk oder Gemeinschaft oder Leute.

Gott entzieht den Menschen nicht seine Gnade, solange sie nicht ihre gottgefällige Haltung ändern und der Sünde verfallen.

Und wenn Gott einem Volk Böses will, so kann es nicht zurückgewiesen werden. Und sie haben außer Ihm keinen Schutzherrn: auch in 33,17; 48,11; zum ersten Satz siehe → 6,17.147; 10,107; zum zweiten Satz: → 2,107.

13,12(13): **Er ist es, der euch den Blitz als Grund zur Angst und zum Begehren sehen und die schweren Wolken entstehen läßt:** auch in 30,24; Angst: → 2,19, hier Angst vor dem Donner und dem Blitzschlag; Begehren: → 2,75, hier geht es um den mit dem Donner angekündigten Regen; daher ist auch von schweren Wolken die Rede: → 7,57; – auch 35,9; 24,43.

13,13(14): **Und der Donner singt sein Lob, und auch die Engel aus Furcht vor Ihm:** Donner: → 2,19. Vgl. in der *Bibel,* Dan 3,73: »Preist den Herrn, ihr Blitze und Wolken …!«

Alles im Himmel und auf der Erde singt das Lob Gottes, sagt der Koran an mehreren Stellen (17,44; 59,24; 62,1; 64,1), also auch der Donner; oder die Menschen singen das Lob Gottes, wenn sie den Donner hören. – Auch die Engel: siehe 39,75; 40,7; 41,38; 42,5; → 2,30; → 7,206.

Und Er schickt die Donnerschläge und trifft damit, wen Er will: auch in 24,43; 30,48; – 10,107. Vgl. in der *Bibel,* Ijob 36,33; 37,3; Sir 43,17; 46,17; – Jes 29,6; Jer 25,30.

Aber (nein), sie streiten über Gott: Sie sehen all die Zeichen seiner Allmacht, aber sie bestreiten die Erweckung der Toten und die jenseitige Abrechnung; sie verlangen immer wieder Wunder und Zeichen und fordern Gott und seinen Gesandten heraus, indem sie das Strafgericht herbeirufen wollen.

und Er kann (dem Gegner) im Streit stark zusetzen: Die Ungläubigen sind Gott nicht ebenbürtig, er besitzt Stärke im Streit und Kampf, im Groll und in der Bestrafung, er hat immer die Oberhand und kann ihnen stark zusetzen.

4. Vgl. Zamakhsharī II, S. 517; Rāzī X, 19, S. 21; Qurṭubī V, 9, S. 255–257.

13,14(15): **Ihm gebührt die wahre Anrufung:** die er auch erhört (siehe 40,60), oder: die Anrufung des Wahrhaftigen gebührt ihm, d.h. wenn man den Wahrhaftigen anrufen will, dann gebührt diese Anrufung eben ihm.

Diejenigen, die sie an seiner Stelle anrufen, erhören sie in keinem Anliegen: → 7,194.

Es ist wie mit einem, der seine Hände nach Wasser ausstreckt, damit es seinen Mund erreicht, aber es erreicht ihn nicht: Das Wasser zerrinnt und erreicht den Mund nicht. So ist es mit dem Rufen der Ungläubigen: Es geht verloren.

Und das Rufen der Ungläubigen geht gewiß in die Irre: auch 40,50.

13,15(16): **Und vor Gott wirft sich, wer in den Himmeln und auf der Erde ist, nieder, ob freiwillig oder widerwillig:** → 3,83; → 7,206; 22,18. Es geht entweder um die Niederwerfung, die beim Gebet üblich ist, oder um den Ausdruck der Anbetung und des Gehorsams.

und auch ihre Schatten: siehe 16,48.

am Morgen und am Abend: → 7,205; → 3,41; → 2,238.

13,16(17): **Sprich: Wer ist der Herr der Himmel und der Erde? Sprich: Gott:** ähnlich in 29,61; 31,25; 39,38. Gott, Herr der Himmel und der Erde: auch in 17,102; 18,14; 19,65; 21,56; 26,24; 37,5; 38,66; 43,82; 44,7; 45,36; 51,23; 78,37. – Siehe in der *Bibel,* Gen 24,3.7; – Mt 11,25; Lk 10,21.

Sprich: Nehmt ihr euch denn außer Ihm Freunde, die sich selbst weder Nutzen noch Schaden bringen können?: die Götzen; → 6,71.

Sprich: Sind etwa der Blinde und der Sehende gleich? Oder sind etwa die Finsternisse und das Licht gleich?: → 6,50. Zum Gegensatz von Gut und Böse → 3,162.

Oder haben sie Gott solche Teilhaber (zur Seite) gestellt, die erschaffen haben, wie Er erschaffen hat, so daß ihnen die Schöpfung gleichartig erscheint?: Wenn die Götzen nicht wie Gott erschaffen können, dann können die Polytheisten ihnen nicht die gleiche Anbetung zukommen lassen wie Gott selbst. Zum Thema siehe 35,40; 46,4; – 23,91; auch 10,34. – *gleichartig erscheint:* → 2,70.

Sprich: Gott ist der Schöpfer aller Dinge: → 6,102.

und Er ist der Eine, der bezwingende Macht besitzt: → 12,39.

13,17(18): **Er sendet vom Himmel Wasser herab, und da fließen Täler nach ihrem Maß:** nach ihrem Fassunsgsvermögen, nach dem Maß, das Gott als angebracht und nützlich betrachtet, oder soviel wie Gott ihnen zugemessen hat.

und die Flut trägt Schaum an der Oberfläche. Ein ähnlicher Schaum tritt aus dem aus, worüber man das Feuer brennen läßt, um Schmuck oder Gerät anzufertigen: Man muß zwischen dem nützlichen Wasser und dem Schaum unterscheiden, wie zwischen dem Metall und dem Schaum, der ausgesondert wird, wenn man das Metall ins Feuer legt, um daraus Schuck oder Gerät anzufertigen. – *worüber man das Feuer brennen läßt:* siehe auch 28,38 (da allerdings ist der Gegenstand nicht im Feuer).

So führt Gott (im Gleichnis) das Wahre und das Falsche an: Dieser Einschub will die Intention des Gleichnisses verdeutlichen.

Was den Schaum betrifft, so vergeht er nutzlos. Was aber den Menschen nützt, bleibt in der Erde: und macht sie fruchtbar.

So führt Gott die Gleichnisse an: 14,25; 24,35; 47,3; – 29,43; 59,21; → 2,17.

13,18(18): **Diejenigen, die auf ihren Herrn hören, erhalten das Beste:** → 4,95; → 3,172.

Diejenigen, die nicht auf Ihn hören, würden wohl, wenn sie alles, was auf der Erde ist, besäßen und noch einmal soviel dazu, sich damit loskaufen wollen: → 2,48; 57,15.

Grammatikalisch ist eine andere Übersetzung möglich: So führt Gott die Gleichnisse an für diejenigen, die auf ihren Herrn hören – sie erhalten das Beste –, und diejenigen, die nicht auf Ihn hören – wenn sie alles … würden sie sich wohl damit loskaufen[5].

Sie erwartet eine böse Abrechnung, und ihre Heimstätte ist die Hölle: → 3,151.

5. Vgl. Zamakhsharī II, S. 524; Rāzī X, 19, S. 39.

– welch schlimme Lagerstätte!: → 2,206.

13,19(19): **Ist etwa derjenige, der weiß, daß das, was zu dir von deinem Herrn herabgesandt worden ist, die Wahrheit ist:** → 13,1; → 2,144.147.176.

wie der, der blind ist?: → 6,50; → 13,16.

Jedoch bedenken es nur die Einsichtigen: → 2,269.

13,20(20): **Diejenigen, die den Bund Gottes halten und die Verpflichtung nicht brechen:** → 2,177; die umgekehrte Haltung: → 2,27. – Man kann den Satz als Fortsetzung des vorherigen deuten: die Einsichtigen, die den Bund … Der Bund ist das, was Gott den Menschen auferlegt hat, und die Verpflichtung ist das Versprechen der Menschen, sich daran zu halten. Zur Uroffenbarung → 7,172; zur Verpflichtung der Menschen siehe 36,60–61.

13,21(21): **und die verbinden, was Gott zu verbinden befohlen hat, ihren Herrn fürchten und Angst vor einer bösen Abrechnung haben:** Die Verwandtschaftsbande betreffen die Angehörigen und Verwandten sowie alle, die miteinander durch den gemeinsamen Glauben verbunden sind. Zum Thema siehe → 2,83; → 4,1; die umgekehrte Haltung: → 2,27; 13,25.

13,22(22): **und die geduldig sind in der Suche nach dem Antlitz ihres Herrn:** → 2,207.272[6].

das Gebet verrichten und von dem, was Wir ihnen beschert haben, geheim und offen spenden: → 2,3; geheim und offen: → 2,274.

und das Böse mit dem Guten abwehren: in ihren Beziehungen zu den anderen Menschen oder in ihrem eigenen Verhalten; siehe dazu 23,96; 28,54; 41,34; vgl. 11,114.

diese werden die jenseitige Wohnstätte erhalten: 13,24.42; → 6,135.

13,23(23): **die Gärten von Eden:** → 9,72.

6. Vgl. *J. M. S. Baljon:* ›To seek the Face of God‹ in Koran and Ḥadîth, in: Acta Orientalia 21 (1953), S. 254–266.

in die sie eingehen werden, sie und diejenigen von ihren Vätern, ihren Gattinnen und ihrer Nachkommenschaft, die Gutes getan haben: siehe auch 40,8; Gattinnen: 35,56; 43,70; Nachkommenschaft: 52,21; vgl. auch 36,27.

Und die Engel treten zu ihnen ein durch alle Tore: 16,32; 39,73.

13,24(24): **»Friede sei über euch dafür, daß ihr geduldig waret!«:** → 10,10. Man kann auch übersetzen: Friede sei über euch. Dies alles gehört euch, weil ihr geduldig waret.

Welch vorzügliche Wohnstätte!: → 13,22.

13,25(25): **Diejenigen, die den Bund Gottes, nachdem er geschlossen worden ist, brechen:** → 2,27.

und das zerschneiden, was Gott befohlen hat zu verbinden: zur umgekehrten Haltung: → 13,20–21.

und auf der Erde Unheil stiften, die werden den Fluch Gottes und eine schlimme Wohnstätte erhalten: → 5,13; Unheil stiften: → 2,11; Fluch: → 11,18; Schlimme Wohnstätte: auch in 40,52.

13,26–43

26 Gott teilt den Lebensunterhalt großzügig,
wem Er will, und auch bemessen zu. Und sie
freuen sich über das diesseitige Leben; das diesseitige Leben ist aber im Vergleich mit dem Jenseits nur Nutznießung. 27 Und diejenigen, die
ungläubig sind, sagen: »Wenn doch ein Zeichen
von seinem Herrn auf ihn herabgesandt würde!«
Sprich: Gott führt irre, wen Er will, und leitet zu
sich, wer sich Ihm reumütig zuwendet. 28 Diejenigen, die glauben und deren Herzen im Gedenken Gottes Ruhe finden – ja, im Gedenken
Gottes finden die Herzen Ruhe –, 29 diejenigen,
die glauben und die guten Werke tun – selig sind
sie, und sie werden eine schöne Heimstatt erhalten.
30 So haben Wir dich in eine Gemeinschaft gesandt, vor der Gemeinschaften dahingegangen
sind, damit du ihnen verliest, was Wir dir offenbart haben. Aber sie verleugnen den Erbarmer.
Sprich: Er ist mein Herr. Es gibt keinen Gott
außer Ihm. Auf Ihn vertraue ich, und Ihm wende
ich mich zu. 31 Auch wenn ein Koran käme, mit
dem die Berge versetzt oder die Erde zerstückelt
oder zu den Toten gesprochen werden könnte …
Nein, bei der ganzen Angelegenheit hat Gott
allein zu entscheiden. Wissen denn diejenigen,
die glauben, nicht, daß Gott, wenn Er wollte, die
Menschen alle rechtleiten würde? Diejenigen,

ٱللَّهُ يَبْسُطُ ٱلرِّزْقَ لِمَن يَشَآءُ وَيَقْدِرُ ۚ
وَفَرِحُوا۟ بِٱلْحَيَوٰةِ ٱلدُّنْيَا وَمَا ٱلْحَيَوٰةُ ٱلدُّنْيَا فِى ٱلْءَاخِرَةِ
إِلَّا مَتَٰعٌ ﴿٢٦﴾ وَيَقُولُ ٱلَّذِينَ كَفَرُوا۟ لَوْلَآ أُنزِلَ عَلَيْهِ ءَايَةٌ
مِّن رَّبِّهِۦ ۗ قُلْ إِنَّ ٱللَّهَ يُضِلُّ مَن يَشَآءُ وَيَهْدِىٓ إِلَيْهِ
مَنْ أَنَابَ ﴿٢٧﴾ ٱلَّذِينَ ءَامَنُوا۟ وَتَطْمَئِنُّ قُلُوبُهُم بِذِكْرِ ٱللَّهِ ۗ
أَلَا بِذِكْرِ ٱللَّهِ تَطْمَئِنُّ ٱلْقُلُوبُ ﴿٢٨﴾ ٱلَّذِينَ ءَامَنُوا۟ وَعَمِلُوا۟
ٱلصَّٰلِحَٰتِ طُوبَىٰ لَهُمْ وَحُسْنُ مَـَٔابٍ ﴿٢٩﴾ كَذَٰلِكَ
أَرْسَلْنَٰكَ فِىٓ أُمَّةٍ قَدْ خَلَتْ مِن قَبْلِهَآ أُمَمٌ لِّتَتْلُوَا۟ عَلَيْهِمُ
ٱلَّذِىٓ أَوْحَيْنَآ إِلَيْكَ وَهُمْ يَكْفُرُونَ بِٱلرَّحْمَٰنِ ۚ قُلْ هُوَ رَبِّى
لَآ إِلَٰهَ إِلَّا هُوَ عَلَيْهِ تَوَكَّلْتُ وَإِلَيْهِ مَتَابِ ﴿٣٠﴾ وَلَوْ أَنَّ
قُرْءَانًا سُيِّرَتْ بِهِ ٱلْجِبَالُ أَوْ قُطِّعَتْ بِهِ ٱلْأَرْضُ أَوْ كُلِّمَ بِهِ
ٱلْمَوْتَىٰ ۗ بَل لِّلَّهِ ٱلْأَمْرُ جَمِيعًا ۗ أَفَلَمْ يَا۟يْـَٔسِ ٱلَّذِينَ ءَامَنُوٓا۟
أَن لَّوْ يَشَآءُ ٱللَّهُ لَهَدَى ٱلنَّاسَ جَمِيعًا ۗ وَلَا يَزَالُ ٱلَّذِينَ

die ungläubig sind, wird immer eine Katastrophe
treffen für das, was sie gemacht haben, oder sie
wird in der Nähe ihrer Wohnstätte niedergehen,
bis das Versprechen Gottes eintrifft. Und Gott
bricht das Versprechen nicht. 32 Gespottet wurde schon vor dir über Gesandte. Da gewährte Ich
denen, die ungläubig waren, Aufschub, dann ergriff Ich sie. Und wie war dann meine Strafe!
33 Ist denn der, der über jede Seele Macht ausübt, um ihr zu vergelten für das, was sie getan
hat, (den Götzen gleich)? Sie stellen Gott Teilhaber (zur Seite). Sprich: Nennt sie. Oder wollt ihr
Ihm etwas kundtun, das Er auf der Erde nicht
wüßte, oder etwas, das eine offenkundige Rede
ist? Nein, denen, die ungläubig sind, sind ihre
Ränke verlockend gemacht worden, und sie sind
vom Weg abgewiesen worden. Wen Gott irreführt, der hat niemanden, der ihn rechtleiten
könnte. 34 Für sie ist bestimmt eine Pein im
diesseitigen Leben. Die Pein des Jenseits ist jedoch härter. Und sie haben niemanden, der sie
vor Gott schützen könnte *35 Mit dem Paradies,
das den Gottesfürchtigen versprochen ist, ist es
[26¼] wie folgt. Unter ihm fließen Bäche, und es hat
ständigen Ernteertrag und Schatten. Das ist das,
was im Jenseits für die Gottesfürchtigen folgt.
Und was im Jenseits für die Ungläubigen folgt,
ist das Feuer.

كَفَرُوا۟ تُصِيبُهُم بِمَا صَنَعُوا۟ قَارِعَةٌ أَوْ تَحُلُّ قَرِيبًا مِّن دَارِهِمْ
حَتَّىٰ يَأْتِىَ وَعْدُ ٱللَّهِ ۚ إِنَّ ٱللَّهَ لَا يُخْلِفُ ٱلْمِيعَادَ ﴿٣١﴾
وَلَقَدِ ٱسْتُهْزِئَ بِرُسُلٍ مِّن قَبْلِكَ فَأَمْلَيْتُ لِلَّذِينَ كَفَرُوا۟
ثُمَّ أَخَذْتُهُمْ ۖ فَكَيْفَ كَانَ عِقَابِ ﴿٣٢﴾ أَفَمَنْ هُوَ قَآئِمٌ
عَلَىٰ كُلِّ نَفْسٍۭ بِمَا كَسَبَتْ ۗ وَجَعَلُوا۟ لِلَّهِ شُرَكَآءَ قُلْ سَمُّوهُمْ ۚ
أَمْ تُنَبِّـُٔونَهُۥ بِمَا لَا يَعْلَمُ فِى ٱلْأَرْضِ أَم بِظَٰهِرٍ مِّنَ ٱلْقَوْلِ ۗ
بَلْ زُيِّنَ لِلَّذِينَ كَفَرُوا۟ مَكْرُهُمْ وَصُدُّوا۟ عَنِ ٱلسَّبِيلِ ۗ
وَمَن يُضْلِلِ ٱللَّهُ فَمَا لَهُۥ مِنْ هَادٍ ﴿٣٣﴾ لَّهُمْ عَذَابٌ فِى
ٱلْحَيَوٰةِ ٱلدُّنْيَا ۖ وَلَعَذَابُ ٱلْـَٔاخِرَةِ أَشَقُّ ۖ وَمَا لَهُم مِّنَ ٱللَّهِ
مِن وَاقٍ ﴿٣٤﴾ * مَّثَلُ ٱلْجَنَّةِ ٱلَّتِى وُعِدَ ٱلْمُتَّقُونَ ۖ تَجْرِى
مِن تَحْتِهَا ٱلْأَنْهَٰرُ ۖ أُكُلُهَا دَآئِمٌ وَظِلُّهَا ۚ تِلْكَ عُقْبَى ٱلَّذِينَ
ٱتَّقَوا۟ ۖ وَّعُقْبَى ٱلْكَٰفِرِينَ ٱلنَّارُ ﴿٣٥﴾ وَٱلَّذِينَ ءَاتَيْنَٰهُمُ

36 Diejenigen, denen Wir das Buch zukommen
ließen, freuen sich über das, was zu dir herabgesandt worden ist. Unter den Parteien gibt es welche, die einen Teil davon verwerfen. Sprich: Mir
ist befohlen worden, Gott zu dienen und Ihm
nicht (andere) beizugesellen. Zu Ihm rufe ich,
und zu Ihm ist meine Rückkehr. 37 Und so haben Wir ihn als eine Urteilsnorm in arabischer
Sprache hinabgesandt. Wenn du ihren Neigungen folgst nach dem, was dir an Wissen zugekommen ist, so hast du vor Gott weder Freund
noch Beschützer. 38 Und Wir haben vor dir Gesandte entsandt, und Wir haben ihnen Gattinnen und Nachkommenschaft gegeben. Kein Gesandter kann ein Zeichen bringen außer mit der
Erlaubnis Gottes. Jede Frist steht fest in einem
Buch. 39 Gott löscht aus, und Er bestätigt, was
Er will. Bei Ihm steht die Urnom des Buches.
40 Ob Wir dich einen Teil dessen, was Wir ihnen
androhen, sehen lassen oder dich abberufen, dir
obliegt nur die Ausrichtung (der Botschaft). Und
Uns obliegt die Abrechnung. 41 Haben sie denn
nicht gesehen, daß Wir über das Land kommen
und es an seinen Enden kürzen? Gott (allein) urteilt, und niemand kann danach sein Urteil rückgängig machen. Und Er ist schnell im Abrechnen. 42 Ränke haben schon diejenigen, die vor
ihnen lebten, geschmiedet. Aber Gott schmiedet
die (wirksamen) Ränke alle. Er weiß, was jede
Seele erwirbt. Und die Ungläubigen werden zu

ٱلْكِتَٰبَ يَفْرَحُونَ بِمَآ أُنزِلَ إِلَيْكَ ۖ وَمِنَ ٱلْأَحْزَابِ مَن
يُنكِرُ بَعْضَهُۥ ۚ قُلْ إِنَّمَآ أُمِرْتُ أَنْ أَعْبُدَ ٱللَّهَ وَلَآ أُشْرِكَ بِهِۦٓ ۚ
إِلَيْهِ أَدْعُوا۟ وَإِلَيْهِ مَـَٔابِ ﴿٣٦﴾ وَكَذَٰلِكَ أَنزَلْنَٰهُ حُكْمًا
عَرَبِيًّا ۚ وَلَئِنِ ٱتَّبَعْتَ أَهْوَآءَهُم بَعْدَمَا جَآءَكَ مِنَ ٱلْعِلْمِ
مَا لَكَ مِنَ ٱللَّهِ مِن وَلِىٍّ وَلَا وَاقٍ ﴿٣٧﴾ وَلَقَدْ أَرْسَلْنَا رُسُلًا
مِّن قَبْلِكَ وَجَعَلْنَا لَهُمْ أَزْوَٰجًا وَذُرِّيَّةً ۚ وَمَا كَانَ لِرَسُولٍ
أَن يَأْتِىَ بِـَٔايَةٍ إِلَّا بِإِذْنِ ٱللَّهِ ۗ لِكُلِّ أَجَلٍ كِتَابٌ ﴿٣٨﴾
يَمْحُوا۟ ٱللَّهُ مَا يَشَآءُ وَيُثْبِتُ ۖ وَعِندَهُۥٓ أُمُّ ٱلْكِتَٰبِ ﴿٣٩﴾
وَإِن مَّا نُرِيَنَّكَ بَعْضَ ٱلَّذِى نَعِدُهُمْ أَوْ نَتَوَفَّيَنَّكَ فَإِنَّمَا
عَلَيْكَ ٱلْبَلَٰغُ وَعَلَيْنَا ٱلْحِسَابُ ﴿٤٠﴾ أَوَلَمْ يَرَوْا۟ أَنَّا نَأْتِى
ٱلْأَرْضَ نَنقُصُهَا مِنْ أَطْرَافِهَا ۚ وَٱللَّهُ يَحْكُمُ لَا مُعَقِّبَ
لِحُكْمِهِۦ ۚ وَهُوَ سَرِيعُ ٱلْحِسَابِ ﴿٤١﴾ وَقَدْ مَكَرَ ٱلَّذِينَ
مِن قَبْلِهِمْ فَلِلَّهِ ٱلْمَكْرُ جَمِيعًا ۖ يَعْلَمُ مَا تَكْسِبُ كُلُّ نَفْسٍ ۗ

wissen bekommen, für wen die jenseitige Wohnstätte bestimmt ist. 43 Diejenigen, die ungläubig sind, sagen: »Du bist kein Gesandter.« Sprich: Gott genügt als Zeuge zwischen mir und euch, und auch diejenigen, die das Wissen des Buches besitzen.

وَسَيَعْلَمُ ٱلْكُفَّـٰرُ لِمَنْ عُقْبَى ٱلدَّارِ ﴿٤٢﴾ وَيَقُولُ ٱلَّذِينَ
كَفَرُوا۟ لَسْتَ مُرْسَلًا ۚ قُلْ كَفَىٰ بِٱللَّهِ شَهِيدًۢا بَيْنِى وَبَيْنَكُمْ
وَمَنْ عِندَهُۥ عِلْمُ ٱلْكِتَـٰبِ ﴿٤٣﴾

Varianten: 13,26–43

13,26: yabsuṭu: yabṣuṭu (bei Ubayy); sayabsuṭu: wird großzügig zuteilen (bei Ibn Masʿūd; nach Abū l-Barhashīn).
wa yaqdiru: wa yaqdiru lahū: und teilt ihm bemessen zu (bei Ibn Masʿūd; nach Ibn Dharr).
13,28: alladhīna āmanū: alladhīna anābū: die umkehren (bei Ibn Masʿūd).
13,29: ṭūbā: ṭībā (nach Makūza al-Aʿrābī).
13,30: ʿalayhimu: ʿalayhimi (nach Abū ʿAmr); ʿalayhumu (nach Ḥamza, Kisāʾī).
Der Satz: kadhālika … auḥaynā ilayka: wamā arsaltu mina l-rusuli wa anzaltu ʿalayhim mina l-kutubi illā bi lughati qaumihim liyatlūnahā ʿalyhim wa yubayyinūnahā lahum faḍlu llāhi: und Ich habe keine Gesandten entsandt und Ich habe keine Bücher auf sie hinabgesandt außer in der Sprache ihres Volkes, damit sie sie ihnen verlesen und sie ihnen deutlich machen; das ist die Huld Gottes (bei Ibn Masʿūd, Ubayy).
13,31: qurʾānan: qurānan (nach Ibn Kathīr).
yayʾasi: yaʾyasi, yāyasi (nach al-Bazzī); yatabayyani: ist es nicht deutlich geworden (bei Ibn Masʿūd, ʿAlī ibn Abī Ṭālib, Ibn ʿAbbās, ʿIkrima, Djaʿfar al-Ṣādiq; nach al-Djaḥdarī, Zayd ibn ʿAlī).
dārihim: diyārihim: Wohnstätten (bei Ibn Masʿūd, Ubayy, Saʿīd ibn Djubayr, Mudjāhid).
13,32: wa laqadi (stuhziʾa): wa laqadu (nach den Rezitatoren außer Abū ʿAmr, ʿĀṣim, Ḥamza, Ḥafṣ).
13,33: tunabbiʾūnahū: tunbīʾūnahū (laut Zamakhsharī II, S. 532).
zuyyina … makruhum: zayyana … makrahum: er hat ihnen ihre List verlockend gemacht (bei Ibn ʿAbbās, Mudjāhid).
wa ṣuddū: wa ṣiddū (bei Ibn Masʿūd; nach Waththāb ibn Yaḥyā, ʿAlqama); wa ṣaddin (nach Ibn Abī Isḥāq); wa ṣaddū: und sie haben abgewiesen (nach den Rezitatoren außer den Kūfiten); wa ṣaddūhum: und sie haben sie abgewiesen (bei Ubayy; nach Abū ʿImrān); wa ṣaddahum: und er hat sie abgewiesen (bei Ubayy nach einigen Gewährsmännern).
hādin: hādī (nach Ibn Kathīr).
13,34: wāqin: wāqī (nach Ibn Kathīr).
13,35: mathalu: amthālu (bei Ibn Masʿūd, ʿAlī ibn Abī Ṭālib nach einigen Gewährsmännern, ʿAlī al-Sulamī); mithālu (bei Ibn Masʿūd nach einigen Gewährsmännern, Ubayy, ʿAlī ibn Abī Ṭālib nach einigen Gewährsmännern, nach ʿAlī al-Sulamī).
ukulahā: uklahā (nach Nāfiʿ, Ibn Kathīr, Abū ʿAmr).
13,36: wa lladhīna ātaynāhumu l-kitāba yafraḥūna bimā unzila ilayka: wa lladhī anzalnā ilayka mina l-kitābi fīhi lughātun mukhtalifātun wa lladhīna āmanū yafraḥūna bihī wa minhum man lā yuʾminu bihī: und in dem, was Wir vom Buch zu dir hinabgesandt haben, gibt es verschiedene

Sprachen, und diejenigen, die glauben, freuen sich darüber; einige von ihnen glauben nicht daran (bei Ubayy, Ibn Masʿūd nach einigen Gewährsmännern); – wa lladhīna yaʿrifūna al-adjra wa yuʾminūna bil-kitābi yafraḥūna bimā unzila ilayka huwa l-ḥaqqu minhum yuʾminu bihī …: und diejenigen, die den Lohn kennen und an das Buch glauben freuen sich über das, was zu dir herabgesandt worden ist; es ist die Wahrheit; einige von ihnen glauben daran … (bei Ibn Masʿūd nach einigen Gewährsmännern).
wa lā ushrika: wa lā ushriku: indem ich Ihm nicht (andere) beigeselle (bei Nāfiʿ).
13,37: wāqin: wāqī (nach Ibn Kathīr).
13,38: wa laqad arsalnā: laqad arsalnā (bei Ibn Masʿūd).
min qablika: hinzugefügt: fa askannāhum fī l-arḍi: dann ließen Wir sie auf der Erde wohnen (bei Ibn Masʿūd).
13,39: wa yuthbitu: wa yuthabbitu (bei Ibn ʿAbbās; nach den Rezitatoren außer Ibn Kathīr, Abū ʿAmr, ʿĀṣim, Ḥafṣ).
13,42: wa sayaʿlamu: wa sayuʿlamu: (den Ungläubigen) wird mitgeteilt (nach Djanāḥ ibn Ḥubaysh).
al-kuffāru: al-kāfirūna (bei Ibn Masʿūd); alladhīna kafarū (bei Ubayy); al-kufuru (bei al-Rabīʿ ibn Khuthaym); al-kāfiru: der Ungläubige (bei ʿIkrima; nach Muʿādh, al-Djaḥdarī, Nāfiʿ, Ibn Kathīr, Abū ʿAmr).
13,43: wa man ʿindahū: wa biman ʿindahū (bei Mudjāhid; nach Ḥasan al-Baṣrī, al-Ḍaḥḥāk); wa min ʿindihī: von Ihm kommt (das Wissen des Buches) (bei Ubayy, ʿUmar); wa min ʿindihī ʿulima l-kitābu: durch Ihn wird das Wissen des Buches mitgeteilt (nach Ismāʿīl ibn Muḥammad al-Yamānī).

Kommentar

13,26(26): **Gott teilt den Lebensunterhalt großzügig, wem Er will, und auch bemessen zu:** → 2,245; 42,27; – 5,64. Die Menge und die Qualität des Lebensunterhalts hängt nicht mit dem Glauben oder dem Unglauben der Menschen zusammen, sondern allein mit dem souveränen Willen Gottes. Man kann auch an unterschiedliche Zeiten im Leben ein und derselben Person denken.

Und sie freuen sich über das diesseitige Leben: siehe auch 6,44; 11,10; 28,76; 30,36; 40,75; 42,48; 57,23.

das diesseitige Leben ist aber im Vergleich mit dem Jenseits nur Nutznießung: → 2,36. Es ist den Menschen gegeben für eine Zeitlang, hat aber keinen Bestand, sondern wird ihnen wieder genommen. Das Jenseits ist im Gegenteil dazu eine beständige Belohnung Gottes.

13,27(27): **Und diejenigen, die ungläubig sind, sagen: »Wenn doch ein Zeichen von seinem Herrn auf ihn herabgesandt würde!«:** Das Thema wird immer wieder erörtert; → 2,118.

Sprich: Gott führt irre, wen Er will: auch in 6,39; 14,4; 16,93; 35,8; 74,31; – 7,155. Die Ungläubigen fordern immer wieder ein Zeichen, aber die Zeichen bringen die Menschen nicht unfehlbar zum Glauben; der Glaube ist eine Wirkung des Willens Gottes.

und leitet zu sich, wer sich Ihm reumütig zuwendet: auch in 42,13.

Zur Frage nach der Beziehung zwischen göttlicher Vorgerbestimmung und menschlicher Willensfreiheit siehe im Band 1 dieses Koran-Kommentars, Gütersloh 1990, S. 179–183.

13,28(28): **Diejenigen, die glauben und deren Herzen im Gedenken Gottes Ruhe finden – ja, im Gedenken Gottes finden die Herzen Ruhe:** Man kann auch übersetzen: 13,27: leitet zu sich die, die sich Ihm reumütig zuwenden, die, die glauben …

An anderer Stelle sagt der Koran, daß die Herzen der Gläubigen »sich ängstigen, wenn Gottes gedacht wird« (8,2, vgl. 22,35; – 23,60). Beim Gedenken Gottes wird seine Strafe betrachtet (daher die Ängstlichkeit), aber auch seine Barmherzigkeit und seine Belohnung (daher die Herzensruhe)[1].

13,29(28): **diejenigen, die glauben und die guten Werke tun – selig sind sie:** Das Wort *ṭūbā* (selig) kommt im Koran nur an dieser Stelle vor. Es wird von den Kommentatoren verschieden präzisiert: Freude, Bejahung, Seligkeit, das Beste, Gutes und Ehre, Wohlsein. Einige halten es für ein arabisches Wort, andere für ein Lehnwort aus dem Äthiopischen oder aus Indien[2].

Einige muslimische Kommentatoren sehen im Wort den Namen eines Baumes im Paradies. Die Übersetzung würde dann lauten: Sie werden den Baum Ṭūbā haben.

und sie werden eine schöne Heimstatt erhalten: → 3,14.

13,30(29): **So haben Wir dich in eine Gemeinschaft gesandt:** → 2,151; → 2,119.

vor der Gemeinschaften dahingegangen sind: → 2,134. Deine Sendung steht in der Tradition der Prophetengeschichte, deine Aufgabe ist wie die der früheren Propheten.

damit du ihnen verliest, was Wir dir offenbart haben: → 2,129.

Aber sie verleugnen den Erbarmer: siehe auch 21,36; 43,33. Die Menschen wollen nicht an Gott glauben und auch nicht im Erbarmer den einzigen Gott erkennen, den Muḥammad verkündet.

Sprich: Er ist mein Herr: → 3,51; 18,38; 19,36; 40,28; 42,10; 43,64.

Es gibt keinen Gott außer Ihm. Auf Ihn vertraue ich, und Ihm wende ich mich zu: zum ersten Satz → 2,163; zum zweiten → 11,88.

13,31(30): **Auch wenn ein Koran käme, mit dem die Berge versetzt oder die Erde zerstückelt oder zu den Toten gesprochen werden könnte ...:** die Berge (am Ende der Zeit) versetzen: 18,47; 78,20; 81,3.

Die Antwort fehlt. Die muslimischen Kommentatoren schlagen als Ergän-

1. Vgl. Rāzī X, 19, S. 50.
2. Vgl. Rāzī X, 19, S. 52. *A. Jeffery:* Foreign vocabulary of the Qur'ān, Baroda 1938, S. 206, denkt an einen Ursprung aus dem Aramäischen.

zung vor: dann wäre es dieser Koran selbst, oder: dann würden sie auch nicht glauben (so al-Zadjjādj), → 6,111.

Nein, bei der ganzen Angelegenheit hat Gott allein zu entscheiden: → 3,154; → 3,128. Wenn er will, bringt er einen solchen Koran und führt die Menschen zum Glauben; und wenn er will, tut er es nicht. Niemand kann mit ihm darüber streiten und ihn wegen seiner Entscheidung zur Rechenschaft ziehen.

Wissen denn diejenigen, die glauben, nicht, daß Gott, wenn Er wollte, die Menschen alle rechtleiten würde?: → 6,35; → 5,48. – Das Wort *yayʾas* bedeutet nach den Kommentatoren in der Sprache der Stämme Nakhaʿ und Hawāzin »wissen«; sie zitieren als Beleg zwei Verse. Al-Zadjjādj deutet es wie sonst im Sinne von »die Hoffnung verlieren« und glossiert: Haben die Gläubigen nicht doch die Hoffnung verloren, daß diese da glauben, denn, wenn Gott gewollt hätte, hätte er die Menschen alle rechtgeleitet[3].

Weiter **13,31**(31): **Diejenigen, die ungläubig sind, wird immer eine Katastrophe treffen für das, was sie gemacht haben:** Katastrophe (*qāriʿa*): 69,4; 101,1–3.

oder sie wird in der Nähe ihrer Wohnstätte niedergehen, bis das Versprechen Gottes eintrifft: Entweder geht es allgemein um die Ungläubigen oder auch um die Mekkaner, denen der Koran mit der Erstarkung der Muslime droht, die an ihnen und ihren Wohnstätten das Strafgericht Gottes vollstrecken werden.

Und Gott bricht das Versprechen nicht: → 3,9; vgl. → 3,152; → 4,122; → 10,48.

13,32(32): **Gespottet wurde schon vor dir über Gesandte:** → 6,10.

Da gewährte Ich denen, die ungläubig waren, Aufschub: → 3,178.

dann ergriff Ich sie. Und wie war dann meine Strafe!: ähnlich in 22,44; 35,26; 67,18; – 54,16.18.21.30. – Die Erinnerung an das Wirken Gottes in der Vergangenheit soll zugleich ein Trost für Muḥammad und eine Drohung gegen die Ungläubigen sein.

3. Der Rezitator und Linguist Kisāʾī bekräftigt, daß die Araber seines Wissens das Wort *yaʾisa* nicht im Sinne von *wissen* gebrauchen; vgl. Rāzī X, 19, S. 55. Zum Ganzen siehe Zamakhsharī II, S. 530–531; Rāzī X, 19, S. 54–55; Qurṭubī V, 9, S. 279–280.

13,33(33): **Ist denn der, der über jede Seele Macht ausübt, um ihr zu vergelten für das, was sie getan hat, (den Götzen gleich)?:** Die Ergänzung in Klammern ergibt sich aus dem nächtsen Satz, in der der Koran den Ungläubigen vorwirft, Gott Teilhaber zur Seite zu stellen.

Sie stellen Gott Teilhaber (zur Seite): → 13,16.

Sprich: Nennt sie. Oder wollt ihr Ihm etwas kundtun, das Er auf der Erde nicht wüßte: → 10,18.

oder etwas, das eine offenkundige Rede ist?: Die Götzen existieren doch nicht; auch wenn man ihnen Namen verleiht, bedeutet dies keineswegs, daß sie nun göttliche Macht besitzen; sie bleiben bloße Namen. Gott erfaßt in seinem Wissen alles, man kann ihn durch leeres Gerede, das offenkundig ohne Inhalt ist, nicht belügen.

Nein, denen, die ungläubig sind, sind ihre Ränke verlockend gemacht worden: → 2,212.

und sie sind vom Weg abgewiesen worden: 40,37; in der aktiven Form → 2,217.

Wen Gott irreführt, der hat niemanden, der ihn rechtleiten könnte: → 7,186.

13,34(34): **Für sie ist bestimmt eine Pein im diesseitigen Leben. Die Pein des Jenseits ist jedoch härter:** auch in 20,127; 68,33.

Und sie haben niemanden, der sie vor Gott schützen könnte: 13,37; 40,21.

13,35(35): **Mit dem Paradies, das den Gottesfürchtigen versprochen ist, ist es wie folgt:** ähnlicher Ausdruck in 47,15; 15,15.

Unter ihm fließen Bäche: → 2,25.

und es hat ständigen Ernteertrag und Schatten. Das ist das, was im Jenseits für die Gottesfürchtigen folgt. Und was im Jenseits für die Ungläubigen folgt, ist das Feuer: Ernteertrag: → 2,265; 14,25; Schatten: → 4,57.

13,36(36): **Diejenigen, denen Wir das Buch zukommen ließen, freuen**

sich über das, was zu dir herabgesandt worden ist: → 2,121; 2,253; 3,110.114.

Unter den Parteien gibt es welche, die einen Teil davon verwerfen: siehe 11,17. Es gibt bei den muslimischen Kommentatoren verschiedene Deutungen dieses Verses[4]:
– Das Buch ist der Koran. Die Parteien sind Gruppen unter den Juden, den Christen und den übrigen Ungläubigen (so Ḥasan al-Baṣrī, Qatāda).
– Das Buch sind die Tora und das Evangelium. Einige von ihnen stellen eine Übereinstimmung zwischen ihren Schriften und dem Koran fest und freuen sich darüber. Die Parteien sind Gruppen unter den Ungläubigen oder näherhin den Polytheisten Mekkas.

Sprich: Mir ist befohlen worden, Gott zu dienen und Ihm nicht (andere) beizugesellen: → 3,64; vgl. → 10,72.

Zu Ihm rufe ich: → 12,108.

und zu Ihm ist meine Rückkehr: → 3,14.

13,37(37): **Und so haben Wir ihn als eine Urteilsnorm in arabischer Sprache hinabgesandt:** → 12,2. Das Buch urteilt; nach dem Buch urteilen: → 2,213.

Wenn du ihren Neigungen folgst nach dem, was dir an Wissen zugekommen ist, so hast du vor Gott weder Freund noch Beschützer: → 2,120; zum letzten Satz siehe 13,34.

13,38(38): **Und Wir haben vor dir Gesandte entsandt, und Wir haben ihnen Gattinnen und Nachkommenschaft gegeben:** damit ist festgestellt, daß sie keine Engel, sondern Sterbliche wie andere Menschen sind.

Kein Gesandter kann ein Zeichen bringen außer mit der Erlaubnis Gottes: 14,11; 40,78; ähnlich auch in 3,49; 5,110; Erlaubnis Gottes → 2,97.

Jede Frist steht fest in einem Buch: → 6,2; – → 2,231.282. Jede Angelegenheit kommt zu ihrer Zeit zur Ausführung, wie es Gott festgeschrieben hat.

4. Vgl. Zamakhsharī II, S. 533; Rāzī X, 19, S. 61–62; Qurṭubī V, 9, S. 284.

13,39(39): **Gott löscht aus, und Er bestätigt, was Er will:** Gott nimmt aus dem Leben der Menschen Dinge weg, und er bestätigt andere, und dies in souveräner Entscheidung. Es geht offensichtlich hier nicht in erster Linie um die Aufhebung von Rechtsbestimmungen, die im heiligen Buch durch den Propheten festgelegt worden sind[5].

Bei Ihm steht die Urnom des Buches: → 3,7; das ist die bei Gott aufbewahrte Tafel (85,22), die das enthält, was das Wissen und die Entscheidungen Gottes in den Angelegenheiten der Menschen festgelegt haben.

13,40(40): **Ob Wir dich einen Teil dessen, was Wir ihnen androhen, sehen lassen oder dich abberufen, dir obliegt nur die Ausrichtung (der Botschaft). Und Uns obliegt die Abrechnung:** Der Prophet soll nicht darauf bestehen, das Strafgericht Gottes selbst zu erleben, dies ist die Sache Gottes. Seine Sache ist nur, die Botschaft auszurichten (→ 3,20).

13,41(41): **Haben sie denn nicht gesehen, daß Wir über das Land kommen und es an seinen Enden kürzen?:** auch in 21,44. Hier wird wohl eine Andeutung auf die Einengung des Machtbereichs der Ungläubigen und auf die Unterstützung Gottes für den Propheten und die Gläubigen gemacht.

Gott (allein) urteilt, und niemand kann danach sein Urteil rückgängig machen: → 6,57; – 18,26.

Und Er ist schnell im Abrechnen: → 2,202.

13,42(42): **Ränke haben schon diejenigen, die vor ihnen lebten, geschmiedet:** wörtlich: die vor ihnen waren.

Aber Gott schmiedet die (wirksamen) Ränke alle: → 3,54; 7,99.

Er weiß, was jede Seele erwirbt: 13,33; → 6,3; erwirbt: → 2,79.

Und die Ungläubigen werden zu wissen bekommen, für wen die jenseitige Wohnstätte bestimmt ist: → 6,135. Wörtlich: die darauffolgende Wohnstätte, d. h. die nach dem Diesseits folgt.

5. Zur Aufhebung bzw. Abrogation siehe → 2,106, sowie die Ausführungen im Band 1 dieses Koran-Kommentars, Gütersloh 1990, S. 53–54.

13,43(43): **Diejenigen, die ungläubig sind, sagen: »Du bist kein Gesandter.« Sprich: Gott genügt als Zeuge zwischen mir und euch:** → 4,79; → 6,19.

und auch diejenigen, die das Wissen des Buches besitzen: Es sind die Juden und die Christen oder die unter ihnen, die an Muḥammad geglaubt haben: siehe ähnliche Aussagen in → 2,121; → 3,18; → 10,94; vgl. 22,54; 27,40. Al-Aṣamm will, daß hier die gemeint sind, die das Wissen des Korans besitzen. Andere Kommentatoren beziehen den Satz auf Gott: der, der das Wissen des Buches besitzt.

(١٤) سورة إبراهيم مكية
وآياتها اثنتان وخمسون

Sure 14

Abraham (Ibrāhīm)

zu Mekka, 52 Verse

14,1–52

Sure 14

Abraham (Ibrāhīm)

zu Mekka, 52 Verse

Allgemeine Fragen

Bezeichnung

Die Sure erhielt ihre Bezeichnung *Abraham* vom Vers 14,35, wo Abraham erwähnt wird.

Datierung

Die Sure wird in die dritte mekkanischen Periode, d. h. kurz vor der Auswanderung von Mekka nach medina im Jahre 622, datiert. Die muslimischen Autoren im Anschluß an Ibn ʿAbbās, Ḥasan al-Baṣrī und Qatāda nehmen im allgemeinen an, daß die Verse 14,28–29[1] oder 14,28–30[2] sich auf die Niederlage der Mekkaner zu Badr im Jahr 624 bezieht und datieren daher diese Verse in die medinische Zeit. Aber diese Deutung ist nicht zwingend[3].

Ob nun einige redaktionelle Änderungen (wie bei 14,35–41) oder Einschübe (z. B. 14,22 als Ergänzung zu 14,21; 14,31 mit einem anderen Reim und teilweise anderem Vokabular als der Kontext) aus späterer Zeit zu verzeichnen sind, ist anzunehmen[4], aber nicht mit Sicherheit feststellbar.

Struktur und Inhalt

Die Sure 14 besteht aus einer Reihe verschiedener kurzer Abschnitte, die um das Thema der Sendung und Verkündigung der Propheten, den Widerstand der

1. Vgl. Zamakhsharī II, S. 537.
2. Vgl. Qurṭubī V, 9, S. 295.
3. Vgl. *Nöldeke-Schwally*: Geschichte des Qorāns, I, Nachdruck: Hildesheim 1961, S. 152; *Régis Blachère:* Le Coran, Paris 1949, S. 452; Ṭabāṭabāʾī XII, S. 6.
4. Vgl. R. Blachère, S. 452, 458.

jeweiligen Adressaten der Botschaft und die Abrechnung Gottes kreisen und von früheren Suren bekannte Aussagen bekräftigen.

1. Einleitung
– Allmacht Gottes und Botschaft der Propheten in der Sprache des jeweiligen Volkes (14,1–4)

2. Aus der Prophetengeschichte
– Sendung Moses: 14,5–8.
– Die hinweggerafften Völker: Botschaft der Propheten und Widerstand der Ungläubigen: 14,9–20.
– Abrechnung beim Gericht: die Mächtigen und der Satan distanzieren sich von ihren Anhängern: 14,21–23.
– Gleichnis vom guten und vom bösen Wort: 14,24–27.
– Drohung gegen die Ungläubigen: 14,28–34.
– Abraham, Gründer der Kultstätte zu Mekka und Ḥanīf: 14,35–41.

3. Gericht Gottes
– Vom Jüngsten Gericht: 14,42–52.

Vorzüge der Sure 14

Von der Sure 14 habe Muḥammad gesagt: »Wer die Sure *Abraham* liest, der wird den Lohn von zehn guten Taten erhalten entsprechend der Zahl derer, die den Götzen dienten, und derer, die ihnen nicht dienten[5].

5. Vgl. Zamakhsharī II, S. 568.

14,1–52

14,1–23

Im Namen Gottes, des Erbarmers, des Barmherzigen.
1 Alif Lām Rā. Dieses ist ein Buch, das Wir zu
dir hinabgesandt haben, damit du die Menschen
mit der Erlaubnis ihres Herrn aus den Finsternissen ins Licht hinausführst, zum Weg dessen,
der mächtig und des Lobes würdig ist, 2 (zum
Weg) Gottes, dem gehört, was in den Himmeln
und was auf der Erde ist. Wehe den Ungläubigen
vor einer harten Pein! 3 Diejenigen, die das diesseitige Leben mehr lieben als das Jenseits und
vom Weg Gottes abweisen und sich ihn krumm
wünschen, die sind weit abgeirrt. 4 Und Wir haben keinen Gesandten entsandt, außer (mit einer
Botschaft) in der Sprache seines Volkes, damit er
(sie) ihnen deutlich macht. Gott führt dann irre,
wen Er will, und Er leitet recht, wen Er will. Und
Er ist der Mächtige, der Weise. 5 Und Wir haben
Mose mit unseren Zeichen gesandt: »Führe dein
Volk aus den Finsternissen ins Licht hinaus, und
erinnere sie an die Tage Gottes.« Darin sind Zeichen für jeden, der sehr standhaft und sehr
dankbar ist. 6 Und als Mose zu seinem Volk sagte: »Gedenket der Gnade Gottes zu euch, als Er
euch vor den Leuten des Pharao rettete, die euch
schlimme Pein zufügten, eure Söhne abschlachteten und nur eure Frauen am Leben ließen –

بِسْمِ ٱللَّهِ ٱلرَّحْمَٰنِ ٱلرَّحِيمِ

الٓر ۚ كِتَٰبٌ أَنزَلْنَٰهُ إِلَيْكَ لِتُخْرِجَ ٱلنَّاسَ مِنَ ٱلظُّلُمَٰتِ
إِلَى ٱلنُّورِ بِإِذْنِ رَبِّهِمْ إِلَىٰ صِرَٰطِ ٱلْعَزِيزِ ٱلْحَمِيدِ ﴿١﴾
ٱللَّهِ ٱلَّذِى لَهُۥ مَا فِى ٱلسَّمَٰوَٰتِ وَمَا فِى ٱلْأَرْضِ ۗ وَوَيْلٌ
لِّلْكَٰفِرِينَ مِنْ عَذَابٍ شَدِيدٍ ﴿٢﴾ ٱلَّذِينَ يَسْتَحِبُّونَ
ٱلْحَيَوٰةَ ٱلدُّنْيَا عَلَى ٱلْءَاخِرَةِ وَيَصُدُّونَ عَن سَبِيلِ ٱللَّهِ
وَيَبْغُونَهَا عِوَجًا ۚ أُو۟لَٰٓئِكَ فِى ضَلَٰلٍۭ بَعِيدٍ ﴿٣﴾ وَمَآ أَرْسَلْنَا
مِن رَّسُولٍ إِلَّا بِلِسَانِ قَوْمِهِۦ لِيُبَيِّنَ لَهُمْ ۖ فَيُضِلُّ ٱللَّهُ
مَن يَشَآءُ وَيَهْدِى مَن يَشَآءُ ۚ وَهُوَ ٱلْعَزِيزُ ٱلْحَكِيمُ ﴿٤﴾
وَلَقَدْ أَرْسَلْنَا مُوسَىٰ بِـَٔايَٰتِنَآ أَنْ أَخْرِجْ قَوْمَكَ مِنَ
ٱلظُّلُمَٰتِ إِلَى ٱلنُّورِ وَذَكِّرْهُم بِأَيَّىٰمِ ٱللَّهِ ۚ إِنَّ فِى ذَٰلِكَ
لَءَايَٰتٍ لِّكُلِّ صَبَّارٍ شَكُورٍ ﴿٥﴾ وَإِذْ قَالَ مُوسَىٰ لِقَوْمِهِ
ٱذْكُرُوا۟ نِعْمَةَ ٱللَّهِ عَلَيْكُمْ إِذْ أَنجَىٰكُم مِّنْ ءَالِ فِرْعَوْنَ
يَسُومُونَكُمْ سُوٓءَ ٱلْعَذَابِ وَيُذَبِّحُونَ أَبْنَآءَكُمْ وَيَسْتَحْيُونَ

darin war für euch eine gewaltige Prüfung von
eurem Herrn. 7 Und als euer Herr ankündigte:
›Wenn ihr dankbar seid, werde Ich euch noch
mehr Gnade erweisen. Und wenn ihr undankbar
seid, so ist meine Pein hart.‹« 8 Und Mose sagte:
»Wenn ihr undankbar seid, ihr und alle, die auf
der Erde sind, so ist Gott auf niemanden angewiesen und des Lobes würdig.«
9 Ist denn nicht der Bericht über die, die vor euch
lebten, zu euch gelangt, das Volk Noachs, die ʿĀd
und Thamūd und die, die nach ihnen lebten, und
die nur Gott kennt? Ihre Gesandten kamen zu
ihnen mit den deutlichen Zeichen. Sie aber
steckten ihre Hände in den Mund und sagten:
»Wir verleugnen das, womit ihr gesandt seid,
und wir hegen über das, wozu ihr uns aufruft,
[26½] einen starken Zweifel.« *10 Ihre Gesandten sagten: »Ist denn ein Zweifel möglich über Gott,
den Schöpfer der Himmel und der Erde? Er ruft
euch, um euch etwas von euren Sünden zu vergeben und euch für eine bestimmte Frist zurückzustellen.« Sie sagten: »Ihr seid nur Menschen
wie wir. Ihr wollt uns von dem abbringen, was
unsere Väter verehrten. So bringt uns eine offenkundige Ermächtigung.« 11 Ihre Gesandten
sagten zu ihnen: »Wir sind zwar nur Menschen
wie ihr. Aber Gott erweist seine Wohltaten, wem
von seinen Dienern Er will. Und wir können
euch keine Ermächtigung bringen außer mit der
Erlaubnis Gottes. Auf Gott sollen die Gläubigen

نِسَآءَكُمْۚ وَفِى ذَٰلِكُم بَلَآءٌ مِّن رَّبِّكُمْ عَظِيمٌ ﴿٦﴾
وَإِذْ تَأَذَّنَ رَبُّكُمْ لَئِن شَكَرْتُمْ لَأَزِيدَنَّكُمْۖ وَلَئِن كَفَرْتُمْ إِنَّ
عَذَابِى لَشَدِيدٌ ﴿٧﴾ وَقَالَ مُوسَىٰٓ إِن تَكْفُرُوٓاْ أَنتُمْ وَمَن
فِى ٱلْأَرْضِ جَمِيعًا فَإِنَّ ٱللَّهَ لَغَنِىٌّ حَمِيدٌ ﴿٨﴾ أَلَمْ يَأْتِكُمْ
نَبَؤُاْ ٱلَّذِينَ مِن قَبْلِكُمْ قَوْمِ نُوحٍ وَعَادٍ وَثَمُودَۛ وَٱلَّذِينَ مِنۢ
بَعْدِهِمْۛ لَا يَعْلَمُهُمْ إِلَّا ٱللَّهُۚ جَآءَتْهُمْ رُسُلُهُم بِٱلْبَيِّنَٰتِ
فَرَدُّوٓاْ أَيْدِيَهُمْ فِىٓ أَفْوَٰهِهِمْ وَقَالُوٓاْ إِنَّا كَفَرْنَا بِمَآ
أُرْسِلْتُم بِهِۦ وَإِنَّا لَفِى شَكٍّ مِّمَّا تَدْعُونَنَآ إِلَيْهِ مُرِيبٍ ﴿٩﴾
۞ قَالَتْ رُسُلُهُمْ أَفِى ٱللَّهِ شَكٌّ فَاطِرِ ٱلسَّمَٰوَٰتِ وَٱلْأَرْضِۖ
يَدْعُوكُمْ لِيَغْفِرَ لَكُم مِّن ذُنُوبِكُمْ وَيُؤَخِّرَكُمْ إِلَىٰٓ أَجَلٍ
مُّسَمًّىۚ قَالُوٓاْ إِنْ أَنتُمْ إِلَّا بَشَرٌ مِّثْلُنَا تُرِيدُونَ أَن تَصُدُّونَا
عَمَّا كَانَ يَعْبُدُ ءَابَآؤُنَا فَأْتُونَا بِسُلْطَٰنٍ مُّبِينٍ ﴿١٠﴾ قَالَتْ
لَهُمْ رُسُلُهُمْ إِن نَّحْنُ إِلَّا بَشَرٌ مِّثْلُكُمْ وَلَٰكِنَّ ٱللَّهَ يَمُنُّ عَلَىٰ
مَن يَشَآءُ مِنْ عِبَادِهِۦۖ وَمَا كَانَ لَنَآ أَن نَّأْتِيَكُم بِسُلْطَٰنٍ
إِلَّا بِإِذْنِ ٱللَّهِۚ وَعَلَى ٱللَّهِ فَلْيَتَوَكَّلِ ٱلْمُؤْمِنُونَ ﴿١١﴾ وَمَا

vertrauen. 12 Warum sollten wir nicht auf Gott vertrauen, wo Er unsere Wege geführt hat? Wir werden das Leid, das ihr uns zufügt, geduldig ertragen, und auf Gott sollen die vertrauen, die (überhaupt auf jemanden) vertrauen.« 13 Diejenigen, die ungläubig waren, sagten zu ihren Gesandten: »Wir werden euch bestimmt aus unserem Land vertreiben, oder ihr kehrt zu unserer Glaubensrichtung zurück.« Da offenbarte ihnen ihr Herr: »Verderben werden Wir die, die Unrecht tun. 14 Und Wir werden euch nach ihnen das Land bewohnen lassen. Dies gilt für den, der meinen Stand fürchtet und meine Androhung fürchtet.« 15 Und sie baten um einen Richterspruch. Und enttäuscht wurde jeder widerspenstige Gewaltherrscher. 16 Hintendrein steht für ihn die Hölle bereit, und er bekommt eitriges Wasser zu trinken, 17 das er schluckt, aber kaum hinunterbringt. Und der Tod kommt zu ihm von überall her, aber er stirbt nicht. Und danach steht eine schwere Pein. 18 Mit denen, die ihren Herrn verleugnen, ist es so: Ihre Werke sind wie die Asche, auf die der Wind an einem stürmischen Tag heftig bläst. Sie verfügen über nichts von dem, was sie erworben haben. Das ist der tiefe Irrtum. 19 Siehst du denn nicht, daß Gott die Himmel und die Erde in Wahrheit erschaffen hat? Wenn Er will, läßt Er euch fortgehen und bringt eine neue Schöpfung hervor. 20 Dies fällt Gott sicher nicht schwer.

لَنَآ أَلَّا نَتَوَكَّلَ عَلَى ٱللَّهِ وَقَدْ هَدَىٰنَا سُبُلَنَا ۚ وَلَنَصْبِرَنَّ
عَلَىٰ مَآ ءَاذَيْتُمُونَا ۚ وَعَلَى ٱللَّهِ فَلْيَتَوَكَّلِ ٱلْمُتَوَكِّلُونَ ﴿١٢﴾
وَقَالَ ٱلَّذِينَ كَفَرُوا۟ لِرُسُلِهِمْ لَنُخْرِجَنَّكُم مِّنْ أَرْضِنَآ
أَوْ لَتَعُودُنَّ فِى مِلَّتِنَا ۖ فَأَوْحَىٰٓ إِلَيْهِمْ رَبُّهُمْ لَنُهْلِكَنَّ
ٱلظَّٰلِمِينَ ﴿١٣﴾ وَلَنُسْكِنَنَّكُمُ ٱلْأَرْضَ مِنۢ بَعْدِهِمْ ۚ ذَٰلِكَ
لِمَنْ خَافَ مَقَامِى وَخَافَ وَعِيدِ ﴿١٤﴾ وَٱسْتَفْتَحُوا۟ وَخَابَ
كُلُّ جَبَّارٍ عَنِيدٍ ﴿١٥﴾ مِّن وَرَآئِهِۦ جَهَنَّمُ وَيُسْقَىٰ مِن مَّآءٍ
صَدِيدٍ ﴿١٦﴾ يَتَجَرَّعُهُۥ وَلَا يَكَادُ يُسِيغُهُۥ وَيَأْتِيهِ ٱلْمَوْتُ مِن
كُلِّ مَكَانٍ وَمَا هُوَ بِمَيِّتٍ ۖ وَمِن وَرَآئِهِۦ عَذَابٌ غَلِيظٌ ﴿١٧﴾
مَّثَلُ ٱلَّذِينَ كَفَرُوا۟ بِرَبِّهِمْ ۖ أَعْمَٰلُهُمْ كَرَمَادٍ ٱشْتَدَّتْ بِهِ ٱلرِّيحُ
فِى يَوْمٍ عَاصِفٍ ۖ لَّا يَقْدِرُونَ مِمَّا كَسَبُوا۟ عَلَىٰ شَىْءٍ ۚ ذَٰلِكَ
هُوَ ٱلضَّلَٰلُ ٱلْبَعِيدُ ﴿١٨﴾ أَلَمْ تَرَ أَنَّ ٱللَّهَ خَلَقَ ٱلسَّمَٰوَٰتِ
وَٱلْأَرْضَ بِٱلْحَقِّ ۚ إِن يَشَأْ يُذْهِبْكُمْ وَيَأْتِ بِخَلْقٍ جَدِيدٍ ﴿١٩﴾
وَمَا ذَٰلِكَ عَلَى ٱللَّهِ بِعَزِيزٍ ﴿٢٠﴾ وَبَرَزُوا۟ لِلَّهِ جَمِيعًا فَقَالَ

21 Und sie treten vor Gott allesamt. Da sagen die
Schwachen zu denen, die sich hochmütig verhielten: »Wir waren doch eure Gefolgsleute.
Könnt ihr uns vor Gottes Pein etwas nützen?«
21 Sie sagen: »Wenn Gott uns rechtgeleitet hätte, hätten (auch) wir euch rechtgeleitet. Es ist für
uns gleich, ob wir uns mutlos oder geduldig zeigen; für uns gibt es kein Entrinnen.« 22 Und der
Satan sagt, nachdem die Angelegenheit entschieden ist: »Gott hat euch ein wahres Versprechen gegeben. Auch ich habe euch (etwas) versprochen, es aber dann nicht gehalten. Und ich
hatte keine Macht über euch; ich habe euch nur
gerufen, und ihr habt auf mich gehört. So tadelt
mich nicht, tadelt euch selbst. Ich kann euch
nicht helfen, und ihr könnt mir nicht helfen. Ich
weise es zurück, daß ihr mich zuvor (Gott) beigesellt habt.« Für die, die Unrecht tun, ist eine
schmerzhafte Pein bestimmt. 23 Aber diejenigen, die glauben und die guten Werke tun, werden in Gärten geführt, unter denen Bäche fließen; darin werden sie ewig weilen, mit der
Erlaubnis ihres Herren. Ihre Begrüßung darin
wird sein: »Frieden!«

ٱلضُّعَفَـٰٓؤُا۟ لِلَّذِينَ ٱسْتَكْبَرُوٓا۟ إِنَّا كُنَّا لَكُمْ تَبَعًا فَهَلْ أَنتُم
مُّغْنُونَ عَنَّا مِنْ عَذَابِ ٱللَّهِ مِن شَىْءٍ ۚ قَالُوا۟ لَوْ هَدَىٰنَا ٱللَّهُ
لَهَدَيْنَـٰكُمْ ۖ سَوَآءٌ عَلَيْنَآ أَجَزِعْنَآ أَمْ صَبَرْنَا مَا لَنَا مِن
مَّحِيصٍ ﴿٢١﴾ وَقَالَ ٱلشَّيْطَـٰنُ لَمَّا قُضِىَ ٱلْأَمْرُ إِنَّ ٱللَّهَ وَعَدَكُمْ
وَعْدَ ٱلْحَقِّ وَوَعَدتُّكُمْ فَأَخْلَفْتُكُمْ ۖ وَمَا كَانَ لِىَ عَلَيْكُم
مِّن سُلْطَـٰنٍ إِلَّآ أَن دَعَوْتُكُمْ فَٱسْتَجَبْتُمْ لِى ۖ فَلَا تَلُومُونِى
وَلُومُوٓا۟ أَنفُسَكُم ۖ مَّآ أَنَا۠ بِمُصْرِخِكُمْ وَمَآ أَنتُم بِمُصْرِخِىَّ ۖ إِنِّى
كَفَرْتُ بِمَآ أَشْرَكْتُمُونِ مِن قَبْلُ ۗ إِنَّ ٱلظَّـٰلِمِينَ لَهُمْ عَذَابٌ
أَلِيمٌ ﴿٢٢﴾ وَأُدْخِلَ ٱلَّذِينَ ءَامَنُوا۟ وَعَمِلُوا۟ ٱلصَّـٰلِحَـٰتِ جَنَّـٰتٍ
تَجْرِى مِن تَحْتِهَا ٱلْأَنْهَـٰرُ خَـٰلِدِينَ فِيهَا بِإِذْنِ رَبِّهِمْ ۖ تَحِيَّتُهُمْ
فِيهَا سَلَـٰمٌ ﴿٢٣﴾

Varianten: 14,1–23

14,1: ṣirāṭi: sirāṭi (nach Qunbul).
14,2: allāhi: allāhu: Gott (gehört ...), oder: Er ist Gott, (dem ...) (nach Nāfiʿ, Ibn Āmir).
14,4: bi lisāni: bi lisni (bei al-Aʿmash); bi lusni, bi lusuni (laut Zamakhsharī II, S. 539).
14,5: inna fī dhālika: davor geschoben: niʿami llāhi: an die Gnaden Gottes (bei Ubayy).
14,6: idh andjākum: idh akhradjakum: als Er euch herausführte (bei Ibn Masʿūd).
14,7: taʾadhdhana: qāla: (Als euer Herr) sprach (Ibn Masʿūd).
wala'in: wa qāla mūsā li qaumihī la'in: und Mose sagte zu seinem Volk: Wenn ... (bei Ibn Masʿūd); wa idh qāla rabbukum la'in: Und als euer Herr sprach: Wenn ... (bei Ibn Masʿūd).
inna ʿadhābī la shadīd: inna laʿnī ḥamīl: mein Fluch ist schwer zu ertragen, oder: ungewohnt (bei Ibn Masʿūd).
14,8: in takfurū antum: la'in kafartum (bei Ibn Masʿūd).
14,9: rusuluhum: rusluhum (nach Abū ʿAmr).
ʿādin wa thamūd: ʿādan wa thamūdan (bei Ibn Masʿūd).
tadʿūnanā: tadʿūnna (bei Ṭalḥa).
14,10: rusuluhum: rusluhum (nach Abū ʿAmr).
14,11: rusuluhum: rusluhum (nach Abū ʿAmr).
14,12: subulanā: sublanā (nach Abū ʿAmr).
14,13: li rusulihim: li ruslihim (nach Abū ʿAmr).
ilayhim: ilayhum (nach Ḥamza, Kisā'ī).
lanuhlikanna: layuhlikanna: verderben wird Er (nach Abū Ḥaywa).
14,14: wa lanuskinannakum: wa layuskinannakum: und Er wird euch bewohnen lassen (nach Abū Ḥaywa).
waʿīdi: wʿīdī (bei al-Rabīʿ ibn Khuthaym; nach Warsh, Yaʿqūb al-Ḥaḍramī).
14,15: wa staftaḥū: wa staftiḥū: bittet un einen Richterspruch (laut Zamakhsharī II, S. 545).
14,18: al-rīḥu: al-riyāḥu: die Winde (nach Nāfiʿ).
fī yaumin ʿāṣifin: fī yaumi ʿāṣifin: am Tag eines stürmischen Windes (nach Ibn Abī Isḥāq, Ibrāhīm ibn Abī Bakr).
ʿāṣifin: ʿaṣifin (bei Ibn Masʿūd).
14,19: khalaqa l-samāwāti wal-arḍa: khāliqu l-samāwāti wal-arḍi: (daß Gott) der Schöpfer der Himmel und der Erde ist (nach Ḥamza, Kisā'ī).

14,22: lī ʿalaykum: liya ʿalaykum (nach den Rezitatoren außer Ḥafṣ).
bi muṣrikhiyya: bi muṣrikhiyyi (bei al-Aʿmash; nach Ḥamza, Yaḥyā ibn Waththāb).
ashraktumūni: ashraktumūnī (nah Abū ʿAmr).

Kommentar

Im Namen Gottes, des Erbarmers, des Barmherzigen: Zu dieser einführenden Formel siehe die Angaben im Band 1 dieses Koran-Kommentars (Gütersloh 1990): S. 84 (ob dieser Satz als Koranvers zu betrachten ist), S. 147–150 (Kommentierung des Inhalts; → 1,1.

14,1(1): **Alif Lām Rā:** Zu den verschiedenen Versuchen, die den Suren vorangestellten sogenannten »geheimnisvollen Buchstaben« zu enträtseln, siehe den Band 1 dieses Koran-Kommentars (Güterloh 1990), S. 85–90.

Dieses ist ein Buch, das Wir zu dir hinabgesandt haben: → 6,92; → 7,2. Der Adressat ist Muḥammad.

damit du die Menschen mit der Erlaubnis ihres Herrn aus den Finsternissen ins Licht hinausführst: → 2,257.

zum Weg dessen, der mächtig und des Lobes würdig ist: siehe auch 34,24; – 22,24; mächtig und des Lobes würdig: auch in 85,8.

14,2(2): **(zum Weg) Gottes, dem gehört, was in den Himmeln und was auf der Erde ist:** dem allein gehört ...; → 2,116; Herrschaft der Himmel und der Erde: → 2,107.

Wehe den Ungläubigen vor einer harten Pein!: Wehe den Ungläubigen: ähnlich in 19,37; 38,27; 43,65; 51,60. – harte Pein: → 2,85.

14,3(3): **Diejenigen, die das diesseitige Leben mehr lieben als das Jenseits:** Man kann auch übersetzen: denjenigen ..., bezogen auf die Ungläubigen im vorhergehenden Vers. Zum Thema siehe 16,107; – 79,38; 87,16–17.

und vom Weg Gottes abweisen und sich ihn krumm wünschen: → 7,45.
die sind weit abgeirrt: → 3,164.

14,4(4): **Und Wir haben keinen Gesandten entsandt, außer (mit einer Botschaft) in der Sprache seines Volkes, damit er (sie) ihnen deutlich macht:** → 12,2.

Gott führt dann irre, wen Er will, und Er leitet recht, wen Er will: auch in 16,93; 35,8; 74,31; → 6,39; → 7,155; → 2,26[1].

Und Er ist der Mächtige, der Weise: → 2,129.

14,5(5): **Und Wir haben Mose mit unseren Zeichen gesandt:** → 7,103; → 4,153.

»Führe dein Volk aus den Finsternissen ins Licht hinaus: → 14,1; → 2,257.

und erinnere sie an die Tage Gottes«: → 5,13; auch 45,14. Es sind entweder die Strafgerichte Gottes gegen die früheren Völker (14,9; → 10,102; → 3,137), oder die Großtaten Gottes zugunsten des Volkes Israel selbst (vgl. → 3,140).

Darin sind Zeichen für jeden, der sehr standhaft und sehr dankbar ist: auch in 31,31; 34,19; 42,33. Strafgerichte wie Großtaten Gottes zugunsten des Volkes dienen der Drohung oder der Ermutigung; sie sind Zeichen für die Menschen, die sich standhaft in der Prüfung und dankbar in der Zeit der Gnade zeigen.

14,6(6): **Und als Mose zu seinem Volk sagte:** verkürzter Zeitsatz: → 2,30.

»Gedenket der Gnade Gottes zu euch: → 2,40.

als Er euch vor den Leuten des Pharao rettete, die euch schlimme Pein zufügten, eure Söhne abschlachteten und nur eure Frauen am Leben ließen – darin war für euch eine gewaltige Prüfung von eurem Herrn: → 2,49; 7,141.

14,7(7): **Und als euer Herr ankündigte:** verkürzter Zeitsatz; → 2,30. *ankündigte:* → 7,167. – Dies gehört noch zu den Worten Moses an sein Volk.

›Wenn ihr dankbar seid, werde Ich euch noch mehr Gnade erweisen: ähnlich in → 2,58.

Und wenn ihr undankbar seid, so ist meine Pein hart‹«: → 2,85.

1. Siehe Exkurs über die göttliche Vorherbestimmung und die menschliche Willensfreiheit: Band 1 dieses Koran-Kommentars, Gütersloh 1990, S. 179–183.

14,8(8): **Und Mose sagte: »Wenn ihr undankbar seid, ihr und alle, die auf der Erde sind, so ist Gott auf niemanden angewiesen und des Lobes würdig«:** → 4,131.

14,9(9): **Ist denn nicht der Bericht über die, die vor euch lebten:** wörtlich: die vor euch waren.

zu euch gelangt: → 9,70; → 6,5. Mit diesem Vers beginnt nach der Meinung der Mehrheit der Kommentatoren ein neuer Abschnitt. Einige wollen, daß dies weiterhin zu den Worten Moses gehört[2].

das Volk Noachs, die ʿĀd und Thamūd: siehe zu diesen Völkern 11,89; 22,42–44; 38,12–14; 50,12–14; – 40,5.31; 51,41–46; 53,50–54.

Weiter **14,9**(10): **und die, die nach ihnen lebten:** wörtlich: die nach ihnen waren.

und die nur Gott kennt?: siehe ähnliche Aussagen in → 4,164; 40,78.

Ihre Gesandten kamen zu ihnen mit den deutlichen Zeichen: → 7,101.

Sie aber steckten ihre Hände in den Mund: Dieser Ausdruck hat die Kommentatoren ziemlich beschäftigt. Sie bieten verschiedene Deutungen an[3]:

1. Es geht um die Haltung der Ungläubigen:
   - Sie haben sich in die Hände vor Groll gebissen, wie in 3,119; 25,27 (so Ibn ʿAbbās, Ibn Masʿūd).
   - Sie haben die Hände zum Mund geführt, um zu lachen und zu spotten.
   - Sie haben den Propheten bedeutet, sie sollen aufhören, zu reden und ihre Botschaft zu verkünden (so al-Kalbī).
   - Sie haben auf ihren Mund und auf das, was sie gesagt haben (wir leugnen das …) hingewiesen.
2. Der Ausdruck wird auf die Gesandten bezogen:
   - Die Ungläubigen haben die Hände der Gesandten in deren Mund gesteckt, um sie zum Schweigen zu bringen.

2. Vgl. Rāzī X, 19, S. 89, wo er die Meinung von Abū Muslim al-Iṣfahānī wiedergibt; Qurṭubī V, 9, S. 300–301.

3. Manche Kommentatoren wollen die Wörter Hände und Mund im übertragenen Sinn verstehen: *yad* (Hand) kann auch im Sinne von Gunst und Gnade gedeutet werden: Die Ungläubigen haben demnach die Gnade Gottes, d. h. die Botschaft der Propheten in deren eigenen Mund zurückgebracht, d. h. sie haben sie zurückgewiesen (so Abū Muslim al-Iṣfahānī). Oder die Ungläubigen schwiegen und verweigerten die Antwort. Oder sie haben die Gnade Gottes durch ihren Mund, d. h. durch ihre Worte, zurückgewiesen. Vgl. Rāzī X, 19, S. 91–92.

- Die Gesandten haben ihre eigenen Hände in den Mund gesteckt, um den Ungläubigen zu signalisieren, daß sie ihre Worte nicht mehr wiederholen werden.
- Die Ungläubigen richteten ihre Hände auf den Mund der Gesandten, um sie der Lüge zu bezichtigen und ihre Worte zurückzuweisen[4].

und sagten: »Wir verleugnen das, womit ihr gesandt seid: → 34,34; 41,14; 43,24.

und wir hegen über das, wozu ihr uns aufruft, einen starken Zweifel«: → 11,62.

14,10(11): **Ihre Gesandten sagten: »Ist denn ein Zweifel möglich über Gott, den Schöpfer der Himmel und der Erde?:** ähnlich in → 6,14.

Er ruft euch, um euch etwas von euren Sünden zu vergeben: siehe 46,31; 71,4. Zamakhsharī merkt hier an, daß der Koran nur im Hinblick auf die Ungläubigen den Ausdruck gebraucht: *etwas von euren Sünden,* während den Gläubigen zugesichert wird, daß ihre Sünden vergeben werden[5]. Rāzī meint, daß man den Satz verstehen kann im Hinblick darauf, daß Gott einige Sünden auch ohne Reue des Sünders vergibt, während der Unglaube nur dem Reumütigen vergeben wird[6].

und euch für eine bestimmte Frist zurückzustellen«: → 11,104; bestimmte Frist: → 2,282.

Weiter **14,10**(12): **Sie sagten: »Ihr seid nur Menschen wie wir:** → 11,27; → 6,91.

Ihr wollt uns von dem abbringen, was unsere Väter verehrten: → 7,70; → 2,170.

So bringt uns eine offenkundige Ermächtigung«: d. h. Taten, die über das Übliche und Gewöhnliche hinausgehen; → 4,91.

14,11(13): **Ihre Gesandten sagten zu ihnen: »Wir sind zwar nur Menschen wie ihr:** 18,110; 41,6; vgl. → 11,27; → 6,91.

4. Vgl. Zamakhsharī II, S. 542; Rāzī X, 19, S. 90–91; Qurṭubī V, 9, S. 301.
5. Vgl. Zamakhsharī II, S. 543.
6. Vgl. Rāzī X, 19, S. 96.

Aber Gott erweist seine Wohltaten, wem von seinen Dienern Er will: ähnlich → 6,124.

Und wir können euch keine Ermächtigung bringen
weiter **14,11**(14): **außer mit der Erlaubnis Gottes:** → 13,38.

Auf Gott sollen die Gläubigen vertrauen: → 3,122. Er wird Wunder vollbringen, wenn er will.

14,12(15): **Warum sollten wir nicht auf Gott vertrauen, wo Er unsere Wege geführt hat? Wir werden das Leid, das ihr uns zufügt, geduldig ertragen:** zum letzten Satz → 6,34.

und auf Gott sollen die vertrauen, die (überhaupt auf jemanden) vertrauen«: → 12,67. Er wird das Umgemach, das die Menschen den Gläubigen zufügen, abwehren.

14,13(16): **Diejenigen, die ungläubig waren, sagten zu ihren Gesandten: »Wir werden euch bestimmt aus unserem Land vertreiben, oder ihr kehrt zu unserer Glaubensrichtung zurück«:** → 7,88 (siehe auch den Kommentar zu dieser Stelle). Ihr habt euch von unserer Religion entfernt, nun sollt ihr zu ihr zurückkehren.

Da offenbarte ihnen ihr Herr: »Verderben werden Wir die, die Unrecht tun: Gott kündigt sein vernichtendes Strafgericht an.

14,14(17): **Und Wir werden euch nach ihnen das Land bewohnen lassen:** → 7,100; – 14,45; 17,104.

Dies gilt für den, der meinen Stand fürchtet: auch in 55,46; 79,40. Der Stand Gottes bedeutet hier seine Haltung als Richter, der mit den Menschen abrechnet; oder seine Macht, die er ausübt, die Art, wie er die Taten der Menschen verfolgt (vgl. 13,33) (so die Meinung von al-Farrā'); oder daß er die Menschen in Wahrheit und Gerechtigkeit behandelt.[7]

und meine Androhung fürchtet«: auch in 50,45.

14,15(18): **Und sie baten um einen Richterspruch:** → 2,89; 26,118. Sie

7. Vgl. Rāzī X, 19, S. 102.

baten um einen Richterspruch zur Entscheidung zwischen der Wahrheit und dem Irrtum, oder um Unterstützung und Sieg über ihre Widersacher. Wenn man aber den Vers auf die ungläubigen Völker bezieht, dann heißt er: Sie baten um einen Richterspruch und um eine Strafe, wenn die Gesandten die Wahrheit sagen sollten; ähnliche Bitte der Qurayshiten in → 8,32.

Und enttäuscht wurde jeder widerspenstige Gewaltherrscher: → 11,59.

14,16(19): **Hintendrein steht für ihn die Hölle bereit:** siehe 45,9–10.

und er bekommt eitriges Wasser zu trinken: 47,15; siehe auch 18,29; 44,45.

14,17(20): **das er schluckt, aber kaum hinunterbringt. Und der Tod kommt zu ihm von überall her, aber er stirbt nicht. Und danach steht eine schwere Pein:** 48,90; schwere Pein: → 11,58.

14,18(21): **Mit denen, die ihren Herrn verleugnen, ist es so: Ihre Werke sind wie die Asche, auf die der Wind an einem stürmischen Tag heftig bläst. Sie verfügen über nichts von dem, was sie erworben haben:** Ihre Verehrung der Götzen bringt ihnen keinen Gewinn und auch ihre Werke sind wertlos, sie können ihnen keinen Nutzen bringen; 2,264.

Das ist der tiefe Irrtum: → 4,60; → 3,164.

14,19(22): **Siehst du denn nicht, daß Gott die Himmel und die Erde in Wahrheit erschaffen hat?:** 6,73; → 6,1.

Wenn Er will, läßt Er euch fortgehen und bringt eine neue Schöpfung hervor: → 4,133; 35,16.

14,20(23): **Dies fällt Gott sicher nicht schwer:** → 35,17.

14,21(24): **Und sie treten vor Gott allesamt:** Hier erfolgt ein gewaltiger Sprung zum Tag des Gerichtes. 14,48; 40,16; zum Thema → 4,172.

Da sagen die Schwachen zu denen, die sich hochmütig verhielten: »Wir waren doch eure Gefolgsleute. Könnt ihr uns vor Gottes Pein etwas nützen?«: auch in 40,47; siehe 34,31.

Weiter **14,21**(25): **Sie sagen: »Wenn Gott uns rechtgeleitet hätte, hätten (auch) wir euch rechtgeleitet:** d.h. es zeigt sich doch, daß wir die Rechtleitung verfehlt haben; wie hätten wir euch rechtleiten können?

Es ist für uns gleich, ob wir uns mutlos oder geduldig zeigen; für uns gibt es kein Entrinnen«: Der Unglaube macht ihre Werke wertlos; ähnlich in 51,16; – 41,24; kein Entrinnen: → 4,121.

14,22(26): **Und der Satan sagt, nachdem die Angelegenheit entschieden ist:** → 2,210.

»Gott hat euch ein wahres Versprechen gegeben: → 4,122; 10,53. Gott bricht das Versprechen nicht: 14,47; 22,47; → 3,152; – 36,52; 51,5; 73,18; 77,7.

Auch ich habe euch (etwas) versprochen, es aber dann nicht gehalten: → 4,120.

Und ich hatte keine Macht über euch;

weiter **14,22**(27): **ich habe euch nur gerufen, und ihr habt auf mich gehört:** auch in 16,99–100; 15,42; 17,65; 34,20–21; 37,30.

So tadelt mich nicht, tadelt euch selbst: Ihr sollt die Schuld weder bei euren Anführern noch bei mir suchen, sondern nur bei euch selbst.

Ich kann euch nicht helfen, und ihr könnt mir nicht helfen: Jeder muß die Verantwortung für seine Taten selbst tragen.

Ich weise es zurück, daß ihr mich zuvor (Gott) beigesellt habt«: zum Thema siehe 35,14; → 2,166; 10,28[8].

Für die, die Unrecht tun, ist eine schmerzhafte Pein bestimmt: 42,16.21; – 43,65; auch 25,19.37; 42,45; 52,47; 76,31; schmerzhafte Pein: → 2,10. – Dieser Satz könnte auch als Schluß der Worte des Satans betrachtet werden[9].

14,23(28): **Aber diejenigen, die glauben und die guten Werke tun, werden in Gärten geführt, unter denen Bäche fließen; darin werden sie ewig weilen:** → 2,25; → 2,162.

8. Al-Farrā' gibt noch eine weitere Deutung, die rein grammatikalisch möglich ist: Ich verleugne den (wörtlich: das), dem ihr mich beigesellt habt; vgl. Rāzī X, 19, S. 117.
9. Vgl. Zamakhsharī II; S. 552; Rāzī X, 19, S. 117.

mit der Erlaubnis ihres Herren: werden sie in die Gärten geführt; → 2,97.

Ihre Begrüßung darin wird sein: »Frieden!«: → 10,10.

14,24–52

24 Hast du nicht gesehen, wie Gott ein Gleichnis
von einem gefälligen Wort anführt? Es ist wie
ein guter Baum, dessen Stamm fest ist und dessen Zweige in den Himmel reichen. 25 Er bringt
seinen Ernteertrag zu jeder Zeit, mit der Erlaubnis seines Herrn. Und Gott führt für die Menschen Gleichnisse an, auf daß sie es bedenken.
26 Mit einem schlechten Wort ist es wie mit einem schlechten Baum, der über der Erde herausgerissen wurde und keinen festen Grund mehr
hat. 27 Gott festigt diejenigen, die glauben,
durch die feste Aussage im diesseitigen Leben
und im Jenseits. Und Gott führt die, die Unrecht
[26¾] tun, in die Irre. Gott tut, was Er will. *28 Hast du
nicht auf jene geschaut, die die Gnade Gottes gegen den Unglauben eingetauscht und ihr Volk in
die Wohnstätte des Verderbens versetzt haben,
29 in die Hölle, in der sie brennen? – Welch
schlimmer Aufenthalt! 30 Und sie haben Gott
andere als Gegenpart zur Seite gestellt, um (die
Menschen) von seinem Weg abirren zu lassen.
Sprich: Genießet nur, ihr treibt ja ins Feuer.
31 Sag zu meinen Dienern, die glauben, sie sollen das Gebet verrichten und von dem, was Wir
ihnen beschert haben, geheim oder offen spenden, bevor ein Tag kommt, an dem es weder
Handel noch Freundschaft gibt. 32 Gott ist es,

أَلَمْ تَرَ كَيْفَ ضَرَبَ ٱللَّهُ مَثَلًا كَلِمَةً طَيِّبَةً
كَشَجَرَةٍ طَيِّبَةٍ أَصْلُهَا ثَابِتٌ وَفَرْعُهَا فِى ٱلسَّمَآءِ ﴿٢٤﴾ تُؤْتِىٓ
أُكُلَهَا كُلَّ حِينٍۭ بِإِذْنِ رَبِّهَا ۗ وَيَضْرِبُ ٱللَّهُ ٱلْأَمْثَالَ لِلنَّاسِ
لَعَلَّهُمْ يَتَذَكَّرُونَ ﴿٢٥﴾ وَمَثَلُ كَلِمَةٍ خَبِيثَةٍ كَشَجَرَةٍ خَبِيثَةٍ
ٱجْتُثَّتْ مِن فَوْقِ ٱلْأَرْضِ مَا لَهَا مِن قَرَارٍ ﴿٢٦﴾ يُثَبِّتُ
ٱللَّهُ ٱلَّذِينَ ءَامَنُوا۟ بِٱلْقَوْلِ ٱلثَّابِتِ فِى ٱلْحَيَوٰةِ ٱلدُّنْيَا وَفِى
ٱلْءَاخِرَةِ ۖ وَيُضِلُّ ٱللَّهُ ٱلظَّٰلِمِينَ ۚ وَيَفْعَلُ ٱللَّهُ مَا يَشَآءُ ﴿٢٧﴾
* أَلَمْ تَرَ إِلَى ٱلَّذِينَ بَدَّلُوا۟ نِعْمَتَ ٱللَّهِ كُفْرًا وَأَحَلُّوا۟ قَوْمَهُمْ
دَارَ ٱلْبَوَارِ ﴿٢٨﴾ جَهَنَّمَ يَصْلَوْنَهَا ۖ وَبِئْسَ ٱلْقَرَارُ ﴿٢٩﴾
وَجَعَلُوا۟ لِلَّهِ أَندَادًا لِّيُضِلُّوا۟ عَن سَبِيلِهِۦ ۗ قُلْ تَمَتَّعُوا۟ فَإِنَّ
مَصِيرَكُمْ إِلَى ٱلنَّارِ ﴿٣٠﴾ قُل لِّعِبَادِىَ ٱلَّذِينَ ءَامَنُوا۟ يُقِيمُوا۟
ٱلصَّلَوٰةَ وَيُنفِقُوا۟ مِمَّا رَزَقْنَٰهُمْ سِرًّا وَعَلَانِيَةً مِّن قَبْلِ أَن يَأْتِىَ
يَوْمٌ لَّا بَيْعٌ فِيهِ وَلَا خِلَٰلٌ ﴿٣١﴾ ٱللَّهُ ٱلَّذِى خَلَقَ ٱلسَّمَٰوَٰتِ

der die Himmel und die Erde erschuf, und vom Himmel Wasser herabkommen ließ und dadurch von den Früchten einen Lebensunterhalt für euch hervorbrachte. Und Er stellte in euren Dienst die Schiffe, damit sie auf dem Meer auf seinen Befehl fahren. Und Er stellte in euren
Dienst die Flüsse. 33 Er stellte in euren Dienst
die Sonne und den Mond in unablässigem Lauf. Und Er stellte in euren Dienst die Nacht und den
Tag. 34 Und Er ließ euch etwas zukommen von
allem, worum ihr batet. Wenn ihr die Gnade Gottes aufzählen wolltet, könntet ihr sie nicht erfassen. Wahrlich, der Mensch neigt sehr zum Unrecht und ist sehr undankbar.
35 Als Abraham sagte: »Mein Herr, mache dieses Gebiet sicher, und laß mich und meine Söhne
es meiden, den Götzen zu dienen. 36 Mein Herr,
sie haben viele Menschen irregeführt. Wer mir nun folgt, gehört zu mir, und wenn einer gegen mich ungehorsam ist, so bist Du voller Vergebung und barmherzig. 37 Unser Herr, ich habe
einige aus meiner Nachkommenschaft in einem Tal ohne Saat bei deinem heiligen Haus wohnen lassen, unser Herr, damit sie das Gebet verrichten. So laß die Herzen einiger Menschen sich ihnen zuneigen und beschere ihnen etwas von den Früchten, auf daß sie dankbar seien. 38 Unser Herr, Du weißt, was wir verbergen und was wir offenlegen, und vor Gott ist nichts verborgen, weder auf der Erde noch im Himmel.

وَٱلْأَرْضَ وَأَنزَلَ مِنَ ٱلسَّمَآءِ مَآءً فَأَخْرَجَ بِهِۦ مِنَ ٱلثَّمَرَٰتِ
رِزْقًا لَّكُمْ ۖ وَسَخَّرَ لَكُمُ ٱلْفُلْكَ لِتَجْرِىَ فِى ٱلْبَحْرِ بِأَمْرِهِۦ ۖ
وَسَخَّرَ لَكُمُ ٱلْأَنْهَٰرَ ﴿٣٢﴾ وَسَخَّرَ لَكُمُ ٱلشَّمْسَ وَٱلْقَمَرَ دَآئِبَيْنِ ۖ
وَسَخَّرَ لَكُمُ ٱلَّيْلَ وَٱلنَّهَارَ ﴿٣٣﴾ وَءَاتَىٰكُم مِّن كُلِّ مَا سَأَلْتُمُوهُ ۚ
وَإِن تَعُدُّوا۟ نِعْمَتَ ٱللَّهِ لَا تُحْصُوهَآ ۗ إِنَّ ٱلْإِنسَٰنَ لَظَلُومٌ
كَفَّارٌ ﴿٣٤﴾ وَإِذْ قَالَ إِبْرَٰهِيمُ رَبِّ ٱجْعَلْ هَٰذَا ٱلْبَلَدَ ءَامِنًا
وَٱجْنُبْنِى وَبَنِىَّ أَن نَّعْبُدَ ٱلْأَصْنَامَ ﴿٣٥﴾ رَبِّ إِنَّهُنَّ أَضْلَلْنَ
كَثِيرًا مِّنَ ٱلنَّاسِ ۖ فَمَن تَبِعَنِى فَإِنَّهُۥ مِنِّى ۖ وَمَنْ عَصَانِى
فَإِنَّكَ غَفُورٌ رَّحِيمٌ ﴿٣٦﴾ رَّبَّنَآ إِنِّىٓ أَسْكَنتُ مِن ذُرِّيَّتِى بِوَادٍ
غَيْرِ ذِى زَرْعٍ عِندَ بَيْتِكَ ٱلْمُحَرَّمِ رَبَّنَا لِيُقِيمُوا۟ ٱلصَّلَوٰةَ
فَٱجْعَلْ أَفْـِٔدَةً مِّنَ ٱلنَّاسِ تَهْوِىٓ إِلَيْهِمْ وَٱرْزُقْهُم مِّنَ
ٱلثَّمَرَٰتِ لَعَلَّهُمْ يَشْكُرُونَ ﴿٣٧﴾ رَبَّنَآ إِنَّكَ تَعْلَمُ
مَا نُخْفِى وَمَا نُعْلِنُ ۗ وَمَا يَخْفَىٰ عَلَى ٱللَّهِ مِن شَىْءٍ فِى ٱلْأَرْضِ

39 Lob sei Gott, der mir trotz meines Alters Ismael und Isaak geschenkt hat! Mein Herr erhört
das Rufen. 40 Mein Herr, laß mich und die aus
meiner Nachkommenschaft das Gebet verrichten, unser Herr, und nimm unser Rufen an.
41 Unser Herr, vergib mir und meinen Eltern
und den Gläubigen am Tag, da die Abrechnung
heraufkommen wird.«
42 Und du darfst nicht meinen, daß Gott das,
was die Ungerechten tun, unbeachtet läßt. Er
stellt sie nur zurück bis zu einem Tag, an dem
die Blicke starr werden, 43 mit gerecktem Hals
und erhobenem Haupt; ihr Blick kehrt nicht zu
ihnen zurück, und ihre Herzen sind leer. 44 Und
warne die Menschen vor dem Tag, an dem die
Pein über sie kommt. Da werden diejenigen, die
Unrecht taten, sagen: »Unser Herr, stelle uns auf
eine kurze Frist zurück, so werden wir auf deinen Ruf hören und den Gesandten folgen.« –
»Hattet ihr denn nicht vorher geschworen, ihr
würdet nicht vergehen? 45 Ihr habt noch in den
Wohnungen derer gewohnt, die sich selbst Unrecht getan haben, und es ist euch deutlich geworden, wie Wir an ihnen gehandelt haben.
Wir haben euch doch Beispiele gegeben.«
46 Und sie haben ihre Ränke geschmiedet, aber
über ihre Ränke hat Gott allein zu entscheiden,
auch wenn ihre Ränke derart sind, daß davor die
Berge vergehen. 47 So darfst du nicht meinen,
daß Gott sein Versprechen an die Gesandten

وَلَا فِي ٱلسَّمَآءِ ﴿٣٨﴾ ٱلْحَمْدُ لِلَّهِ ٱلَّذِي وَهَبَ لِي عَلَى
ٱلْكِبَرِ إِسْمَٰعِيلَ وَإِسْحَٰقَ ۚ إِنَّ رَبِّي لَسَمِيعُ ٱلدُّعَآءِ ﴿٣٩﴾
رَبِّ ٱجْعَلْنِي مُقِيمَ ٱلصَّلَوٰةِ وَمِن ذُرِّيَّتِي ۚ رَبَّنَا وَتَقَبَّلْ
دُعَآءِ ﴿٤٠﴾ رَبَّنَا ٱغْفِرْ لِي وَلِوَٰلِدَيَّ وَلِلْمُؤْمِنِينَ يَوْمَ يَقُومُ
ٱلْحِسَابُ ﴿٤١﴾ وَلَا تَحْسَبَنَّ ٱللَّهَ غَٰفِلًا عَمَّا يَعْمَلُ ٱلظَّٰلِمُونَ ۚ
إِنَّمَا يُؤَخِّرُهُمْ لِيَوْمٍ تَشْخَصُ فِيهِ ٱلْأَبْصَٰرُ ﴿٤٢﴾
مُهْطِعِينَ مُقْنِعِي رُءُوسِهِمْ لَا يَرْتَدُّ إِلَيْهِمْ طَرْفُهُمْ ۖ وَأَفْـِٔدَتُهُمْ
هَوَآءٌ ﴿٤٣﴾ وَأَنذِرِ ٱلنَّاسَ يَوْمَ يَأْتِيهِمُ ٱلْعَذَابُ فَيَقُولُ
ٱلَّذِينَ ظَلَمُوا۟ رَبَّنَآ أَخِّرْنَآ إِلَىٰٓ أَجَلٍ قَرِيبٍ نُّجِبْ دَعْوَتَكَ
وَنَتَّبِعِ ٱلرُّسُلَ ۗ أَوَلَمْ تَكُونُوٓا۟ أَقْسَمْتُم مِّن قَبْلُ مَا لَكُم
مِّن زَوَالٍ ﴿٤٤﴾ وَسَكَنتُمْ فِي مَسَٰكِنِ ٱلَّذِينَ ظَلَمُوٓا۟
أَنفُسَهُمْ وَتَبَيَّنَ لَكُمْ كَيْفَ فَعَلْنَا بِهِمْ وَضَرَبْنَا لَكُمُ
ٱلْأَمْثَالَ ﴿٤٥﴾ وَقَدْ مَكَرُوا۟ مَكْرَهُمْ وَعِندَ ٱللَّهِ مَكْرُهُمْ
وَإِن كَانَ مَكْرُهُمْ لِتَزُولَ مِنْهُ ٱلْجِبَالُ ﴿٤٦﴾ فَلَا تَحْسَبَنَّ ٱللَّهَ

bricht. Gott ist mächtig und übt Rache. 48 Am
Tag, da die Erde gegen eine andere Erde eingetauscht wird, und auch die Himmel, und da sie
vor Gott treten, den Einen, der bezwingende
Macht besitzt. 49 An jenem Tag siehst du die
Übeltäter in Ketten aneinandergebunden. 50 Ihre Kleider sind aus Pech, und das Feuer überdeckt ihre Gesichter, 51 damit Gott einem jeden
vergelte, was er erworben hat. Gott ist schnell im
Abrechnen. 52 Das ist eine Botschaft an die
Menschen, damit sie dadurch gewarnt werden
und damit sie wissen, daß Er ein einziger Gott
ist, und damit es die Einsichtigen bedenken.

مُخْلِفَ وَعْدِهِۦ رُسُلَهُۥٓ ۚ إِنَّ ٱللَّهَ عَزِيزٌ ذُو ٱنتِقَامٍ ﴿٤٧﴾
يَوْمَ تُبَدَّلُ ٱلْأَرْضُ غَيْرَ ٱلْأَرْضِ وَٱلسَّمَـٰوَٰتُ ۖ وَبَرَزُوا۟
لِلَّهِ ٱلْوَٰحِدِ ٱلْقَهَّارِ ﴿٤٨﴾ وَتَرَى ٱلْمُجْرِمِينَ يَوْمَئِذٍ مُّقَرَّنِينَ
فِى ٱلْأَصْفَادِ ﴿٤٩﴾ سَرَابِيلُهُم مِّن قَطِرَانٍ وَتَغْشَىٰ وُجُوهَهُمُ
ٱلنَّارُ ﴿٥٠﴾ لِيَجْزِىَ ٱللَّهُ كُلَّ نَفْسٍ مَّا كَسَبَتْ ۚ إِنَّ ٱللَّهَ سَرِيعُ
ٱلْحِسَابِ ﴿٥١﴾ هَـٰذَا بَلَـٰغٌ لِّلنَّاسِ وَلِيُنذَرُوا۟ بِهِۦ وَلِيَعْلَمُوٓا۟
أَنَّمَا هُوَ إِلَـٰهٌ وَٰحِدٌ وَلِيَذَّكَّرَ أُو۟لُوا۟ ٱلْأَلْبَـٰبِ ﴿٥٢﴾

Varianten: 14,24–52

14,24: alam tara: alam tar (laut Zamakhsharī II, S. 552).
aṣluhā thābitun: thābitin aṣluhā (bei Anas ibn Mālik); thābitun aṣluhā fī l-arḍi: dessen Stamm fest in der Erde steht (bei Ibn Masʿūd).
wa farʿuhā fī l-samāʾi: wa farʿuhā fī l-arḍi: und dessen Zweige zur Erde reichen (bei Ibn Masʿūd nach einigen Gewährsmännern, anstatt der oben angegebenen Variante).
14,25: ukulahā: uklahā (nach Nāfiʿ, Ibn Kathīr, Abū ʿAmr).
14,26: wa mathalu: wa mathala (laut Zamaksharī II, S. 553).
khabīthatin: khabīthatun (nach den Rezitatoren außer Abū ʿAmr, ʿĀṣim, Ḥamza, Ḥafṣ).
14,29: wa biʾsa: wa bīsa (nach Warsh).
14,30: liyuḍillū: liyaḍillū: um abzuirren (nach Ibn Kathīr, Abū ʿAmr).
14,31: li ʿibādiya: li ʿibādī (nach Ibn ʿĀmir, Ḥamza, Kisāʾī).
lā bayʿun fīhi wa lā khilālun: lā bayʿa fīhi wa lā khilāla (nach Ibn Kathīr, Abū ʿAmr).
14,32: wa l-arḍa: hinzugefügt: wa djaʿala lakumu l-arḍa qarāran: (Erde erschuf) und euch die Erde zur festen Bleibe gemacht (bei Ibn Masʿūd).
14,34: kulli: kullin: von allen Dingen das, worum (bei Djaʿfar al-Ṣādiq, Ibn ʿAbbās, Ḥasan al-Baṣrī, Yaʿqūb al-Ḥaḍramī).
14,35: ibrāhīmu: ibrāhāmu (nach Hishām).
wa djnubnī: wa adjnibnī (laut Zamakhsharī II, S. 557).
14,37: innī askantu: inniya … (nach Nāfiʿ, Ibn Kathīr, Abū ʿAmr).
afʾidatan: afīdatan (nach Hishām).
tahwī: tahwā (bei Djaʿfar al-Ṣādiq, Mudjāhid; nach Abū Radāʾ, Zayd ibn ʿAlī).
14,40: duʿāʾi: duʿāʾī (nach al-Bazzī).
14,41: wa liwālidayya: li abawayya (bei Ubayy); wa liwālidī: und meinem Vater (bei Saʿīd ibn Djubayr); wa liwaladayya: und meinen beiden Kindern (bei Ibn Masʿūd, ʿAlī ibn Abī Ṭālib, Ubayy nach einigen Gewährsmännern; nach Ḥasan ibn ʿAlī); wa liwuldī: und meinen Kindern (laut Zamakhsharī II, S. 562); wa lidhurriyyatī: und meiner Nachkommenschaft (in einigen Codices laut Zamakhsharī II, S. 562).
ilayhim: ilayhum (nach Ḥamza).
14,42: taḥsabanna: taḥsibanna (nach den Rezitatoren außer Ibn ʿĀmir, Ḥamza, ʿĀṣim, Ḥafṣ); taḥsabi (bei Ṭalḥa).
yuʾakhkhiruhum: yuwakhkhiruhum (nach Warsh); nuʾakhkhiruhum: Wir stellen sie zurück (laut Zamakhsharī II, S. 563).
14,44: yaʾtīhimu: yaʾtīhumu (nach Ḥamza, Kisāʾī).
14,45: al-amthāla: hinzugefügt: likay tafʿalū: (Beispiele gegeben) damit ihr (recht) handelt (bei al-Rabīʿ ibn Khuthaym).

14,46: wa in kāna makruhum: wa mā kāna makruhum: und ihre Ränke sind nicht derart (bei Ibn Masʿūd); wa in kāda makruhum (bei Ibn Masʿūd nach einigen Gewährsmännern, ʿAlī ibn Abī Ṭālib, Ibn ʿAbbās, Anas ibn Mālik, ʿUmar, Mudjāhid, al-Rabīʿ ibn Khuthaym).
litazūla: latazūlu (nach Kisāʾī).
wa in kāna makruhum litazūla minhu l-djibālu: wa laulā kalimatu llāhi lazāla min makrihimi l-djibālu: und ohne einen Spruch Gottes wären die Berge wegen ihrer Ränke vergangen (bei Ubayy).

14,47: taḥsabanna: taḥsibanna (nach den Rezitatoren außer Ibn ʿĀmir, Ḥamza, ʿĀṣim, Ḥafṣ); taḥsabi (bei Ṭalḥa).
mukhlifa waʿdihī rusulahū: mukhlifa waʿdahū rusulihī (laut Zamakhsharī II, S. 566).

14,50: wa taghshā: wa taghashshā (bei Ibn Masʿūd).
qaṭirānin: qaṭarānin (nach einigen Gewährsmännern bei Ibn ʿAbbās, Saʿīd ibn Djubayr und ʿIkrima); qaṭrin ānin: aus sehr heißem geschmolzenem Erz (bei ʿAlī ibn Abī Ṭālib, Ibn ʿAbbās, ʿUmar, ʿAlqama, ʿIkrima, Saʿīd ibn Djubayr; nach Abū Hurayra, Qatāda).

14,52: balāghun: balāgun wa hudan: eine Botschaft und Rechtleitung (bei ʿAlī ibn Abī Ṭālib); balāghun lil-nāsi wa hudan: eine Botschaft für die Menschen und eine Rechtleitung (bei al-Rabīʿ ibn Khuthaym).
wa liyundharū: wa liyandhurū: damit sie gewahr werden (laut Zamakhsharī II, S. 568).

Kommentar

14,24(29): **Hast du nicht gesehen, wie Gott ein Gleichnis von einem gefälligen Wort anführt?:** Das gute, gefällige Wort ist nach Ibn ʿAbbās das monotheistische Glaubensbekenntnis. Man kann auch darunter jedes gute Wort, wie Lobpreisung Gottes, Bitte um Vergebung, Reue und Anrufung Gottes verstehen[1].
Zum Gleichnis vom guten und vom schlechten Baum vgl. in der *Bibel* Jer 17,5–8.

Es ist wie ein guter Baum, dessen Stamm fest ist und dessen Zweige in den Himmel reichen: vgl. in der *Bibel* etwa Dan 4,8–9.18; Ez 17,23; Mt 13,31–32; siehe auch Mk 4,32; Lk 13,19.

14,25(30): **Er bringt seinen Ernteertrag zu jeder Zeit, mit der Erlaubnis seines Herrn:** Siehe in der *Bibel* Ps 1,3; Jer 17,8; Ez 47,11; Offb 22,2; vgl. auch Mt 7,17; Lk 6,43.

zu jeder Zeit: oder zu jeder passenden Zeit, die seiner Natur entspricht (so Mudjāhid, Ibn Zayd), oder alle sechs Monate (nach Ibn ʿAbbās).

Und Gott führt für die Menschen Gleichnisse an, auf daß sie es bedenken: → 13,17. Zu den Gleichnissen im Koran siehe → 2,17–18,19–20.

14,26(31): **Mit einem schlechten Wort ist es wie mit einem schlechten Baum:** vgl. in *Bibel,* Mt 7,17; Lk 6,43.

der über der Erde herausgerissen wurde und keinen festen Grund mehr hat: So bringt er auch keine Früchte und ist dann unbrauchbar. Vgl. in der *Bibel,* Mt 13,5–6; Mk 4,5–6; Lk 8,6: die Saat, die auf felsigen Boden gefallen ist und keine Wurzeln hat, die dann auch keine Früchte bringt.

14,27(32): **Gott festigt diejenigen, die glauben, durch die feste Aussage im diesseitigen Leben und im Jenseits:** Die feste Aussage ist entweder die der Gläubigen, die ihre Treue und ihren Glauben zum Ausdruck bringt, dies vor allem bei der Befragung der Verstorbenen am Grab (Wer ist dein Gott? – Wer ist dein Prophet? – Welches ist deine Religion? – Welches ist deine Gebetsrich-

1. Vgl. Zamakhsharī II, S. 553.

tung?), deren richtige Beantwortung (Gott – Muḥammad – der Islam – die Kaʿba zu Mekka) über das Los der Menschen im Jenseits bestimmt.

Die feste Aussage kann aber auf Gott bezogen werden (vgl. → 10,63–64) und bedeutet daher den festen Spruch Gottes, der seine Verheißung im Hinblick auf das Diesseits und das Jenseits bestätigt.

Und Gott führt die, die Unrecht tun, in die Irre. Gott tut, was Er will: zum letzten Satz → 2,253; → 3,40.

14,28(33): **Hast du nicht auf jene geschaut, die die Gnade Gottes gegen den Unglauben eingetauscht und ihr Volk in die Wohnstätte des Verderbens versetzt haben:** Statt zu begreifen, daß die Gnade Gottes sie zum Glauben an Gott und seine Botschaften führen soll, beharren sie auf dem Unglauben und stürzen sie sich selbst und ihre Landsleute ins Verderben und in die Hölle. Zum Thema siehe → 2,211; auch → 8,53.

14,29(34): **in die Hölle, in der sie brennen?:** → 4,30.

Welch schlimmer Aufenthalt!: → 4,97. Zum ganzen Vers siehe → 4,115.

14,30(35): **Und sie haben Gott andere als Gegenpart zur Seite gestellt:** → 2,165; 34,33; 41,9.

um (die Menschen) von seinem Weg abirren zu lassen: oder: so daß sie (die Menschen) ... abirren lassen. Siehe → 2,217; zum ganzen Satz auch 39,8.

Sprich: Genießet nur, ihr treibt ja ins Feuer: → 2,126.

14,31(36): **Sag zu meinen Dienern, die glauben, sie sollen das Gebet verrichten und von dem, was Wir ihnen beschert haben, geheim oder offen spenden:** → 2,3; geheim oder offen: → 2,274.

bevor ein Tag kommt, an dem es weder Handel noch Freundschaft gibt: → 2,254. Das Gebet und das Spenden sind Mittel, sich richtig auf den Tag der Abrechnung vorzubereiten, an dem nur noch die eigenen Werke nutzen können.

14,32(37): **Gott ist es, der die Himmel und die Erde erschuf:** → 6,1.

und vom Himmel Wasser herabkommen ließ und dadurch von den Früchten einen Lebensunterhalt für euch hervorbrachte: → 2,22.

Und Er stellte in euren Dienst die Schiffe, damit sie auf dem Meer auf seinen Befehl fahren: → 2,164.

Und Er stellte in euren Dienst die Flüsse: → 13,3.

14,33(37): **Er stellte in euren Dienst die Sonne und den Mond in unablässigem Lauf:** → 7,54.

Und Er stellte in euren Dienst die Nacht und den Tag: 16,12; → 2,164; → 10,67.

14,34(37): **Und Er ließ euch etwas zukommen von allem, worum ihr batet. Wenn ihr die Gnade Gottes aufzählen wolltet, könntet ihr sie nicht erfassen:** Dieser eindrucksvolle Satz findet sich auch in 16,18. Ähnlich eindrucksvoll sagt 31,27 über die Worte Gottes: »Und wenn das, was es auf der Erde an Bäumen gibt, Schreibrohre wären, und das Meer (als Tinte) bereits einmal leer gemacht wäre und noch sieben weitere dazu erhielte, würden die Worte Gottes nicht zu Ende gehen. Wahrlich ist Gott ist mächtig und weise.«

Wahrlich, der Mensch neigt sehr zum Unrecht und ist sehr undankbar: auch in 33,72.

14,35(38): **Als Abraham sagte:** verkürzter Zeitsatz; → 2,30. Zum Gebet Abrahams siehe auch → 2,124–141.

»Mein Herr, mache dieses Gebiet sicher: das Gebiet von Mekka; → 2,126.

und laß mich und meine Söhne es meiden, den Götzen zu dienen: zum Thema → 2,218.

14,36(39): **Mein Herr, sie haben viele Menschen irregeführt:** Die Götzen sind der Anlaß für viele Menschen, in die Irre zu gehen. Siehe auch zum Thema 21,52–54; 26,71.

Wer mir nun folgt, gehört zu mir, und wenn einer gegen mich ungehorsam ist, so bist Du voller Vergebung und barmherzig: Diejenigen, die den monotheistischen Glauben Abrahams nicht annehmen, werden hier der Vergebung und Barmherzigkeit Gottes anvertraut. Dies bedeutet näherhin nach Meinung der muslimischen Kommentatoren entweder die Vergebung nach vollzogener Reue und Abkehr vom Polytheismus, oder die Zurückstellung der Strafe, oder (wie Rāzī ausführlich bekräftigt) den Verzicht auf die Strafe für diejenigen, die schwere Sünden begangen haben, auch ohne Reue und Umkehr[2]. Zum Thema → 2,128.

voller Vergebung und barmherzig: → 2,173.

14,37(40): **Unser Herr, ich habe einige aus meiner Nachkommenschaft in einem Tal ohne Saat bei deinem heiligen Haus wohnen lassen, unser Herr, damit sie das Gebet verrichten:** Es handelt sich um Ismael und seine Nachkommen, die als Bewohner des Tals zu Mekka angesehen werden. Damit ist die Verbindung des Kultes zu Mekka mit Abraham hergestellt. Auch die Aufgabe Ismaels bei der Errichtung der Kultstätte wird angedeutet. Ob hier bereits erste Akzente gesetzt werden, um die spätere Entwicklung in der medinischen Zeit vorzubereiten (Bruch mit den Juden, Distanz zu den Christen, Änderung der Gebetsrichtung von Jerusalem nach der Kaʿba zu Mekka[3]? Oder soll man annehmen, daß hier redaktionelle Eingriffe in den ursprünglichen mekkanischen Text aus medinischer Epoche erfolgt sind? Siehe dazu → 2,125 und die dort wiedergegebenen Ausführungen.

Zu den Riten des Mekka-Kultes → 2,128; *dem heiligen Haus:* → 2,144.

So laß die Herzen einiger Menschen sich ihnen zuneigen: Hier wird möglicherweise die Haltung der Stämme um Mekka angesprochen, denn sie beherrschten die Zufahrtswege nach und von Mekka. Oder es geht allgemein um die Haltung der Menschen zum Islam und zu Mekka: Sie werden dazu ermutigt, dorthin zu pilgern, um Gelegenheit zu haben, sich in der Religion unterweisen zu lassen und ihre religiösen Kenntnisse zu vertiefen, oder auch um den Lebensunterhalt der Bewohner Mekkas sicherzustellen (vgl. 5,97)[4].

und beschere ihnen etwas von den Früchten: → 2,216.

auf daß sie dankbar seien: → 2,52.

2. Vgl. Zamakhsharī II, S. 558; Rāzī X, 19, S. 136–137; Qurṭubī V, 9, S. 322.

3. Vgl. zu diesen Ereignissen im Wirken Muḥammads die Ausführungen im Band 1 dieses Koran-Kommentars, Gütersloh 1990, S. 37.

4. Der Vers sagt: Das Herz einiger Menschen. Mudjāhid glossiert: Hätte er einfach gesagt: das Herz der Menschen, dann hätten sich die Menschen von überall her dorthin begeben: Perser, Byzantiner, Türken und Inder. Saʿīd ibn Djubayr seinerseits sagt: Hätte er: das Herz der Menschen gesagt, dann wären dorthin Juden, Christen und Magier gepilgert. In beiden Fällen wäre es eine Überforderung der Stadt und des Heiligtums. Vgl. Rāzī X, 19, S. 140.

14,38(41): **Unser Herr, Du weißt, was wir verbergen und was wir offenlegen:** → 2,33.

und vor Gott ist nichts verborgen, weder auf der Erde noch im Himmel: → 3,5.

14,39(41): **Lob sei Gott, der mir trotz meines Alters Ismael und Isaak geschenkt hat!:** → 2,125.

Mein Herr erhört das Rufen: → 3,38.

14,40(42): **Mein Herr, laß mich und die aus meiner Nachkommenschaft das Gebet verrichten, unser Herr:** Nachkommenschaft: → 2,124.128.

und nimm unser Rufen an: → 2,127.

14,41(42): **Unser Herr, vergib mir und meinen Eltern:** → 9,114.

und den Gläubigen am Tag, da die Abrechnung heraufkommen wird«: Abraham – und wohl auch Muḥammad – schließt die Gläubigen in sein Gebet ein und bittet für sie um Vergebung am Tag des Gerichts.

14,42(43): **Und du darfst nicht meinen, daß Gott das, was die Ungerechten tun, unbeachtet läßt:** → 2,74.

Er stellt sie nur zurück bis zu einem Tag, an dem die Blicke starr werden: Das ist der Tag der Abrechnung; zurückstellen: → 11,104.

14,43(44): **mit gerecktem Hals:** Das Wort *muhṭiʿīna* findet sich auch in 54,8; 70,36. Die muslimischen Kommentatoren haben viele Erklärungen für dieses Wort angeboten. Der meist angegebene Sinn ist: schnell gehen, blicken in Demut und Erniedrigung, mit beharrlichem Blick hinschauen[5].

und erhobenem Haupt: Ihre Blicke werden starr und gen Himmel gerichtet sein; sie werden füreinander keinen Blick haben.

5. Vgl. Zamakhsharī II, S. 563; Rāzī X, 19, S. 144; Qurṭubī V, 9, S. 330.

14,44(45): **Und warne die Menschen vor dem Tag, an dem die Pein über sie kommt:** siehe 19,38; 40,18; – 40,18; zum Thema auch → 6,130; 39,71; 71,1.

Da werden diejenigen, die Unrecht taten, sagen: »Unser Herr, stelle uns auf eine kurze Frist zurück, so werden wir auf deinen Ruf hören und den Gesandten folgen«: ähnlich in 63,10. Es geht um die Zurückstellung während des diesseitigen Lebens, oder um die Rückkehr vom Jenseits ins Diesseits (→ 6,27), um ihre Haltung zu ändern und Besserung zu zeigen. – *kurze Frist*: → 4,77.

»Hattet ihr denn nicht vorher geschworen, ihr würdet nicht vergehen?: Je nach der Deutung des vorherigen Satzes bedeutet diese Antwort: Entweder hatten sie behauptet, sie würden im Diesseits nicht vergehen, daher ist es ein Widerspruch, um eine Zurückstellung in diesem Leben zu bitten. Oder sie hatten bekräftigt, daß es keinen Übergang vom Diesseits ins Jenseits gibt, und dann wäre es ein Widerspruch, um eine Zurückversetzung ins Diesseits zu bitten.

14,45(46): **Ihr habt noch in den Wohnungen derer gewohnt, die sich selbst Unrecht getan haben, und es ist euch deutlich geworden, wie Wir an ihnen gehandelt haben:** siehe 20,128; 32,26. Zum Thema siehe → 7,100; → 14,14; 21,11–15; 28,58–59. Zum letzten Satz siehe → 3,137.

Wir haben euch doch Beispiele gegeben«: → 2,17–18.19–20.

14,46(47): **Und sie haben ihre Ränke geschmiedet, aber über ihre Ränke hat Gott allein zu entscheiden:** Das sind die, von denen im vorherigen Satz berichtet wurde. Wörtlich: aber ihre Ränke sind bei Gott: d. h. Gott weiß über Ränke Bescheid und wird ihnen dafür vergelten; oder: Es steht in seiner Entscheidung, mit welchen Ränken er sie bestrafen will. Siehe ähnlich → 13,42; → 3,54.

auch wenn ihre Ränke derart sind, daß davor die Berge vergehen: Eine ähnliche Entrüstung liest man in 19,90–91 (Die Himmel brechen bald auseinander, und die Erde spaltet sich, und die Berge stürzen in Trümmern zusammen darüber, daß sie dem Erbarmer ein Kind zuschreiben).

14,47(48): **So darfst du nicht meinen, daß Gott sein Versprechen an die Gesandten bricht:** → 3,194; → 14,22. Gott unterstützt seine Gesandten: 40,51; er verleiht ihnen den Sieg: 58,2.

Gott ist mächtig und übt Rache: → 3,4.

14,48(49): **Am Tag, da die Erde gegen eine andere Erde eingetauscht wird, und auch die Himmel:** entweder in ihren Eigenschaften oder in bezug auf ihr eigenes Wesen.

und da sie vor Gott treten, den Einen, der bezwingende Macht besitzt: zum letzten Ausdruck → 14,21; 40,16.

14,49(50): **An jenem Tag siehst du die Übeltäter in Ketten aneinandergebunden:** an andere Ungläubige, oder an Dämonen (so ʿAṭāʾ), oder auch daß ihre Glieder aneinandergebunden werden (so Zayd ibn Arqam)[6].

14,50(51): **Ihre Kleider sind aus Pech, und das Feuer überdeckt ihre Gesichter:** → 7,41.

14,51(51): **damit Gott einem jeden vergelte, was er erworben hat:** → 2,79; 40,17; 45,14.22; – 20,15; 53,31.

Gott ist schnell im Abrechnen: → 2,202.

14,52(52): **Das ist eine Botschaft an die Menschen:** 21,106; 46,35; 72,23; - → 3,20.

damit sie dadurch gewarnt werden und damit sie wissen, daß Er ein einziger Gott ist: zum letzten Satz → 2,133.163.

und damit es die Einsichtigen bedenken: → 2,269. – Die Sure schließt mit einer Bekräftigung der koranischen Botschaft und des monotheistischen Bekenntnisses und mit einer Ermahnung an die Menschen, sie sollen einsichtig sein und sich der Verkündigung des Propheten Muḥammad aufschließen.

6. Vgl. Zamakhsharī II, S. 567; Rāzī X, 19, S. 150.

(١٥) سورة الحجر مكية
وآياتها تسع وتسعون

Sure 15

Ḥidjr (al-Ḥidjr)

zu Mekka, 99 Verse

15,1–99

Sure 15

Ḥidjr (al-Ḥidjr)

zu Mekka, 99 Verse

Allgemeine Fragen

Bezeichnung

Das Wort al-Ḥidjr kommt im Vers 15,80 vor: »Und die Gefährten von al-Ḥidjr ziehen die Gesandten der Lüge.« Sind die hier Angesprochenen vielleicht die Leute aus dem Stamm der Thamūd (vgl. 7,73–79)?

Datierung

Die Sure 15 gehört in die zweite mekkanische Periode (615–620). Ausgenommen sind die Verse 87 und 90–91 (nach Ḥasan al-Baṣrī)[1]. Zamakhsharī bezeichnet nur den Vers 87 als medinisch[2]. Blachère erwähnt noch die Verse 24 und 99, die als medinisch betrachtet werden[3].

Struktur und Inhalt

Die Sure 15 besteht aus drei aneinandergereihten Abschnitten, in denen verschiedene Themen angesprochen werden.

1. Der Mensch und seine Haltung gegenüber Gottes Wohltaten
- Ermahnung an die Ungläubigen in Mekka: 15,1–15.
- Wohltaten Gottes: 15,16–25.
- Erschaffung Adams und rebellische Haltung des Satans: 15,26–48.

1. Vgl. Ṭabāṭabā'ī XII, S. 95.
2. Vgl. Zamakhsharī II, S. 569.
3. *Régis Blachère:* Le Coran I, Paris 1949, S. 214.

2. Strafgericht Gottes gegen die sündigen Städte
- Abraham und die Engel des Strafgerichts: 15,49–60.
- Geschichte von Lot: 15,61–77.
- Weitere Prophetengeschichten: die Gefährten des Waldes: 15,78–79; die Gefährten von al-Ḥidjr: 15,80–84.

3. Verschiedenes als Schlußteil: 15,85–99.

Vorzüge der Sure 15

Von der Sure 15 habe Muḥammad gesagt[4]: »Wer die Sure al-Ḥidjr liest, erhält zum Lohn zehn gute Taten je nach der Zahl der Auswanderer und der Helfer sowie derer, die Muḥammad verspotten.«

4. Zitiert bei Zamakhsharī II, S. 592.

15,1–99

15,1–48

Im Namen Gottes, des Erbarmers, des Barmherzigen.
14. 1 Alif Lām Rā. Dies sind die Zeichen des Buches
Teil und eines deutlichen Korans. 2 Vielleicht werden
[27] diejenigen, die ungläubig sind, wünschen, sie
wären Muslime gewesen. 3 Laß sie nur essen
und genießen und sich durch die Hoffnung ablenken lassen. Sie werden es noch zu wissen
bekommen. 4 Und Wir haben keine Stadt verderben lassen, ohne daß sie eine festgelegte Vorherbestimmung gehabt hätte. 5 Keine Gemeinschaft kann ihrer Frist vorausgehen, noch kann
sie hinter ihr zurückbleiben. 6 Und sie sagen:
»O du, auf den die Ermahnung herabgesandt
worden sein soll, du bist ja besessen. 7 Würdest
du uns doch die Engel bringen, so du zu denen
gehörst, die die Wahrheit sagen!« 8 Wir senden
die Engel nur mit der Wahrheit hinab. Dann
wird ihnen kein Aufschub gewährt. 9 Wir, ja
Wir haben die Ermahnung hinabgesandt, und
Wir werden sie gewiß bewahren. 10 Wir haben
vor dir zu den Parteien der Früheren entsandt.
11 Und kein Gesandter kam zu ihnen, ohne daß
sie ihn verspottet hätten. 12 So lassen Wir ihn in
die Herzen der Übeltäter eingehen. 13 Sie glauben nicht daran, und es wird (an ihnen) nach
dem Beispiel der Früheren verfahren. 14 Auch

بِسْمِ ٱللَّهِ ٱلرَّحْمَٰنِ ٱلرَّحِيمِ

الٓرۚ تِلْكَ ءَايَٰتُ ٱلْكِتَٰبِ وَقُرْءَانٍ مُّبِينٍ ۝ رُّبَمَا يَوَدُّ ٱلَّذِينَ كَفَرُوا۟ لَوْ كَانُوا۟ مُسْلِمِينَ ۝ ذَرْهُمْ يَأْكُلُوا۟ وَيَتَمَتَّعُوا۟ وَيُلْهِهِمُ ٱلْأَمَلُۖ فَسَوْفَ يَعْلَمُونَ ۝ وَمَا أَهْلَكْنَا مِن قَرْيَةٍ إِلَّا وَلَهَا كِتَابٌ مَّعْلُومٌ ۝ مَّا تَسْبِقُ مِنْ أُمَّةٍ أَجَلَهَا وَمَا يَسْتَـْٔخِرُونَ ۝ وَقَالُوا۟ يَٰٓأَيُّهَا ٱلَّذِى نُزِّلَ عَلَيْهِ ٱلذِّكْرُ إِنَّكَ لَمَجْنُونٌ ۝ لَّوْ مَا تَأْتِينَا بِٱلْمَلَٰٓئِكَةِ إِن كُنتَ مِنَ ٱلصَّٰدِقِينَ ۝ مَا نُنَزِّلُ ٱلْمَلَٰٓئِكَةَ إِلَّا بِٱلْحَقِّ وَمَا كَانُوٓا۟ إِذًا مُّنظَرِينَ ۝ إِنَّا نَحْنُ نَزَّلْنَا ٱلذِّكْرَ وَإِنَّا لَهُۥ لَحَٰفِظُونَ ۝ وَلَقَدْ أَرْسَلْنَا مِن قَبْلِكَ فِى شِيَعِ ٱلْأَوَّلِينَ ۝ وَمَا يَأْتِيهِم مِّن رَّسُولٍ إِلَّا كَانُوا۟ بِهِۦ يَسْتَهْزِءُونَ ۝ كَذَٰلِكَ نَسْلُكُهُۥ فِى قُلُوبِ ٱلْمُجْرِمِينَ ۝ لَا يُؤْمِنُونَ بِهِۦۖ وَقَدْ خَلَتْ سُنَّةُ ٱلْأَوَّلِينَ ۝ وَلَوْ فَتَحْنَا

wenn Wir ihnen ein Tor vom Himmel öffneten
und sie ständig dadurch emporstiegen, 15 würden sie sagen: »Unsere Blicke sind ja verschlossen. Nein, wir sind Leute, die einem Zauber verfallen sind.«
16 Und Wir haben im Himmel Sternzeichen gesetzt und ihn für die Zuschauer geschmückt,
17 und Wir haben ihn vor jedem gesteinigten
Satan bewahrt, 18 außer dem, der wie ein Dieb
horcht, worauf ihn eine deutlich erkennbare
Sternschnuppe verfolgt. 19 Auch die Erde haben
Wir ausgebreitet und auf ihr festgegründete Berge angebracht. Und Wir haben auf ihr allerlei
Dinge im rechten Maß wachsen lassen. 20 Und
Wir haben auf ihr für euch Unterhaltsmöglichkeiten bereitet, und (auch) für diejenigen, die ihr
nicht versorgt. 21 Und es gibt nichts, von dem
Wir nicht einen Vorrat angelegt hätten. Und
Wir senden es nur in festgelegtem Maß hinab.
22 Und Wir haben die befruchtenden Winde gesandt. Und Wir haben dann vom Himmel Wasser herabkommen lassen und es euch zu trinken
gegeben. Ihr aber hättet davon keinen Vorrat anlegen können. 23 Und Wir sind es, die lebendig
machen und sterben lassen, und Wir sind es, die
(alles) erben. 24 Und Wir kennen diejenigen unter euch, die vorausgehen, und Wir kennen die,
die zurückbleiben. 25 Und siehe, dein Herr wird
sie versammeln. Er ist weise und weiß Bescheid.
26 Und Wir haben den Menschen aus einer

عَلَيْهِم بَابًا مِّنَ ٱلسَّمَآءِ فَظَلُّوا۟ فِيهِ يَعْرُجُونَ ﴿١٤﴾
لَقَالُوٓا۟ إِنَّمَا سُكِّرَتْ أَبْصَـٰرُنَا بَلْ نَحْنُ قَوْمٌ مَّسْحُورُونَ ﴿١٥﴾
وَلَقَدْ جَعَلْنَا فِى ٱلسَّمَآءِ بُرُوجًا وَزَيَّنَّـٰهَا لِلنَّـٰظِرِينَ ﴿١٦﴾
وَحَفِظْنَـٰهَا مِن كُلِّ شَيْطَـٰنٍ رَّجِيمٍ ﴿١٧﴾ إِلَّا مَنِ ٱسْتَرَقَ
ٱلسَّمْعَ فَأَتْبَعَهُۥ شِهَابٌ مُّبِينٌ ﴿١٨﴾ وَٱلْأَرْضَ مَدَدْنَـٰهَا
وَأَلْقَيْنَا فِيهَا رَوَٰسِىَ وَأَنۢبَتْنَا فِيهَا مِن كُلِّ شَىْءٍ مَّوْزُونٍ ﴿١٩﴾
وَجَعَلْنَا لَكُمْ فِيهَا مَعَـٰيِشَ وَمَن لَّسْتُمْ لَهُۥ بِرَٰزِقِينَ ﴿٢٠﴾
وَإِن مِّن شَىْءٍ إِلَّا عِندَنَا خَزَآئِنُهُۥ وَمَا نُنَزِّلُهُۥٓ إِلَّا بِقَدَرٍ
مَّعْلُومٍ ﴿٢١﴾ وَأَرْسَلْنَا ٱلرِّيَـٰحَ لَوَٰقِحَ فَأَنزَلْنَا مِنَ ٱلسَّمَآءِ
مَآءً فَأَسْقَيْنَـٰكُمُوهُ وَمَآ أَنتُمْ لَهُۥ بِخَـٰزِنِينَ ﴿٢٢﴾ وَإِنَّا لَنَحْنُ
نُحْىِۦ وَنُمِيتُ وَنَحْنُ ٱلْوَٰرِثُونَ ﴿٢٣﴾ وَلَقَدْ عَلِمْنَا ٱلْمُسْتَقْدِمِينَ
مِنكُمْ وَلَقَدْ عَلِمْنَا ٱلْمُسْتَـْٔخِرِينَ ﴿٢٤﴾ وَإِنَّ رَبَّكَ هُوَ
يَحْشُرُهُمْ ۚ إِنَّهُۥ حَكِيمٌ عَلِيمٌ ﴿٢٥﴾ وَلَقَدْ خَلَقْنَا ٱلْإِنسَـٰنَ

Trockenmasse, aus einem gestaltbaren schwarzen Schlamm erschaffen. 27 Und die Djinn haben Wir vorher aus dem Feuer des glühenden
Windes erschaffen. 28 Und als dein Herr zu den
Engeln sprach: »Ich werde einen Menschen aus
einer Trockenmasse, aus einem gestaltbaren
schwarzen Schlamm erschaffen. 29 Wenn Ich
ihn geformt und ihm von meinem Geist eingeblasen habe, dann fallt und werft euch vor ihm
nieder.« 30 Da warfen sich die Engel alle zusammen nieder, 31 außer Iblīs; er weigerte sich, zu
denen zu gehören, die sich niederwarfen. 32 Er
sprach: »O Iblīs, was ist mit dir, daß du nicht zu
denen gehörst, die sich nierderwarfen?« 33 Er
sagte: »Ich kann mich unmöglich vor einem
Menschen niederwerfen, den Du aus einer Trok-
kenmasse, aus einem gestaltbaren schwarzen
Schlamm erschaffen hast.« 34 Er sprach: »Dann
geh aus ihm hinaus. Du bist ja der Steinigung
würdig. 35 Und auf dir liegt der Fluch bis zum
Tag des Gerichtes.« 36 Er sagte: »Mein Herr, gewähre mir Aufschub bis zu dem Tag, da sie auferweckt werden.« 37 Er sprach: »Siehe, du gehörst zu denen, denen Aufschub gewährt wird,
38 bis zu dem Tag der festgelegten Zeit.« 39 Er
sagte: »Mein Herr, weil Du mich irregeführt
hast, werde ich, ich schwöre es, ihnen auf der
Erde Verlockungen bereiten und sie allesamt abirren lassen, 40 außer deinen auserwählten Dienern unter ihnen.« 41 Er sprach: »Das ist ein ge-

مِن صَلۡصَٰلٖ مِّنۡ حَمَإٖ مَّسۡنُونٖ ﴿٢٦﴾ وَٱلۡجَآنَّ خَلَقۡنَٰهُ
مِن قَبۡلُ مِن نَّارِ ٱلسَّمُومِ ﴿٢٧﴾ وَإِذۡ قَالَ رَبُّكَ لِلۡمَلَٰٓئِكَةِ
إِنِّي خَٰلِقُۢ بَشَرٗا مِّن صَلۡصَٰلٖ مِّنۡ حَمَإٖ مَّسۡنُونٖ ﴿٢٨﴾ فَإِذَا
سَوَّيۡتُهُۥ وَنَفَخۡتُ فِيهِ مِن رُّوحِي فَقَعُواْ لَهُۥ سَٰجِدِينَ ﴿٢٩﴾
فَسَجَدَ ٱلۡمَلَٰٓئِكَةُ كُلُّهُمۡ أَجۡمَعُونَ ﴿٣٠﴾ إِلَّآ إِبۡلِيسَ أَبَىٰٓ
أَن يَكُونَ مَعَ ٱلسَّٰجِدِينَ ﴿٣١﴾ قَالَ يَٰٓإِبۡلِيسُ مَا لَكَ
أَلَّا تَكُونَ مَعَ ٱلسَّٰجِدِينَ ﴿٣٢﴾ قَالَ لَمۡ أَكُن لِّأَسۡجُدَ لِبَشَرٍ
خَلَقۡتَهُۥ مِن صَلۡصَٰلٖ مِّنۡ حَمَإٖ مَّسۡنُونٖ ﴿٣٣﴾ قَالَ فَٱخۡرُجۡ مِنۡهَا
فَإِنَّكَ رَجِيمٞ ﴿٣٤﴾ وَإِنَّ عَلَيۡكَ ٱللَّعۡنَةَ إِلَىٰ يَوۡمِ ٱلدِّينِ ﴿٣٥﴾
قَالَ رَبِّ فَأَنظِرۡنِيٓ إِلَىٰ يَوۡمِ يُبۡعَثُونَ ﴿٣٦﴾ قَالَ فَإِنَّكَ مِنَ
ٱلۡمُنظَرِينَ ۙ ﴿٣٧﴾ إِلَىٰ يَوۡمِ ٱلۡوَقۡتِ ٱلۡمَعۡلُومِ ﴿٣٨﴾ قَالَ
رَبِّ بِمَآ أَغۡوَيۡتَنِي لَأُزَيِّنَنَّ لَهُمۡ فِي ٱلۡأَرۡضِ وَلَأُغۡوِيَنَّهُمۡ
أَجۡمَعِينَ ۙ ﴿٣٩﴾ إِلَّا عِبَادَكَ مِنۡهُمُ ٱلۡمُخۡلَصِينَ ﴿٤٠﴾ قَالَ هَٰذَا

rader Weg, der mir obliegt. 42 Was meine Diener betrifft, so hast du über sie keine Macht, außer denen unter den Abgeirrten, die dir folgen.« 43 Und die Hölle ist der Verabredungsort für sie alle. 44 Sie hat sieben Tore, und jedem Tor wird ein Teil von ihnen zugewiesen. 45 Die Gottesfürchtigen aber werden in Gärten und an Quellen sein: 46 »Geht hinein in Frieden und Sicherheit.« 47 Und Wir nehmen weg, was in ihrer Brust an Groll dasein mag, so daß sie wie Brüder auf Liegen ruhen, einander gegenüber. 48 Darin erfaßt sie keine Mühsal, und sie werden daraus nicht vertrieben.

صِرَٰطٌ عَلَيَّ مُسۡتَقِيمٌ ﴿٤١﴾ إِنَّ عِبَادِى لَيۡسَ لَكَ عَلَيۡهِمۡ
سُلۡطَٰنٌ إِلَّا مَنِ ٱتَّبَعَكَ مِنَ ٱلۡغَاوِينَ ﴿٤٢﴾ وَإِنَّ جَهَنَّمَ
لَمَوۡعِدُهُمۡ أَجۡمَعِينَ ﴿٤٣﴾ لَهَا سَبۡعَةُ أَبۡوَٰبٖ لِّكُلِّ بَابٖ مِّنۡهُمۡ
جُزۡءٞ مَّقۡسُومٌ ﴿٤٤﴾ إِنَّ ٱلۡمُتَّقِينَ فِى جَنَّٰتٖ وَعُيُونٍ ﴿٤٥﴾
ٱدۡخُلُوهَا بِسَلَٰمٍ ءَامِنِينَ ﴿٤٦﴾ وَنَزَعۡنَا مَا فِى صُدُورِهِم مِّنۡ
غِلٍّ إِخۡوَٰنًا عَلَىٰ سُرُرٖ مُّتَقَٰبِلِينَ ﴿٤٧﴾ لَا يَمَسُّهُمۡ فِيهَا نَصَبٞ
وَمَا هُم مِّنۡهَا بِمُخۡرَجِينَ ﴿٤٨﴾

Varianten: 15,1–48

15,1: wa qur'ānin: wa qurānin (nach Ibn Kathīr).

15,2: rubamā: rubbamā (bei Ibn Mas'ūd; nach den Rezitatoren außer Nāfi', 'Āṣim, Ḥafṣ); rubamā (laut Zamakhsharī II, S. 569); rabbamā (laut Qurṭubī V, 10, S. 3); rubbatamā (bei Ṭalḥa; nach Abū Nahīk, Abū l-Sammāl, Ibn al-Samayfa'); rabatamā (laut Qurṭubī V, 10, S. 3).
muslimīna: musallimīna (bei Dja'far al-Ṣādiq).

15,3: wa yulhihimu: wa yulhihimi (nach Abū 'Amr); wa yulhihumu (nach Ḥamza, Kisā'ī).

15,5: yasta'khirūna: yastākhirūna (nach Warsh, al-Sūsī).

15,6: wa qālū: wa qāla lladhīna kafarū: und die, die ungläubig sind, sagen (bei Ibn Mas'ūd).
nuzzila: ulqiya: überbracht worden sein (bei al-Rabī' ibn Khuthaym, al-A'mash).
'alayhi: ilayhi: zu ihm (nei Ibn Mas'ūd).
laumā: laulā (bei Ubayy; nach Ibn Abī 'Abla, Ibn Dharr).

15,7: ta'tīnā bil-malā'ikati: turīnā l-malā'ikata: die Engel sehen lassen (bei Ibn Mas'ūd).

15,8: nunazzilu l-malā'ikata: tunazzalu l-malā'ikatu: die Engel werden herabgesandt (nach Shu'ba); tunzalu al-malā'ikatu: die Engel werden herabgesandt (laut Zamakhsharī II, S. 571); nazala l-malā'ikatu: die Engel kommen herab (bei al-Rabī' ibn Khuthaym; nach Zayd ibn 'Alī); tanazzalu l-malā'ikatu: die Engel kommen herab (nach al-Bazzī).

15,11: yastahzi'ūna: yastahziyūna; yastahzūna (nach Ḥamza).

15,14: fa ẓallū: la ẓallū (bei Ibn Mas'ūd, Ubayy).
ya'rudjūna: ya'ridjūna (laut Zamakhsharī II, S. 573).

15,15: sukkirat: sakirat: waren verschlossen oder trunken (nach Ibn Kathīr); sukirat: waren verzaubert (bei Mudjāhid; nach Ḥasan al-Baṣrī); suḥirat: waren verzaubert (bei Ibn Mas'ūd, Ubayy; nach Abān ibn Taghlib); sakarat: waren still (laut Qurṭubī V, 10, S. 10).

15,17: radjīmin: la'īnin: verfluchten (Satan) (bei Ibn Mas'ūd).

15,20: ma'āyisha: ma'ā'isha (laut Zamakhsharī II, S. 574).

15,21: nunazziluhū: nursiluhū: Wir senden es (bei al-A'mash):

15,22: al-riyāhū: al-rīhū: den Wind (nach Ḥamza).

15,27: wal-djānna: wal-dja'na (nach Ḥasan al-Baṣrī, 'Amr ibn 'Ubayd).
khalaqnāhu: weggefallen (bei Ibn Mas'ūd).

15,40: al-mukhlaṣīna: al-muhkliṣīna: aufrichtigen (Dienern) (nach Abū 'Amr, Ibn 'Āmir).

15,41: ṣirāṭun: sirāṭun (nach Qunbul).
'alayya: 'aliyyun: erhabener (nach Ibn Sīrīn, Qatāda, Ḥasan al-Baṣrī).

15,44: djuz'un: djuzun (nach Shu'ba); djuzzun (nach al-Zuhrī).

15,45: wa ʿuyūnin: wa ʿuyūnun (nach Nāfiʿ, Hishām); wa ʿiyūnin (nach Ḥamza, Ibn Dhakwān); wa ʿiyūnun (nach Kisāʾī, Ibn Kathīr).
15,46: udkhulūhā: udkhilūhā: in die sie hineingeführt wurden (nach Ḥasan al-Baṣrī, Abū l-ʿĀliya).

Kommentar

Die sogenannte wissenschaftliche Numerierung der Verse dieser Sure stimmt mit der Numerierung der offiziellen Ausgabe des Korans überein. So wird auf einen entsprechenden Hinweis bei jedem Vers verzichtet.

Im Namen Gottes, des Erbarmers, des Barmherzigen: Zu dieser einführenden Formel siehe die Angaben im Band 1 dieses Koran-Kommentars, Gütersloh 1990, S. 84 (es geht um die Frage, ob dieser Satz als Koranvers zu betrachten ist oder nicht); S. 147–150 (Kommentar zum Inhalt des Satzes); → 1,1.

15,1: Alif Lām Rā: Diese Buchstaben finden sich auch am Anfang der Suren 10, 11, 12 und 14. Zu den verschiedenen Versuchen, die den Suren vorangestellten »geheimnisvollen Buchstaben« zu enträtseln, siehe den Band 1 dieses Koran-Kommentars, Gütersloh 1990, S. 85–90.

Dies sind die Zeichen des Buches und eines deutlichen Korans: auch in 27,1; → 12,1.

15,2: Vielleicht werden diejenigen, die ungläubig sind, wünschen, sie wären Muslime gewesen: Hier wird die Lage der Ungläubigen in der Sterbestunde oder beim Anschauen der Pein der Hölle beschrieben: Wenn sie die Anzeichen dieser Pein bzw. die vielfältigen Arten dieser Pein sehen, werden sie sich wünschen, sie wären Muslime gewesen und hätten eine Hoffnung, dieser Pein zu entrinnen.

15,3: Laß sie nur essen und genießen: vgl. 47,12; genießen: → 2,36.

und sich durch die Hoffnung ablenken lassen: Die Ungläubigen lassen sich ablenken durch die Hoffnung auf ein besseres oder auf ein langes Leben, oder durch den Handel (24,37), oder durch das Vermögen und die Nachkommen (63,9), oder durch die Vermehrung ihrer Güter (102,1).

Sie werden es noch zu wissen bekommen: → 6,67. Dies alles wird ihnen am Tag der Abrechnung nichts nützen.

15,4: Und Wir haben keine Stadt verderben lassen, ohne daß sie eine

festgelegte Vorherbestimmung gehabt hätte: ähnlich in 17,58; 18,59; Vorherbestimmung: → 3,145.

15,5: Keine Gemeinschaft kann ihrer Frist vorausgehen, noch kann sie hinter ihr zurückbleiben: → 7,34.

15,6: Und sie sagen: »O du, auf den die Ermahnung herabgesandt worden sein soll, du bist ja besessen: → 7,184. Der Satz ist entweder als Verhöhung oder als Zweifel an der Echtheit der Sendung Muḥammads zu verstehen. Der Vorwurf der Besessenheit rührt daher, daß die Ungläubigen seinen prophetischen Anspruch zurückweisen oder daß sie bei ihm immer wieder Anfälle feststellten, die sie als Besessenheit deuteten[1].

Ermahnung: Offenbarungsschrift; → 3,58.

15,7: Würdest du uns doch die Engel bringen, so du zu denen gehörst, die die Wahrheit sagen!«: zu diesem und dem folgenden Vers → 6,8: Da ist vom Endgericht die Rede.

Die Engel sollen hier die Echtheit seiner Sendung bestätigen, oder die angedrohte Strafe bringen.

15,8: Wir senden die Engel nur mit der Wahrheit hinab: *mit der Wahrheit,* d.h. mit der angedrohten Strafe; oder *in Wahrheit,* d.h. wenn die Lage es erfordert und Nutzen daraus zu ziehen ist, was hier im Falle der Ungläubigen nicht gegeben ist.

Dann wird ihnen kein Aufschub gewährt: → 2,162.

15,9: Wir, ja Wir haben die Ermahnung hinabgesandt: auch in 16,44; 21,50; 65,10; – 21,10; 76,23.

und Wir werden sie gewiß bewahren: so daß sie keine Verfälschung, keine Veränderung und keine Verminderung erleiden wird. Ähnlich wird der Koran bezeichnet als »ein hehres Buch, an das das Falsche weder von vorn noch von hinten herankommt« (41,42). Vgl. auch 85,21–22 (wohlverwahrte Tafel).

15,10: Wir haben vor dir zu den Parteien der Früheren entsandt: Der Koran bestätigt, daß Gott Gesandte zu jedem Volk geschickt hat: → 13,7; 35,24.

1. Vgl. Rāzī X, 19, S. 162.

15,11: Und kein Gesandter kam zu ihnen, ohne daß sie ihn verspottet hätten: Muḥammad teilt das Los dieser Propheten, es soll für ihn ein Trost und eine Aufmunterung sein.

15,12–13: ähnlich in 26,200–201.

15,12: So lassen Wir ihn in die Herzen der Übeltäter eingehen: d.h. den Koran, die Ermahnung, über die sie spotten[2]; oder *es,* d.h. daß sie abgeirrt sind und dem Falschen folgen[3].

15,13: Sie glauben nicht daran, und es wird (an ihnen) nach dem Beispiel der Früheren verfahren: → 3,137. Das ist eine Drohung mit dem Strafgericht Gottes.

15,14–15: zum Thema siehe ähnlich in 6,35.111: 13,31: 17,93.

15,14: Auch wenn Wir ihnen ein Tor vom Himmel öffneten und sie ständig dadurch emporstiegen: Das ist ein Zeichen als Gegenstück zur Forderung, vom Himmel Engel herabzusenden.
sie: die Ungläubigen oder die Engel.

15,15: würden sie sagen: »Unsere Blicke sind ja verschlossen: oder: trunken.

Nein, wir sind Leute, die einem Zauber verfallen sind«: → 5,110; → 10,2.

15,16: Und Wir haben im Himmel Sternzeichen gesetzt: siehe 25,61; 85,1.

und ihn für die Zuschauer geschmückt: auch in 41,12; 50,6; 67,5.

15,17–18: siehe auch 37,7–10; 41,12; 67,5; 72,8–9; 26,212; 21,32.

15,17: und Wir haben ihn vor jedem gesteinigten Satan bewahrt: Der Satan soll nicht in die Nähe des Himmels gelangen, um den Beratungen im Hofe Gottes zu lauschen.

2. Vgl. Zamakhsharī II, S. 573; Ṭabāṭabā'ī XII, S. 135.
3. Vgl. Rāzī X, 19, S. 166–169; Qurṭubī V, 10, S. 8.

15,18: außer dem, der wie ein Dieb horcht, worauf ihn eine deutlich erkennbare Sternschnuppe verfolgt: Wer von den Teufeln dennoch versucht, zu horchen, der wird durch Sternschnuppen verjagt[4].

15,19: Auch die Erde haben Wir ausgebreitet und auf ihr festgegründete Berge angebracht: → 13,3; 50,7; auch 16,15; 31,10.

Und Wir haben auf ihr allerlei Dinge im rechten Maß wachsen lassen: Pflanzen: so ähnlich auch in 26,7; 31,10. Einige Kommentatoren denken hier eher an die Berge und an allerlei Mineralien und Metalle.

mauzūnin (gewogen, im rechten Maß): je nach dem Bedarf der Menschen; nach der Festlegung durch die Weisheit und Allmaht Gottes; ausgewogen, im harmonischen Verhältnis zueinander. Eine andere Deutung führt zu folgender Übersetzung: allerlei gewogener Dinge, d. h. Metalle.

15,20: Und Wir haben auf ihr für euch Unterhaltsmöglichkeiten bereitet, und (auch) für diejenigen, die ihr nicht versorgt: Es sind die, deren Versorgung von Gott kommt: die Tiere (→ 11,6; 29,60) und auch die Angehörigen und die Knechte (6,151; 17,91).

15,21: Und es gibt nichts, von dem Wir nicht einen Vorrat angelegt hätten: wörtlich: von dem Wir nicht die Vorratskammern hätten. Siehe 17,100; 38,9; 52,37; 63,7; – ähnlich in 39,63; 42,12.

Und Wir senden es nur in festgelegtem Maß hinab: → 13,17; zum Thema auch → 13,26.

15,22: Und Wir haben die befruchtenden Winde gesandt: Die meisten Kommentatoren stellen hier eine Verbindung zum vorherigen Vers her und sehen in den Vorräten Gottes eben den Regen. Diese Deutung ist aber nicht zwingend, Rāzī nennt sie »reine Willkür«.[5]

Der Wind befruchtet die Wolken; oder sie sind selber schwanger mit dem Regen. → 2,164; → 7,57.

Und Wir haben dann vom Himmel Wasser herabkommen lassen und es euch zu trinken gegeben: siehe dazu 16,10; 25,48–49; 56,68–70; 77,27.

4. Vgl. *P. A. Eichler:* Die Dschinnen, Teufel und Engel im Koran, Leipzig 1928, S. 30–32.
5. Vgl. Rāzī X, 19, S. 178.

Ihr aber hättet davon keinen Vorrat anlegen können: Ihr seid es nicht, die das Wasser bevorraten können, sondern Gott gibt es euch immer wieder. Das hängt mit seiner Allmacht und seiner souveränen Verfügung über alle Wesen zusammen.

15,23: Und Wir sind es, die lebendig machen und sterben lassen: → 2,28.

und Wir sind es, die (alles) erben: → 3,180. Nach dem Tod aller Wesen hat niemand mehr Verfügungsgewalt über die Schöpfung Gottes oder Teile davon. Alles kehrt unter die Herrschaft Gottes allein zurück. Somit ist er es, der letztendlich alles erben wird.

15,24: Und Wir kennen diejenigen unter euch, die vorausgehen, und Wir kennen die, die zurückbleiben: Die, die sterben oder am Leben bleiben, oder die im Gehorsam vorangehen oder zurückbleiben, oder die die anderen an Gütern dieser Erde übertreffen oder hinter ihnen zurückbleiben.

15,25: Und siehe, dein Herr wird sie versammeln: → 4,172; → 2,203. Dies ist ein Zeichen seiner alleinigen Herrschaft.

Er ist weise und weiß Bescheid: → 2,32.

15,26: Und Wir haben den Menschen aus einer Trockenmasse, aus einem gestaltbaren schwarzen Schlamm erschaffen: siehe 15,26.33; 55,14; – auch → 3,59; → 6,2; → 7,12; 55,14. Die muslimischen Kommentatoren geben an, daß die Trockenmasse (*ṣalṣāl*) zu Ton wird, wenn sie gebrannt wird. Der Schlamm wird als *masnūn* bezeichnet, d. h. gestaltbar, gegossen, geformt; einige sagen: stinkend.

15,27: Und die Djinn haben Wir vorher aus dem Feuer des glühenden Windes erschaffen: → 7,12. Einige Kommentatoren sehen in den Djinn den Satan und seine Anhänger (so Ḥasan al-Baṣrī, Muqātil, Qatāda), während die Mehrheit meint, daß Satane und Djinn verschiedene Wesen sind. Rāzī meint, daß die Satane einen Teil der Djinn ausmachen, sie sind die von den Djinn, die nicht glauben[6].

6. Vgl. Rāzī X, 19, S. 183–184.

15,28: Und als dein Herr zu den Engeln sprach: verkürzter Zeitsatz, → 2,30.

»Ich werde einen Menschen aus einer Trockenmasse, aus einem gestaltbaren schwarzen Schlamm erschaffen: → 15,26.

15,29: Wenn Ich ihn geformt und ihm von meinem Geist eingeblasen habe: siehe 38,72; – 32,9; zum zweiten Halbsatz: siehe auch 21,91; 66,12. – *geformt*, d.h. ihm die Gestalt eines Menschen gegeben habe, oder seine Gliedmaßen geformt und aufeinander abgestimmt habe.

dann fallt und werft euch vor ihm nieder«: → 2,34; → 7,11.

15,30: Da warfen sich die Engel alle zusammen nieder,

15,31: außer Iblīs; er weigerte sich, zu denen zu gehören, die sich niederwarfen: → 2,34; → 7,11.

15,32: Er sprach: »O Iblīs, was ist mit dir, daß du nicht zu denen gehörst, die sich nierderwarfen?«: → 7,12.

15,33: Er sagte: »Ich kann mich unmöglich vor einem Menschen niederwerfen, den Du aus einer Trockenmasse, aus einem gestaltbaren schwarzen Schlamm erschaffen hast«: → 15,26.

15,34: Er sprach: »Dann geh aus ihm hinaus: aus dem Paradies, wo sich die Szene abspielt.

Du bist ja der Steinigung wert: Das ist eine harte Art der Vertreibung und der Zurückweisung; siehe auch 15,34; → 3,36.

15,35: Und auf dir liegt der Fluch bis zum Tag des Gerichtes«: Zum Fluch Gottes → 2,88. Der Ausdruck *bis zum Tag des Gerichtes* bedeutet »für immer«. Einige Kommentatoren glossieren: Bis zum Tag des Gerichtes bleibst du ohne Strafe, dann erleidest du eine Strafe, die so hart ist, daß der Fluch von deinem Gedächtnis verschwindet, als hätte er nur bis dahin gedauert[7].

7. Vgl. Zamakhsharī II, S. 577–578; Rāzī X, 19, S. 188.

15,36: Er sagte: »Mein Herr, gewähre mir Aufschub bis zu dem Tag, da sie auferweckt werden«: → 7,14.

15,37: Er sprach: »Siehe, du gehörst zu denen, denen Aufschub gewährt wird: → 7,15.

15,38: bis zu dem Tag der festgelegten Zeit«: d.h. an dem alle sterben werden, oder der von Gott in seinem Wissen festgelegt wird, oder den der Satan gerade erwähnt hat, am Tag der Auferstehung.

15,39: Er sagte: »Mein Herr, weil Du mich irregeführt hast, werde ich, ich schwöre es, ihnen auf der Erde Verlockungen bereiten und sie allesamt abirren lassen: → 7,16–17. Verlockungen: → 2,212[8].

15,40: außer deinen auserwählten Dienern unter ihnen«: → 12,24.

15,41: Er sprach: »Das ist ein gerader Weg, der mir obliegt: Einige Kommentatoren verstehen den Satz wie folgt: der zu Mir führt (so unter anderen Ḥasan al-Baṣrī)[9].

15,42: Was meine Diener betrifft, so hast du über sie keine Macht: → 14,22. Alle Macht gehört Gott allein.

außer denen unter den Abgeirrten, die dir folgen«: → 7,18. Diejenigen, die dem Satan folgen, begeben sich selbt unter seine Herrschaft.

15,43: Und die Hölle ist der Verabredungsort für sie alle: → 7,18.

15,44: Sie hat sieben Tore, und jedem Tor wird ein Teil von ihnen zugewiesen: Die muslimischen Kommentatoren haben sich bemüht, die Tore und die entsprechenden Abteilungen der Hölle sowie die, für die sie bestimmt sind, näher zu nennen. Al Ḍaḥḥāk z.B. stellt folgende Liste auf: die erste Schicht der Hölle ist die der Muslime, die etwas für ihre bösen Taten verbüßen müssen, dann werden sie herausgeführt und ins Paradies gewiesen; – die zweite ist für Juden bzw. für die Christen; – die dritte ist für die Christen bzw. für die Juden; –

8. Die Muʿtaziliten plädieren für eine Deutung, die zu folgender Übersetzung führt: weil Du mich hast abirren lassen, d.h. dein Handeln war der Anlaß dafür, daß ich irregegangen bin.
9. Vgl. Rāzī X, 19, S. 193.

die vierte ist für die Magier[10]; die fünfte ist für die Ṣābier[11]; – die sechste ist für die Polytheisten; – die siebte für die Heuchler[12].

15,45: Die Gottesfürchtigen aber werden in Gärten und an Quellen sein: Es sind entweder diejeniegn, die sich vor dem Polytheismus und dem Unglauben bewahrt haben, oder auch allegemin die Übertretungen vermieden haben. – Die Quellen werden von den Kommentatoren mit den Flüssen des Paradieses (Wasser, Milch, Wein, Honig: 47,15) identifiziert oder als eigene Wasserstellen betrachtet.

Zum Lohn der Gottesfürchtigen siehe auch 44,51–52; 51,15; – 54,54; 77,41; → 2,25; → 3,15.

15,46: »Geht hinein in Frieden und Sicherheit«: siehe auch 50,34; → 10,10; Sicherheit: auch in 27,89; 34,37; 44,51–52.

15,47: Und Wir nehmen weg, was in ihrer Brust an Groll dasein mag: → 7,43. Der Friede mit Gott gesellt sich zum Frieden mit den anderen Menschen.

so daß sie wie Brüder auf Liegen ruhen, einander gegenüber: *sururin* (Liegen): siehe auch 52,20; 56,15–16; 88,13; vgl. 18,31; – *arā'ik* (Liegen): in 18,31; 36,56; 38,51; 55,76; 76,13; 83,23.35; – 44,33.

15,48: Darin erfaßt sie keine Mühsal: → 35,35.

und sie werden daraus nicht vertrieben: sie werden darin ewig weilen; → 2,25.

10. Die Magier werden im Koran 22,17 erwähnt.
11. Zum den Ṣābiern siehe Band 1 dieses Koran-Kommentars, Gütersloh 1990, S. 284–285.
12. Vgl. Rāzī X, 19, S. 194–195; Qurṭubī V, 10, S. 28; – siehe auch eine weitere Auflistung nach Ibn ʿAbbās bei Zamakhsharī II, S. 579.

15,49–99

*49 Tu meinen Dienern kund, daß Ich der bin,
[27¼] der voller Vergebung und barmherzig ist,
50 und daß meine Pein die schmerzhafte Pein ist.
51 Und berichte ihnen von den Gästen Abrahams. 52 Als sie bei ihm eintraten und sagten:
»Frieden!« Er sagte: »Wir haben Angst vor
euch.« 53 Sie sagten: »Hab keine Angst. Wir verkünden dir einen klugen Knaben.« 54 Er sagte:
»Ihr verkündet (es) mir, obwohl mich das Alter
erfaßt hat! Was verkündet ihr (mir) denn?«
55 Sie sagten: »Wir verkünden (es) dir in Wahrheit. So sei nicht einer von denen, die die Hoffnung aufgeben.« 56 Er sagte: »Nur die Abgeirrten geben die Hoffnung auf die Barmherzigkeit
ihres Herrn auf.« 57 Er sagte: »Was ist euer Anliegen, ihr Boten?« 58 Sie sagten: »Wir sind zu
Leuten gesandt, die Übeltäter sind, 59 ausgenommen die Sippe Lots. Diese werden Wir
sicher alle erretten, 60 außer seiner Frau. Wir
haben (es so) bestimmt, sie gehört zu denen, die
zurückbleiben und dem Verderben anheimfallen.« 61 Als nun die Boten zur Sippe Lots kamen, 62 sagte er: »Ihr seid unbekannte Leute.«
63 Sie sagten: »Nein, wir kommen zu dir mit
dem, was sie immer wieder bezweifelt haben.
64 Und wir kommen zu dir mit der Wahrheit.
Und wir sagen, was wahr ist. 65 So zieh mit deinen Angehörigen in einem Teil der Nacht fort,
und folge du hinterdrein. Und keiner von euch

* نَبِّئۡ عِبَادِيٓ أَنِّيٓ أَنَا
ٱلۡغَفُورُ ٱلرَّحِيمُ ﴿٤٩﴾ وَأَنَّ عَذَابِي هُوَ ٱلۡعَذَابُ ٱلۡأَلِيمُ ﴿٥٠﴾
وَنَبِّئۡهُمۡ عَن ضَيۡفِ إِبۡرَٰهِيمَ ﴿٥١﴾ إِذۡ دَخَلُواْ عَلَيۡهِ فَقَالُواْ
سَلَٰمٗا قَالَ إِنَّا مِنكُمۡ وَجِلُونَ ﴿٥٢﴾ قَالُواْ لَا تَوۡجَلۡ إِنَّا
نُبَشِّرُكَ بِغُلَٰمٍ عَلِيمٖ ﴿٥٣﴾ قَالَ أَبَشَّرۡتُمُونِي عَلَىٰٓ أَن مَّسَّنِيَ
ٱلۡكِبَرُ فَبِمَ تُبَشِّرُونَ ﴿٥٤﴾ قَالُواْ بَشَّرۡنَٰكَ بِٱلۡحَقِّ فَلَا تَكُن
مِّنَ ٱلۡقَٰنِطِينَ ﴿٥٥﴾ قَالَ وَمَن يَقۡنَطُ مِن رَّحۡمَةِ رَبِّهِۦٓ إِلَّا
ٱلضَّآلُّونَ ﴿٥٦﴾ قَالَ فَمَا خَطۡبُكُمۡ أَيُّهَا ٱلۡمُرۡسَلُونَ ﴿٥٧﴾
قَالُوٓاْ إِنَّآ أُرۡسِلۡنَآ إِلَىٰ قَوۡمٖ مُّجۡرِمِينَ ﴿٥٨﴾ إِلَّآ ءَالَ لُوطٍ
إِنَّا لَمُنَجُّوهُمۡ أَجۡمَعِينَ ﴿٥٩﴾ إِلَّا ٱمۡرَأَتَهُۥ قَدَّرۡنَآ إِنَّهَا لَمِنَ
ٱلۡغَٰبِرِينَ ﴿٦٠﴾ فَلَمَّا جَآءَ ءَالَ لُوطٍ ٱلۡمُرۡسَلُونَ ﴿٦١﴾ قَالَ
إِنَّكُمۡ قَوۡمٞ مُّنكَرُونَ ﴿٦٢﴾ قَالُواْ بَلۡ جِئۡنَٰكَ بِمَا كَانُواْ فِيهِ
يَمۡتَرُونَ ﴿٦٣﴾ وَأَتَيۡنَٰكَ بِٱلۡحَقِّ وَإِنَّا لَصَٰدِقُونَ ﴿٦٤﴾ فَأَسۡرِ
بِأَهۡلِكَ بِقِطۡعٖ مِّنَ ٱلَّيۡلِ وَٱتَّبِعۡ أَدۡبَٰرَهُمۡ وَلَا يَلۡتَفِتۡ

soll sich umdrehen. Und geht, wohin euch befohlen wird.« 66 Und Wir haben ihm diesen Befehl mitgeteilt, daß der letzte Rest dieser Leute am Morgen ausgemerzt werde. 67 Und die Bewohner der Stadt kamen frohlockend. 68 Er sagte: »Diese sind meine Gäste, so stellt mich nicht bloß. 69 Und fürchtet Gott und bringt keine Schande über mich.« 70 Sie sagten: »Haben wir dir nicht verboten, mit den Weltenbewohnern Umgang zu pflegen?« 71 Er sagte: »Da sind meine Töchter, so ihr etwas tun wollt.« 72 Bei deinem Leben, sie irrten in ihrer Trunkenheit umher. 73 So ergriff sie der Schrei bei Sonnenaufgang, 74 und Wir kehrten in ihrer Stadt das Oberste zuunterst und ließen auf sie Steine aus Ton herabregnen. 75 Darin sind wahrlich Zeichen für die Betrachtenden. 76 Und sie liegt an einem noch bestehenden Weg. 77 Darin ist wahrlich ein Zeichen für die Gläubigen.

78 Und die Gefährten des Waldes taten Unrecht, 79 so rächten Wir uns an ihnen. Beide liegen an einem offenkundigen Wegweiser. 80 Und die Gefährten von al-Ḥidjr ziehen die Gesandten der Lüge. 81 Wir ließen ihnen unsere Zeichen zukommen, aber sie wandten sich von ihnen ab. 82 Und sie hauten aus den Bergen Häuser aus, um in Sicherheit zu leben. 83 Da ergriff sie der Schrei am Morgen, 84 und so nützte ihnen, was sie zu erwerben pflegten, nicht.

مِنكُمْ أَحَدٌ وَٱمْضُوا۟ حَيْثُ تُؤْمَرُونَ ﴿٦٥﴾ وَقَضَيْنَآ إِلَيْهِ
ذَٰلِكَ ٱلْأَمْرَ أَنَّ دَابِرَ هَٰٓؤُلَآءِ مَقْطُوعٌ مُّصْبِحِينَ ﴿٦٦﴾
وَجَآءَ أَهْلُ ٱلْمَدِينَةِ يَسْتَبْشِرُونَ ﴿٦٧﴾ قَالَ إِنَّ هَٰٓؤُلَآءِ
ضَيْفِى فَلَا تَفْضَحُونِ ﴿٦٨﴾ وَٱتَّقُوا۟ ٱللَّهَ وَلَا تُخْزُونِ ﴿٦٩﴾
قَالُوٓا۟ أَوَلَمْ نَنْهَكَ عَنِ ٱلْعَٰلَمِينَ ﴿٧٠﴾ قَالَ هَٰٓؤُلَآءِ بَنَاتِىٓ إِن
كُنتُمْ فَٰعِلِينَ ﴿٧١﴾ لَعَمْرُكَ إِنَّهُمْ لَفِى سَكْرَتِهِمْ يَعْمَهُونَ ﴿٧٢﴾
فَأَخَذَتْهُمُ ٱلصَّيْحَةُ مُشْرِقِينَ ﴿٧٣﴾ فَجَعَلْنَا عَٰلِيَهَا سَافِلَهَا
وَأَمْطَرْنَا عَلَيْهِمْ حِجَارَةً مِّن سِجِّيلٍ ﴿٧٤﴾ إِنَّ فِى ذَٰلِكَ لَءَايَٰتٍ
لِّلْمُتَوَسِّمِينَ ﴿٧٥﴾ وَإِنَّهَا لَبِسَبِيلٍ مُّقِيمٍ ﴿٧٦﴾ إِنَّ فِى ذَٰلِكَ لَءَايَةً
لِّلْمُؤْمِنِينَ ﴿٧٧﴾ وَإِن كَانَ أَصْحَٰبُ ٱلْأَيْكَةِ لَظَٰلِمِينَ ﴿٧٨﴾
فَٱنتَقَمْنَا مِنْهُمْ وَإِنَّهُمَا لَبِإِمَامٍ مُّبِينٍ ﴿٧٩﴾ وَلَقَدْ كَذَّبَ
أَصْحَٰبُ ٱلْحِجْرِ ٱلْمُرْسَلِينَ ﴿٨٠﴾ وَءَاتَيْنَٰهُمْ ءَايَٰتِنَا
فَكَانُوا۟ عَنْهَا مُعْرِضِينَ ﴿٨١﴾ وَكَانُوا۟ يَنْحِتُونَ مِنَ ٱلْجِبَالِ
بُيُوتًا ءَامِنِينَ ﴿٨٢﴾ فَأَخَذَتْهُمُ ٱلصَّيْحَةُ مُصْبِحِينَ ﴿٨٣﴾
فَمَآ أَغْنَىٰ عَنْهُم مَّا كَانُوا۟ يَكْسِبُونَ ﴿٨٤﴾ وَمَا خَلَقْنَا

85 Siehe, Wir haben die Himmel und die Erde,
und was dazwischen ist, in Wahrheit erschaffen.
Und die Stunde wird sicher eintreffen. So übe
schöne Nachsicht. 86 Dein Herr ist es, der alles
erschafft und Bescheid weiß. 87 Und Wir haben
dir sieben aus den sich wiederholenden Versen
zukommen lassen, und auch den gewaltigen
Koran. 88 Richte nicht gierig deine Augen auf
das, was Wir einigen von ihnen zur Nutznießung verliehen haben. Und sei nicht betrübt
über sie. Und senke deinen Flügel für die Gläubigen, 89 und sprich: Ich bin ja der deutliche
Warner. 90 Wie Wir auf die hinabgesandt haben,
die aufteilen, 91 die den Koran zergliedert haben. 92 Bei deinem Herrn! Wir werden sie alle
zur Verantwortung ziehen, 93 über das, was sie
taten. 94 Und verkünde laut, was dir befohlen
wird, und wende dich von den Polytheisten ab.
95 Wir schützen dich vor den Spöttern, 96 die
Gott einen anderen Gott zur Seite stellen. Sie
werden es noch zu wissen bekommen. 97 Wir
wissen ja, daß deine Brust beklommen ist wegen
dessen, was sie sagen. 98 Aber sing das Lob deines Herrn und sei einer von denen, die sich niederwerfen, 99 und diene deinem Herrn, bis das
sichere Los dich ereilt.

ٱلسَّمَٰوَٰتِ وَٱلْأَرْضَ وَمَا بَيْنَهُمَآ إِلَّا بِٱلْحَقِّ ۗ وَإِنَّ
ٱلسَّاعَةَ لَـَٔاتِيَةٌ ۖ فَٱصْفَحِ ٱلصَّفْحَ ٱلْجَمِيلَ ﴿٨٥﴾ إِنَّ رَبَّكَ
هُوَ ٱلْخَلَّٰقُ ٱلْعَلِيمُ ﴿٨٦﴾ وَلَقَدْ ءَاتَيْنَٰكَ سَبْعًا مِّنَ
ٱلْمَثَانِى وَٱلْقُرْءَانَ ٱلْعَظِيمَ ﴿٨٧﴾ لَا تَمُدَّنَّ عَيْنَيْكَ إِلَىٰ
مَا مَتَّعْنَا بِهِۦٓ أَزْوَٰجًا مِّنْهُمْ وَلَا تَحْزَنْ عَلَيْهِمْ وَٱخْفِضْ
جَنَاحَكَ لِلْمُؤْمِنِينَ ﴿٨٨﴾ وَقُلْ إِنِّىٓ أَنَا ٱلنَّذِيرُ ٱلْمُبِينُ ﴿٨٩﴾
كَمَآ أَنزَلْنَا عَلَى ٱلْمُقْتَسِمِينَ ﴿٩٠﴾ ٱلَّذِينَ جَعَلُوا۟ ٱلْقُرْءَانَ
عِضِينَ ﴿٩١﴾ فَوَرَبِّكَ لَنَسْـَٔلَنَّهُمْ أَجْمَعِينَ ۙ ﴿٩٢﴾ عَمَّا كَانُوا۟
يَعْمَلُونَ ﴿٩٣﴾ فَٱصْدَعْ بِمَا تُؤْمَرُ وَأَعْرِضْ عَنِ
ٱلْمُشْرِكِينَ ﴿٩٤﴾ إِنَّا كَفَيْنَٰكَ ٱلْمُسْتَهْزِءِينَ ﴿٩٥﴾ ٱلَّذِينَ
يَجْعَلُونَ مَعَ ٱللَّهِ إِلَٰهًا ءَاخَرَ ۚ فَسَوْفَ يَعْلَمُونَ ﴿٩٦﴾ وَلَقَدْ
نَعْلَمُ أَنَّكَ يَضِيقُ صَدْرُكَ بِمَا يَقُولُونَ ﴿٩٧﴾ فَسَبِّحْ بِحَمْدِ
رَبِّكَ وَكُن مِّنَ ٱلسَّٰجِدِينَ ﴿٩٨﴾ وَٱعْبُدْ رَبَّكَ حَتَّىٰ
يَأْتِيَكَ ٱلْيَقِينُ ﴿٩٩﴾

Varianten: 15,49–99

15,49: ͑ibādī annī: ͑ibādiya anniya (nach Nāfi͑, Ibn Kathīr, Abū ͑Amr).
15,51: wa nabbi͗hum: wa a͑limhum: und teile ihnen mit (bei Ibn Mas͑ūd; nach Ibn Qays).
15,52: idh: ḥīna (bei Ibn Mas͑ūd; nach Ibn Qays).
15,53: lā taudjal: lā tūdjal (nach Ḥasan al-Baṣrī); la tawādjal (nach den Gefährten von Ibn Mas͑ūd; bei al-Rabī͑ Ibn Khuthaym); lā ta͗djal (laut Zamakhsharī II, S. 580); lā takhaf (bei Ibn Mas͑ūd nach einigen Gewährsmännern; Ubayy).
nubashshiruka: nubshiruka (bei Ibn Mas͑ūd); nabshuruka (Ḥamza)
15,54: abashshartumūnī: bashshartumūnī (bei al-A͑mash).
tubashshirūna: tubshirūna (bei Ibn Mas͑ūd); tubashshirūni: (was) verkündet ihr mir (nach Nāfi͑, Shayba); tubashshirūnni (nach Ibn Kathīr, Ibn Muḥayṣin).
15,55: al-qāniṭīna: al-qaniṭīna (bei Ṭalḥa, al-A͑mash; nach Ḥasan al-Baṣrī, Yaḥyā ibn Waththāb, Abū ͑Amr).
15,56: yaqnaṭu: yaqniṭu (nach Abū ͑Amr, Kisā͗ī); yaqnuṭu (laut Zamakhsharī II, S. 581).
min raḥmati: min sa͑ati raḥmati: auf die Weite der Barmherzigkeit (bei Ibn Mas͑ūd; nach Ibn Qays).
15,59: lamunadjjūhum: lamundjūhum (nach Ḥamza, Kisā͗ī).
15,60: qaddarnā: qadarnā (nach Shu͑ba).
15,61: djā͗a ālu: djā ālu (nach Qālūn, al-Bazzī, Abū ͑Amr).
15,65: fa asri: fa sri (nach Nāfi͑, Ibn Kathīr).
lā yaltafit: lā yaltafitanna (bei Ibn Mas͑ūd).
15,66: anna dābira: wa qulnā inna dābira: (mitgeteilt) und gesagt, daß ... (bei Ibn Mas͑ūd); wa qulnā lahū inna dābira: und ihm gesagt, daß ... (bei Ibn Mas͑ūd nach einigen Gewährsmännern).
15,71: banātī: banātiya (nach Nāfi͑).
15,72: sakratihim: sukrihim (bei al-A͑mash).
lafī sakratihim ya͑mahūna: lafi sakarātihim yal͑abūna: sie spielten in ihren Trunkenheiten (bei Ibn Mas͑ūd).
15,79: mubīnin: mustaqīmin: an einem geraden (Wegweiser) (bei Ibn Mas͑ūd).
15,82: buyūtan: biyūtan (nach den Rezitatoren außer Warsh, Abū ͑Amr, Ḥafṣ).
15,86: al-khallāq: al-khāliq: der erschafft (bei Ubayy, al-A͑mash; nach Zayd ibn ͑Alī, Ibn al-Samayfa͑, al-Djaḥdarī).
15,87: al-qur͗āni: al-qurāni (nach Ibn Kathīr):
15,89: innī anā: inniya anā (nach Nāfi͑, Ibn Kathīr, Abū ͑Amr).

Kommentar

15,49: Tu meinen Dienern kund, daß Ich der bin, der voller Vergebung und barmherzig ist: → 2,173.

15,50: und daß meine Pein die schmerzhafte Pein ist: → 2,104.
In diesen zwei Versen werden beide Seiten des Handelns Gottes an den Menschen, von denen ja einige Gottesfürchtige und andere Übeltäter sind, zum Ausdruck gebracht; siehe ähnlich in → 7,156.

15,51–77: vgl. 11,69–83; 29,31–35; 51,24–37. Die Parallelen mit der Sure 11 und anderen Stellen sind so deutlich, daß es sich oft erübrigt, hier die Verse neu zu kommentieren.

15,51: Und berichte ihnen von den Gästen Abrahams: → 11,69.

15,52: Als sie bei ihm eintraten: verkürzter Zeitsatz, → 2,30.

und sagten: »Frieden!« Er sagte: »Wir haben Angst vor euch«: → 11,69–70.

15,53: Sie sagten: »Hab keine Angst. Wir verkünden dir einen klugen Knaben«: Das Adjektiv *ʿalīm* bedeutet klug, oder nach einigen Kommentatoren dazu bestimmt, Prophet zu sein und sachkundig in religiösen Fragen.

15,54: Er sagte: »Ihr verkündet (es) mir, obwohl mich das Alter erfaßt hat! Was verkündet ihr (mir) denn?«: vgl. → 11,70–72.

15,55: Sie sagten: »Wir verkünden (es) dir in Wahrheit. So sei nicht einer von denen, die die Hoffnung aufgeben«: vgl. 11,73.

15,56: Er sagte: »Nur die Abgeirrten geben die Hoffnung auf die Barmherzigkeit Gottes auf«: ähnlich in → 12,87; 39,53.

11,57: Er sagte: »Was ist euer Anliegen, ihr Boten?«: Hier beginnt die Geschichte von Lot und vom Strafgericht gegen die sündigen Bewohner seiner Stadt; siehe auch 51,31; zu Lot → 7,80–84.

15,58: Sie sagten: »Wir sind zu Leuten gesandt, die Übeltäter sind: → 11,70; 51,32.

15,59: ausgenommen die Sippe Lots. Diese werden Wir sicher alle erretten,
15,60: außer seiner Frau. Wir haben (es so) bestimmt, sie gehört zu denen, die zurückbleiben und dem Verderben anheimfallen«: → 7,83.

15,61: Als nun die Boten zur Sippe Lots kamen,
15,62: sagte er: »Ihr seid unbekannte Leute«: → 11,70.

15,63: Sie sagten: »Nein, wir kommen zu dir mit dem, was sie immer wieder bezweifelt haben.
15,64: Und wir kommen zu dir mit der Wahrheit. Und wir sagen, was wahr ist: Was die Übeltäter bezweifelten, ist das Hereinbrechen des Strafgerichts Gottes. Aber es wird über sie kommen, das ist die sichere Wahrheit, die die Boten hier aussprechen. Vgl. → 2,147.

15,65: So zieh mit deinen Angehörigen in einem Teil der Nacht fort, und folge du hinterdrein. Und keiner von euch soll sich umdrehen. Und geht, wohin euch befohlen wird«: → 11,81.

15,66: Und Wir haben ihm diesen Befehl mitgeteilt, daß der letzte Rest dieser Leute am Morgen ausgemerzt werde: → 11,81. *Befehl mitgeteilt:* siehe zum Ausdruck → 10,11; 17,4; 28,44. Zum zweiten Satz vgl. → 6,45.

15,67: Und die Bewohner der Stadt kamen frohlockend: in böser Absicht, denn sie glaubten, hier eine Gelegenheit zu haben, die Gäste Lots zu mißbrauchen.

15,68: Er sagte: »Diese sind meine Gäste, so stellt mich nicht bloß.
15,69: Und fürchtet Gott und bringt keine Schande über mich«: wenn es mir nicht gelingt, euch von euren bösen Absichten abzuhalten.

15,70: Sie sagten: »Haben wir dir nicht verboten, mit den Weltenbewohnern Umgang zu pflegen?«: und sie aufzunehmen und damit unter den Schutz des Gastrechtes zu stellen.

15,71: Er sagte: »Da sind meine Töchter, so ihr etwas tun wollt«: zur Stelle 15,67–71: → 11,78–79.

15,72: Bei deinem Leben, sie irrten in ihrer Trunkenheit umher: Dieser Satz enthält entweder die Worte der Engel an Lot, oder die Worte Gottes an Muḥammad, wobei angemerkt wird, daß Gott beim Leben keines anderen Menschen geschworen hat. Sie irren umher, weil nicht wissen, wie sie die Worte Lots aufnehmen und seinen Rat befolgen sollen[1].

15,73: So ergriff sie der Schrei bei Sonnenaufgang: → 11,67; Sonnenaufgang: → 11,81.

15,74: und Wir kehrten in ihrer Stadt das Oberste zuunterst: wörtlich: ihr das Oberste …

und ließen auf sie Steine aus Ton herabregnen: → 11,82.

15,75: Darin sind wahrlich Zeichen für die Betrachtenden: → 2,164; → 6,99.

15,76: Und sie liegt an einem noch bestehenden Weg: *sie:* die Stadt Lots.

Der Weg besteht weiterhin, und er wird von denen gesehen, die von Arabien nach Syrien reisen[2].

15,77: Darin ist wahrlich ein Zeichen für die Gläubigen: → 6,99.

15,78: Und die Gefährten des Waldes taten Unrecht: Es sind die Stammesgenossen des Propheten Shuʿayb (vgl. 26,177), die anderswo im Koran Madyan genannt werden (→ 7,85–93); siehe → 11,94; 26,176.189; 29,37; 38,13–14; 50,14.

1. Vgl. Rāzī X, 19, S. 207.
2. Vgl. Rāzī X, 19, S. 208.

15,79: so rächten Wir uns an ihnen: → 7,136.

Beide liegen an einem offenkundigen Wegweiser: Beide Ortschaften, die Stadt Lots und das Waldgebiet von Madyan: ähnlich in → 15,76.

15,80–84: Die Gefährten von al-Ḥidjr, die nur hier diesen Namen erhalten haben, sind wahrscheinlich mit den Thamūd zu identifizieren: → 7,73–79.

15,80: Und die Gefährten von al-Ḥidjr ziehen die Gesandten der Lüge: siehe auch 26,141; → 10,39.

15,81: Wir ließen ihnen unsere Zeichen zukommen, aber sie wandten sich von ihnen ab: → 6,4.

15,82: Und sie hauten aus den Bergen Häuser aus, um in Sicherheit zu leben: → 7,74.

15,83: Da ergriff sie der Schrei am Morgen: → 15,73; → 11,67; vgl. auch 26,157; 41,13.17; 51,44.

15,84: und so nützte ihnen, was sie zu erwerben pflegten, nicht: → 7,48; erwerben: → 2,79.

15,85: Siehe, Wir haben die Himmel und die Erde, und was dazwischen ist, in Wahrheit erschaffen: → 6,1.73.

Und die Stunde wird sicher eintreffen: Die Stunde des Strafgerichts Gottes, das sie treffen wird. Siehe 18,21; 20,15; 22,7; 34,3; 40,59; 45,32.

So übe schöne Nachsicht: → 2,109. Ertrage, was sie dir antun, mit Fassung und großzügiger Haltung.

15,86: Dein Herr ist es, der alles erschafft und Bescheid weiß: ähnlich in 36,81.

15,87: Und Wir haben dir sieben aus den sich wiederholenden Versen zukommen lassen, und auch den gewaltigen Koran: Das Wort *mathānī* wird sogar angewandt, um den ganzen Koran zu beschreiben: »Gott hat die beste Botschaft herabgesandt, ein Buch mit gleichartigen, sich wiederholenden Versen ...« (39,23). Diese *mathānī* sollen entweder die sieben Verse der Eröffnungssure sein, oder sieben Erzählungen unter den häufigsten Berichten über die Strafgerichte Gottes, oder sieben lange Suren des Korans[3].

15,88: Richte nicht gierig deine Augen auf das, was Wir einigen von ihnen zur Nutznießung verliehen haben: Das Wort *azwādjan* bedeutet hier Gruppen bzw. Einzelpersonen; – *von ihnen:* von den Polytheisten; vgl. 20,131.

Und sei nicht betrübt über sie: wenn sie den Glauben an deine Sendung verweigern; → 3,176; → 5,41.

Und senke deinen Flügel für die Gläubigen: d. h. behandle sie mit Milde und Zuwendung; vgl. 17,24; 26,215; 28,32. Ähnlich lautet die Empfehlung des Korans im Hinblick auf die gegenseitige Behandlung der Gläubigen: → 5,54; 48,29.

15,89: und sprich: Ich bin ja der deutliche Warner: → 7,184.

15,90: Wie Wir auf die hinabgesandt haben, die aufteilen: *Wie:* Wie Wir dir die sich wiederholenden Verse offenbart haben, so haben Wir auf die »Aufteiler« hinabgesandt (diese Lösung erfordert die Annahme eines ziemlich langen Einschubs zwischen beiden Äußerungen); oder: Wie du für die Polytheisten ein Warner vor der Strafe Gottes bist, so haben Wir das Strafgericht über die hinabgesandt ...

al-muqtasimīna bedeutet: die aufteilen: entweder geht es um die Polytheisten in Mekka, die sich der Weg dorthin bemächtigt haben und unter sich die Herrschaft darüber aufgeteilt haben, um die Menschen von der Annahme des Islam abzuhalten, oder es sind die Ungläubigen, die die Teile des Korans als Zauberei, Dichtung, Lüge, Fabeln der früheren Generationen bezeichnet haben, oder es sind die Juden und die Christen, die nur an einen Teil des Korans glauben und an den anderen Teil nicht[4].

15,91: die den Koran zergliedert haben: oder: für Lüge erklärten. Man kann

3. Siehe weitere Angaben im Band 1 dieses Koran-Kommentars, Gütersloh 1990, S. 129–130. Außer der dort angegebenen Stelle von Rāzī, siehe eine nochmalige Zusammenfassung in Rāzī X, 19, S. 211–214.

4. Vgl. Zamakhsharī II, S. 589; Rāzī X, 19, S. 216; Qurṭubī V, 10, S. 53–54.

diesen Satz auch mit dem folgenden Vers verbinden: Diejenigen, die den Koran zergliedert haben, werden Wir zur Verantwortung ziehen.

15,92: Bei deinem Herrn! Wir werden sie alle zur Verantwortung ziehen: → 7,6 (siehe dort auch die Anmerkung 1); → 2,119. Alle, die aufteilen, oder alle Menschen.

15,93: über das, was sie taten: → 2,134.

15,94: Und verkünde laut, was dir befohlen wird, und wende dich von den Polytheisten ab: zum letzten Satz → 6,106. *verkünde laut* …: oder scheide das Rechte vom Falschen durch das, was dir befohlen wird.

15,95: Wir schützen dich vor den Spöttern: → 2,14. Das sind Leute, die in der Gesellschaft Ansehen genießen und meinen, sich leisten zu können, über den Propheten zu spotten.

15,96: die Gott einen anderen Gott zur Seite stellen: siehe auch 17,22.39; 50,26; 51,51.

Sie werden es noch zu wissen bekommen: → 15,3; – → 6,67.

15,97: Wir wissen ja, daß deine Brust beklommen ist wegen dessen, was sie sagen: → 3,176.

15,98: Aber sing das Lob deines Herrn: → 2,30.

und sei einer von denen, die sich niederwerfen: 9,112; – siehe auch 20,130; 25,58; 40,55; 50,39; 52,48.

15,99: und diene deinem Herrn, bis das sichere Los dich ereilt: der Tod; siehe 74,46–47.

Bibliographie

Baljon, J. M. S.: ›To seek the Face of God‹ in Koran and Ḥadîth, in: Acta Orientalia 21 (1953), S. 254–266.

Bayḍāwī, Nāṣir al-Dīn Abū l-Khayr: Anwār al-tanzīl wa asrār al-ta'wīl, 2 Bde., Istanbul 1296 H/1889.

Blachère, Régis: Le Coran I, Paris 1949; II, Paris 1951.

Eichler, P. A.: Die Dschinnen, Teufel und Engel im Koran, Leipzig 1928.

Geiger, Abraham: Judaism and Islam, Neudruck: New York 1970.

Heller: La légende biblique dans l'Islam, in: Revue des Études Judaïques 98 (1934).

Ibn Kathīr, Abū l-Fidā' Ismā'īl: Tafsīr al-Qur'ān al-'aẓīm, 4 Bde., Kairo 1408 H/1988.

Jeffery, A.: Foreign vocabulary of the Qur'ān, Baroda 1938.

Khoury, Adel Theodor: Einführung in die Grundlagen des Islams, (Religionswissenschaftliche Studien 27), 4. Auflage, Altenberge 1995.

–: Der Koran. Übersetzung von Adel Theodor Khoury. Unter Mitwirkung von Muhammad Salim Abdullah, (GTB 783), zweite Auflage, Gütersloh 1993.

–: Der Koran. Arabisch-Deutsch: Übersetzung und wissenschaftlicher Kommentar, Bd. I, Gütersloh 1990; Bd. II, Gütersloh 1991; Bd. III, Gütersloh 1992; Bd. IV, Gütersloh 1993; Bd. V, Gütersloh 1994; Bd. VI, 1995; Bd. VII, 1996.

al-Laḥḥām, Sa'īd Muḥammad: Fayḍ al-Raḥīm fī qirā'āt al-Qur'ān al-karīm, Beirut 1995.

Manār: Tafsīr al-Qur'ān al-ḥakīm (Tafsīr al-Manār) von Muḥammad 'Abduh/Muḥammad Rashīd Riḍā, 11 Bde., Kairo 1325–1353 H/1907–1934; Neudruck in 12 Bänden, Kairo 1367–1375 H/1948–1956; erneuter Neudruck in 12 Bänden, Beirut o. J.

Masson, Denise: Le Coran et la révélation judéo-chrétienne, 2 Bde., Paris 1958.

Nöldeke, Th./F. Schwally: Geschichte des Qorāns, Bd. I: Über den Ursprung des Qorāns, 2. Auflage, Leipzig 1909.

Paret, Rudi: Der Koran. Kommentar und Konkordanz, (Taschenbuchausgabe), 3. Auflage, Stuttgart 1986.
–: Le corps du Pharaon signe et avertissement pour la postérité (Sourate X,92), in: Études d'Orientalisme dédiées à la mémoire de Lévi-Provençal, Paris 1962, S. 235–237.

al-Qurṭubī, Abū ʿAbd Allāh Muḥammad ibn Aḥmad: al-Djāmiʿ li aḥkām al-Qur'ān, Bd. V, 9–10, Beirut 1995.

al-Rāzī, Fakhr al-Dīn: Mafātīḥ al-ghayb, 8 Bde., Kairo 1308 H/1891.

Speyer, Heinrich: Die biblischen Erzählungen im Qoran, 2. unveränderte Auflage, Hildesheim 1961.

Ṭabarī: Djāmiʿ al-bayān fī tafsīr al-Qur'ān, 30 Teile in 10 Bänden, Kairo 1323–1329 H/1900–1911.
Ṭabāṭabā'ī, Muḥammad Ḥusayn: Al-Mīzān fī tafsīr al-Qur'ān, 20 Bde., 3. Auflage, Beirut 1393 h/1973 (Shīʿit).

Zamakhsharī: al-Kashshāf, 4 Bde., 3. Auflage, Beirut 1987.

KORANSTELLEN

Die Verse der hier kommentierten Suren werden in diesem Register nicht neu aufgelistet.

1,1	37, 123, 177, 210, 296, 338, 378
1,2	40
1,3	303
1,5	213
1,6	158
2,1	123
2,2	67
2,3	357
2,7	129
2,9	213
2,10	344
2,11	177, 194, 264, 304
2,14–15	145
2,14	398
2,15	40
2,17–18	356, 361
2,17	302
2,18	69
2,19–20	356, 361
2,19	300
2,20	124
2,21	123
2,22	297, 358
2,23	67, 127
2,25	40, 95, 192, 319, 344, 385
2,26	339
2,27	303, 304
2,28	38, 69, 71, 124, 144, 383
2,30	57, 69, 92, 158, 210, 211, 300, 339, 358, 398
2,32	210, 270, 382
2,33	43, 125, 144, 195, 360
2,34	383
2,35	144
2,36	55, 79, 106, 124, 149, 161, 316, 378
2,38	267
2,39	57, 68, 192, 298
2,40	339
2,41	67
2,44	42, 157, 210
2,46	143
2,48	71, 302
2,49	339
2,52	359
2,58	339
2,59	41
2,62	78
2,64	231
2,66	77
2,67	148
2,70	299, 301
2,73	210
2,74	195, 360
2,75	300
2,77	125
2,79	321
2,80	40, 79
2,81	54, 262
2,82	56, 130
2,83	123, 303
2,85	80, 368, 339
2,87	68
2,88	129
2,89	67, 67, 129
2,96	193
2,97	320, 344
2,100	128
2,102	93, 94
2,104	393
2,105	243
2,106	41
2,107	71, 300, 338
2,109	55, 146, 396
2,113	43, 97
2,116	71, 79, 338
2,118	43, 298, 316
2,119	298, 317, 398
2,120	143, 231, 320
2,121	320, 322
2,124–141	358
2,124	360
2,125	269, 359, 360
2,126	269, 357, 358
2,127	230, 360
2,128	359, 360
2,129	317, 339
2,130	231, 270

2,131	92	2,269	303, 362
2,132	127, 173, 270	2,272	106, 107, 127, 193. 303
2,133	173, 362	2,274	303, 357
2,134	317, 398	2,281	57
2,135	108	2,282	296, 320, 341
2,139	55, 68	2,283	214
2,142	56	2,286	108
2,143	129, 194, 243, 268	3,3	67
2,144	296, 303, 359	3,4	362
2,145	108, 144, 266	3,5	360
2,147	106, 128, 192, 296, 303, 394	3,7	123, 297, 321
2,151	317	3,9	191, 318
2,162	192, 344, 379	3,10	107, 191, 263
2,163	317, 362	3,14	127, 317, 320
2,164	39, 79, 297, 358, 381, 395	3,15	231, 385
2,165	79, 357	3,18	128, 322
2,166	57, 344	3,19	97
2,168	210	3,20	321, 362
2,170	68, 93, 158, 192, 341	3,23	37
2,173	96, 108, 147, 269, 298, 359, 393	3,27	58
2,176	192, 296, 303	3,36	383
2,177	40, 303	3,38	360
2,186	160	3,40	357
2,196	298	3,41	301
2,202	362	3,49	230, 320
2,203	382	3,51	38, 317
2,207	303	3,54	54, 321, 361
2,208	358	3,57	192
2,210	147, 195, 344	3,58	379
2,211	357	3,59	160, 382
2,212	40, 319, 384	3,61	129
2,213	37, 42, 97, 142, 192, 194, 320	3,63	68
2,216	359	3,64	320
2,217	79, 127, 319, 357	3,66	148
2,221	38	3,79	226
2,223	95	3,81	78
2,231	320	3,83	301
2,234	69, 193	3,85	129
2,238	301	3,91	71
2,243	77	3,97	269
2,245	316	3,98	69, 78
2,253	192, 265, 320, 357	3,106	80
2,254	357	3,110	320
2,256	106, 143	3,111	193
2,257	338, 339	3,113	193
2,259	69, 97	3,114	320
2,263	79	3,117	55, 69
2,264	343	3,119	125, 340
2,265	297, 319	3,120	178
2,266	297	3,122	94, 263, 342

3,128	318
3,137	68, 93, 107, 298, 339, 361, 380
3,138	77
3,140	339
3,144	158
3,145	127, 379
3,147	94
3,151	39, 79, 302
3,152	318, 344
3,154	59, 318
3,157	77
3,161	57
3,162	301
3,164	228, 338, 343
3,170–171	77
3,171	194, 268
3,172	302
3,173	127
3,176	78, 397, 398
3,178	318
3,180	382
3,184	68
3,190	79
3,194	361
4,1	303
4,13	78
4,18	70, 96, 106
4,30	357
4,36	126
4,41	70, 129
4,47	95
4,52	319
4,59	211
4,60	343
4,65	126
4,69	241
4,70	231, 322
4,75	191
4,79	57
4,81	299
4,91	341
4,94	130
4,95	302
4,97	357
4,108	299
4,115	357
4,120	344
4,121	344
4,122	38, 71, 148, 318, 344
4,131	340
4,132	79
4,133	92, 158, 343
4,139	79
4,146	55
4,153	190, 339
4,157	160
4,164	210, 340
4,165	70
4,166	127
4,170	108
4,172	343, 382
4,174	108
5,2	177
5,9	126
5,13	92, 304, 339
5,19	123
5,27	92
5,32	40
5,37	146
5,41	397
5,46	77
5,48	124, 194, 318
5,49	41
5,52	146
5,54	231, 397
5,60	266
5,64	316
5,75	58, 241
5,84	270
5,87–88	77
5,97	359
5,100	130
5,109	43
5,110	320, 380
6,1	125, 343
6,2	124, 160, 320, 382
6,3	321
6,5	67, 340
6,6	41, 214
6,8	126, 144, 379
6,10	126, 318
6,12	129
6,13	79
6,14	92, 108, 270, 341
6,15	41, 160
6,16	126
6,17	40, 106, 108, 300
6,18	123
6,19	145, 158, 322
6,21	42, 77, 79, 129, 226

6,22 57
6,24 57, 129
6,25 68, 106, 158
6,27 361
6,31 69
6,32 339
6,33 78
6,34 78, 190, 195, 342
6,35 106, 194, 195, 318, 380
6,37 43, 71, 215, 231
6,38 78, 106, 125
6,39 316
6,44 316
6,46 57
6,47 394
6,50 41, 108, 126, 130, 143, 301, 303
6,52 142, 143, 144
6,55 67, 123, 297
6,57–58 40
6,57 70, 126, 128, 231, 298, 321
6,59 43, 78
6,60 55
6,61 54, 231, 299
6,63 54
6,67 378, 398
6,68 231, 232
6,70 38
6,71 42, 108
6,73 39, 343
6,74 396
6,80 38
6,83 265
6,84 38, 226
6,86 296
6,90 92, 143, 157
6,91 142, 341
6,92 338
6,94 42,57
6,95 58
6,96 39
6,99 125, 395
6,100 42
6,102 38, 58, 263, 302
6,103 56, 270
6,104 176
6,111 318, 380
6,115 195
6,116 59, 79
6,124 342
6,125 107, 126
6,130 361
6,131 194
6,134 71, 129, 144
6,135 178, 303, 321
6,136 59
6,141 297
6,142–145 77
6,143 299
6,144 299
6,145 77
6,147 300
6,148 68, 77
6,151 381
6,154 67, 128, 297
6,156 210
6,157 77, 128
6,158 106, 107, 178, 195
6,159 43
6,160 56
6,163 92
6,165 41, 298
7,2 126, 368
7,3 129
7,4 55, 70,
7,6 398
7,11 383
7,12 160, 382, 383
7,13 229
7,14 384
7,15 384
7,16–17 384
7,18 195, 384
7,23 148
7,29 38,55,58
7,32 39,56
7,33 93
7,34 70, 125, 191, 379
7,39 70
7,40 41, 265
7,41 265, 362
7,43 40, 385
7,44 129
7,45 129, 368
7,53 68, 129
7,54 38, 125, 358
7,55 339
7,57 300, 381
7,59–64 92
7,59 124, 142, 157, 160, 176
7,60 142, 241

7,62 144
7,63 37
7,64 67, 92, 107
7,65–72 157
7,65 157
7,69 37, 157
7,70 70, 93, 144, 160, 176, 341
7,71 231
7,72 95, 107, 159
7,73–79 160, 396
7,73 160, 161
7,74 396
7,77 161
7,78 158, 161
7,80–84 394
7,80–82 174
7,82 174
7,83 107, 175, 394
7,84 68, 175
7,85–93 395
7,85 176
7,86 68
7,87 108, 148, 266
7,88 342
7,90 213
7,92 55, 161
7,99 321
7,100 342, 361
7,101 41, 93, 340
7,103–137 93
7,103 93, 190, 339
7,105 938
7,109 38, 93, 125, 241
7,112 93
7,116 93, 94
7,118 94
7,123 158
7,128 149
7,129 41
7,136 39, 96, 97, 396
7,137 97
7,138 96, 143
7,139 127
7,141 339
7,147 71
7,151 262, 268
7,155 316
7,156 393
7,162 41
7,167 298, 339
7,170 194
7,172 303
7,175–176
7,184 127, 379, 397
7,186 319
7,187 263
7,188 70
7,194 301
7,195 92, 158
7,198 68
7,200 270
7,203 77
7,205 301
7,206 301
8,2 316
8,7–8 94
8,8 94
8,26 97
8,32 343
8,53 300, 357
8,54 191
8,68 42
9,21 78
9,31 42, 231
9,36 231
9,38 39
9,39 158
9,51 78, 125
9,70 190, 340
9,72 192, 303
9,95 39
9,101 129
9,112 398
9,114 360
10,1 210, 296
10,2 380
10,3 58, 130, 296
10,4 58
10,5 296
10,6 40, 107
10,7 41, 97
10,10 304, 316, 344
10,11 39, 394
10,12 54, 126
10,15 39, 160
10,18 319
10,19 193
10,22–23 54
10,23 79, 80
10,24 190

10,26–27 56
10,28 344
10,31 38
10,32 38
10,33 106
10,34–35 57
10,34 301
10,38 127
10,39 396
10,41 144, 145
10,42–43 106, 143
10,48 318
10,50–51 126
10,51 96
10,53 71, 344
10,54 70
10,55 79
10,57 125, 195
10,63–64 357
10,63 143
10,67 358
10,70 55
10,71 57, 158
10,72 108, 320
10,76 125
10,88 106
10,92 39
10,93 37, 42
10,94 128, 322
10,96–97 96
10,96 58
10,102 298, 339
10,103 194
10,107 300
10,104 105
10,109 266
11,1 37
11,2 142
11,3 157, 177
11,6 158, 381
11,8 191
11,9 54
11,10 54
11,12 263
11,13 67, 160
11,15–16 127
11,17 143, 177, 296, 320
11,18 304
11,19 231
11,20 193
11,24 38, 143
11,25–26 123
11,25 123, 142
11,27 341
11,28 128, 177
11,29 157
11,30 38, 160
11,34 143
11,35 67, 68
11,39 178
11,40 159, 175, 191
11,43 56
11,44 159
11,45 147
11,46 96
11,50 160
11,52 124, 177
11,53 160
11,55 92
11,56 125, 177
11,58 107, 146, 161, 343
11,59 190, 343
11,60 148, 161, 190
11,61 124, 177
11,62 105, 341
11,63 143, 177, 191
11,65 161
11,66–67 178
11,66 146
11,67 395, 396
11,68 148, 178
11,69–83 393
11,70 394
11,71 211
11,72 173
11,76 228
11,78–79 395
11,81 394, 395
11,82 146, 395
11,83 143, 177
11,88 317
11,89 340
11,90 124
11,93 146, 195
11,94 146, 395
11,95 148
11,97 159
11,99 159
11,100 55
11,101 146, 160

11,104	191, 341, 360
11,107	192
11,110	105, 160
11,112–114	194
11,113	129
11,114	303
11,117	80
11,119	58
11,121–122	195
11,123	43
12,1	296, 378
12,2	320, 368
12,4	270
12,6	173, 214, 230
12,7–17	270
12,12	262
12,14–18	266
12,18	267
12,21	243, 263
12,23	214
12,24	229, 384
12,26	270
12,31	228, 242
12,34	242
12,36	266, 270
12,38	173
12,39	302
12,40	123, 263
12,42	230
12,45	125
12,59	264
12,63	212
12,64	212
12,66	266
12,67	342
12,69	145, 269
12,70	261
12,78	230
12,82	263
12,83	213
12,84	268
12,85	269
12,86	269
12,87	267
12,91	269
12,92	262
12,93	267, 269
12,97	268
12,99	263
12,102	92
12,103	106
12,108	320
12,110	107
13,1	128, 210, 303
13,2	38
13,3	358, 381
13,7	379
13,16	129, 231, 303, 319
13,17	299, 356, 381
13,20–21	304
13,22	304
13,23–24	40
13,24	303
13,25	303
13,26	381
13,27	316
13,30	177
13,31	380
13,33	42, 321, 342
13,34	320
13,36	231
13,37	210, 319
13,38	125, 342
13,40	69
13,42	303, 361
14,1	339
14,4	210, 316
14,9	105, 160, 339
14,10	191
14,11	320
14,12	263
14,14	361
14,15	159
14,17	159
14,21	362
14,22	361
14,23	40
14,25	302, 319
14,32	297
14,34	126
14,40	227
14,45	342
14,47	344
14,48	231, 343
15,1	210
15,3	398
15,4	125
15,15	319
15,21	299
15,26	160, 383

15,34 383
15,42 344
15,43 128
15,46 40, 269
15,51–52 172
15,52–53 172
15,53 172
15,56 267
15,57–58 172
15,61–62 174
15,62 172
15,67–72 395
15,67 174
15,71 212
15,72 174
15,73 396
15,75–93 175
15,75–77 191
15,75 211
15,76 396
15,83 161
15,89 142
15,97 126
16,10 381
16,11 297
16,12 358
16,15 297, 381
16,17 38
16,18 358
16,32 40, 304
16,38 71
16,41 243
16,43 106, 128
16,44 369
16,48 301
16,69 297
16,73 57
16,75 177
16,77 43
16,89 129
16,93 316, 339
16,99–100 344
16,101 41, 67
16,103 210
16,107 368
16,116 79
17,4 94, 394
17,11 40
17,12 79
17,15 70, 108
17,16 58, 191
17,18 127
17,21 243
17,22 398
17,23 123
17,25 144
17,28 397
17,39 398
17,44 300
17,49 298
17,58 125, 379
17,65 344
17,67 126
17,70 54
17,74–75 193
17,73 41
17,78 191
17,80 37
17,82 77
17,83 126
17,86 41
17,91 381
17,93 380
17,97 129
17,98 298
37,100 381
17,101 106
17,104 342
17,112 301
18,7 125, 127
18,13 210
18,14 301
18,21 396
18,23–24 55
18,26 43, 321
18,29 343
18,31 385
18,35 55
18,38 317
18,45 55
18,46 127
18,47 317
18,48 129
18,52 57
18,59 379
18,101 129
18,110 341
19,16 298
19,21 97
19,36 317

19,37	191, 368
19,38	361
19,41	241
19,43	298
19,47	269
19,49	173
19,50	37
19,56	241
19,62	40
19,65	301
19,71	190
19,86	190
19,90–91	361
19,97	210
20,15	362, 396
20,53	297
20,64	92
20,69	93
20,96	213
20,108–109	192
20,113	210
20,127	319
20,128	361
20,130	193, 398
20,131	397
20,132	194
20,134	70
21,5	67, 241
21,7	106, 128
21,10	379
21,11–15	361
21,13	194
21,15	55
21,17	212
21,22	231
21,31	297
21,32	380
21,36	317
21,37	40
21,38	70
21,44	321
21,50	369
21,52–54	358
21,56	301
21,68	212
21,72	173
21,74	174
21,75	270
21,79	261
21,83	262
21,86	270
21,91	97, 383
21,98	190
21,99	190
21,100	192
21,104	38, 261
21,106	362
21,108	127
22,5	299
22,7	396
22,18	58, 301
23,34	129
22,35	316
22,38	126
22,40	161
22,42–44	240
22,44	318
22,47	344
22,52	37
22,54	129, 322
22,58	177
22,62	299
22,65	296
22,66	126
22,74	161
22,115	142
23,18	299
23,22	54
23,27	146
23,28–29	147
23,28	95
23,29	261
23,33	194
23,34	213
23,35	298
23,41	148, 161, 191
23,44	148
23,46	94
23,60	316
23,64	194
23,72	92
23,82	298
23,85	38
23,91	231, 301
23,96	303
24,23	159
24,35	302
24,37	378
24,43	300
25,2	299

25,4 67
25,12 192
25,19 344
25,27 340
25,37 97, 344
25,47 79
25,48–49 381
25,58 398
25,61 380
25,69 129
25,75 40
26,2 210
26,7 381
26,8 128
26,11 142
26,18 42
26,24 301
26,174 128, 175, 191
26,189 395
26,190 128, 191
26,197 106
26,201 96
26,200–201 380
26,212 380
26,215 397
26,216 68
27,1 210, 378
27,6 123
27,19 270
27,40 322
27,46 298
27,52 191
27,54 174
27,56 174
27,59 231
27,61 297
27,64 57
27,65 43
27,66 105
27,67 298
27,71 70
27,80 68
27,84 67
27,89 385
27,91 231
27,92 108
28,2 210
28,4 94
28,13 71
28,14 42
28,21 95
28,25 95
28,28 262
28,32 397
28,36 67
28,38 302
28,40 191
28,42 159
28,44 394
28,54 303
28,55 68
28,58–59 361
28,58 191
28,60 127
28,63 58
28,76 316
29,9 270
29,10 144
29,15 97
29,23 267
29,27 173, 211
29,28–30 174
29,28–29 174
29,31–35 393
29,31 172
29,33 174
29,37 395
29,39 93
29,40 161
29,43 302
29,45 176
29,50 142
29,60 125, 381
29,61 301
30,6 71
30,13 42
30,21 297
30,23 79
30,30 108, 129
30,33 54
30,36 54, 77, 316
30,43 38, 108
30,47 107
30,48 300
30,52 68
30,68 129
31,10 296, 297, 381
31,18 126
31,24 159
31,25 301

31,27 358
31,30 299
31,31 339
31,32 126
31,34 299
32,3 67
32,4 38
32,5 38
32,9 383
32,10 298
32,13 58
32,14 70
32,26 361
32,28 70
32,29 70
33,6 125
33,7 148
33,17 56, 300
33,38 299
33,25 161
33,28 127
33,31 173
33,33 173
33,44 40
33,57 159
33,71 94
33,72 358
34,3 396
34,4 38
34,7 298
34,8 67
34,9 173
34,17 126
34,18 269
34,19 339
34,20–21 344
34,21 70, 105, 158
34,23 299
34,24 57, 338
34,25 68
34,31 343
34,33 298, 357
34,34 194, 341
34,37 385
34,54 105, 160
35,3 57
35,8 316, 339
35,9 300
35,11 299
35,14 344
35,16 343
35,17 343
35,24 379
35,26 318
35,36 126
35,39 160
35,38 43
35,40 301
35,56 304
36,2 37
36,7 58
36,8 298
36,27 304
36,29 161
36,36 297
36,39 39
36,48 70
36,49 161
35,52 344
36,53 161
36,56 385
36,57–58 40
36,60–61 303
36,65 192
36,70 58
36,78 298
36,81 396
37,5 301
37,7–10 380
37,14–17 125
37,16 298
37,30 344
37,31 58
37,40 227
37,36 158
37,53 298
37,73 93
37,74 227
37,128 227
37,137–138 175
37,148 106
37,155 38
37,160 227
37,169 227
38,4 298
38,8 105
38,9 381
38,12–14 240
38,13–14 395
38,14 58

38,15	161
38,27	368
38,43	67
38,51	385
38,65	231, 298
38,66	301
38,70	142
38,72	383
38,75	94
38,83	227
39,4	231
39,6	58
39,8	173, 357
39,11	231
39,13	160
39,17	78
39,19	58
39,21	55
39,23	397
39,28	210
39,29	130
39,36	37
39,38	263, 301
39,39–40	146
39,39	70
39,41	108
39,42	297
39,43	42
39,53	191
39,62	263
39,63	381
39,69	129
39,71	58, 361
39,73	40, 304
39,75	70, 300
40,2	143
40,5	340
40,6	58
40,7	300
40,8	304
40,12	299
40,16	231, 343, 362
40,17	362
40,18	361
40,21	319
40,28	317
40,31	340
40,33	56
40,34	105
40,37	319
40,47	343
40,50	301
40,51	79, 129
40,52	304
40,55	398
40,59	128, 396
40,60	301
40,69	58
40,71	298
40,75	316
40,77	69
40,78	70, 190, 320, 340
40,80	54
41,3	210
41,6	341
41,9	357
41,10	211, 297
41,12	380
41,13	396
41,14	341
41,17	396
41,24	344
41,25	58
41,30–32	78
41,30	78
41,34	303
41,38	300
41,41	123
41,42	379
41,43	290
41,44	77
41,45	105, 160
41,47	299
41,49	40, 126
41,50	54, 159
42,5	300
42,6	158
42,7	192, 210
42,10	177, 317
42,12	57, 381
42,13	316
42,14	105, 160
42,15	126
42,16	344
42,20	127
42,21	344
42,23	339
42,27	299, 316
42,42	55
42,45	344

42,46	129
42,48	126, 316
42,52	210
43,3	210
43,4	37
43,11	299
43,12	54, 297
43,15	68, 126
43,23	194
43,24	341
43,33	317
43,40	68
43,41–42	69
43,45	106
43,49	93
43,64	317
43,65	338, 344
43,70	304
43,80	54
43,82	301
43,86	42
44,7	301
44,9	105
44,31	94
44,33	385
44,45	343
44,51–52	385
45,3	107
45,5	57
45,9–10	343
45,10	191
45,13	297
45,14	362
45,18	96
45,22	362
45,23	38
45,32	396
45,36	301
45,37	93
46,4	301
46,8	67, 78
46,9	142
46,12	128, 210
46,15	42
46,18	58
46,21	123
46,30	59
46,31	341
46,32	129
46,35	108, 362
47,3	302
47,5	94
47,12	378
47,15	319, 343, 385
47,19	214
47,27	213
48,11	300
48,15	41
48,27	269
48,29	397
48,90	343
49,16	42
49,18	43
50,2	298
50,3	298
50,6	380
50,7	381
50,8	173
50,10	175
50,12–14	340
50,14	58, 395
50,17	299
50,21	129
50,26	398
50,29	41
50,33	173
50,34	385
50,36	40
50,39	193, 398
50,42	161
50,45	342
51,5	344
51,16	344
51,22	57
51,23	301
51,24–37	393
51,24–26	172
51,27–28	172
51,28	172
51,31–32	172
51,31	394
51,33	175
51,37	175
51,41–46	340
51,43	161
51,49	297
51,50	142
51,51	123, 142, 398
51,60	368
52,5	296

52,19 161
52,20 385
52,21 304
52,37 381
52,47 344
52,48 398
53,26 191
53,28 59
53,31 362
53,32 160
53,50–54 340
54,5 107
54,15 97
54,16 318
54,18 318
54,19–20 159
54,21 318
54,30 318
54,31 161
54,36–37 174
54,38 146
54,42 191
54,49 299
54,54 385
54,55 37
55,6 380
55,7 296
55,10 297
55,14 160, 382
55,46 342
56,15–16 385
56,26 40
56,29 175
56,45 194
56,47 298
56,68–70 381
56,89 267
56,91 40
57,15 302
57,19 241
57,20 55, 127, 298
57,23 126, 316
57,25 161
57,26 211
58,2 361
58,21 79, 161
59,9 126
59,18 57
59,21 302
59,24 300
60,1 144
60,4 177
62,1 300
63,7 381
63,10 361
64,1 300
64,6 298
65,3 299
65,10 379
65,11 177
66,10 146
66,11 95
66,12 383
67,2 125
67,5 380
67,7 192
67,18 318
67,25 70
67,26 142
68,17–18 55
68,19–20 55
68,20 55
68,33 319
68,43 56
68,50 270
69,1 159
69,10 191
69,12 97
69,14 318
69,18 129
69,30–31 298
70,1 174
70,5 213
70,28 174
70,36 360
70,44 56
71,1 361
71,2 142
71,4 191, 341
71,7 124
71,10–12 124
71,10 157
71,11 157
71,12 297
71,16 39
72,8–9 380
72,23 362
72,26 43
73,16 191
73,18 344

74,31	316, 339
74,46–47	398
76,2	126
76,4	298
76,13	385
76,23	379
76,24	126
76,31	344
77,7	344
77,20–23	299
77,27	297, 381
77,35–36	192
77,41	385
78,9–11	79
78,13	39
78,20	317
78,37	301
78,38	192
79,19	298
79,28	296
79,32	297
79,38	338
79,40	342
79,45	298
80,17	126
80,19	299
80,40–41	56
81,3	317
82,11	54
83,23	385
83,29	145
83,35	385
84,23	144
85,1	380
85,2–3	129
85,3	191
85,8	368
85,14	177
85,16	192
85,21–22	379
87,2–3	299
87,6	41
87,7	41
87,16–17	338
88,13	385
88,18	296
88,20	297
100,6	126
100,8	40
101,1–3	318
102,1	378
103,3	126
104,2–3	77
109,2	107
109,4	107

BIBELSTELLEN

Gen
6,9–9,28...... 142
7,11–12....... 146
8,1–3......... 147
8,4........... 141
9,1........... 148
9,8–10,12..... 148
9,8–10,12..... 148
10,1–32....... 148
18,1–15.16–33. 172
18,7–8........ 172
18,12......... 272
18,13–15...... 172
18,23–29...... 173
19,1–29....... 174
19,8.......... 174
24,37......... 301
30,1–24....... 211
30,24......... 211
31,19.34...... 265
35,18......... 211
35,21–26...... 211
35,24......... 211
37,4.8........ 210
37,9.......... 210
37,10......... 210
37,11......... 210
37,12–17...... 212
37,22......... 212
37,36......... 214
39,3–4........ 214
39,7.11–12.... 226
39,9.......... 226
39,12–13...... 227
39,20......... 230
40,1–19....... 230
40,13......... 231
40,19......... 231
41,1.......... 232
41,8.......... 241
41,9–14....... 241
41,14–36...... 241
41,25–36...... 242
41,30–40...... 243
42,20......... 261
42,25......... 261
42,29–30,34... 261
43,9...... 263, 264
44,2.......... 264
44,4–6........ 264
44,7.......... 264
44,9–10....... 268
44,9.......... 265
44,12......... 265
44,17......... 265
44,32......... 266
44,33......... 267
45,3–5.7–8.... 268
45,5.......... 268
47,6.11–12.... 269

Ex
4,21........... 96
7,3............ 96

Ijob
28,25.......... 299
36,33.......... 300
37,3........... 300
38,5........... 299

Ps
1,3............ 356
104,2.......... 296

Weis
11,20.......... 299

Sir
43,17.......... 300
46,17.......... 300

Jona........... 106

Jes
29,6........... 300
34,11.......... 299
40,12.......... 299
40,22.......... 296
42,5........... 296
44,24.......... 296
45,12.......... 296
48,13.......... 296
51,13.16....... 296

Jer
17,8........... 356
25,30.......... 300

Ez
17,33.......... 356
47,17.......... 356

Dan
3,73........... 300
4,8–9.18....... 326

Sach
12,1........... 296

Mt
7,17........... 356
11,25.......... 301
13,5–6......... 356
13,31–32....... 356

Mk
4,5–6.......... 356
4,32........... 356

Lk
6,43........... 356
8,6............ 356
10,21.......... 301
13,19.......... 356

Offb
22,2........... 356

PERSONEN

Aaron 95
Abān ibn Taghlib 258, 376
Abāna 188
ʿAbd al-Raḥmān ibn Aslam 224, 225
ʿAbduh Muḥammad 13, 399
Abdullah, Muhammad Salim 10, 21
Abraham 111, 172, 173, 211, 298, 325, 326, 358, 359
Abū l-ʿĀliya 377
Abū ʿAmr 36, 52, 53, 66, 76, 90, 104, 122, 140, 141, 156, 170, 171, 188, 208, 209, 224, 225, 240, 258, 259, 260, 294, 295, 314, 315, 336, 337, 354, 376, 392
Abū Bakr (Rezitator) → Shuʿba
Abū l-Barhashīn 314
Abū Dharr al-Ghifārī 188
Abū Djaʿfar 36, 76, 90, 208, 224
Abū l-Djauzāʾ 224
Abū Ḥaywa 76, 336
Abū Hurayra 258, 355
Abū ʿImrān 224, 225, 314
Abū Midjlaz 188, 240, 259
Abū Muslim al-Iṣfahānī 299, 340
Abū l-Mutawakkil 258
Abū Nahīk 208, 224, 240, 376
Abū Radjāʾ 208, 224, 258, 354
Abū Razīn 208, 259
Abū l-Sammāl 224, 376
Abū Zayd 208
al-ʿAlāʾ ibn Sayyāba 208
ʿAlī ibn Abī Ṭālib 36, 76, 90, 140, 146, 208, 224, 295, 314, 354, 355
ʿAlqama → Ibn Qays
al-Aʿmash 36, 53, 90, 104, 140, 156, 188, 208, 224, 258, 259, 294, 295, 336, 337, 376, 392
ʿAmr ibn Fāʾid 276
ʿAmr ibn ʿUbayd 376
Anas ibn Mālik 209, 224, 354, 355
al-Aʿradj, Ḥumayd 208, 224, 295
al-Aṣamm, Abū Bakr 281, 322
al-Ashhab al-ʿUqaylī 240
ʿĀṣim 53, 90, 104, 122, 140, 188, 240, 258, 276, 294, 314, 315, 354, 355, 376
ʿAṭāʾ 195, 281

Baljon, J. M. S. 303, 399
Bayḍāwī 13, 159, 399
al-Bazzī 122, 140, 156, 170, 171, 188, 208, 240, 258, 259, 276, 314, 354, 376, 392
Bell, Richard 14
Benjamin 264, 267
Bergsträsser, G. 14
Blachère, Régis 14, 325, 365, 399
Buhl, Frants 14

al-Ḍaḥḥāk 36, 122, 189, 195, 240, 259, 315, 384
Djābir 281
Djaʿfar al-Ṣādiq 36, 122, 140, 188, 189, 208, 240, 295, 314, 354, 376
al-Djaḥdarī 188, 208, 109, 314, 315, 392
Djanāḥ ibn Ḥubaysh 315

Eichler, P. A. 381, 399

al-Faḍl al-Raqashī 90
al-Farrāʾ 342, 344
Flügel, Gustav 21

Geiger, Abraham 227, 263, 399

Ḥafṣ 36, 52, 53, 66, 90, 104, 122, 140, 156, 170, 171, 188, 189, 208, 224, 225, 240, 315, 337, 354, 355, 376, 392
Ḥafṣa 53
Ḥamīd ibn Qays 276
Ḥamza 36, 53, 66, 76, 90, 104, 122, 140, 156, 170, 171, 188, 224, 240, 258, 276, 294, 295, 314, 336, 337, 354, 355, 376, 377, 392
al-Ḥanafiyya, Muḥammad 295
Ḥasan al-Baṣrī 36, 52, 56, 76, 90, 122, 125, 147, 170, 171, 188, 195, 208, 209, 224, 225, 226, 240, 259, 281, 294, 315, 320, 325, 354, 365, 376, 377, 382, 384, 392
Ḥasan ibn ʿAlī 354
Heller 229, 399
Hirschfeld, H. 14
Hishām ibn ʿAmmār 224, 225, 259, 354, 377
Horovitz, J. 14
Hubayra 156

Hūd 111, 124, 157, 158, 159

Ibn ʿAbbās 36, 52, 56, 94, 96, 122, 140, 161, 171, 194, 199, 224, 226, 230, 240, 259, 281, 295, 314, 315, 325, 340, 354, 355, 356, 385
Ibn Abī ʿAbla 36, 52, 66, 171, 189, 208, 225, 295, 376
Ibn Abī Isḥāq 189, 209, 224, 225, 314, 336
Ibn Abī Laylā, ʿAbd al-Raḥmān 90
Ibn ʿĀmir 36, 52, 53, 76, 104, 122, 141, 170, 171, 208, 224, 259, 260, 276, 294, 336, 354, 355, 376
Ibn Dhakwān 90, 171, 377
Ibn Dharr 188, 294, 314, 376
Ibn Djinnī 209
Ibn Isḥāq, Muḥammad 224

Ibn Kathīr (Rezitator) 36, 52, 53, 66, 76, 104, 122, 140, 141, 170, 171, 188, 208, 209, 224, 225, 240, 258, 259, 260, 276, 294, 314, 315, 354, 376, 377, 392
Ibn Kathīr (Kommentator) 13
Ibn Masʿūd, ʿAbd Allāh 36, 52, 53, 66, 76, 90, 91, 104, 122, 140, 141, 156, 170, 188, 189, 208, 209, 224, 225, 240, 258, 259, 260, 276, 294, 295, 314, 315, 336, 340, 354, 355, 376, 392
Ibn Muḥaysin 224, 276, 295, 392
Ibn Qays, ʿAlqama 188, 258, 294, 314, 355, 392
Ibn al-Samayfaʿ 91, 225, 376, 392
Ibn Sīrīn 66, 376
Ibn Waththāb, Yaḥyā 140, 208, 224, 337, 392
Ibn Zayd al-Aʿrābī, Muḥammad 170, 336
Ibn al-Zubayr 140
Ibrāhīm ibn Abī Bakr 336
Imām al-Ḥaramayn 299
ʿIkrima 122, 141, 195, 224, 240, 276, 281, 282, 295, 314, 315, 355
Isaak 172, 173, 211
ʿĪsā ibn ʿUmar al-Thaqafī 52, 76, 140, 189, 209, 258, 294
Ismael 359
Ismāʿīl ibn Muḥammad al-Yamānī 315

Jakob 172, 173, 199, 211, 212, 267, 268, 269
Jeffery, Arthur 14, 52, 317, 399
Jonas 25, 106
Josef 199, 210, 211, 212, 213, 214, 215, 227, 241, 242, 243, 261-269
Juda 263

al-Kalbī 281, 282, 340
Khan, Inamullah 10, 21
Khoury, Adel Theodor 14, 78, 108, 399
Kisāʾī 36, 52, 66, 76, 90, 104, 122, 140, 141, 156, 170, 171, 188, 209, 240, 258, 259, 294, 295, 314, 318, 336, 354, 355, 376, 377, 392

Laḥḥām, Saʿīd Muḥammad 14, 281, 399
Lot 172, 177, 394

Makūza al-Aʿrābī 314
Marwān 52
Masson, Denise 14, 227, 229, 399
Mose 25, 42, 93, 94, 95, 111, 226, 298, 340
Muʿādh ibn Djabal 91, 224, 315
Mudjāhid 56, 90, 122, 140, 171, 174, 188, 189, 195, 208, 209, 224, 226, 230, 276, 281, 294, 314, 315, 354, 355, 356, 359, 376
Muḥammad 25, 42, 78, 97, 105, 126, 128, 144, 178, 193, 211, 231, 240, 317, 318, 326, 362, 366, 379
Muḥammad ibn ʿAlī al-Bāqir 147
Muḥayṣin 36
Muqātil 195, 281, 282, 382
al-Mutawakkil 240, 295

Nāfiʿ 36, 52, 53, 66, 76, 90, 104, 122, 140, 141, 156, 170, 171, 188, 189, 208, 209, 224, 225, 240, 258, 259, 260, 276, 294, 314, 315, 336, 354, 376, 377, 392
al-Naḥḥās 214
Nakhaʿī 294
Naṣr ibn ʿAlī 122
Noach 25, 92, 111, 140, 142, 143, 145-148, 340
Nöldeke, Theodor 14, 325, 399

Paret, Rudi 14, 94, 96, 97, 159, 173, 400
Pretzl, O. 14

Qālūn 53, 66, 104, 122, 140, 141, 170, 171, 188, 225, 240, 258, 259, 294, 392
al-Qaʿqaʿ 189
Qatāda 190, 195, 199, 208, 240, 259, 281, 282, 294, 295, 320, 325, 355, 376, 382

Qunbul 36, 52, 140, 156, 170, 171, 188, 208, 258, 259, 326, 376
Qurṭubī 13, 195, 212, 214, 226, 229, 262, 281, 299, 318, 320, 325, 340, 341, 359, 360, 376. 380, 385, 397, 400

al-Rabīʿ ibn Khuthaym 76, 90, 122, 140, 141, 170, 188, 189, 208, 209, 224, 225, 240, 258, 259, 260, 276, 294, 315, 336, 354, 355, 376, 392
Rahel 265, 269
Rāzī 13, 37, 41, 43, 54, 55, 56, 67, 68, 69, 71, 78, 95, 96, 105, 106, 107, 123, 124, 125, 128, 144, 146, 149, 159, 161, 173, 174, 176, 177, 191, 193, 194, 195, 211, 212, 214, 226, 227, 229, 230, 261, 262, 263, 264, 265, 281, 296, 299, 300, 302, 317, 318, 320, 340, 341, 342, 344, 359, 360, 362, 379, 380, 381, 382, 383, 384, 385, 395, 397, 400
Riḍā, Muḥammad Rashīd 13, 399
Redslob, Gustav 21
Ruʾba ibn al-ʿAdjjādj 295

Saʿīd ibn Djubayr 90, 170, 174, 224, 240, 258, 281, 314, 354, 355, 359
Ṣāliḥ (Prophet) 111, 124, 143, 160, 177
Sara 172
Schwally, F. 14, 325, 399
Shayba 36, 392
Shuʿayb (Prophet) 111, 124, 143, 175, 176, 177, 395
Shuʿba (Abū Bakr) 90, 104, 140, 171, 188, 189, 240, 294, 295, 376, 392
Speyer, Heinrich 14, 142, 146, 172, 227, 228, 229, 263, 400
Stieglecker, Hermann 14
al-Suddī 140, 226, 276
al-Sulamī 171, 224, 258, 294, 314
Sulaymān ibn Arqam 188
Sulaymān al-Taymī 209
al-Sūsī 36, 66, 76, 90, 140, 208, 209, 225, 240, 258, 259, 376

Ṭabarī 13, 96, 144, 400
Ṭabāṭabāʾī 13, 71, 144, 146, 149, 159, 176, 191, 227, 281, 282, 325, 365, 380, 400
Ṭalḥa 90, 140, 141, 188, 208, 209, 260, 336, 354, 355, 376, 392

Ubayy 36, 52, 76, 90, 91, 104, 122, 140, 141, 156, 170, 188, 189, 208, 209, 224, 225, 240, 258, 294, 295, 314, 315, 336, 354, 355, 376, 392
ʿUmar 315, 355
Umm al-Dardāʾ 52
Umm Salama 141
ʿUthmān 225

Wahb ibn Munabbih 264
Warsh 36, 53, 66, 76, 90, 140, 156, 170, 171, 188, 209, 225, 240, 258, 259, 260
Waththāb ibn Yaḥyā 314
Watt, W. Montgomery 14
Welch, A. T. 14

Yaḥyā ibn Waththāb → Ibn Waththāb
Yaʿqūb 141, 225, 336, 354
al-Yazīdī 224
Yusuf Ali, Abdallah 14

al-Zadjjādj 213, 318
Zamakhsharī 13, 36, 43, 52, 54, 55, 66, 69, 90, 91, 95, 104, 105, 122, 123, 125, 128, 140, 141, 159, 161, 170, 173, 176, 177, 188, 189, 191, 195, 208, 209, 211, 212, 214, 224, 225, 226, 229, 240, 258, 259, 261, 262, 263, 264, 265, 276, 281, 282, 294, 295, 300, 302, 314, 318, 320, 325, 326, 336, 341, 344, 354, 355, 356, 359, 360, 362, 365, 366, 376, 380, 383, 385, 392, 397, 400
Zayd ibn ʿAlī 52, 53, 66, 189, 209, 224, 295, 314, 354, 376, 392
Zayd ibn Arqam 362
Zayd ibn Thābit 76
al-Zuhrī 36, 188, 376